Jörg Becher
Das schnelle Geld

Jörg Becher

Das schnelle Geld

Martin Ebners Weg zur Macht

ABC-VERLAG ZÜRICH

Dank
Mein Dank gilt allen, die zur Entstehung dieses Buches beigetragen haben: durch aufmerksame Durchsicht des Manuskriptes, kritische Einwände und sprachliche Anregungen; durch Weitergabe sachdienlicher Informationen, Schilderungen persönlicher Erlebnisse oder durch Gesprächsverweigerung.

Jörg Becher

©
1996 ABC-Verlag AG, Zürich
Alle Rechte vorbehalten
Umschlaggestaltung: Heinz Unternährer, Zürich
Satz: Setzerei Lippuner, Obergerlafingen
ISBN 3 85504 157 1

Inhalt

| | Prolog: Licht und Schatten | 9 |

I Hurden am Zürichsee 12
Wie Martin an der Pilgerroute nach Einsiedeln das
Licht der Welt erblickt und schon als Junge einen
unteilbaren Führungsanspruch geltend macht

II Kantonsschüler in Wetzikon 21
Wie Martin der Enge seines katholischen Elternhauses entwächst und sich im Klassenverband in
der Rolle des «coolen» Einzelgängers übt

III Zeit des Aufbruchs 29
Wie der angehende Jurist ins Fahrwasser der
studentischen Anti-68er-Bewegung gerät und in
den USA ein erstes florierendes Business aufzieht

IV Einstieg bei Vontobel 37
Wie Ebner im Schoss der Zürcher Bankierfamilie
eine stürmische Karriere feiert und dabei dem
Kronprinzen ins Gehege kommt

Exkurs: Die Stockholm-Connection 49
Wie Ebner mit einem schwedischen Wirtschaftsjournalisten und dessen Chef, dem Börsenakrobaten Erik Penser, in Kontakt kommt

V Blitzstart 58
Wie Ebner mit Unterstützung des Rohstoff-
händlers Andreas Reinhart in Windeseile eine neue
Bank an den Zürcher Börsenring bringt

VI Boutique Ebner 71
Wie Ebner einen exklusiven Kundenkreis gewinnt
und mit der ersten Stillhalter-Option die
schlafende Konkurrenz wachrüttelt

VII «Die Fliege ist auf dem Floor!» 86
Wie Ebner der BZ Bank ein eigenständiges Profil
verpasst und seine Mitarbeiter zu einem motivierten
Trupp zusammenschweisst

Exkurs: Professor Schiltknecht 97
Wie der intellektuelle Freund mit dem roten
Parteibuch zum Einstieg in die Privatwirtschaft
gezwungen wird

VIII Raid auf den Leu 106
Wie sich Ebner an die fünftgrösste Schweizer
Bank heranpirscht und seine Take-over-Pläne in
ein unverdächtiges Fusionsprojekt verpackt

IX Flop mit Pirelli 123
Wie Ebner sein Unternehmen einem
organisatorischen Umbau unterzieht und sich
mit den Aktien eines italienischen Reifenherstellers für einmal deutlich verkalkuliert

X Zwischen Sein und Schein 137
Wie sich Ebner das Image des ruhelosen
Innovators zulegt und im Vorstand der Zürcher
Effektenbörse auf erbitterten
Widerstand stösst

XI Printing money 152
Wie Ebner die Fähigkeit der privaten
Geldschöpfung entdeckt und seine Partner
an den Früchten dieser Erfindung beteiligt

XII Roche & Co. 167
Wie ein Aktienpaket der Firma
Hoffmann-La Roche auf verschlungenen
Wegen in einer Glarner Beteiligungsgesellschaft
namens Pharma Vision 2000 landet

	Exkurs: Ebner, Blocher und die EMS-Chemie	187
	Wie Ebner die Emser Werke aufpoliert und zusammen mit seinem Studienfreund die üppigen Finanzerträge am Fiskus vorbeischleust	
XIII	Der verlorene Sohn	206
	Wie Ebner vom Tagesgeschäft zurücktreten möchte und sich statt dessen von seinem designierten Nachfolger trennen muss	
XIV	Visionen en gros	221
	Wie Ebner die Masse der Kleinanleger für seine Zwecke mobilisiert und mit der Vermarktung visionärer Investmentfonds das Ansehen eines Magiers erlangt	
XV	Im Sturmschritt gegen die SBG	235
	Wie Ebner sich zum «Robin Hood» der Aktionäre wandelt und mit seinen Forderungen das grösste Schweizer Geldinstitut zum Erzittern bringt	
XVI	Im Vorhof der Macht	254
	Wie Ebner den Verwaltungsrat der Bankgesellschaft in die Enge treibt und in einen lähmenden Rechtsstreit verwickelt	
	Epilog: Der Club	274
	Wie es Ebner in Rekordtempo zum Frankenmilliardär bringt und seine Kunden und Mitarbeiter an dieser Spitzenleistung teilhaben lässt	
	Nachwort des Autors	287
	Quellennachweis	288
	Bildnachweis	291
	Graphiken/Bildteil	292

*«Glücklicherweise gibt es bei uns keine ungeheur reichen Leute,
der Wohlstand ist ziemlich verteilt;
lass aber einmal Kerle mit vielen Millionen entstehen,
die politische Herrschsucht besitzen, und du wirst sehen,
was die für Unfug treiben!...
...Es wird eine Zeit kommen, wo in unserem Lande,
wie anderwärts,
sich grosse Massen Geldes zusammenhängen,
ohne auf tüchtige Weise erarbeitet und erspart worden zu sein;
dann wird es gelten, dem Teufel die Zähne zu weisen;
dann wird es sich zeigen,
ob der Faden und die Farbe gut sind an unserem Fahnentuch!»*

Gottfried Keller
«Das Fähnlein der sieben Aufrechten»

Prolog:
Licht und Schatten

Als Pionier verehrt und als Parvenü verstossen – an Martin Ebner scheiden sich die Geister. Viele sehen in ihm einen genialen Trendsetter, der die Gnomen von der Zürcher Bahnhofstrasse aus ihrem selbstgerechten Tiefschlaf gerissen hat. Mit beneidenswerter Effizienz, höchster Risikobereitschaft und einer Menge Einfälle habe dieser Investmentbanker einer ganzen Branche demonstriert, wie man im internationalen Konkurrenzkampf über das Jahr 2000 hinaus bestehen könne. Was Ebners Bedeutung für die Schweizer Wirtschaft angeht, so vergleichen ihn seine Bewunderer mit Persönlichkeiten wie Hans Caspar Escher, Ludwig von Roll und Walter Boveri.

Andere heissen den Aktienhändler einen gefährlichen Finanzhai, der sich an keinerlei Konventionen hält und seine lukrativen Beutezüge mit Vorliebe in juristischen Grauzonen durchführt. Da sich Ebner zuweilen auf der Aussenkante eines ethisch tolerierbaren Geschäftsgebarens bewege, schade er dem Ruf des Schweizer Finanzplatzes, monieren seine Kritiker. Mit derselben Selbstverständlichkeit, mit der ihn seine Anhänger zu einem Wohltäter der Kleinaktionäre emporstilisieren, stempeln ihn seine Gegner zum «Greenmailer» und «Raider» ab. Entweder man ist sein Fan, oder man verabscheut ihn. Dazwischen scheint es nichts zu geben.

Mit seiner Attacke gegen die Schweizerische Bankgesellschaft hat Ebner einen Presserummel entfesselt, der in der Schweizer Wirtschaftshistorie seinesgleichen sucht. Seit er mit einem Sturmtrupp von 40 Mitarbeitern die mächtigste Bank des Landes belagert, lässt sein Name niemanden mehr kalt. Wer aber ist dieser ungewöhnliche Mann, der die öffentliche Meinung dermassen zu polarisieren vermag? Und welches sind seine Motive?

Fakten über Martin Ebner gibt es nur wenige, Gerüchte hingegen sind Legion. Während Jahren galt Ebner als eine Person der einsamen Entscheide, als emotionslos, distanziert und kolossal pressescheu. Inzwischen ist aus der «Phantomgestalt» ein versierter Medienprofi geworden. «Ich verkaufe Informationen, und Sie verkaufen Informationen», wirft er beim ersten telefonischen Kontakt seinen Köder aus.

Bei jedem Umsatzrekord, so erzählt man sich, lasse Ebner seinen Mitarbeitern geräucherten Lachs servieren und spiele dazu Beethovens Neunte in voller Lautstärke ab. Ansonsten bevorzuge der Aktienhändler jedoch eher bodenständige Kost, höre am liebsten luftige Ländlermusik und wisse, mangels anderer als pekuniärer Interessen, mit seinem sagenhaften Reichtum kaum etwas anzufangen.

Begonnen hat Martin Ebner mit einer Kreditschuld von sieben Millionen Franken, als er sich im Mai 1985 selbständig machte und in Zürich seine eigene Brokerfirma ins Leben rief. Dann ging alles rasend schnell. In wenigen Jahren vergrösserte die BZ Bank Zürich AG ihren Marktanteil im Handel mit Schweizer Aktien auf gegen 25 Prozent. Heute kontrolliert Ebner ein Finanzimperium mit Eigenmitteln von über drei Milliarden Franken und blickt – in Geldeinheiten bemessen – auf die steilste Karriere zurück, die hierzulande je von einem Unternehmer vorgelegt wurde.

Bei allem Erfolg ist Ebner, 50, ein Aussenseiter geblieben. Ins helvetische Wirtschaftsestablishment liess sich der passionierte Fliegenträger nicht integrieren. Statt dessen glänzt er bei der Standesorganisation der heimischen Bankfachleute durch Abwesenheit, profiliert sich als erbitterter Gegner eines modernen, vollelektronischen Börsensystems und wettert im Freundeskreis gegen europäische Gleichmacherei und die Einmischung fremder Vögte.

Ebners Durchschlagskraft ist dort am grössten, wo er sich in die Oppositionsrolle begibt. In diesem Belang ähnelt der Nonkonformist seinem Studienfreund und langjährigen Geschäftspartner SVP-Nationalrat Christoph Blocher. Konsequent hat sich Martin

Ebner ein finanzielles Anti-Establishment aufgebaut, welches sich vornehmlich aus juristischen Personen wie Pensionskassen, Investmentfirmen, Anlagefonds und Versicherungsgesellschaften zusammensetzt. Dass es der Gründer der BZ Bank überhaupt wagen konnte, der Nummer eins unter den Schweizer Grossbanken den Kampf anzusagen, zeigt, wie mächtig diese «pressure group» der Institutionellen mittlerweile geworden ist.

Zürich, im Dezember 1995

I

Hurden am Zürichsee

Wie Martin an der Pilgerroute nach Einsiedeln das Licht der Welt erblickt und schon als Junge einen unteilbaren Führungsanspruch geltend macht

An Martin Ebners Geburtstag ist das Kernland Europas von Pathos erfüllt. In ihrer Sonntagsausgabe vom 12. August 1945 präsentiert die «Neue Zürcher Zeitung» das Programm für die Nachkriegsjahre: «Bedenke, Schweizer, dass dir deines Landes Hoheit, dass dir dessen Ehre und Geltung im Erdenrund nicht geschenkt werden, dass du sie vielmehr in unentwegtem Dienst erobern musst. – Die Gloriole der Staaten wird im Werkkittel erstritten. Die wortlose Erfüllung der Soldatenpflicht hat sich fortzusetzen im bürgerlichen Alltag, die Kameradschaft und die Hilfsbereitschaft, wie sie in den militärischen Einheiten immer wieder naturhaft aufblühten, sie müssen herübergenommen werden und vermehrt auch den wirtschaftlichen Wettbewerb meistern, ihn mit eidgenössischem Gedankengut durchsetzen.»

Vier Tage nach dem Abwurf der ersten Atombombe über Hiroshima hat sich der japanische Gesandte in Bern ins Bundeshaus begeben, um eine für die USA bestimmte Kapitulationsnote der japanischen Regierung abzugeben. «Die Kriegserklärung Russlands an Japan, verbunden mit sofortigen Kriegshandlungen und gepaart mit dem Einsatz der phantastischen Atombombe, haben anscheinend die fernöstliche Festung sturmreif gemacht», notiert die NZZ in distanzierter Haltung. Überschwenglich ist das Echo in den USA und in Grossbritannien, wo die Nachricht vom Ende des Zweiten Weltkriegs mit grosser Erleichterung zur Kenntnis genommen wird. Ausgelassenheit und spontane Freudenbekundungen übertreffen bei weitem den eher gedämpften Jubel, der drei Monate zuvor, aus Anlass der bedingungslosen Kapitulation der deutschen Wehrmacht, ausgelöst worden war. In

Washington und London werden am 12. August 1945 überall die Fahnen der Alliierten gehisst; singende und jubelnde Menschenmassen drängen sich auf Strassen und Plätzen und verfallen in einen kollektiven Freudentaumel.

Bescheiden wird im Hause Ebner im schwyzerischen Hurden die Geburt des dritten Sohnes gefeiert. Überbordendes Festen ist weder die Art der Familie noch jene des nüchternen Menschenschlags etwa dreissig Kilometer südöstlich von Zürich. Wo sich der Zürichsee verengt und heute ein aufgeschütteter Damm das Städtchen Rapperswil mit der Landzunge von Hurden verbindet, leben seit je eher bedächtige Naturen.

Bereits im Mittelalter war der Seeübergang bei Hurden eine vielbenutzte Fährstelle. So kurz und ungefährlich die zu durchfahrende Strecke auch scheinen mag, kam es hier während Jahrhunderten zu manch tödlichem Unglücksfall. Im September 1345 versanken an der Stelle, wo sich die Wassermassen von Ober- und Untersee vermischen, vierzig Personen unter Geschrei in den Fluten. Trotz eines aufziehenden Sturms hatten sie versucht, mit ihren niedrigen Holzkähnen ans linke Seeufer überzusetzen. Dreizehn Jahre später erliess der habsburgische Thronfolger, Erzherzog Rudolf IV. von Österreich, den Befehl zur Errichtung eines festen Seeübergangs, durch den sich der Weg zum Gotthardpass deutlich verkürzen liess. Die daraufhin erstellte Holzbrücke kam auch den zahlreichen Wallfahrern zugute, denen es gleichgültig sein konnte, ob sie nun Brückenzoll oder Fährgeld zahlten. Auf der alten Pilgerroute von Rapperswil über Hurden nach Pfäffikon, den steilen Etzel hinauf, an dessen Südflanke wieder hinunter, über die reissende Sihl bis in die schützende Obhut des Klosters Einsiedeln blieb die Traverse des schwankenden Bauwerks weiterhin eine der unberechenbarsten Etappen auf dem Fussmarsch zur religiösen Einkehr.

Just an der Stelle, wo der erste Holzsteg die schilfbewachsene Landzunge berührte, steht seit 1497 eine Kapelle. Sie diente als Zufluchtsort vor den Launen der Natur und war ein bescheidener Dank der geschäftstüchtigen Hurdener für den Aufschwung, den das verträumte Fischer- und Fährdorf infolge des regen Wallfahrtstourismus seit Mitte des 15. Jahrhunderts genommen hatte. Schon damals prallten der in dieser Gegend besonders ausgeprägte Handelssinn und die von der katholischen Kirche geforderte Frömmigkeit zuweilen hart aufeinander. Dazu heisst es in einer Chronik zur Wallfahrtsgeschichte des Klosters Einsiedeln: «Einen andern Nachtheil für die gute Sache selbst bieten etwaige pecuniäre Vortheile, die sich aus der Organisation der Pilgerzüge ergeben. Es versteht sich von selbst und ist nicht mehr als recht und billig, dass derjenige, der Mühe, Arbeit, Verantwortung und Risiko auf sich nimmt, sich auch dafür entschädigen darf. Aber Speculation und Gewinnsucht müssen von der Veranstaltung der Pilgerzüge unbedingt ferngehalten werden, sonst weicht der Segen Gottes von ihnen.»[1] Bereits in früheren Jahrhunderten scheinen also die Grenzen zwischen solidem Gewerbefleiss und den Auswüchsen menschlicher Geldgier fliessend gewesen zu sein.

Heute erhebt sich an der Nordostspitze der Hurdener Halbinsel, direkt neben der alten Wallfahrtskapelle, die Villa eines der mächtigsten Industriemagnaten der Welt: hier residiert Stephan Schmidheiny, Erbe eines verzweigten Firmenimperiums mit milliardenschweren Beteiligungen im In- und Ausland.

Seiner bevorzugten Lage verdankt Hurden noch ein paar andere prominente Zuzüger: So wohnen und schlafen im Dreihundert-Seelen-Dorf etwa auch Willy Kissling, Konzernchef von Landis & Gyr, Erhard Mettler, der mit dem Verkauf von Präzisionswaagen reich geworden ist, Gustav Keller, Miteigentümer des gleichnamigen Traditions-Kaufhauses in Rapperswil, und die Erben von Werner Oswald, dem verstorbenen Patron der Emser Werke, den es Ende der sechziger Jahre ebenfalls genau hierher gezogen hatte. Man würde sich allerdings täuschen, wollte man die aussergewöhnliche Vermögenskonzentration allein mit Hurdens topographischen Vorzügen erklären. Zur Anziehungskraft des Ortes trägt nicht minder ein verlockendes Steuerregime bei, da der Kanton Schwyz – zur Freude seiner weitsichtigen Einwohner – bekanntlich keinerlei Erbschaftssteuern kennt.

Kurz vor Ausbruch des Zweiten Weltkrieges erreichte auch Moritz Ebner, ein gelernter Lithograph, mit seiner Ehefrau Anna und den beiden Söhnen Bernhard und Toni die verheissungsvolle Landzunge. Im Unterschied zu den vermögenden Neuzuzügern, die heute jeder im Dorf zumindest dem Namen nach kennt, waren die Ebners zu jener Zeit echte Fremdlinge. Keiner der alteingesessenen Hurdener, hiessen sie nun Braschler, Feusi oder Weber, hatte je etwas von der jungen Familie gehört, die aus dem oberen Glattal herübergekommen war und in einem Haus direkt am Dorfeingang eine bescheidene Etagenwohnung bezogen hatte.

Obschon Vater Moritz kaum je ein unnötiges Wort verlor, wurde er den Buben und Mädchen im Dorf recht schnell zum Begriff. Allein schon seiner stattlichen Erscheinung und seiner markanten Nase wegen musste dieser schweigsame Mann sofort auffallen. Von Zeitzeugen wird Moritz Ebner übereinstimmend als in sich gekehrter Charakter beschrieben: «Er wirkte sehr streng, so dass wir als Kinder immer grossen Respekt vor ihm hatten», sagt eine eingesessene Hurdenerin.

Seit 1934 bekleidete Vater Moritz in der Buchdruckerei Gottlieb Meyer in Rapperswil eine Stelle als Tiefdruckretoucheur, was – bedenkt man den kurzen Arbeitsweg via Seedamm – den Umzug der Familie nach Hurden hinlänglich zu erklären vermag. Moritz Ebner, so scheint es, war der Inbegriff eines gutbürgerlichen Menschen. Meist sah man ihn hinter dem Haus, wo er Gemüse zog, die Hecken schnitt oder sich am Gartenzaun zu schaffen machte. «Besuch», erinnert sich ein Nachbar von direkt gegenüber, «empfingen die Ebners nur ganz selten.» Auch im Restaurant Kreuz, einer geschichtsträchtigen Beiz aus der Wallfahrer-Zeit, die nur ein paar Schritte von der Ebnerschen Wohnung entfernt lag, wurde der Einzelgänger nur wenige Male gesehen. «Während ein paar Monaten kam Moritz Ebner hierher zum Jassen», erinnert sich ein in die Jahre gekommener Stammgast. Später sei er dann kaum mehr im «Kreuz» aufgetaucht.

Geboren und aufgewachsen war Moritz Ebner in Grüningen im Zürcher Oberland, wohin sein Vater, ein süddeutscher Landwirt, Ende des letzten Jahrhunderts emigriert war. Auch Anna Zangger, die er 1936 heiratete, stammte aus Grüningen. Ihr Erzeuger, Johann Zangger, war ein wohlhabender Grossbauer mit stattlichem Viehbesitz. Anna sei ein resolutes Mädchen gewesen, heisst es. Sie half tatkräftig auf dem elterlichen Hof mit und verstand in ihrer zupackenden Art bald mehr vom Viehhandel als ihr Vater. Später liess sich Anna zur Krankenschwester ausbilden. Im Gegensatz zu einer ihrer Schwestern, die im Welschland in einen katholischen Klosterorden eintrat, stand Anna mit beiden Beinen voll im Leben. Dank ihrem vorwärtsstrebenden Wesen gelang es ihr, gesellschaftliche Schranken ohne viel Federlesens zu durchbrechen.

So durfte im Zürcher Oberland eine gewisse Anna Zangger in den dreissiger Jahren als allererste Frau einen Führerschein ihr eigen nennen.

Auch als Ehegattin und Mutter hielt Anna das Steuer fest in der Hand. Natürlich sah sie es eher ungern, wenn Vater Moritz in die Wirtschaft zum Jassen ging, zumal dieser keine allzu robuste Gesundheit besass und aufgrund einer hartnäckigen Allergie zeitlebens auf eine strenge Diät achten musste. Auf der Suche nach einer angemessenen Schonkost für ihren Gatten brachte die eingeschränkte Versorgung während des Zweiten Weltkriegs die brave Hausfrau auf den richtigen Pfad. Getreideflocken wurden zu einem festen Bestandteil des täglichen Ernährungsplans für ihre Familie, ganz nach den Rezepten des Birchermüesli-Erfinders Maximilian Oskar Bircher-Benner.

Im letzten Kriegsjahr wurde Anna Ebner zum dritten Mal schwanger. Zwar fehlte es in diesen mageren Tagen in nahezu jedem Haushalt an diesem oder an jenem, doch alles in allem gestaltete sich das Leben hier oben, in der voralpinen Keimzelle der Eidgenossenschaft, recht erträglich. Die Menschen hatten sich während sechs langer Kriegsjahre beinahe daran gewöhnt, mit der ständigen Bedrohung zu leben. Ihrer tiefen Religiosität verdankten es die Ebners, dass sie selbst in den finsteren Tagen, als Adolf Hitler nur wenige hundert Kilometer weiter nördlich sein letztes Aufgebot verheizte, niemals am baldigen Ende der schwierigen Kriegszeit zweifelten.

So trat der dritte Spross der Familie Ebner unmittelbar nach dem Zweiten Weltkrieg in eine hoffnungsvoll nach vorn blickende Welt.

Der kleine Balg mit den strahlend blauen Augen wurde vom Kaplan der Pfarrkirche in Freienbach auf den Namen Martin

Mauritius getauft und wuchs in der Folge zu einem aufgeweckten Buben heran.

Bald wurde allerdings absehbar, dass der Familie mit ihren nunmehr drei Söhnen – Bernhard (geboren 1937), Toni (1939) und Martin (1945) – die bescheidene Parterrewohnung früher oder später zu eng werden dürfte. Der Zufall wollte es, dass sich die Besitzerfamilie, die direkt über den Ebners wohnte, mit dem Gedanken trug, das Haus zu verkaufen, um in ihren Heimatkanton Thurgau zurückzukehren. Die Zeichen für den Kauf eines Eigenheims standen ausgesprochen günstig, da der Immobilienmarkt infolge der Kriegswirren zusammengebrochen war. Entsprechend niedrig lagen die Preise für jene, die ihre Ersparnisse über die Krisenjahre hatten hüten können. Weshalb also zögern? Moritz Ebner nutzte die Gunst der Stunde und erwarb im Januar 1947 das geräumige Haus, in dem bis dahin drei Familien gewohnt hatten. Zum Grundstück gehörte auch ein schmaler Uferstreifen an der östlichen Seite der Hurdener Halbinsel. Dass ein solches Liebhaberobjekt damals für 50 000 Franken zu kaufen war, erscheint bei den heutigen Preisen schier unglaublich.

Vier Jahre später erfuhren die familiären Geschicke einen weiteren Einschnitt; mit der Geburt einer Tochter, die in Anlehnung an den Vornamen der Mutter Annemarie getauft wurde. Besonders Martin war seiner kleinen Schwester zugetan, konnte er doch mit seinen älteren Brüdern bei Sport und Spiel erst bedingt mithalten. Toni und Bernhard hatten zu jener Zeit die ersten Schuljahre bereits hinter sich und kümmerten sich bei ihren Aktivitäten nicht sonderlich um den kleinen Bruder.

Im Frühjahr 1952 trat Martin seinerseits in die Primarschule im St. Gallischen Rapperswil ein, wo das Schulhaus direkt neben der alten Pfarrkirche gelegen war. Im Kreis von sechzig gleichaltrigen Kindern stellte sich rasch heraus, dass Martin, wie ehemalige Kameraden berichten, «von Anfang an der Klassenbeste» war. Die Lerninhalte forderten den aufgeweckten Jungen in keiner Weise heraus. Mit spielerischer Leichtigkeit durchlief er die ersten Schuljahre.

An freien Nachmittagen sah man Martin mit seinem ersten «Schulschätzeli» durch die Gassen von Rapperswil ziehen: Hand in Hand – oder mit einem Milchkesselchen als nützlichem Verbindungsglied – unterstützte er die kleine Rosi schon früh nach Kräften bei ihren Besorgungen. Rosmarie Ulmann, deren Vater in der Altstadt von Rapperswil ein Schneidergeschäft betrieb, war eine von Martins Klassenkameradinnen.

Der aufgeschossene Junge wirkte für sein Alter ungemein reif und selbstbewusst. Er sei «ehrgeizig und im Umgang mit Kameraden ziemlich rücksichtslos» gewesen, präzisiert ein ehemaliger Banknachbar. Während Martin den starken Mann spielte, war Rosi das brave, folgsame Mädchen. Wie es scheint, galt ihr die Sympathie der ganzen Klasse: «Rosi war immer sehr still und allseits ausgesprochen liebenswürdig.»

Auch ausserhalb des Klassenzimmers machte Martin Führungsanspruch geltend. Sei es beim spielerischen Erforschen eines mittelalterlichen Geheimgangs, der vom Graben auf der Westseite des Rapperswiler Schlosses in die Altstadt hinunterführt, sei es beim verbotenen Erklettern der Schlossmauer; oft zeigte er von allen Gleichaltrigen am meisten Mut. Stellte sich ihm bei solchen Eskapaden ein rivalisierender Spielgefährte in den Weg oder fing gar einer mit dem kräftigen Hurdener einen Händel an, dann «bekam Martin sehr schnell einen hochroten Kopf und boxte auf den Gegner ein, bis dieser wimmernd am Boden lag». So jedenfalls erinnert sich ein Klassenkamerad. Martins Unerschrockenheit konnte unvermittelt in blinden Zorn umkippen, weshalb viele Mitschüler für den aschblonden Primus eine Mischung aus Bewunderung und Furcht empfanden. Die Mädchen hingegen «haben alle heimlich für ihn geschwärmt», wie eine gleichaltrige Rapperswilerin zu berichten weiss.

In der dritten oder vierten Klasse begann Martin, seine eigenen Wege zu gehen. Während die meisten Kameraden in die katholische Jungwacht eintraten, zog er es vor, sich den Pfadfindern anzuschliessen.

An Eigenständigkeit und Selbstbewusstsein mangelte es ihm jedenfalls nicht. Versuchte jemand, ihn wegen seines auffallenden Äusseren aufzuziehen, reagierte Martin schlagfertig. Als er eines Nachmittags an der Seite von Schwester Annemarie, die inzwischen ebenfalls in Rapperswil zur Primarschule ging, über den

Seedamm nach Hause radelte und ihm ein entgegenkommender Junge über die Fahrbahn hinweg neckend zurief: «Schau, der Weisse kommt!», quittierte Martin altklug: «Ja, der Weisse, aber mit nur einem ‹s›.»

Klingelten ein paar Gefährten an der Haustür, um Martin zum Spielen im Freien abzuholen, konnte es passieren, dass dieser sich von seiner Mutter via Küchenfenster entschuldigen liess. Er bleibe lieber drinnen und lese ein spannendes Buch. Vermochten ihn seine Kameraden gelegentlich doch nach draussen zu locken, tat sich Martin schwer, in ihrer Mitte nur einfach mitzulaufen. Vielmehr fühlte er sich sogleich als Primus inter pares und versuchte, die Kinderschar nach seinem Willen zu dirigieren. Von grosser und kräftiger Statur, war er körperlich einer der am weitesten entwickelten Jungen seines Alters, weshalb ihm Gleichaltrige ordentlich Respekt zollten.

Beim Herumtollen auf der Halbinsel, wenn die Kinder etwa eine Baumhütte errichteten oder im Ried neben dem Bahntrassee Räuber und Gendarm spielten, habe Martin seiner Führungsrolle «eher durch körperliche Kraft als durch geistige Überlegenheit» Geltung verschafft, erinnert sich ein Spielkamerad aus der Nachbarschaft, der an den häufigen Raufereien beteiligt war.

Ausserdem besass Martin ein gehöriges Mass an Kaltschnäuzigkeit. Ein Bubenstreich, zu Protokoll gegeben von einem Augenzeugen, mag dies illustrieren: Einmal spielten die Jungen Fussball auf einer ungemähten Wiese hinter dem Hotel Adler, die einem wohlhabenden Bauern namens Feusi gehörte. «Den Böllen bekommt ihr nicht mehr», drohte Feusi, nachdem er die Kinder beim Spiel überrascht und das Corpus delicti fluchend an sich genommen hatte. Breitbeinig stapfte er von dannen, das inkriminierte Objekt unter den rechten Arm geklemmt. Doch Martin gab nicht klein bei. In Sekundenschnelle entwarf er einen raffinierten Plan. Zwischen besagter Wiese und dem Hof des Bauern gibt es eine Abkürzung, ein kurzer Tunnel, der unter der Seedamm-Bahnlinie von Rapperswil nach Pfäffikon hindurchführt. Dort versteckten sich die Kinder. Als Feusi schweren Schrittes den Weg herunterkam, schlich Martin von hinten auf leisen Sohlen an ihn heran und stiess ihm mit einem gekonnten Faustthieb den Ball aus dem Arm. Bauer Feusi stand sprachlos, die anderen Kinder rannten schnell aus ihrem Versteck, fingen den Ball auf und trollten sich im triumphierenden Hochgefühl, dem alten Griesgram ein Schnippchen geschlagen zu haben.

II

Kantonsschüler in Wetzikon

Wie Martin der Enge seines katholischen Elternhauses entwächst und sich im Klassenverband in der Rolle des «coolen» Einzelgängers übt

Vater Moritz Ebner arbeitete bereits seit 25 Jahren in der Buchdruckerei Meyer & Söhne, als ihm Ende der fünfziger Jahre die gesamte Reproabteilung unterstellt wurde. Das Familienunternehmen, bekannt geworden durch «Meyers Modeblatt», war gerade von Rapperswil in die Nachbargemeinde Jona umgezogen, und Moritz Ebner, dem jetzt dreissig Leute unterstellt waren, hatte alle Hände voll zu tun. Bei der Arbeit habe Moritz Ebner «immer eine persönliche Distanz gewahrt und insgesamt sehr wenig von sich preisgegeben», weiss ein ehemaliger Stift, der noch unter seiner Leitung zum Tiefdrucker ausgebildet worden ist. «Man hat sich auch gar nicht getraut zu fragen!» Ein Arbeitskollege erinnert sich nach dreissig Jahren, dass Herr Ebner meist mit dem Fahrrad zur Arbeit fuhr und dass er einmal eigens von Meyer senior nach Madrid geschickt wurde, um für einen geplanten Farbbildband über den Prado die Originalfarben der Gemälde vor Ort zu bestimmen.

Bei der verantwortungsvollen Position, die der Reprofachmann Ebner in der Buchdruckerei innehatte, prüfte er eine Zeitlang dennoch die Möglichkeit, beruflich umzusatteln und sich selbständig zu machen. Im Tessin besass er nämlich eine kleine Fabrik, in welcher er auf eigenes Risiko Wollteppiche, Bettvorleger und dergleichen anfertigen liess. Doch das Geschäft kam nie richtig in Schwung, so dass Vater Ebner den Schritt in die ungewisse Selbständigkeit nicht wagte und das kleine Unternehmen jahrelang neben seiner regulären Berufstätigkeit betrieb. Zuweilen musste er wohl oder übel seine ganze Freizeit opfern, etwa wenn es galt, die Buchhaltung des Textilbetriebs nachzuführen. Es soll auch manches lange und teure Ferngespräch gegeben haben, als Moritz

Ebner an der australischen Rohstoffbörse wieder einmal sein Glück versuchte. Während solch angespannter Phasen kam der gewissenhafte und loyale Reprochef am nächsten Morgen auch einmal übernächtigt in die Buchdruckerei. Die volatilen Preisbewegungen in hochspekulativen Terminmärkten – und sei es auch nur für australische Schurwolle – waren für den gelernten Lithographen nicht in den Griff zu bekommen. Zuletzt musste Moritz Ebner einsehen, dass er der Doppelbelastung auf die Dauer nicht gewachsen war, und so übertrug er die Verantwortung für das Tessiner «Fabrikli» Ende der fünfziger Jahre seinem ältesten Sohn Bernhard.

Besonders gross dürfte des Vaters Nebenverdienst ohnehin nicht gewesen sein; jedenfalls machte sich im Ebnerschen Haushalt niemals unnötiger Luxus breit. Die Mutter, erzählt ein Nachbar, habe «jeden Franken zweimal umgedreht und ihren vier Kindern die abgewogenen Haferflöckli löffelweise zugeteilt». Ein langjähriger Mieter im Hause Ebner ergänzt mit bittersüssem Lächeln, dass nie etwas renoviert worden sei und der Hausherr notwendige Ersatzinvestitionen hinausgezögert habe, «bis die Tapete von den Wänden hing». Nach Abschluss seiner sechsjährigen Primarschulzeit trat Martin zunächst in die Rapperswiler Sekundarschule ein, wo es ihn allerdings nur während eines Jahres hielt. Da der geistig bewegliche Dreizehnjährige den Unterrichtsstoff ohne nennenswerte Anstrengungen zu verarbeiten wusste, wechselte er im Mai 1959 direkt in die zweite Klasse des Gymnasiums in Wetzikon. Dort wählte er die humanistische Richtung mit Schwergewicht auf den klassischen Sprachen Griechisch und Latein.

Sein täglicher Schulweg über den Seedamm verlängerte sich nun durch die Zugfahrt von Rapperswil nach Wetzikon und zurück. Doch nicht nur räumlich begann sich Martins Welt mit dem Übertritt in die Kantonsschule zu weiten. Auch seine bisherigen Massstäbe erfuhren eine Korrektur, schliesslich trafen in Wetzikon die begabtesten Schüler aus dem gesamten Zürcher Oberland zusammen. In diesem Umfeld war Martin nun plötzlich nicht mehr der konkurrenzlose Primus. Der athletische Martin war vorübergehend schnellster Mittelstreckenläufer der ganzen Schule. Im übrigen erwies er sich als solider Schüler, dessen Leistungen in keinem Fach – vielleicht mit Ausnahme des Englischen – besonders auffielen. Die breite Fächerung seines Talents bewahrte ihn indessen davor, in irgendeiner Disziplin unter das gute Mittelmass zurückzufallen. Seiner damaligen Klassenlehrerin, Brigitte Müller, ist der junge Ebner als «Sonnyboy» in Erinnerung geblieben, der dem Unterricht meist mühelos folgte.

Der grossgewachsene Jüngling mit den stahlblauen Augen sei «ein cleverer, blitzgescheiter Typ» gewesen, bezeugt sein Klassenkamerad Eugen Boltshauser, der heute als Chefarzt am Zürcher Kinderspital tätig ist. Allgemein habe sich Martin «betont cool» gegeben, erzählt Boltshauser, etwa wenn er auf der kurzen Bahnfahrt zwischen Rapperswil und Wetzikon nebenbei noch rasch die Hausaufgaben erledigte. Trotz der zur Schau gestellten Lässigkeit galt der Hurdener im Klassenverband als äusserst ehrgeizig. Von den Mitschülern seiner Gewitztheit wegen bewundert, brachte es Martin denn auch zum Klassensprecher.

Mit seiner selbstbewussten Art hatte er von Anfang an «das Auftreten eines Klassen-Bosses», gibt ein Mitschüler zu Protokoll, der es vorzieht, anonym zu bleiben. Derselbe kann sich übrigens nicht daran erinnern, dass Martin innerhalb des Klassenverbandes jemals einen wirklichen Freund gehabt hätte: «Er war ein typischer Einzelgänger.» Einmal, in der dritten oder vierten Klasse des Gymnasiums – Martin war knapp 16 Jahre alt –, bahnte sich zwischen ihm und einem gleichaltrigen Mitschüler eine lockere Freundschaft an. «Eines Tages, auf dem Pausenhof», erinnert sich jener, «wollte es Martin dann aber wissen.» Wegen einer Lappalie sei Martin plötzlich in Wut geraten, habe ihn mit stechenden Augen fixiert und sei mit den Fäusten auf ihn losgegangen. Doch diesmal war Martin an einen Gleichaltrigen geraten, der ihm körperlich überlegen war: «Ich habe Martin damals vor der ganzen Klasse auf den Rücken gelegt. Er musste sich ergeben», erzählt sein Trainingspartner rückblickend nicht ohne Stolz. Die aufkeimende Freundschaft zwischen den Kameraden kühlte sich nach dem Zwischenfall blitzschnell ab.

An der Kantonsschule wurde Martins Drang, sich durch ausgefallene Verhaltensweisen oder originelle Äusserungen vom Durchschnitt abzuheben, zusehends manifest. Dabei zeigte der

Junge keinerlei Scheu, sich gegen den gesamten Klassenverband zu exponieren. War beispielsweise das Mass der Zumutbarkeit von Hausaufgaben überschritten, und die Klasse sich einig, die «Schanzerei» mit einem kollektiven Protest zu verweigern, setzte sich Martin absichtlich darüber hinweg, indem er den Stoff am nächsten Tag gleichwohl intus hatte.

Mit derselben Selbstverständlichkeit konnte er auch unter umgekehrten Vorzeichen aus dem Kollektiv ausscheren: Im Biologieunterricht bekamen die Gymnasiasten gegen Ende ihrer Schulzeit den Auftrag, während eines Jahres ein Herbarium mit einer Mindestzahl an getrockneten Pflanzen anzulegen. Als es zwölf Monate später daran ging, die Herbarien abzuliefern, entpuppte sich Martin als einziger, der die Aufgabe nicht ausgeführt hatte. «Er riskierte einfach dieses ‹Gambling› mit dem Lehrer und hatte zur Rechtfertigung irgendeine clevere Ausrede parat», entsinnt sich Klassenkamerad Eugen Boltshauser.

Trotz seines pointierten Individualismus und seiner Affinität zum kalkulierten Risiko verströmte Martin einen Charme, der ihm schon damals von Nutzen war. Einem Mitschüler ist aufgefallen, dass Martin, wenn immer es darauf ankam, Respektspersonen gegenüber ein «ausgesprochen korrektes Benehmen» an den Tag legte: «Der hätte Diplomat werden können.»

Während er die Mehrzahl seiner Schulkameraden als Rivalen wahrnahm, wollte der gutaussehende Jüngling wenigstens auf die uneingeschränkte Bewunderung seitens der Damenwelt bauen. Showeinlagen nicht abgeneigt, wusste Martin bald sehr genau, womit er beim anderen Geschlecht Eindruck erwecken konnte. Beim Besteigen des Zuges nach Rapperswil, so will es eine Anekdote, liess er einmal eine Menschentraube hinter sich auflaufen, lediglich um einer hübschen Mitschülerin, für die er gerade schwärmte, eine Kusshand zuzuwerfen.

Das Verhältnis zwischen Martin und seiner Primarschulfreundin Rosmarie Ulmann soll sich damals etwas abgekühlt haben. Nachdem Rosi zunächst in Rapperswil geblieben und dort die Sekundarschule besuchte hatte, wechselte sie erst im Frühjahr 1962 an die Kantonsschule, wo sie drei Jahre später mit dem kaufmännischen Diplom abschloss.

Ein Klassenkamerad erinnert sich an eine Szene aus dem Griechischunterricht. Der Lehrer hatte eben eine Parabel aus der klassischen Mythologie vorgetragen, deren Inhalt sinngemäss etwa folgender war: Ein antiker Held wird in den Götterhimmel erhoben, wo als Belohnung für seine Taten eine holde Schönheit in einer goldenen Kutsche auf ihn wartet. Martin, nicht verlegen, habe beim Dozenten sofort nachgehakt: «Bestand die Belohnung nur aus der Kutsche, oder durfte der Held auch deren Inhalt behalten?» Martin wollte immer alles «bis ins letzte Detail» wissen und «hat mit seiner ewigen Fragerei die ganze Klasse genervt», urteilt ein Mitglied jener Klassengemeinschaft. «Er konnte einen Lehrer problemlos zehn Minuten lang ‹löchern›.»

Die Interessen des eigensinnigen Gymnasiasten erstreckten sich auch noch auf anderes: «Ich will einmal Millionär werden», vertraute er in einer stillen Stunde einem Klassenkameraden an, mit dem zusammen er zur Aufbesserung des Taschengeldes im Schulhaus einen improvisierten Getränkehandel aufgezogen hatte. Auf Martins Initiative hin bestellten die beiden bei einem Wetzikoner Grossisten einige Harassen Mineralwasser und verkauften die Fläschchen während der Pausen an die Mitschülerinnen und Mitschüler. 200 Franken pro Monat schauten dabei für jeden von ihnen heraus – kein schlechtes Sackgeld. So machte sich Martins feine Witterung für Marktlücken zum ersten Mal in klingender Münze bezahlt.

Ein andermal veranlasste Martin seine Mutter, vier gleiche Wollpullover zu stricken, die er anschliessend unter seinen Klassenkameraden gewinnbringend losschlug. Schon als Gymnasiast sei Martin Ebner ausnehmend geschäftstüchtig gewesen und habe sich in finanziellen Belangen stets von einer besonders pfiffigen Seite gezeigt, bestätigen jene, die Gelegenheit hatten, ihn an der Kantonsschule näher kennenzulernen. Dieser früh entwickelte Handelssinn sollte sich wie ein roter Faden durch sein Leben ziehen.

Im fakultativen Religionsunterricht, der in den freien Stunden über Mittag stattfand, traf Martin auf eine Persönlichkeit, die ihn tief beeindruckte und wohl prägenden Einfluss auf seine Geisteshaltung ausübte. Pater Ambros Eichenberger referierte über religiöse Quellentexte oder lieferte sich mit den heranwachsenden Katholiken zuweilen hitzige Wortgefechte über mancherlei Sinnfragen. Martin begann sich insbesondere für die Philosophie des Voluntarismus zu erwärmen. Die Voluntaristen vertreten die Auffassung, dass der Wille der Vernunft übergeordnet sei, weshalb Gott auch Unbegreifliches geschehen lasse. In einer irrationalen Welt ist es dem Menschen unmöglich, den göttlichen Willen zu erkennen, womit er auf seine subjektive Vernunft zurückgeworfen ist.

Die Ansichten seines Religionslehrers beeindruckten Martin derart stark, dass er Hochwürden alsbald nach Hurden einlud, um ihn seinen Eltern vorzustellen. Im Hause Ebner war der Besuch von Kirchenmännern nichts Aussergewöhnliches: Zu den wenigen regelmässigen Gästen zählte ein entfernter Onkel von Martin, der als Benediktinerpater am Kollegium Sarnen unterrichtete.

Pater Ambros, der als väterlicher Freund und Mentor von Martin Ebner gilt, charakterisiert dessen Eltern als «extrem gradlinige, rechtschaffene Leute mit einer ungekünstelten Einstellung zur Religion». Was Moritz und Anna Ebner ihren Kindern durch ihr gutes Beispiel mit auf den Lebensweg gegeben hätten, seien «Werte wie Selbstbestimmung, Gerechtigkeitssinn und eine hohe christliche Moral». Nie hätten die zutiefst gläubigen Eltern ihre Sprösslinge besitzen oder festhalten wollen. Im Gegenteil, sagt Pater Ambros: «Die Ebner-Kinder sind von ihren Eltern moralisch begleitet und später grosszügig ins Leben entlassen worden.»

Nach Abschluss der Mittelschulzeit begann Martin Ebner tatsächlich, sich in verschiedener Hinsicht von seiner katholischen Prägung zu emanzipieren. Und trotzdem sollte er wenigstens im äusserlichen, institutionellen Rahmen der religiösen Tradition seines Elternhauses verpflichtet bleiben. So liess sich Martin Ebner Ende der siebziger Jahre in den Vorstand der Schweizerischen Katholischen Filmkommission wählen. Geleitet wurde die angegliederte Filmverleihstelle, die sich der moralischen Erbauung der heimischen Bevölkerung verschrieben hat, von niemand anderem als Dominikanerpater Ambros Eichenberger, dem früheren Religionslehrer. Ehrenamtlich übernahm Ebner, damals schon als Bankier tätig, das Finanzressort und assistierte bei der Budgetplanung und im Rechnungswesen. Eichenberger schaffte in den achtziger Jahren gar den Sprung in die Päpstliche Medienkommission und entwickelte sich gleichzeitig zu einem anerkannten Fachjournalisten, der im Feuilleton der NZZ hin und wieder religiöse Drittweltfilme bespricht.

Zu der Zeit, als Martin Ebner seine Füsse noch unter den väterlichen Tisch streckte, gründeten eine Handvoll Hurdener Katholiken eine Kapell-Genossenschaft, um ihrer Forderung nach einer regelmässigen Messe in der kleinen Kapelle am Seeufer besser Nachdruck zu verleihen. Aus dem Vermächtnis einer verstorbenen Hurdenerin stand der gottesfürchtigen Aktionsgemeinschaft ein Startkapital von 8000 Franken zur Verfügung. In einem Protokoll vom 26. Juli 1960 drückten die Initianten ihre Hoffnung aus, «dass die Neugründung der Kapell-Genossenschaft Hurden dem religiösen Leben im Fischerdörfchen neuen Auftrieb geben möge». Und weiter heisst es dort: «Dass dies im Zeitalter des Materialismus und der Weltgefahr des Bolschewismus von grosser Notwendigkeit sein muss, ist hoffentlich allen einleuchtend.»

Solch sinnstiftender Aufbauarbeit wollten sich die Ebners natürlich nicht entziehen. Bereits anlässlich der ersten Generalversammlung sprach sich Moritz Ebner deshalb für die Installation einer elektrischen Heizung in der Kapelle aus. In Anerkennung seiner Weitsicht wurde er von den Mitgliedern der Kapell-Genossenschaft 1961 zum Präsidenten erkoren. Während seiner Amtszeit trieb Moritz Ebner die umfassende Restauration des geschichtsträchtigen Kirchleins voran, sorgte sich dabei gewissenhaft um die Finanzen und bat die Kapell-Genossen des öfteren um ihre unentgeltliche Mithilfe. So konnte der neue Altar im März 1965 durch den gnädigen Herrn von Einsiedeln, Abt Raimund Tschudi, in einer feierlichen Zeremonie eingesegnet werden.

Gegen Ende seiner Gymnasiastenzeit fühlte sich Martin wieder vermehrt zu seiner Jugendfreundin Rosi hingezogen. Gelegentlich sah man das verliebte Pärchen damals in Zürich, etwa am Abend, wenn die beiden mit verbilligten Schülerbilletten gemeinsam ins Theater gingen. Jetzt wurde es mit der Beziehung offenbar ernst.

Am 23. Februar 1968 gaben sich Martin Ebner, 22, und Rosmarie Ulmann, 23, in der renovierten Kapelle zu Hurden ihr Jawort. Mit dem Segen von Pater Ambros Eichenberger vermählte sich das junge Paar exakt an der Stelle, wo vor über 600 Jahren die ersten Einsiedeln-Pilger mit einem Stossgebet auf den Lippen von einem wackligen Holzsteg ans rettende Ufer getreten waren.

III
Zeit des Aufbruchs

Wie der angehende Jurist ins Fahrwasser der studentischen Anti-68er-Bewegung gerät und in den USA ein erstes florierendes Business aufzieht

Von seinem Elternhaus hatte Martin bereits vor seiner Heirat Abschied genommen. Seit dem Wintersemester 1964/65 war er an der Rechts- und Staatswissenschaftlichen Fakultät der Universität Zürich immatrikuliert. An der Frankengasse 12, direkt hinter dem Grossmünster, hatte er seine erste Studentenbude bezogen. Die sanitären Einrichtungen des verwinkelten Altstadthauses waren bescheiden und das Mobiliar des Zimmers spartanisch. Doch der junge Student machte sich wenig aus Komfort – er war zur Sparsamkeit erzogen worden.

Wichtiger war für ihn der Aufbau eines Kontaktnetzes. Aus der Zeit an der Uni Zürich stammen denn auch ein paar jener Beziehungen, die Martin Ebner während seiner ganzen Berufskarriere begleitet haben. Die Bekanntschaft seines heutigen Kompagnons, Kurt Schiltknecht, hatte er zwar bereits an der Kantonsschule gemacht – genauer gesagt: auf dem Handballfeld hinter dem Schulhaus, wie kolportiert wird. Schiltknecht, der in Wetzikon drei Klassen über Martin Ebner dem Unterricht gefolgt war, musste die Kantonsschule im Herbst 1959 bereits wieder verlassen. Wegen mangelhafter Leistungen wurde der nachmalige Ökonomieprofessor nicht in die weiterführende Klasse befördert. Als sein Vater daraufhin im Schulhaus vorsprach – «Der Kurt ist doch intelligent!» –, musste er sich vom Klassenlehrer, Alfred Saxer, folgendes sagen lassen: Obwohl die Antworten seines Filius oftmals einen kritisch-ironischen Unterton annähmen, zeugten sie im allgemeinen von erheblicher Intelligenz. Im letzten Halbjahr sei Kurt jedoch ausgesprochen desinteressiert und phlegmatisch, um nicht zu sagen «choge fuul» gewesen.

Er sei zu jener Zeit tatsächlich ziemlich faul gewesen, gibt Kurt Schiltknecht nachträglich unumwunden zu. Genau wie Martin Ebner habe auch er «die Hausaufgaben immer erst im Zug erledigt». Für derlei Minimalismus, erklärt er, sei er halt von den Lehrern bestraft worden, indem sie seine Zeugnisnoten absichtlich abgerundet hätten: «Sogar im Turnen, wo ich eigentlich immer eine 6 hatte, gab man mir eine 4-5.» Ausser seinen schwachen Schulleistungen, kokettiert der Professor mit seinem unfreiwilligen Abgang, sei er den Lehrern gegenüber auch «aufsässig» gewesen. Dem Rektor habe er ins Gesicht gesagt: «Auf diese Schule bin ich nicht angewiesen!» Bei dieser rebellischen Aussage stützte sich Schiltknecht wohl nicht zuletzt auf das Vorbild seiner drei Brüder, die allesamt den regulären Unterricht vorzeitig quittieren mussten. Einen Doktorhut erwarb sich später trotzdem ein jeder von ihnen.

Der Bahnhof von Wetzikon war ein Knotenpunkt, wo zahlreiche Fäden zusammenliefen – zumal für jene Schülerinnen und Schüler, die tagtäglich von auswärts angereist kamen. An diesem windigen Ort haben sich damals auch die Wege von Martin Ebner und Christoph Blocher zum ersten Mal gekreuzt. Christophs jüngerer Bruder, Andreas Blocher, besuchte ebenfalls die Kantonsschule und pendelte zu diesem Zweck jeden Tag von der Ortschaft Wald, wo die Blocher-Buben zu Hause waren, nach Wetzikon. Den gleichen Regionalzug benutzte auch Christoph.

An der Universität in Zürich wurde der Kontakt zwischen Martin Ebner und Christoph Blocher zusehends enger, vorab aus politischen Gründen. Im Frühjahr des Jahres 1968 kursierten auch an den Schweizer Hochschulen die Kampfparolen marxistischer Weltverbesserer. Bei Martins konservativer Prägung stiess deren antiautoritäre Weltanschauung jedoch weitgehend ins Leere. Den Idealisten der 68er-Bewegung mangelte es in seinen Augen schlichtweg am nötigen Realitätsbezug. Und trotzdem zog das studentische Aufbegehren gegen die etablierten Machtverhältnisse nicht emotionslos an ihm vorüber. Spontan ergriff Ebner die pragmatische Gegenposition zu den revoltierenden Kräften am linken Rand und fühlte sich fortan dem konservativen «Studentenring» verbunden.

Unter den Wortführern der rechtsoppositionellen Studenten tat sich damals vor allem Ebners Kommilitone Christoph Blocher hervor. Blocher, so heisst es, sei damals bei den Vollversammlungen der linken Studentenschaft regelmässig mit störenden Zwischenrufen aufgefallen. «Wir benahmen uns, als ob tausend Leute hinter uns stünden, dabei waren wir zunächst nur zu dritt», gibt jener rückblickend zu.[2] «Der emotionale Kitt zwischen Ebner und Blocher stammt aus dieser Phase», bestätigt der Zementindustrielle Thomas Schmidheiny, der in der fraglichen Zeit ebenfalls an der Universität Zürich studierte.

Nach Abschluss seiner Erstausbildung an der Landwirtschaftlichen Schule in Winterthur-Wülflingen hatte Christoph Blocher, Sohn eines evangelischen Pfarrers aus Laufen am Rheinfall, die eidgenössische Matura auf dem zweiten Bildungsweg nachgeholt. An der Universität belegte Blocher zunächst einige Vorlesungen in Agronomie, entschied sich jedoch bald für das Studium der Rechtswissenschaften. Mag sein, dass er sich bei dieser Wahl am Vorbild seines Taufpaten Eugen Blocher orientierte, der 1928 zum Bundesrichter gewählt worden war.

Gleich zu Studienbeginn führte Christoph Blocher die Mathematikstudentin Silvia Kaiser vor den Traualtar. Um das junge Glück finanziell über Wasser zu halten, half der zielstrebige Protestant zwischen den Vorlesungen auf der Zürcher Sihlpost aus. Allerdings scheint dieser Nebenverdienst zum Leben dann doch nicht gereicht zu haben: «Es war eine richtige Studentenehe, er studierte, und ich arbeitete», sagt Sivlia Blocher, die zugunsten ihres Mannes damals ihr eigenes Studium aufgab.[3] Aus jener Zeit stammt auch das quasi-familiäre Band, welches sich seither zwischen den Blochers und den Ebners entwickelt hat. Deutlichen Ausdruck findet die gegenseitige Zuneigung darin, dass Rosi Ebner zur «Gotte» von Markus, dem einzigen männlichen Nachkommen von Christoph und Silvia Blocher, auserkoren wurde.

Ende der sechziger Jahre hielten an der Rechts- und Staatswissenschaftlichen Fakultät der Universität Zürich Professoren wie Arthur Meier-Hayoz (Obligationen- und Handelsrecht), Jörg Rehberg (Straf- und Strafprozessrecht) und Professor Jürg Niehans (theoretische und praktische Sozialökonomie) ihre Vorlesungen. Einen Lehrauftrag für Presserecht hatte der aufstrebende Jurist und spätere Gatte der ersten schweizerischen Bundesrätin, Hans W. Kopp, inne.

Nein, in die presserechtlichen Vorlesungen von Herrn Kopp sei er nie gegangen, verwehrt sich der Wirtschaftsanwalt Konrad Fischer, der neben Ebner und Blocher in den Hörsälen sass. Gleichwohl verfasste der spätere Geschäftspartner von Martin Ebner eine Doktorarbeit mit dem Titel «Über den Geltungsbereich der Pressefreiheit». In der 1973 erschienenen Schrift sorgt sich Fischer um das Problem einer «überkonzentrierten Presse» und um die «Unabhängigkeit der Redaktionen».[4] Zur Erfüllung ihrer staatstragenden Funktion bedürfe es notfalls auch der Unterstützung durch die öffentliche Hand. Selbst wenn Konrad Fischer in früheren Jahren gelegentlich mit dem Journalistenberuf geliebäugelt haben mag, so hat er sich am Ende doch für die finanziell interessantere Laufbahn eines Wirtschaftsanwalts entschieden. Neben diversen Verwaltungsratsmandaten bekleidet er seit 1985 das Präsidium der Zürcher BZ Bank.

Dieselben Vorlesungen wie Ebner, Blocher und Fischer besuchte auch der angehende Jurist Hans-Dieter Vontobel, ein Nachkomme des gleichnamigen Zürcher Bankiergeschlechts. Kurt Schiltknecht hatte sich inzwischen ebenfalls zu einem zielstrebigen Akademiker gemausert und traf als fortgeschrittener Ökonomiestudent hin und wieder mit Exponenten aus besagter Juristengruppe zusammen. Im Gegensatz zu den strammen Jungkonservativen um Christoph Blocher war Schiltknecht in den Jahren des studentischen Aufbegehrens allerdings ein überzeugter Linker.

Ebner spezialisierte sich während des Studiums auf Fragen des internationalen Privatrechts und schloss 1969 nach zehn Semestern «magna cum laude» ab. Wie eng die Beziehung zum späteren SVP-Nationalrat Blocher in jenen Tagen bereits war, mag folgende Episode illustrieren: Bei einem Immobiliengeschäft im heimatlichen Hurden trat Ebner für einen Nachbarn in der Funktion des Maklers auf. Beim Interessenten auf Käuferseite handelte es sich – wohl nicht ganz zufällig – um den Kommilitonen Blocher, der im Auftrag von Werner Oswald auf der malerischen Landzunge nach einer steuergünstigen Altersresidenz Ausschau hielt. Mit fremdem Geld wurden die beiden rasch handelseinig. Und so ergab es sich, dass die beiden Gesinnungsgenossen im August 1969 zum erstenmal miteinander ins Geschäft kamen, indem auf der Hurdener Halbinsel ein respektables Anwesen vom bisherigen Eigentümer, einem pensionierten Oberst, an den Besitzer der Emser Werke, Werner Oswald, überging.

Nach den Strapazen der Abschlussprüfungen hatte der «Licentiatus Iuris» fürs erste genug von der staubtrockenen Luft überfüllter Hörsäle. Bevor Martin Ebner weitere Weichen auf seiner Ausbildungsschiene zu stellen gedachte, wollte er für ein paar Monate ausspannen. Was lag in dieser Situation näher, als den älteren Bruder Bernhard zu besuchen, der sich inzwischen vom «Teppichfabrikli» des Vaters losgesagt hatte und in Südamerika ins Rohstoffgeschäft eingestiegen war? Also bestieg Martin das Flugzeug, traf in Mexiko seinen Bruder und bereiste anschliessend zusammen mit Rosi – quasi in verspäteten Flitterwochen – das Reich der Mayas und Azteken.

Nach diesem Abstecher in die Neue Welt galt es allzubald, den Anschluss an die heimatliche Realität wieder herzustellen. Welche Berufslaufbahn sollte Martin Ebner aber konkret einschlagen, um seinen Bubentraum («Ich will einmal Millionär werden») möglichst schnurgerade zu erreichen? Als junger Wehrpflichtiger hatte er seine Zielstrebigkeit in der Schweizer Armee bereits leidlich unter Beweis gestellt. Noch vor der Aufnahme seines Studiums war Ebner in die siebzehnwöchige Rekrutenschule eingerückt und hatte sich in den Folgejahren, jeweils während der Semesterferien, zum Motorfahrer-Offizier ausbilden lassen.

Auch punkto Zivilkarriere setzte Ebner auf das Bewährte und entschloss sich für ein solides Ausbildungsprogramm bei einer Schweizer Grossbank. Von 1970 bis 1973 lernte Martin Ebner bei der Schweizerischen Kreditanstalt (SKA) den Beruf des Geldmanagers von der Pike auf kennen. Dank Job-Rotation gewann der Hochschulabsolvent in kurzer Zeit einen Überblick über die Sparten des Bankfachs. In der Planungsabteilung der Grossbank befasste sich Ebner eine Zeitlang mit strategischen Fragen, danach schnupperte er ein Weilchen im Research-Department, wo ihm die Arbeit dank seiner raschen Auffassungsgabe besonders gut von der Hand ging. Ein zwölfmonatiger Abstecher nach Paris (Banque Nationale de Paris) und ein Einsatz von sechs Monaten in der Londoner SKA-Filiale rundeten Ebners «Banklehre» mit praktischer Erfahrung im internationalen Kreditgeschäft ab.

Während des Ausbildungsprogramms, das lic. iur. Ebner durchlief, verinnerlichte er bald, dass einer, der in Geldfragen tonangebend sein will, gewiefter sein muss als das Gros seiner Bankierkollegen. Also beschloss der 28jährige Jurist, seine Fachkompetenz auch auf wirtschaftlichem Gebiet auf eine profunde akademische Basis zu stellen. Am liebsten hätte er sich zu diesem Zweck an einer amerikanischen Spitzenuniversität wie Harvard, Princeton oder Chicago eingeschrieben. Doch Studienplätze an den begehrten «prime universities» waren damals für Ausländer rar; die akademischen Eintrittstickets wurden vorzugsweise an die aus Vietnam zurückkehrenden GIs vergeben. Wohl oder übel musste sich Martin Ebner deshalb mit einem Studienplatz an der weniger renommierten Universität von Gainesville im Norden des Bundesstaates Florida bescheiden. Am College of Business Administration in Gainesville spezialisierte er sich auf Fragen der Unternehmensfinanzierung und erwarb das statistische Rüstzeug der Ökonometrie.

Für die Dissertation, die Ebner parallel zu seinen Studien in Angriff nahm, konnte der Sohn eines Druckereiangestellten auf ein Stipendium des Staates Florida zurückgreifen.

Doch damit nicht genug: Offenbar stachelte ihn das transatlantische Klima auch auf unternehmerischem Gebiet zu einer ersten Grosstat an. Kurzerhand gewann er seinen Doktorvater, den jungen Ökonomieprofessor und Derivativ-Guru Blaine Roberts, als Geschäftspartner und gründete mit ihm und einem Kommilitonen die erste eigene Firma. Für den Marktauftritt des Consulting-Unternehmens, welches 1975 in Columbia (South Carolina) unter der Bezeichnung A.L. Fletcher and Associates ins Amtsregister eingetragen wurde, einigten sich die drei Partner der Einfachheit halber auf den Mädchennamen von Frau Professor Roberts, einer geborenen Fletcher. A und L standen hingegen nicht für die Vornamen der Gemahlin, sondern waren, wie Professor Roberts verrät, abstrakte Kürzel, die sich, verkaufstechnisch elegant, zum ersten Buchstaben des griechischen Alphabets – A.L.F.A. – formen liessen.

Dank dem exzellenten Beziehungsnetz von Ebners Doktorvater kam die kleine Consultingfirma so zügig aus den Startlöchern, dass man zur Bewältigung der zahlreichen Aufträge schon bald auf die Arbeitskapazität weiterer Hochschuldozenten zurückgreifen musste. Auf Mandatsbasis half der akademische Expertenstab mit, sogar Studien im Auftrag von amerikanischen Regierungsstellen wie dem «Department of Energy» oder dem «Department of Labor» an Land zu ziehen und diese dann auch termingerecht und zur vollen Befriedigung der anspruchsvollen Kundschaft abzuwickeln. Bei der Mehrzahl der A.L.F.A.-Kunden handelte es sich hingegen nicht um beziehungsreiche Ministerialbeamte, sondern um kleinere und mittlere Sparkassen, sogenannte «Savings and Loans Associations», die das Team um Blaine Roberts mit Hilfe hochkomplexer Computerprogramme bei der in Mode gekommenen «Securitisierung» von Hypothekarkrediten beriet.

Bei dieser Tätigkeit wurde Ebner erstmals die praktische Bedeutung der sogenannten «Glass-Steagall Act» bewusst. Das 1933 eingeführte Gesetz sollte die amerikanischen Einlagesparer vor dem als riskant eingestuften Wertschriftenhandel schützen, indem es den Kommerzbanken verbot, selbst in diesem Bereich tätig zu werden. Begierig saugte Ebner die neuesten amerikanischen Wirtschaftstheorien und Methoden der Finanzanalyse in sich auf. Zum erstenmal vernahm er damals auch den Namen Warren Buffet. Der heute als «the world's greatest investor» apostrophierte Selfmade Man war Anfang der siebziger Jahre damit beschäftigt, sich an der Wall Street einen strategischen Grundstock an entwicklungsfähigen Dividendenwerten zusammenzukaufen.

Die Dissertation, die Ebner 1976 an der Universität von Gainesville einreichte, trägt den Titel «Development, Estimation and Forecasting Accuracy of Regional Financial Models: An Application within the State of Florida» und beschäftigt sich nicht etwa mit dem Aktienmarkt, sondern mit einem komplexen makroökonomischen Thema: den Interdependenzen zwischen Zinsniveau, Hypothekarmarkt und Wohnungsbau. Auf 190 Seiten beruft sich der Verfasser auf ökonomische Koryphäen wie Friedman, Modigliani und Kindleberger, zitiert ausgiebig die umfangreichen Vorarbeiten seines Assistenzprofessors Henry Fishkind und kommt dann auf Seite 173 zum nicht ganz unbescheidenen Schluss: «Es ging nicht nur darum, die Beziehung zwischen Finanz- und Realsektor zu beleuchten, sondern von gleicher Wichtigkeit war auch der Beweis, dass finanzielle Variablen tatsächlich mit hoher Treffsicherheit vorhergesagt werden können. Die vorliegende Studie scheint beide Ziele erreicht zu haben.» Formal jedenfalls hinterlässt die Arbeit, in welcher Ebner am Beispiel von sechs Bundesstaaten den Versuch eines Brückenschlags zwischen den regionalen Finanzmärkten und der Realwirtschaft unternimmt, einen eleganten Eindruck. Bei der aufopfernden Unterstützung, die ihm seine Lebensgefährtin Rosi während der Ausarbeitung der Dissertation gewährte, ist dies eigentlich auch kein Wunder. Hinzu kamen Ebners hervorragende Englischkenntnisse.

Als Martin Ebner nach drei ausserordentlich produktiven Jahren, dekoriert mit dem Titel eines «Doctor of Philosophy» (Ph. D.), seine Rückkehr in die Heimat ankündigte, liess ihn Blaine Roberts nur ungern ziehen: «Ich versuchte ihn zu überreden, in den USA zu bleiben und gemeinsam weiterzumachen», bekennt der amerikanische Ökonomieprofessor, der die florierende Beratungsfirma nach Ebners Abschied noch ein paar Jahre allein weiterführte, bevor er Anfang der achtziger Jahre als Managing Director bei einer New Yorker Investmentbank anheuerte.

IV
Einstieg bei Vontobel

Wie Ebner im Schoss der Zürcher Bankierfamilie eine stürmische Karriere feiert und dabei dem Kronprinzen ins Gehege kommt

Mitte der siebziger Jahre kehrt er in die Schweiz zurück – als Mann von Welt, promovierter Ökonom und erfolgreicher Jungunternehmer. Um in der Gilde der hiesigen Geldmanager eine erfolgreiche Laufbahn zu starten, bedarf es neben intellektueller Brillanz, überdurchschnittlicher Arbeitsmoral und einiger Ideen selbstverständlich auch eines soliden Kontaktnetzes. Spätestens während seines dreijährigen US-Aufenthalts hat Wirtschaftsjurist Ebner auch diese Business-Grundregel verinnerlicht.

Wie gut, dass es da noch die alten Bekannten gibt! Martin Ebner entsinnt sich eines Kommilitonen mit wohlklingendem Namen: Hans-Dieter Vontobel, mit dem er Ende der sechziger Jahre an der Zürcher Universität Jura studiert hat. Im Gegensatz zum konsequenten Karrieristen Martin Ebner ist Vontobel junior ein völlig anderer Typ, der – seinem Naturell entsprechend – vielleicht lieber auf einer abgelegenen Alp Schafe züchten würde, als in der Grossstadt dem nervenaufreibenden Metier eines Geldmanagers nachzugehen.

Trotz der speziellen Mischung aus distinguierter Noblesse und vermeintlich jahrhundertealter Banktradition, die dem Namen Vontobel in den Ohren diskretionsbeflissener Privatanleger anhaftet, ist das Institut relativ jung und entstammt keineswegs dem Zürcher Geldadel. Gegründet wurde das Unternehmen 1924 vom Berner Effektenhändler und vormaligen Bank-Bär-Angestellten Friedrich Emil Haeberli. Haeberli war weniger ein Bankier als vielmehr eine Art «Börsen-Jobber». Es wird erzählt, dass er jeweils morgens die Bahnhofstrasse entlangschlenderte und nach Bekannten Ausschau hielt, um sie davon zu überzeugen, dass eine bestimmte Aktie unbedingt gekauft oder eine andere verkauft werden müsse. Nicht selten habe er sein Büro ohne eine einzige Börsenordre verlassen und sei eine Stunde später mit einem Dutzend von Aufträgen zurückgekehrt.

Anfang der dreissiger Jahre trat der Wertschriftenexperte Jakob, genannt «Jacky», Vontobel bei der Börsenagentur Haeberli & Co. als unbeschränkt haftender Gesellschafter ein. Der Grossvater von Hans-Dieter Vontobel hatte sich nach dem Ersten Weltkrieg in Diensten der Bank Leu bis zum stellvertretenden Direktor emporgearbeitet und wurde 1936 zum Unternehmer, als er die Haeberli & Co. übernahm und in J. Vontobel & Co. umbenannte. «Unter der Börsenagentur Haeberli hat man sich nicht eine aussergewöhnliche Firma der Branche vorzustellen – weder zeichnete sich der Kundenkreis durch eine Garnitur besonders klingender Namen, noch die Belegschaft durch geradezu ausserordentliche Tüchtigkeit aus»[5], schrieb die Bank Vontobel anlässlich ihres 50jährigen Bestehens. Am Anfang habe der Firmengründer «jede einzelne Büroklammer gezählt», ergänzt ein Zürcher Bankier hinter vorgehaltener Hand. Vielleicht war es gerade seine sprichwörtliche Sparsamkeit, die es dem Grossvater erlaubt hat, aus einem bescheidenen Börsenkontor in nur einer Generation die angesehene Bank Jakob Vontobel & Co. zu formen.

Als sich Martin Ebner im Dezember 1976 bei der Firma bewarb, lag die oberste Leitung des Vermögensverwaltungsinstituts in den Händen von Hans Vontobel. In der undankbaren Rolle des ewigen Juniors war dieser bis ins fortgeschrittene Mannesalter an der Kandare des Firmengründers «Jacky» Vontobel gegangen. Viel zu lange hatte er auf den Moment warten müssen, bis er endlich selbst die volle Verantwortung für das Familienunternehmen übernehmen durfte. Seinem eigenen Filius, so dachte sich das 60jährige Familienoberhaupt, würde er es einmal leichter machen, indem er ihm den Stab der operativen Führung nicht erst zur Unzeit übergäbe.

Hans-Dieter Vontobel war nach dem Jusstudium und anschliessendem Doktorat in dritter Generation in das Unternehmen eingestiegen und hatte Anfang der siebziger Jahre damit begonnen, für die aufstrebende Bank eine eigenständige Abteilung für Unternehmensanalyse aufzubauen. Um diese mit einem fähigen

Kopf zu besetzen, kam ihm die Anfrage seines Studienkollegen gerade recht. Der neugeschaffene Research-Bereich war als Stabsstelle konzipiert und damit direkt der dreiköpfigen Geschäftsleitung unterstellt, welcher neben Vontobel senior auch dessen designierter Nachfolger Hans-Dieter Vontobel angehörte.

Stimuliert von den Erfolgen, die er jenseits des Atlantiks hatte feiern können, trat Martin Ebner voller Tatendrang die neue Stelle an. Als Zugpferd eines kleinen Analystenteams begann er damit, innerhalb des Familienunternehmens eine moderne Research-Abteilung nach amerikanischem Muster aufzuziehen. Eine von Ebners Pionierleistungen bestand in der Entwicklung eines Modells, welches ihm dazu diente, die «wahren» Gewinne der Schweizer Grossbanken zu errechnen.

Ohne Zweifel konnte Ebner sein in den USA erworbenes Wissen bei der Bank Vontobel optimal einsetzen. Zudem fiel er im Kreis der Mitarbeiter schon bald durch eine gehörige Portion Investitionswillen auf: «Martin Ebner hat das Research hierzulande buchstäblich erfunden», bezeugt im Rückblick Günther Käser, Gründer des KK Swiss Investment Research.

Bei der Auswahl der Wertschriften, die man der vermögenden Privatkundschaft nach eingehender Prüfung zum Kauf oder Verkauf empfahl, offenbarte der «Rising star» unter den helvetischen Aktienanalysten einen psychologisch interessanten Charakterzug. Als die Schweizerische Kreditanstalt, bei der Ebner ein dreijähriges Ausbildungsprogramm für Hochschulabsolventen durchlaufen hatte, 1977 in den Strudel der «Chiasso-Affäre» geriet und 1,2 Milliarden Franken an stillen Reserven auflösen musste, reagierte die Bank Vontobel mit einer expliziten Verkaufsempfehlung für die Titel der angeschlagenen Grossbank. Absender der unmissverständlichen Botschaft: Martin Ebner. «Andere Investmentbanker verhielten sich damals wie echte Gentlemen, indem sie von kursbelastenden Aussagen Abstand nahmen», erinnert sich ein Zürcher Bankdirektor. Die SKA kam 1981 mit einem negativen Zinsergebnis erneut ins Gerede. Und wiederum will besagter Bankdirektor beobachtet haben, wie ein kompromissloser Vontobel-Analyst gleichsam in diejenige Hand biss, die ihn zuvor drei Jahre lang genährt hatte. Martin Ebner soll sämtliche SKA-Titel, die sich in den Portefeuilles der Kundschaft befanden, «gespült», will sagen, an der Börse verkauft haben.

Es dauerte nicht lange, bis auch von einem breiteren Publikum bemerkt wurde, dass in der renommierten Privatbank ein frischer Wind aufgekommen war, was sich in einer zunehmenden Kadenz von Unternehmensanalysen und anderen Finanzveröffentlichungen zeigte. Die Kenntnis der profunden Studien aus dem Hause Vontobel wurde innerhalb der Business-Community nachgerade zu einem «must». Vor allem im Bereich der Finanz- und Pharmawerte entwickelte sich Martin Ebner zu einem Analytiker mit instinktsicherem Durchblick.

«Erfolg bedingt Einsatz», lautete der Wahlspruch des dynamischen Research-Leiters, der eine alte Gewohnheit zur karrierefördernden Tugend perfektionierte: Meist zog sich Ebners Arbeitspensum von frühmorgens bis in die späten Abendstunden hinein. Vontobel-Mitarbeiter schildern ihn als «Workaholic», der sich im Anschluss an ein anstrengendes Meeting im Fernen Osten, plus einem sechzehnstündigen Nachtflug zurück nach Zürich, direkt ins Büro begeben konnte, wo er problemlos weitere zwölf bis vierzehn Arbeitsstunden «herunterriss». Waren dann einmal alle Pendenzen vom Tisch, brauchte der «Master of the Universe»[6] nur noch zum Telefonhörer zu greifen: «Hallo Rosi, Du kannst mich in einer halben Stunde abholen.» Genau dreissig Minuten später durfte er sich dann zufrieden auf den Beifahrersitz seines Saab fallen lassen, mit dem ihn seine fürsorgliche Gattin nächtens nach Hause chauffierte. Nach einer kurzen Rekreationsphase liess er sich am nächsten Morgen von Rosi jeweils zuerst zum Postfach in seiner Wohnsitzgemeinde fahren, bevor sie ihn pünktlich um 8 Uhr wiederum vor seinem Arbeitsplatz an der Bahnhofstrasse 3 absetzte.

Beobachter aus dem näheren Umfeld des Paares sprechen von einer absoluten Unterordnung Rosis unter die ehrgeizigen Ziele ihres Gatten. «Kinder halten einen vom Erreichen beruflicher Ziele ab», soll Martin Ebner gegenüber Arbeitskollegen geäussert haben. Und Rosi, so wird kolportiert, habe verschiedentlich genau dieselbe Ansicht vertreten. Der Zürcher Headhunter Bruno A. Slongo, der Ende der siebziger Jahre zusammen mit Rosmarie

Ebner bei der Zürcher Concast AG tätig war, hat Ähnliches bemerkt. In der Rechtsabteilung des Unternehmens, das sich mit dem Vertrieb von Stahlgussanlagen sowie der dazugehörigen Patentverwertung beschäftigt, habe es die Chefsekretärin «mit allen gut gekonnt» und sei deshalb auch «von allen gemocht» worden. «Rosi Ebner», sagt Slongo, «ist ein sehr mütterlicher Typ. Sie hat viel Herz und liebt es, jederzeit frische Blumen um sich herum zu haben.»

Nach Ebners Einstieg in die Bank Vontobel zog es das Paar in die Umgebung jenes geschichtsträchtigen Ortes zurück, wo die beiden zehn Jahre zuvor geheiratet hatten. In Wilen-Wollerau (Gemeinde Freienbach/SZ) erwarb Martin Ebner von seinem Bruder Toni auf einer 1200 Quadratmeter umfassenden Landparzelle ein Haus, welches Tür an Tür zu dessen eigenem Domizil gelegen ist. Fortan musste Toni den jüngeren Bruder nicht mehr in der Bank aufsuchen, wenn er beispielsweise einmal Lust auf eine Partie Backgammon verspürte. Die neue Adresse war steuergünstig, sorgte für ein familiäres Umfeld und barg darüber hinaus auch ihre landschaftlichen Reize: Über eine bewaldete Böschung hinweg haben die Bewohner einen herrlichen Ausblick auf den Zürichsee. Die nächtlichen Lichtreflexe vom gegenüberliegenden Seeufer durften jeweils auch Ebners Arbeitskollegen geniessen, wenn sie nach Feierabend noch stundenlang beim Abteilungsleiter daheim zusammensassen, um das Geschehen an der Börse zu analysieren oder im Kollektiv künftige Business-Ideen auszuhecken. Auch an den Wochenenden wurde im Hause Ebner meistens durchgearbeitet, so dass es einzelne Mitarbeiter zur Vermeidung unnötiger Wegstrecken vorzogen, in die Nähe ihres Einsatz fordernden Vorgesetzten umzuziehen. So ist es kein Zufall, dass der Vermögensverwaltungs-Chef der heutigen Bank am Bellevue, Hans Jörg Graf, ebenfalls in Wollerau zu Hause ist. Vor etwas mehr als fünfzehn Jahren, als Graf dem Chefanalysten der Bank Vontobel von einem Wetzikoner Schulkameraden empfohlen wurde, eilte ihm seinerseits bereits der Ruf eines hervorragenden Finanzanalytikers voraus. Ebner nahm Hans Jörg Graf alsbald in seine Wohngemeinde mit, um ihm preiswertes Bauland in bester Lage schmackhaft zu machen.

Etwa zur gleichen Zeit wie Martin Ebner hatte Hans-Dieter Vontobel auch den Devisenhändler Dieter Loewe an Bord der Zürcher Privatbank gelotst. Auf den ersten Blick passten die beiden «Neuerwerbungen» ganz gut zusammen. Trotz unterschiedlicher Wesensart waren Ebner wie Loewe als ausgesprochen verkaufs- und handelsorientiert zu bezeichnen. Die Kombination «smarter Ökonom» und «bauchgesteuerter Devisenhändler» schien sich anfangs auch optimal zu ergänzen: Loewe war der handgestrickte Praktiker, Ebner sein akademisches Gewissen. «Dieter Loewe galt damals als einer der erfolgreichsten Devisenhändler», erinnert sich Hans Jörg Graf. Und ein anderer Zeitzeuge ergänzt im typischen Börsenslang: «Der hatte eine Nase wie ein Trüffelschwein.» Weil Loewe im Eigenhandel für die Bank damals soviel «Kohle» herangeschafft habe, sei man intern auf den Spitznamen «Isidor Nostro» gekommen. Den ehrgeizigen Hurdener muss es gelegentlich gewurmt haben, dass es Loewe verstand, sich allein kraft seiner Cleverness am Markt für den Arbeitgeber so wertvoll, um nicht zu sagen unentbehrlich zu machen. In späteren Jahren, wird berichtet, sei es zwischen den leicht cholerisch veranlagten Kollegen verschiedentlich zu unüberhörbarem Konkurrenzgerangel gekommen.

Im eigenen Zuständigkeitsbereich pflegte Martin Ebner das ihm zugeordnete Team an der kurzen Leine zu führen. Gefürchtet scheint von manchen Mitarbeitern vor allem die traditionelle «Freitagabend-Andacht» gewesen zu sein, wenn der Chef seine Mitarbeiter, bevor er sie ins Wochenende entliess, in corpore in seinem Büro versammelte, wo sie sich dann im Halbkreis um ihn aufstellen mussten. In der Manier eines gestrengen Inquisitors nahm Ebner bei solchen Anlässen jeweils denjenigen Mitarbeiter ins Gebet, der sich im Verlauf der Woche den grössten Lapsus erlaubt hatte. «Vor versammelter Crew wurde regelmässig jemand aufgrund irgendeiner Fehlleistung zusammengestaucht. Darin war Ebner unerbittlich», erinnert sich einer, der dabeigewesen ist.

Noch vor der Peitsche figurierte in Martin Ebners Führungsinstrumentarium allerdings das Zuckerbrot: «Wenn ein Mitarbeiter auf seiner Seite stand, konnte er diesem das Gefühl geben, er sei der Grösste auf der Welt.» Da der Chefanalyst keine zeitliche

Mühe scheute und in Sachen Arbeitseinsatz jeden Tag aufs neue mit eigenem Vorbild voranging, war er für gewisse Mitarbeiter ein unglaublich starker Motivator. Wehe aber dem Jünger, der einmal ebenso selbstbewusst auftrat oder gar eigenmächtig zu handeln wagte. In solchen Fällen pflegte Ebner den aus dem Ruder Gelaufenen schnurstracks wieder auf den Boden der Realität zu stellen und vor aller Augen zu einem hilflosen Würstchen zu stempeln.

Im Herbst 1981 wurde die Geschäftsleitung der Bank unter dem Vorsitz von Hans-Dieter Vontobel neu strukturiert. Neben Martin Ebner, der die Leitung der Research-Abteilung nach fünf Jahren abgab, um seinen Arbeitseifer von nun an dem Sektor Institutionelle Kundschaft (SIK) zuzuwenden, nahmen in der auf sieben Köpfe erweiterten Geschäftsleitung auch Chefdevisenhändler Dieter Loewe und der Leiter des Privatkundenbereichs, Oskar Holenweger, Einsitz. «Diese drei Alpha-Tierchen hatten alle denselben Jahrgang. Alle wollten sie möglichst schnell nach oben, und jeder war der Meinung, der Erfolg von Vontobel beruhe allein auf seiner Leistung», charakterisiert ein älteres Geschäftsleitungsmitglied das psychologische Treibhausklima, das seinerzeit in der Chefetage der Bank geherrscht haben muss. Dem elitären Trüppchen kann man immerhin zugute halten, dass es massgeblich an der Erfolgsstory des Hauses mitgeschrieben hat.

Dabei war es vor allem das Brokergeschäft mit Schweizer Aktien, welches in der Phase mit Ebner einen steilen Aufschwung nahm. Dass es sich Anfang der achtziger Jahre offenbar kein einziger der grossen inländischen Versicherungskonzerne leisten konnte, bei der Bank Vontobel nicht auf der Kundenliste zu stehen, ist beredter Ausdruck dieses Erfolgs. Besonders zu der milliardenschweren «Zürich»-Versicherung hatte der Institutionellen-Chef Ebner einen wertvollen Draht, seit er mit deren Anlagechef Rolf Hänggi in der grünen Uniform gesteckt und vor fünfzehn Jahren in Thun gemeinsam die Offiziersschule absolviert hatte.

Ein anderer wichtiger Weggenosse aus der Aera Vontobel ist Peter Baumberger, der heute bei Lindt & Sprüngli, der ATAG-Vermögensverwaltung und bei Nicoals Hayeks' Uhrenkonzern SMH im Verwaltungsrat sitzt. Damals war Baumberger noch Delegierter der Berner Carba Holding, einem gleichermassen potenten wie schlecht durchschaubaren Firmenkonglomerat, das sich unter anderem der Herstellung und Vermarktung von industriellen Flüssiggasen widmet.

Zu den Vontobel-Kunden, die Ebner betreute, gehörte auch Andreas Reinhart. Aus der gleichnamigen Unternehmerdynastie stammend, war Reinhart, nach seinem Studium an der Hochschule St. Gallen und anschliessender Bankenpraxis, beim Winterthurer Welthandelshaus Gebrüder Volkart direkt als Finanzchef eingestiegen. Schon in jungen Jahren hatte er deshalb ein beachtliches Anlagevermögen unter sich. Was Finanzfragen anging, schien die Chemie zwischen Ebner und dem gleichaltrigen Rohstoffhändler auf Anhieb zu stimmen. Beide interessierten sie sich brennend für die trendigen, aus den USA herüberschwappenden Finanzderivativa: Optionen, Bull Spreads, Butterflies und wie sie sonst noch alle heissen.

Im Verhältnis zu Untergebenen liess Ebner mit seiner polarisierenden Art keine Zweifel offen. «Es gab zwei Arten von Mitarbeitern: Entweder sie waren ihm hörig, oder sie standen ihm ablehnend gegenüber. Dazwischen existierte nichts», lautet die Schilderung eines Arbeitskollegen, der lieber anonym bleiben möchte. Pünktlich um 8 Uhr 30 liess der Chef seine Mitarbeiter jeweils zum Morgenappell antreten, um ihnen seine Vorgaben für den bevorstehenden Börsentag einzuimpfen. Wenn er vor versammelter Mannschaft eine seiner dezidierten Markteinschätzungen vortrug, «stand Ebner jeweils wie ein Guru» hin und verkündete beispielsweise mit beschwörendem Gestus: «Ciba wird heute steigen!»

Eines schönen Tages legte sich der Meister ein spezielles Insignum zu, um sich von nun an auch äusserlich von der übrigen Businessgemeinde abzuheben. Martin Ebner verbannte die allseits akzeptierte Erkennungsmarke der gehobenen Wirtschaftsmännerwelt aus seinem Kleiderschrank und schmückte seinen Hals fortan mit einer exklusiven Fliege.

Das Recht, anstelle der schlaffen 08/15-Krawatte einen dynamischen Propeller zu tragen, beanspruchte der Institutionellen-Chef ausschliesslich für sich allein; er konnte ganz schön pelzig werden, wenn er diese Exklusivmarke durch einen Nachahmer innerhalb des Teams bedroht sah.

Einen hundertprozentig ergebenen Mitarbeiter fand Ebner im Anlageberater Walter Strub. Dieser gehört zu jener Kategorie von Mitarbeitern, die instinktiv erkannten, dass Martin Ebner keine Nebenbuhler duldet. Statt dessen pflegt er seine Untergebenen wie Schachfiguren einzusetzen. Hat man diese autokratische Seite erst einmal akzeptiert, kann man von den Ideen und der Schaffenskraft dieser aussergewöhnlichen Persönlichkeit fasziniert sein: «Mein Lebensziel ist es, eines Tages bei den Bankgesellen einzulaufen, um dem Senn zu sagen, dass er jetzt seine Mappe zusammenpacken kann.» So oder ähnlich soll es vor mehr als zehn Jahren aus dem Munde von Martin Ebner geklungen haben. Und was das Unheimliche daran gewesen ist, sagt ein ehemaliges Kadermitglied der Bank Vontobel: «Man nahm dem Leithammel im Institutionellen-Stall solche Aussagen ab.»

Kritisch wurde es, wenn der ansonsten so kontrolliert wirkende SIK-Chef im Rahmen einer Geschäftsleitungssitzung mit seiner Meinung einmal nicht durchkam. In solchen Fällen passierte es, dass er sich wie ein Kind echauffierte und über die kollektive Zurückweisung in unbändigen Schmerz verfiel. Um seinem Standpunkt zum Durchbruch zu verhelfen, soll es der Abteilungsleiter zuweilen auch verstanden haben, durch geschicktes Taktieren wichtige Stimmen auf seine Seite zu ziehen. Immer öfter kam es jedenfalls innerhalb des Führungsgremiums zu eklatanten Meinungsverschiedenheiten, die mit der Zeit gar zu einem offenen Machtkampf zwischen Martin Ebner und Hans-Dieter Vontobel eskalierten. Im Unterschied zu Vontobel, den Mitarbeiter als einen ausgeprägten Teamplayer schildern, der sich bewusst um einen partizipativen Führungsstil bemüht, war der aufstrebende Chefbroker Ebner ein ausgeprägter Einzelkämpfer. Wiewohl es Hans-Dieter Vontobel in der Armee bis zum Oberst brachte und als Kommandant des elitären Infanterieregiments 31 so gewichtige Persönlichkeiten wie den Ehrenpräsidenten der Schweizerischen Bankgesellschaft, Robert Holzach, und den Chef der «Winterthur»-Versicherungen, Peter Spälti, ablösen durfte, ist er kein typisches Alpha-Tier. In seiner Freizeit frönt er lieber spirituellen

Interessen, als sich mit der trockenen Analyse von Investitionsentscheiden aufzureiben. Im Vergleich mit dem kernigen Ebner wirkt der Vontobel-Spross eher abgehoben. Vermutlich war die kultivierte Lebensart des reichen Bankiersohnes dem schaffigen Hurdener im Innersten seines Herzens von vorne herein leicht suspekt.

Ohne mit einem entsprechenden Familienerbe gesegnet zu sein, ist Martin Ebner der bodenständige Mittelständler geblieben, der, falls es sein gedrängtes Arbeitspensum je erlaubt, lieber in der Beiz einen Jass klopft, als dass er eine schöngeistige Literaturveranstaltung besucht. Elitär ist Martin Ebner in einem ganz anderen Sinn: Er misst sich prinzipiell nur mit den Besten! Und so waren selbst die Jassabende, die hin und wieder im Selnauer «Bahnhöfli» stattfanden, von sportlichem Ehrgeiz geprägt. Martin Ebner sei ein «zielstrebiger, sehr guter Jasser» gewesen, befindet Bruno A. Slongo. Gemeinsam mit einem Studienkollegen von der HSG trat Slongo im «Bahnhöfli» verschiedentlich gegen das «Power-Couple» Martin Ebner und Hans Jörg Graf an. Beim Schieber-Jass, den die vier ehrgeizigen, jungen Männer dort nach Büroschluss durchzogen, war praktisch jedesmal Geld im Spiel. Das erfolgsverwöhnte Vontobel-Team soll dabei mehrmals hübsche Summen auf dem Jassteppich liegengelassen haben. «Für Martin musste es halt immer um etwas gehen», weiss Slongo.

Anfang 1984 änderte die Bank Vontobel ihre Rechtsform und wandelte sich von einer einfachen Personengesellschaft in eine modernere AG. Mit der Schaffung von Namenaktien und vertraulichen Poolverträgen unter den einzelnen Familienmitgliedern stellte der Vontobel-Clan sicher, dass die stimmenmässige Beherrschung der Bank weiterhin allein den Vertretern der Familie vorbehalten blieb. Das Aktienkapital der neugeschaffenen Vontobel-Holding lag zu 95 Prozent in Händen der Vontobels, währenddem auf die übrigen Geschäftsleitungsmitglieder nur gerade 5 Prozent entfielen. An der strategischen Ausrichtung sollte die Neuorganisation genausowenig ändern. «Die Bank wird auch in Zukunft ausschliesslich in ihrem angestammten Bereich tätig sein, d.h. in Vermögensverwaltung, Anlageberatung, Emissionen, Wertpapier-, Devisen- und Edelmetallhandel», heisst es in einer im Oktober 1983 versandten Pressemitteilung. «Sie betrachtet die Vermögensverwaltung als die Kundendienstleistung der Zukunft, sowohl im Bereich der Privatkundschaft wie auch vermehrt bei den institutionellen Kunden.»

Dem ambitionierten Institutionellen-Chef war diese Strategie entschieden zu schwammig. Was Ebner statt dessen vorschwebte, war eine rigorose Fokussierung auf das ihm unterstellte Institutionellengeschäft. Geradezu ideal, so dachte er sich, wäre es, diese Sparte durch ein starkes Bein im Blockhandel mit Schweizer Aktien zu ergänzen.

Gegen Mitte der achtziger Jahre wies die Bank Vontobel, gemessen am gesamten Börsenumsatz mit Schweizer Aktien, einen beachtlichen Marktanteil von gegen 10 Prozent auf. In den Augen Ebners, der massgeblich zu diesem Aufschwung beigetragen hatte, war dies allerdings erst ein bescheidener Anfang. Immer öfter kam es jetzt intern zu Rangeleien, weil der SIK-Chef für seine Börsenaktivitäten höhere Limiten verlangte. Die zweistelligen Millionenbeträge, die ihm die Geschäftsleitung damals im Eigenhandel zur Verfügung stellte, genügten seiner Meinung nach nicht, um einen wirkungsvollen Blockhandel aufzuziehen. Doch das Leitungsorgan blieb hart und sperrte sich mehrheitlich gegen eine einseitige Verwendung der Eigenmittel, wie sie von Martin Ebner propagiert wurde.

Aufgrund der Meinungsverschiedenheiten über die strategische Ausrichtung der Bank nahmen die Spannungen zwischen Martin Ebner und Hans-Dieter Vontobel noch zu. Immer stärker fielen dabei auch die völlig verschiedenen Vorstellungen der beiden bezüglich Unternehmenskultur und Führung ins Gewicht. Der Erbe stand dem Aufsteiger schlicht und einfach vor der Sonne.

Dass Martin Ebner auch an diesem Punkt seiner Laufbahn die Entscheidung suchen würde, schien eigentlich klar zu sein. Wie aber sollte er vorgehen, um mit seinen hochfliegenden Ideen eventuell doch am lästigen Kronprinzen vorbeizukommen und die patriarchalische Familienstruktur zu knacken? Vielleicht würde ja der alte Herr, der sich inzwischen vom Trubel des Tagesgeschäfts zurückgezogen und auf dem bequemeren Sessel des Verwaltungsratspräsidenten Platz genommen hatte, ein Einsehen haben.

Über das Gespräch zwischen Martin Ebner und dem Senior der Bank, bei welchem das Geschäftsleitungsmitglied um Unterstützung für seine strategischen Pläne ersuchte, dafür aber einen faktischen Rauswurf kassierte, kursieren die verschiedensten Gerüchte und Spekulationen. Eine davon besagt, das folgenschwere Tête-à-tête hätte in der Suite eines Tokioter Fünfsternehotels stattgefunden. Näherliegend ist jedoch eine andere Version: Sie lautet, dass die explosive Unterredung zwischen dem kecken, knapp vierzigjährigen Staranalysten und dem alternden Familienoberhaupt im Spätherbst 1984 in dessen Zürcher Büro stattgefunden hat. Wie und wo das Gespräch tatsächlich ablief, wird die Öffentlichkeit wohl nie erfahren.

Schon nach kurzer Redezeit muss Hans Vontobel, beinahe 70 Jahre alt, den ungemütlichen Eindruck gewonnen haben, dass dieser Mitarbeiter – obwohl vielleicht der beste im Haus – mit seinen kühl und sachlich vorgetragenen Argumenten auf nichts anderes abzielte, als Hans-Dieter Vontobel, den rechtmässigen Vorsitzenden der Geschäftsleitung, bei seinem Vater abzusägen, um das operationelle Szepter womöglich selbst in die Hände zu nehmen. Doch diesmal hatte sich Ebner, der beim Senior neben mehr Kompetenzen auch gleich eine grössere Kapitalbeteiligung reklamiert hatte, gründlich verrechnet. «Nun denn, unsere Unterredung wird vermutlich nicht allzulange dauern», gab Vontobel mit Sarkasmus zu bedenken. In seiner Replik behandelte er den anmassenden Abteilungsleiter wie einen naseweisen Schuljungen, der noch nichts, aber auch gar nichts begriffen hatte von den verschlungenen gesellschaftlichen Kräften, die in der Schweiz Ansehen und Wohlstand hervorbringen. Verlegen erhob sich der gerüffelte Antragsteller vom Ledersofa, welches ihm der kultivierte Herr bei seinem Erscheinen als Sitz angeboten hatte. «Du willst meinen Sohn aus der Firma drängen?» konterte der Senior Ebners unglaubliche Forderung mit messerscharfer Höflichkeit: «Ich weiss etwas viel Besseres. Nicht er, Du wirst uns verlassen!»

Exkurs:
Die Stockholm-Connection

Wie Ebner mit einem schwedischen Wirtschaftsjournalisten und dessen Chef, dem Börsenakrobaten Erik Penser, in Kontakt kommt

Ein blank poliertes Messingschild im Entrée eines Stockholmer Geschäftshauses weist dem Besucher den Weg in den 4. Stock: «Erik Penser Fondkommission». Im Aufzug rückt sich der aus der Schweiz angereiste Journalist schnell noch einmal die Krawatte zurecht. Auf dem Programm steht immerhin ein Tête-à-tête mit der «Greta Garbo» der schwedischen Geschäftswelt, dem dreiundfünfzigjährigen Grossfinancier Erik Penser.

Diesen Namen kennt in Stockholm jeder Taxifahrer, denn an der Kungsgatan 33, einer noblen Geschäftsmeile im Zentrum der schwedischen Metropole, residiert die mit Abstand schillerndste Figur auf dem lokalen Finanzplatz. Genau so wie in der Schweiz Werner K. Rey, hatte sich Penser in den achtziger Jahren mit geliehenem Geld ein unübersichtliches Firmenimperium zusammengebastelt, das dann in der Zinshausse von 1991 wie ein Kartenhaus in sich zusammenfiel. Mit dem feinen Unterschied allerdings, dass der schwedische Finanzjongleur derzeit an der Stockholmer Börse ein hoffnungsvolles Comeback erlebt, während sich Rey mit den Schweizer Strafverfolgungsbehörden auf den Bahamas ein kriminalistisches Versteckspiel liefert.

An den Wänden des hellgelb getünchten Repräsentationszimmers prangen, verstreut zwischen ein paar grossformatigen Ölbildern, Dutzende von sorgsam gerahmten Wertpapieren – gewissermassen Pensers Logbuch durch die schwedische Industriegeschichte. Solche Dekorationselemente hätten ausser ihrem informativen Gehalt zwei entscheidende Vorteile, lässt sich der aristokratisch wirkende Gastgeber zu Beginn der Unterredung entlocken. Historische Wertpapiere seien als Wandschmuck erstens dekorativ und zweitens pro Quadratmeter ziemlich billig.

Mit dem reservierten Charme eines Diplomaten lässt Erik Penser durchblicken, dass er sein Lebtag erst zweimal in Zürich gewesen sei. Auch hier in Schweden habe er Martin Ebner nur wenige Male empfangen. Sollte er dem blonden Eidgenossen heute zufällig auf der Strasse begegnen, unterstreicht er die relative Flüchtigkeit ihrer Bekanntschaft, wäre er nicht sicher, ob er ihn überhaupt wiedererkennen würde.

Dabei steht zweifelsfrei fest: Ohne die finanzielle Rückendeckung, die ihm der illustre Schwede in den Anfangsjahren gewährte, wäre Martin Ebner auf dem Zürcher Börsenparkett unmöglich so schnell in die Position aufgerückt, in der er mit seinem Imperium heute steht.

Doch alles schön der Reihe nach. «Das wenige, was ich über Ökonomie weiss, habe ich Fachzeitschriften entnommen», bekannte Erik Penser in einem Interview mit dem schwedischen Wirtschaftsmagazin «Veckans Affärer». An der Universität in Lund, wo er sich als Sohn eines Versicherungsmaklers für ein paar Semester in Jurisprudenz eingeschrieben hatte, legte er nur ein Teilexamen in Buchhaltung ab. Anstatt sich mit trockenen Gesetzestexten und Paragraphen abzumühen, sass der junge Mann nachtsüber lieber am Spieltisch und war untertags häufig auf der Malmöer Pferderennbahn anzutreffen.

Nachdem er in der Wertschriftenabteilung einer schwedischen Grossbank das Börsenhandwerk erlernt hatte, trat Penser mit 27 Jahren bei der Stockholmer Bankierfirma Langenskiöld als Kommissions-Broker ein. Zusammen mit einem Freund, der Monate später in derselben Funktion dazustiess, zündeten die beiden bei der kleinen Bank ein regelrechtes Aktienfeuerwerk und brachten damit Anfang der siebziger Jahre den schlafenden schwedischen Wertschriftenmarkt zum Erwachen. In Rekordzeit vergrösserten Erik Penser und Thomas Fischer, die sich damals an der Stockholmer Börse als die «Teufelshändler» einen Namen machten, den Marktanteil ihres Arbeitgebers. Das 1932 gegründete Bankhaus Langenskiöld wickelte nach drei Jahren im Bereich schwedischer Aktien bereits über 15 Prozent des inzwischen markant gestiegenen Handelsvolumens ab. Dies verglichen mit einem Anteil von unter einem Prozent vor Pensers Eintritt. Weil dieser gemäss seines Arbeitsvertrages proportional an den Kommissionseinnahmen beteiligt war, wurde er innert kürzester Zeit ausserordentlich wohlhabend.

1976 verliess Penser als vierunddreissigjähriger Multimillionär die Firma und verlegte seinen Wohnsitz nach London, was ihm in Schweden den Ruf eines Steuerflüchtlings eintrug. Das Maklerhaus Langenskiöld firmierte damals bereits unter dem gefälligeren Namen Carnegie. Noch während seiner Zeit als Börsenmakler hatte Penser damit begonnen, auf eigene Rechnung grössere Aktienpakete des schwedischen Rüstungskonzerns Bofors zu erwerben. Diese Käufe setzte er jetzt fort und zögerte auch nicht, seine umfangreichen Akquisitionen gelegentlich bis zu 80 Prozent mit Fremdkapital zu unterlegen[7]. Als nicht mehr länger zu ignorierender Grossaktionär schaffte es Penser 1978, in den Verwaltungsrat des Konzerns berufen zu werden. Um seine Beteiligung an der Waffenschmiede weiter auszubauen, übernahm er 1979 ein grösseres Aktienpaket der schwedischen Investmentfirma Asken, die ihrerseits eine Beteiligung an Bofors hielt. Damit schlug der Financier gleich zwei Fliegen mit einer Klappe. Als Zubrot zur Asken-Übernahme schaute für ihn zusätzlich eine interessante Beteiligung am florierenden Broker-Business der Carnegie Fondkommission, seinem früheren Arbeitgeber, heraus.

Kurz darauf stiess mit dem Ex-Journalisten Johan Björkman eine Persönlichkeit zu Carnegie, die dem Vontobel-Analysten Martin Ebner bereits aus anderem Zusammenhang bekannt war. Getroffen hatten sich die beiden erstmals 1977. Björkman arbeitete damals als Redaktor für das Magazin «Veckans Affärer» und war in dieser Funktion nach Zürich gereist, um den Präsidenten der Schweizerischen Nationalbank, Fritz Leutwiler, zur Wechselkursentwicklung zu befragen.

Der markante Aufwärtstrend des Frankens beutelte nicht nur die schweizerische Exportwirtschaft, sondern brockte auch manchem schwedischen Investor erhebliche Kursverluste ein. Die Antworten von Leutwiler auf seine Fragen seien «ziemlich dünn» ausgefallen, erinnert sich Björkman, so dass besagtes Interview nie in Druck ging. Statt dessen brachte «Veckans Affärer» eine Reportage zur Frankenhausse, in der Björkman unter anderen auch den

Research-Chef der Bank Vontobel, Martin Ebner, zu Wort kommen liess.

Björkmans beruflicher Werdegang war von einem ständigen Hin und Her zwischen Journalismus und Börsengeschäft geprägt. Nach dem Abschluss eines wirtschaftlichen Grundstudiums reichte er an der Stockholmer «School of Economics» eine Thesis in ökonomischer Psychologie ein. Darin untersuchte Björkman – «Ich nenne mich selbst nie Doktor!» – die Rolle der Massenmedien am Beispiel der Umstellung vom Links- zum Rechtsfahrprinzip im schwedischen Strassenverkehr. Parallel zu seiner akademischen Ausbildung betätigte sich Björkman als freier Finanzredaktor und verfasste für die schwedische Tageszeitung «Dagens Nyheter» unter anderem den wöchentlichen Börsenkommentar: «Ich interviewte meine Informanten grundsätzlich nur am Telefon. Die hätten mich gar nicht ernst genommen, wenn sie gesehen hätten, wie jung ich war.»

Anfang der siebziger Jahre stieg Björkman bei der Brokerfirma Jacobson & Ponsbach als einer von drei Partnern ein. Innerhalb der kleinen Unternehmung agierte er schon bald als Chefhändler, dem die Verantwortung für sämtliche Börsentransaktionen oblag. Alles schien wie am Schnürchen zu laufen, bis Jacobson & Ponsbach in einen Skandal gerissen wurde. Ein subalterner, bestochener Ponsbach-Angestellter habe damals Aktien veruntreut, erzählt man sich heute in Schweden. Wegen Verletzung ihrer Kontrollpflicht wurden die drei Partner jedenfalls auf die schwarze Liste gesetzt und von den Stockholmer Aufsichtsbehörden mit einem Börsenverbot belegt. Gustav Douglas, Vizepräsident des schwedischen Securitas-Konzerns, spricht im Rückblick von einem «Justizmord» an Björkman, der bei Jacobson & Ponsbach für die Börse zuständig gewesen sei und mit den Ungereimtheiten im Backoffice-Bereich deshalb nichts zu tun gehabt habe.

Was blieb dem Zweiunddreissigjährigen, nachdem ihn der Bannstrahl der schwedischen Bankenaufsicht getroffen hatte? Björkman besann sich seines Grossvaters – auch der war bereits Journalist gewesen – und knüpfte an seinen Studentenjob als Finanzredaktor an. Von 1977 bis 1981 verfasste er für das Wochenmagazin «Veckans Affärer» erneut Finanzberichte und Reportagen aus der schwedischen Geschäftswelt. Um schneller Bescheid zu wissen als die Konkurrenz, liess sich der clevere Rechercheur einiges einfallen. Als livrierter Freizeitkellner durfte Björkman gelegentlich bei Banketten des schwedischen Königshauses aushelfen, wo er die neuesten Gerüchte jeweils brühwarm zu Ohren bekam.

Aufgrund seines persönlichen Engagements und seiner breiten Erfahrung wurde Johan Björkman 1980 zum Chefredaktor von «Veckans Affärer» befördert. Bereits im Folgejahr hielt es ihn allerdings nicht mehr länger in der Redaktionsstube. Der gewandte Schwede wechselte 1981 erneut die Karrierespur und trat als Finanzfachmann in die Dienste der Carnegie-Holding, die Erik Penser mittlerweile auf die erfolgreiche Brokerfirma Carnegie Fondkommission aufgepfropft hatte.

Björkmans erneuter Berufswechsel fiel in eine ausgesprochen stürmische Phase. Zwischen 1979 und 1984 fand an der Stockholmer Börse ein regelrechter Big Bang statt, mit Wachstumsraten, wie sie in dieser Periode weltweit kein zweiter Börsenplatz erlebte. Während 1979 in Schweden erst 3 bis 4 Prozent der börsenkotierten Aktien die Hand wechselten, waren es im Verlauf des Jahres 1984 bereits zwischen 30 und 40 Prozent. Die Kurse stiegen gleichzeitig auf das Fünffache. Diesen «Goldgräberjahren» im Wertschriftenhandel entstammen in Schweden nicht wenige der heutigen Grossvermögen. Laut einem Bericht des Wirtschaftsblattes «Affärsvärlden» soll die Zahl der schwedischen Milliardäre zwischen 1982 und 1988 von vier auf 23 angestiegen sein. Das persönliche Vermögen von Erik Penser schätzte die Zeitung im Mai 1988 auf 4 bis 4,3 Milliarden schwedische Kronen.

Selbstverständlich war die fulminante Hausse an der schwedischen Börse den beiden Vontobel-Analysten Martin Ebner und Hans Jörg Graf nicht verborgen geblieben. Auch an der Bahnhofstrasse 3 in Zürich begann man sich daher eingehender mit dem nordeuropäischen Markt zu befassen und stellte dabei eine krasse Unterbewertung der Versicherungsgesellschaften fest. Verglichen mit dem, was man an den Schweizer Börsen damals für Assekuranzunternehmen hinblättern musste, waren die schwedischen Versicherer Anfang der achtziger Jahre für ein Drittel zu haben.

Mehrfach reisten Ebner und Graf gemeinsam nach Stockholm, um sich mit den Exponenten einer Brokerfirma zu treffen, die sich auf dem schwedischen Börsenparkett ähnliche Ziele gesetzt hatten, wie die aufstrebende Privatbank Vontobel in Zürich: Carnegie Fondkommission. Aus ersten Kontakten mit deren Chefbroker, Thomas Fischer, ergaben sich bald interessante gegenseitige Kommissionsaufträge.

Carnegie wickelte zu jener Zeit gegen 30 Prozent des schwedischen Aktienhandels ab und unterhielt eigene Büros in Oslo, Helsinki, Kopenhagen, London und New York. Zur Ergänzung des Filialnetzes war ein zusätzlicher Stützpunkt auf dem europäischen Kontinent geplant, wobei Zürich und Paris als mögliche Alternativen zur Debatte standen. «Wenn wir uns damals für Zürich entschieden hätten», versichert Johan Björkman, «wäre als Geschäftsführer nur eine Person in Frage gekommen: Martin Ebner.» Die Wahl fiel jedoch auf Paris. Der freundschaftlichen Beziehung zwischen den beiden tat dies keinen Abbruch.

Der Boom an der Stockholmer Börse machte Erik Penser in Rekordtempo zu einem der wirtschaftlich einflussreichsten Schweden. Über die Investmentgesellschaft Asken erwarb er 1983 eine Mehrheitsbeteiligung an JS Saba, Schwedens grösster Einzelhandelsgruppe.

Beim rasanten Aufbau seines Imperiums folgte Penser den klassischen Regeln des Pumpkapitalismus. Er investierte in ein grösseres Aktienpaket und verpfändete dieses schon am nächsten Tag bei der Bank gegen Bares, um seine Beteiligung mit den neu zugeflossenen Mitteln unverzüglich weiter aufzustocken. Mit dieser Vorgehensweise eroberte sich der risikofreudige Raider in Kürze eine strategische Plattform, die es ihm sogar erlaubte, in die traditionelle Domäne der Industriellenfamilie Wallenberg einzudringen: In einem der bislang spektakulärsten Take-overs der schwedischen Wirtschaftsgeschichte entriss Penser im Herbst 1984 den Wallenbergs die Kontrolle über den Chemiekonzern Kema-Nobel, was für die Stockholmer Business-Community einem Erdbeben gleichkam. Noch nie zuvor hatte der seit Generationen fest etablierte Wallenberg-Clan eine seiner industriellen Kernbeteiligungen aus der Hand gegeben. Bei Pensers verwegenem

Übernahmeangebot, das mit einem dreissigprozentigen Kurszuschlag «gezuckert» war, konnte die ehrenwerte Familie aber nicht mehr widerstehen.

Der Chemiekonzern Kema-Nobel entsprach Pensers kühnen Plänen exakt. Seit geraumer Zeit beabsichtigte er, die Waffenlastigkeit von Bofors durch die Verschmelzung mit einem ähnlich gewichtigen Partner aus einer anderen Branche herabzumindern. «Penser ist und bleibt ein Spieler», kommentierte nach erfolgter Übernahme von Kema-Nobel die «Financial Times». «Aber er plaziert seine Spielchips langfristig.»

Von einem Beteiligungsportfolio in Höhe von insgesamt 33 Millionen Schwedenkronen, mit dem Erik Penser 1980 angetreten war, hatte sich der Börsenwert seines Finanzimperiums innerhalb von vier Jahren auf über 4 Milliarden Kronen (rund eine Milliarde Schweizerfranken) mehr als verhundertfacht. Über die Finanzholding Yggdrasil, die sich zu 100 Prozent in Pensers persönlichem Besitz befand, kontrollierte er im Frühjahr 1985 gut 40 Prozent des Konzerngiganten Nobel Industrier, der aus der Fusion von Bofors mit Kema-Nobel hervorgegangen war. Ausserdem hielt Penser 40 Prozent am Investmentvehikel Asken, 23 Prozent an Carnegie und 22 Prozent an der Detailhandelskette Saba [8].

Seiner verästelten Privatholding gab Penser den eigenartigen Namen Yggdrasil – der Begriff entstammt der schwedischen Mythologie und bedeutet soviel wie Baum der Welt. Unter ihrem ausladenden Dach florierte, neben der Produktion von Sprengstoff und Hightech-Fliegerabwehr-Kanonen, nicht zuletzt das angestammte Brokergeschäft. Auch in diesem Bereich hatte Penser mittlerweile stark diversifiziert. Durch konsequent betriebene Firmenübernahmen und -zusammenschlüsse war um die Kernzelle Carnegie Fondkommission herum ein stattlicher Finanzkonzern gewachsen.

Bei der 1984 gegründeten Carnegie-Gruppe, an der Penser aufgrund seiner verschachtelten Beteiligungsstrategie nur noch knapp ein Viertel hielt, handelte es sich um eine breit abgestützte Unternehmung mit bedeutenden Interessen im Wertschriftensektor, im Immobilienbereich sowie im schwedischen Detail- und Grosshandel. Ihr Substanzwert belief sich Mitte der achtziger Jahre auf rund 1,5 Milliarden Kronen (430 Millionen Schweizerfranken).

1986 setzte Penser seinem bisherigen Werk die Krone auf. Durch das interne Hin- und Herschieben, Verschmelzen und Umbenennen einzelner Positionen aus seinem weit gestreuten Beteiligungsportefeuille, gelang es ihm, einen Finanzkonzern zu konstruieren, der aufgrund seiner beeindruckenden Grösse in Schweden unter die 20 bedeutendsten Unternehmensgruppen zu liegen kam. Der Firmenname des 1986 geklonten Riesenbabys: D Carnegie & Company, mit 20 000 Mitarbeitern und einem Jahresumsatz in Höhe von umgerechnet 5 Milliarden Franken.

Während dieser stürmischen Expansionsphase hatte sich zwischen Johan Björkman und seinem Arbeitgeber ein enges Vertrauensverhältnis etabliert. Der intellektuell überaus begabte und ausserordentlich ehrgeizige Björkman assistierte Penser bei dessen diffizilen Finanztransaktionen. 1986 belohnte ihn der Financier mit dem Posten des «Chief Executive Officer» der Investmentgesellschaft Asken, einem Knotenpunkt im kreuzweise verschränkten Organigramm des Penser-Imperiums. 1988 rochierte Björkman zurück zur Carnegie-Gruppe, bei der er vorübergehend die Geschäftsführung übernahm. Auch an einer anderen wichtigen Schaltstelle kam der gelehrige Zögling, der sich zur Freude seines Lehrmeisters brennend für derivative Finanzinstrumente interessierte, zum Einsatz. Als «Chairman» von Gamlestaden trug Björkman die Verantwortung für eine hochspekulative Finanzierungsfirma, deren gewagte Kreditkonstruktionen Erik Penser alsbald zum Verhängnis werden sollten.

Auf dem Höhepunkt von Pensers Macht schlitterte Schweden 1991 in eine rezessive Krise, wobei es insbesondere auf dem Immobilienmarkt zu einer schmerzhaften Bereinigung kam – mit dem Effekt, dass einige der nordischen Grossbanken ihren Kredithahn abrupt zudrehten. Um es kurz zu machen: Yggdrasil und Gamlestaden mussten Konkurs anmelden. Mit dem grössten Geschäftszusammenbruch der Nachkriegszeit, welcher ein Schuldenloch von weit über 15 Milliarden Kronen (zum damaligen Wechselkurs waren das ungefähr 4 Milliarden Franken) hinterliess, ging in Schweden die fünfzehnjährige Ära Penser zu Ende –

hätte man im August 1991 jedenfalls meinen können. «Penser ist am Boden. Seine Zeit ist abgelaufen. Er ist pleite und hat keinen Penny mehr»[9], wurde der Vorsitzende des schwedischen Bankenkonsortiums, Björn Wahlstrom, in der internationalen Finanzpresse zitiert.

Nachdem der Finanzjongleur während zweier Jahre «out of business» war und sich vom Schock seines abrupten Sturzes erholen konnte, stieg er im Mai 1994 mit einem Investitionsvehikel namens «Erik Penser Fondkommission» erneut ins Wertschriftengeschäft ein und zelebriert seither an der Stockholmer Börse eine schier wundersame Auferstehung. Laut schwedischen Zeitungsberichten beanspruchte die «Erik Penser Fondkommission» im Frühjahr 1995 einen Marktanteil von 3 bis 4 Prozent am schwedischen Aktienhandel[10]. Sein früherer Adlatus Johan Björkman hat sich in der Zwischenzeit selbständig gemacht. Die einstmals enge Beziehung zwischen den beiden habe sich seit der Gamlestaden-Pleite merklich abgekühlt, verlautet aus Stockholmer Business-Kreisen.

V

Blitzstart

Wie Ebner mit Unterstützung des Rohstoffhändlers Andreas Reinhart in Windeseile eine neue Bank an den Zürcher Börsenring bringt

Nachdem sich herausgestellt hatte, dass die Tage Ebners im Schoss der Zürcher Bankierfamilie gezählt waren, dauerte es nicht lange, bis dieser seinen erstaunten Arbeitskollegen am 6. Dezember des Jahres 1984 erstmals eröffnete: «Ich mache selber eine Bank auf!» Offenbar hatte der Ausgang des Gesprächs mit dem Seniorchef der Bank Vontobel sein Selbstbewusstsein nicht im mindesten erschüttert. Noch vor der folgenschweren Aussprache war Ebner in die schwedische Kapitale geflogen, um die Lage mit einem Finanzexperten seines Vertrauens zu besprechen. Johan Björkman hatte mit seiner Meinung nicht zurückgehalten und seinem Freund laut eigener Aussage geraten, die Probleme zu bereinigen, indem sich Ebner selbst zum operativen Chef der Bank aufschwingen solle. Falls er jedoch Vontobel verlassen sollte, so hatte ihm Björkman überschwenglich versichert, «wären wir glücklich, Deine Partner zu werden».

Der langjährige Carnegie-Angestellte hat sich inzwischen seinerseits selbständig gemacht und betreibt heute in der Stockholmer City die Finanzberatungsfirma Björkman Tigerschiöld AB. Björkman will seinerzeit bemerkt haben, dass Vontobel senior Martin Ebner «trotz allem gut gemocht» habe. Auch sei der Senior über Ebners abrupten Abgang «sehr wütend» gewesen und habe diesem «grosse Probleme» prophezeit. «Wenn es Martin damals gelungen wäre, den alten Herrn Vontobel davon zu überzeugen, die Bank nach seinen Vorstellungen umzugestalten, stände das Unternehmen heute viel besser da», räsoniert Björkman. «Davon bin ich überzeugt.»

An Zuspruch mangelte es Ebner auch von anderer Seite nicht: «Mach dich doch selbständig. Bei mir ist es ja auch gut gegangen», munterte ihn Christoph Blocher auf. Mit seiner überraschenden Machtübernahme bei den Emser Werken hatte der Kommilitone eindrücklich vorexerziert, wie ein bescheidener Mittelständler den Sprung ins helvetische Wirtschaftsestablishment schaffen kann. Zwar versuchte Blocher den Freund kraft seines Vorbilds aufzubauen, doch war er im Winter 1984/85 noch allzusehr mit der Konsolidierung seiner eigenen Machtbasis beschäftigt, als dass er Ebner auch finanziell die nötige Starthilfe hätte gewähren können.

Ergo musste sich dieser anderweitig nach Unterstützung umsehen. Ebner fand sie beim Winterthurer Rohstoffhändler Andreas Reinhart, einem institutionellen Kunden der Bank Vontobel. Die Verbindung zu Reinhart gereichte Ebner insofern zum Vorteil, als dessen Familie, einmal abgesehen von ihrem Reichtum, in der Schweiz einen untadeligen Ruf geniesst. Dem Newcomer eröffnete sich mit diesem Kontakt die beneidenswerte Aussicht, in den engverzahnten Kreisen des helvetischen Finanzestablishments gleich von Anfang an mit dem gebotenen Respekt behandelt zu werden. Als Finanzchef des traditionsreichen Welthandelshauses Gebrüder Volkart AG hatte der einundvierzigjährige Rohstofferbe ein bedeutendes Vermögen zu verwalten und war daher an einer Vernetzung mit Ebners finanztechnischem Know-how interessiert.

Mit der Geschäftsachse zu Andreas Reinhart war das Gründer-Trio komplett. Im Januar 1985 setzte sich Martin Ebner erneut mit dem Carnegie-Direktor Johan Björkman zusammen, um die Details der geplanten Firmengründung zu erörtern. «Wir entschieden, dass wir ein Startkapital von 20 Millionen Franken und eine klare schweizerische Mehrheit bräuchten», erinnert sich der Schwede an dieses zweite Treffen. Björkman scheint bei der Gründung der BZ Bank in der Tat die Schlüsselfigur gewesen zu sein. War es nicht sein Vorschlag gewesen, das Stockholmer Maklerhaus, bei dem er seit 1981 arbeitete, am Gründungskapital eines ähnlich gelagerten Instituts in der Schweizer Finanzmetropole zu beteiligen? Und hatte er nicht von Anfang an darauf gedrängt, sofort eine richtige Bank und nicht bloss eine Finanzgesellschaft zu gründen? Den Carnegie-Geschäftsführer Carl Langenskiöld von seinen Plänen zu überzeugen, muss für Björkman leicht gewesen sein. Bereits hatte er sich zum persönlichen Berater des schwedischen Börsengenies Erik Penser emporgearbeitet, dem die Firma schliesslich gehörte. «Carnegie hätte ursprünglich gerne einen möglichst grossen Kapitalanteil gezeichnet», sagt Johan Björkman, «am liebsten eine Kontrollmehrheit.»

Allerdings mussten Björkman und seine schwedischen Hintermänner einsehen, dass sich eine ausländische Mehrheitsbeteiligung – besonders im Falle einer Neugründung – mit den Gepflogenheiten an der Limmat nur schlecht vereinbaren liess. Um eine inländische Mehrheit zustande zu bringen, bedurfte es bei einem geplanten Aktienkapital von 20 Millionen Franken auf Schweizer Seite mindestens deren zehn. Für Andreas Reinhart waren solche Dimensionen kein Problem, wohingegen Martin Ebner von derartigen Summen damals nur träumen konnte. Mit Hilfe des Rohstoffhändlers gelang es ihm, beim Schweizerischen Bankverein einen Kredit in Höhe von 7 Millionen Franken aufzutreiben. Das gesellschaftliche Beziehungsnetz des «Alain Delon unter den Schweizer Händlern»[11] kam Ebner in der Startphase sehr gelegen, zumal es ausser der Finanzierungsfrage noch manch anderes knifflige Problem zu lösen gab.

Mit ihrer ursprünglichen Idee, die Brokerfirma auf den Namen «BZ Bank in Zürich AG» zu taufen, stiessen die Gründer bei einer Institution des Zürcher Bankenplatzes auf unerwarteten Widerstand. Den Initianten war offenbar völlig entgangen, dass bis zum Jahr 1982 eine Tochtergesellschaft der Schweizerischen Kreditanstalt (SKA) mit dem einprägsamen Namen «Bank in Zürich» existiert hatte. Auch wenn die ehemalige «Bank in Zürich» inzwischen aus dem Handelsregister gelöscht worden war, argumentierte die SKA, sei die Irreführung des Publikums durch die neuerliche Verwendung des Firmennamens im gleichen örtlichen und sachlichen Tätigkeitsbereich offensichtlich. Im Auftrag der Grossbank spezifizierte der Zürcher Aktienrechtler Professor Peter Forstmoser den Einspruch folgendermassen. Es gehe nicht einfach darum, «mit dem Ortsnamen ‹Zürich› den Sitz in substantivistischer Form zu bezeichnen: Dies wäre ohne weiteres möglich in einer Form, die Verwechslungen besser verhindern würde, z.B.

durch die Wortstellung ‹BZ Bank AG Zürich› oder auch, indem das Wort ‹Zürich› entsprechend den handelsregisterlichen Anforderungen für den Begriff ‹Schweiz› in Klammern gesetzt wird.» Auf das Entgegenkommen der Firmengründer, den Namen in «BZ Bank Zürich AG» abzuändern, wollte Forstmoser erst gar nicht eingehen: «Der reklamehafte Charakter der Firma wird durch Weglassung des Wörtchens ‹in› noch verstärkt», hielt der Jurist diesem Kompromissvorschlag entgegen, «erweckt doch die abgeänderte Form noch vermehrt den Eindruck, es handle sich bei der Bank um *die* repräsentative Institution auf dem Platze Zürich.»[12]

Wahrscheinlich dachte die Grossbank bei ihrem Einspruch weniger an solcherlei semantische Finessen, sondern vielmehr daran, wie kompromisslos der Vontobel-Analyst Martin Ebner in der «Chiasso-Affäre» reagiert hatte, als die Aktien der Grossbank unter Druck geraten waren. Was blieb den Gründern angesichts dieser verfahrenen Situation anderes übrig, ausser mit den Verantwortlichen der SKA auf persönlicher Ebene ins Gespräch zu kommen? Schliesslich handelte es sich bei der fraglichen «Bank in Zürich» um die einstige Münzstätte des Kantons, die später den Generaldirektoren der Kreditanstalt sozusagen als interne «Belle-Étage» gedient hatte, über die hin und wieder auch exotische Geschäfte abgewickelt werden konnten.

Andreas Reinhart war es, der über einflussreiche Kontakte zum SKA-Kader verfügte. Dank seiner Intervention beim Vizepräsidenten der Bank zog die SKA ihren Einspruch zwei Wochen später zurück. Der Name «BZ Bank Zürich AG» wurde indessen nur akzeptiert, weil es Reinhart gelungen war, am Paradeplatz glaubhaft zu machen, «dass nicht geplant sei, den Firmenbestandteil ‹Zürich› besonders hervorzuheben und dass im Gegenteil der Firmenbestandteil ‹BZ› bei der Gestaltung der ‹Corporate Identity› besonders verwendet werden solle»[13]. In einem Schreiben an das Handelsregisteramt des Kantons Zürich vom 29. Mai 1985 lenkte daraufhin auch der SKA-Rechtskonsulent Professor Peter Forstmoser ein, indem er seiner Hoffnung Ausdruck verlieh, «in Finanzkreisen werde sich die Abkürzung ‹BZ Bank› durchsetzen». Forstmosers linguistisches Sperrfeuer kam den BZ-Gründern vor allem deshalb ungelegen, weil sie das Aktienkapital von 17 Millionen Franken bereits vollständig einbezahlt hatten. Aufgrund der juristischen Querelen blieb das Geld bis Ende Mai blockiert – eine höchst unangenehme Situation.

Bereits am Morgen des 15. Mai 1985 hatten sich nämlich an der Zürcher Talstrasse Nummer 25 vier gut gekleidete Herren versammelt, um eine Bank ins Leben zu rufen, die auf dem Schweizer Finanzplatz in den kommenden Jahren Wirtschaftsgeschichte schreiben sollte. Pünktlich um 8 Uhr schritten Martin Ebner, Johan Björkman, Andreas Reinhart sowie Rechtsanwalt Konrad Fischer zur konstituierenden Generalversammlung der BZ Bank. Als designierter Verwaltungsratspräsident übernahm Konrad Fischer in dieser historischen Stunde den Vorsitz und teilte der Runde mit, das Aktienkapital der Gesellschaft sei von den drei Gründungsaktionären wie folgt gezeichnet worden: Von 170 000 Namenaktien zu 100 Franken hatte die schwedische Carnegie Fondkomission 68 000 Stück übernommen, was einem Anteil von exakt 40 Prozent entsprach. In die restlichen 102 000 Namenaktien teilten sich die Gebrüder Volkart Holding und Martin Ebner (inklusive 10 Pflichtaktien für Fischer), womit auf diese beiden Gründungspartner jeweils 30 Prozent des Kapitals und der Stimmen entfielen. Während Ebner für seinen Teil lediglich 5,4 Millionen Franken locker gemacht hatte, waren die von Reinhart und Björkman übernommenen Aktien mit einem Agio (Aufpreis) von 25 Prozent verrechnet worden, nämlich mit 6,4 beziehungsweise 8,5 Millionen Franken. Im Anschluss an die Gründungsversammlung hatte Fischer das Vergnügen, den Anwesenden die bereits vorliegende Genehmigung der Aufsichtsbehörde vorzulesen: «Vom Gesichtspunkt des Bankengesetzes aus steht der Eintragung dieser Bank ins Handelsregister nichts entgegen», gezeichnet: Sekretariat der Eidgenössischen Bankenkommission, Bern. Eine Überraschung war das Plazet seitens der Bankenaufsicht nicht, denn aus gut unterrichteten Kreisen war den Initianten schon vor Wochen zugetragen worden, dass seitens der EBK wohl mit grünem Licht zu rechnen sei.

Während man sich in der Vorbereitungsphase meist in Ebners Haus im schwyzerischen Wilen versammelt hatte, zog die Kernbelegschaft jetzt, da die Gründung formell vollzogen war, in ein Provisorium nach Winterthur um. An der Merkurstrasse 12, einem Annex des Volkart-Hauptsitzes, stellte Andreas Reinhart dem BZ-Team für die ersten fünf Monate operativer Tätigkeit die notwendige Infrastruktur zur Verfügung. Zufälligerweise war es kein anderer als der Firmengründer Salomon Volkart (Andreas Reinharts Ururgrossvater) gewesen, der 1861 die «Bank in Winterthur» aus der Taufe gehoben hatte.

Durch Zusammenschluss der «Bank in Winterthur» mit der «Toggenburger Bank» war 1912 die Schweizerische Bankgesellschaft (SBG) entstanden. Im Winterthurer Patrizierhaus «Zur Geduld», wo seinerzeit schon die Fusionsarchitekten der SBG ihren unternehmerischen Weitblick begiessen durften, stiessen nun auch die BZ-Initianten auf ihre Neugründung an. Bei diesem denkwürdigen Anlass soll Ebner wiederum eine seiner programmatischen Erklärungen zum besten gegeben haben: «Ich will Milliardär werden!» liess er die Runde von seinem leicht modifizierten Karriereziel wissen.

Neben Martin und Rosmarie Ebner gehörten in Winterthur Philipp E. Achermann und Alfred Hostettler zu den Mitarbeitern der ersten Stunde. Für die junge BZ war vor allem Hostettler aufgrund seiner reichen Erfahrung ein überaus wertvoller Mann. Während knapp 25 Jahren hatte er zuvor bei der Schweizerischen Bankgesellschaft gearbeitet, zuletzt als Chef der Abteilung Obligationenhandel. Generaldirektor Robert Studer, dem Hostettler unterstellt war, soll dessen Abgang sehr bedauert haben. Parallel zu seiner Bankierkarriere agierte Hostettler jahrelang als Generalimporteur für Yamaha-Motorräder (Hostettler AG in Sursee/LU). Als der 47jährige 1985 bei der BZ Bank als Börsenchef einstieg, war er längst Multimillionär.

Philipp E. Achermann, 34, diplomierter Bücherexperte und EDV-Revisor war vorher für die Allgemeine Treuhand AG (ATAG) tätig gewesen. Ebner und Achermann kannten sich von gemeinsamen Militärdienst-Einsätzen her. Im Gebirgsarmeekorps befehligte Achermann eine Stabskompanie, die den höheren Offizieren, zu denen sich mittlerweile auch Motorfahrer-Major Martin Ebner zählen durfte, zu Diensten stand.

Zur Kernbelegschaft des Jahres 1985 gehörte neben Hostettler und Achermann auch der Börsenhändler Alfred Schaltegger, der zufällig neben Martin und Rosmarie Ebner wohnte. Mit gerissenen Aktiendeals hatte sich Schaltegger bereits in jungen Jahren hervorgetan und damit auch ordentlich Geld verdient. Ebner respektierte ihn deswegen. Im Keller seines Einfamilienhauses in Wilen hatte der Wertschriftenhändler damit begonnen, die Wettscheine für ein spezielles Lotto zu drucken, welches er landesweit zu lancieren gedachte. Als die Lottozettel dann aber an den Zeitungskiosken auflagen, entpuppte sich die Idee als Reinfall. Von Kollegen wird Schaltegger als «Paradiesvogel» beschrieben, der zum Hedonismus neige und sich mit den typischen Attributen eines Yuppie schmücke. Im Gegensatz zu Ebner, erzählt ein Bekannter, fährt Schaltegger nicht etwa in einem unscheinbaren Saab oder BMW zur Arbeit, sondern kreuzt mit sichtlichem Vergnügen in einem Aston Martin oder in einem knallroten Ferrari auf.

Die Geschäftsleitung der BZ Bank konstituierte sich aus Martin Ebner, Vorsitzender der Direktion, Alfred Hostettler, Direktor, und Philipp E. Achermann, Vizedirektor. Im dreiköpfigen Verwaltungsrat sassen Johan Björkman, Andreas Reinhart und Konrad Fischer (Präsident). Mag sein, dass Ebner auch ganz gerne das VR-Präsidium bekleidet hätte. Laut Bankengesetz war es jedoch untersagt, Geschäftsleitungsvorsitz und Verwaltungsratspräsidium in Personalunion zu übernehmen. So freundete sich Ebner notgedrungen mit dem Gedanken an, einen Aussenstehenden auf den Präsidentensessel zu heben. Seine erste Wahl fiel auf einen Bekannten aus Kantonsschultagen, den erfolgreichen Geldtheoretiker Kurt Schiltknecht, der es in der Zwischenzeit geschafft hatte, die Schweizerische Nationalbank (SNB) zur «renommiertesten wirtschaftswissenschaftlichen Fakultät der Schweiz»[14] zu formen. Als dem SNB-Chefökonomen jedoch im Herbst 1984 der Eintritt ins Direktorium verweigert wurde, kündigte er postwendend seine Dienste auf und wechselte in ein privatwirtschaftliches Domizil. Seit wenigen Wochen sass Kurt Schiltknecht nun in der Geschäftsleitung der finnisch beherrschten Bank Nordfinanz. Obwohl er als Mitglied der Sozialdemokratischen Partei vom Bundesrat als ungeeignet befunden worden war, in die Fussstapfen Fritz Leutwilers zu treten, wurde ihm schon damals von vielen Seiten hohe Fachkompetenz und Glaubwürdigkeit bescheinigt. Als seriöser Wissenschafter und als Mann mit Beziehungen erschien Schiltknecht für das Präsidium der BZ Bank wie geschaffen. Doch der Verwaltungsrat der Bank Nordfinanz witterte mögliche Interessenkonflikte und legte sich quer. Eine zweite Variante zielte darauf ab, den Vertreter eines Genfer Finanzinstituts mit dem Präsidentenamt zu betrauen. Erst als sich auch diese Möglichkeit zerschlug, fiel Ebners Wahl auf Konrad Fischer.

Um überhaupt in den Aktienhandel einsteigen zu können, benötigte die BZ Bank eine offizielle Börsenlizenz. Den BZ-Gründern war freilich bekannt, dass sich der Zürcher Regierungsrat, dem die Konzessionsvergabe obliegt, bei der Beurteilung allfälliger Kandidaten auf die Anträge von Börsenvorstand und Börsenkommission stützt. Und man wusste auch, dass der Börsenvorstand für Neumitglieder seinerseits geeignete Referenzen verlangt. In dieser Situation kam es der Gruppe um Martin Ebner äusserst gelegen, dass der renommierte Bankier Nicolas Bär, der im Vorstand der Zürcher Effektenbörse die Fäden zog, das Gesuch der BZ Bank unterstützte. Eine zweite, auf dem Schweizer Finanzplatz nicht ganz unbekannte Persönlichkeit, die sich für eine speditive Lizenzvergabe an die junge BZ Bank stark gemacht haben soll, war Generaldirektor Robert Studer. Als Vertreter der Schweizerischen Bankgesellschaft verfügte Studer damals über eine gewichtige Stimme in der Börsenkommission. Warum sollte er dem mutigen Jungunternehmer unnötig Steine in den Weg legen, nachdem es dieser dem allgemeinen Lamento über die erodierende Wettbewerbskraft zum Trotz gewagt hatte, in Zürich eine neue Bank ins Leben zu rufen?

Der BZ Bank Zürich AG gelang ein Blitzstart. Ende Juli 1985 erhielt das zehnköpfige Team um Martin Ebner von der Volkswirtschaftsdirektion des Kantons Zürich die begehrte A-Konzession für das Gewerbe eines Börsenagenten zugesprochen. Auf dem konservativen Zürcher Parkett markierte dieses Ereignis eine Zäsur. Seit Mitte der sechziger Jahren war an der Limmat keine einzige Börsenlizenz mehr vergeben worden – der letzte Fall lag über 20 Jahre zurück. Die 24 Plätze am Börsenring galten schon beinahe als sakrosankt. Der direkte Zugang zur Börse, so lautete damals die vorherrschende Meinung, sei praktisch nur noch durch die Übernahme einer bestehenden Ringbank möglich.

Doch Ebner liess sich von solchen Vorurteilen nicht beeindrucken und ging von der Überlegung aus, dass es von Gesetzes wegen eigentlich keine Zugangsbeschränkung geben dürfte. Mit dieser Überzeugung reüssierte er. «Nachdem Herr Ebner offensichtlich keine silbernen Löffel gestohlen hatte, blieb dem Regierungsrat gar nichts anderes übrig, als der BZ Bank die gewünschte A-Lizenz zu erteilen», sagt ex post der langjährige Börsenpräsident Nicolas Bär.

Am 1. Oktober 1985 bezog die BZ Bank den ihr zugewiesenen Sitz im alten Börsengebäude beim Paradeplatz. Zuvor galt es jedoch, im Geviert der Kreditexperten und Wertschriftenhändler ein geeignetes Firmendomizil ausfindig zu machen, welches den täglichen Gang zum Ort des Geschehens nicht allzuweit werden liess. An der Storchengasse 7, vis-à-vis der bekannten Confiserie Teuscher, wurde Ebner fündig.

Hier, in unmittelbarer Nähe des Paradeplatzes, liess sich in einem Altstadthaus ein gemütliches, kleines Domizil anmieten. Zwar hatte sich die Filiale einer ausländischen Bank die zentral gelegene Immobilie bereits mit einem langjährigen Leasing-Vertrag gesichert, doch bei Ebners Verhandlungsgeschick war dies kein echtes Hindernis. Im Nu gelang es ihm, mit den Verantwortlichen einen Untermietvertrag für zwei Stockwerke auszuhandeln.

Im September vervollständigte Martin Ebner sein Kader, indem er die Herren Alfred Schaltegger, Peter Screta und Walter Strub vom Verwaltungsrat zu Vizedirektoren befördern liess. Peter Screta schien nützlich, weil er freundschaftliche Beziehungen in die Kommandozentrale des Zuger Rohstoffhändlers Marc Rich pflegte. Allerdings hatte Screta in Anlagefragen seinen eigenen Kopf, weshalb er es nicht lange mit dem autoritären Geschäftsleitungsvorsitzenden aushielt. Walter Strub hingegen, der schon bei der Bank Vontobel jahrelang unter Ebner gearbeitet hatte, verhielt sich ausserordentlich loyal. «Strub ist einer von Ebners zuverlässigsten Wasserträgern», sagt einer, der das Verhältnis der beiden aus eigener Anschauung kennt.

Um sich einer ungeteilten Interessenparallelität seiner Kadermitarbeiter zu versichern, beschloss Ebner, diese in angemessener Form am Aktienkapital der neugegründeten Ringbank zu beteiligen. Alfred Hostettler, auf dessen Namen die Börsenlizenz der BZ Bank lief, hatte bereits 5000 Partizipationsscheine mit einem Nennwert von 100 Franken gezeichnet, als im vierten Quartal 1985 weitere 19 000 PS ausgegeben wurden. Hostettler, Achermann, Schaltegger und Strub erhielten von Ebner jeweils 2500 Anteilscheine zugeteilt. Die Verwaltungsräte Fischer, Björkman und Reinhart sowie Vizedirektor Screta übernahmen je 1000 Stück, während Ebner die restlichen 5000 Titel in sein persönliches Portefeuille steckte. Obwohl die Partizipationsscheine nur mit Zustimmung des Verwaltungsrates übertragbar waren, berechtigten sie im Gegensatz zu den bereits ausgegebenen 170 000 Namenaktien zu keinem Stimmrecht. Inklusive einer Reserve von 4,6 Millionen beliefen sich die Eigenmittel der BZ Bank am Jahresende auf 24 Millionen Franken.

Für den Gründungsaktionär Andreas Reinhart fielen diese ersten Schritte in eine Phase, in der er als Vizepräsident der Winterthurer Volkart-Holding selbst alle Hände voll zu tun hatte. Im November 1985 übernahm er von seinem Onkel Balthasar Reinhart die Hälfte des 30 Millionen betragenden Aktienkapitals, womit er insgesamt vier Fünftel des Handelsunternehmens besass. Um seinen Onkel und weitere Familienmitglieder auszuzahlen, musste er sich massiv verschulden. Ebner, der in Finanzierungsfragen überaus versiert war, assistierte Andreas Reinhart bei der Abwicklung dieses «Leveraged-buyout». Der neue Volkart-Besitzer revanchierte sich mit Kommissionsaufträgen an die Adresse der BZ Bank und einem persönlichen Beratungsmandat für Ebner, den er kurze Zeit später zudem in den Verwaltungsrat der Winterthurer Handelsgruppe berief.

Neben den Aufgaben, die der BZ-Chef bei den Gebrüdern Volkart übernahm, war er mit dem Aufbau eines geeigneten Kundenstamms beschäftigt. Dabei kam ihm seine Freundschaft zu Johan Björkman zugute, welcher speziell in der schwedischen Finanzszene über exzellente Kontakte verfügte. Kurz nachdem die BZ ihre operative Tätigkeit aufgenommen hatte, wurde Ebner auf einen interessanten «High-flyer» an der Stockholmer Börse aufmerksam – die Biotechnologiefirma Fermenta AB. Das Unternehmen gehörte einem Ägypter namens Refaat El-Sayed, der eine ungemein aggressive Expansionsstrategie verfolgte. Anfang der achtziger Jahre hatte der in Schweden eingebürgerte El-Sayed in einer alten Fabrik mit der Fermentierung von Penizillin begonnen. Vier Jahre später war es ihm dank vorwiegend fremdfinanzierter Akquisitionen gelungen, den Fermenta-Umsatz auf das 65fache und den ausgewiesenen Gewinn gar auf das 100fache hochzupushen. Aus einer unscheinbaren, kleinen Firma war im Nu ein multinationaler Konzern mit Tochtergesellschaften in Frankreich, Italien und den USA enstanden. Bereits nahm El-Sayed ein verheissungsvolles Bad im Blitzlichtgewitter der internationalen Finanzpresse, als er Ende 1985 auf der Stockholmer Opernterrasse dem Volvo-Chef Per Gyllenhammar die Hand drücken durfte. Traktandiert war bei jenem Anlass nichts Geringeres als eine strategische Allianz zwischen dem grössten und dem am schnellsten expandierenden Industriekonzern Skandinaviens. Damit das kreditfinanzierte Wachstum der Fermenta nicht ins Stocken geriet, musste die Gesellschaft alle paar Monate an den Kapitalmarkt gelangen, um neue Mittel aufzunehmen. Zu diesem Zweck sollte Ende 1985 auch in der Schweiz eine Wandelanleihe in Höhe von 30 Millionen Franken aufgelegt werden.

Als Newcomer auf dem Finanzplatz interessierte sich die BZ Bank brennend für die Durchführung dieser Emission. Doch das blutjunge Institut verfügte noch nicht über die notwendige Kapazität, um ein solches Volumen an Wandel-Notes eigenständig auf den Markt zu bringen. Ebner klopfte daher bei der Schweizerischen Bankgesellschaft (SBG) an, und die Grossbank erklärte sich auch tatsächlich bereit, bei der geplanten Wandelanleihe der Fermenta die Rolle des Lead-Managers zu übernehmen. Als Gegenleistung trat ihr die BZ Bank die Hälfte des Emissionskuchens ab.

Weil Refaat El-Sayed die Hinterlegung der für die Wandelanleihe benötigten Fermenta-Aktien Schwierigkeiten bereitete, musste die Emission zweimal verschoben werden. Im Januar 1986 war es endlich soweit. Während die SBG die begehrten Wandel-Notes zum Nennwert von 100 Franken an ihre Kunden weiterreichte, schlug die BZ Bank die andere Hälfte mit einem Agio von bis zu 120 Prozent los. «Bei einem Nominalwert von 100 Franken hatte der Preis im Telefonhandel bereits vor Beginn der eigentlichen Emission die Marke von 220 Franken erreicht», erinnert sich ein Zürcher Kapitalmarktspezialist. An dieser «ersten in der Schweiz professionell durchgeführten Graumarktanleihe», vermutet der erfahrene Banker, «hat die BZ Bank mehrere Millionen Franken verdient».

Einige der Kunden, welche Ebner die überbewerteten Papiere förmlich aus den Händen gerissen hatten, wurden zwei Monate später unsanft mit der Wirklichkeit konfrontiert. Bereits im März 1986 musste Fermenta nämlich ihre Zahlungsunfähigkeit anmelden. In einem Gespräch mit dem amerikanischen Business-Magazin «Fortune» behauptete El-Sayed, er habe in Uppsala in Mikrobiologie promoviert. Einer seiner ehemaligen Lehrer an der Landwirtschafts-Hochschule in Uppsala bekam das Interview zufällig zu Gesicht und liess den Bluff mit dem Doktortitel auffliegen. Nach anfänglichen Versuchen, die Sache in der Öffentlichkeit als Missverständnis darzustellen, musste El-Sayed den Schwindel vollumfänglich zugeben. Dies war der Anfang einer verhängnisvollen Kettenreaktion. Volvo distanzierte sich vom geplanten Kooperationsabkommen, der überhöhte Kurs der Fermenta-Aktien begann augenblicklich zu sinken. Das Vertrauen des Marktes in die vermeintliche Genialität des ägyptischen Wunderknaben war gebrochen. Obschon er nach wie vor die Aktienmehrheit der Fermenta in Händen hielt, sah sich El-Sayed gezwungen, als Konzernchef abzutreten. Je eingehender man sich in Schweden mit seinem Fall befasste, um so klarer wurde, dass sich der Financier «im Stile eines Hinterhof-Occasionshändlers»[15] schon seit Jahren in mancherlei Hinsicht jenseits des Gesetzes bewegt hatte. Als ausserdem ans Licht kam, dass El-Sayed, vom schwedischen Fernsehen eben noch als «Mann des Jahres 1985» gefeiert, im Januar 1986 über eine unscheinbare Finanzierungsgesellschaft für mehr als eine Milliarde Kronen Stützungskäufe in eigenen Aktien getätigt hatte, war es endgültig um seinen Ruf geschehen: Das Finanzgenie schmückte sich nicht nur mit einem falschen Doktortitel. Refaat El-Sayed hatte auch jahrelang Geschäftsberichte und Bilanzen systematisch frisiert, mit dem einzigen Ziel, den Kurs der Fermenta-Aktien permanent nach oben zu treiben. Wie sonst hätte sich der trügerische Schein der Prosperität, den sein Unternehmen ausstrahlte, so lange aufrechterhalten lassen?

1989 wurde Refaat El-Sayed in Stockholm wegen Betrügereien und Verstössen gegen die Insider-Gesetzgebung zu fünf Jahren Gefängnis ohne Bewährung verurteilt. Damit kassierte er die höchste Haftstrafe, die in Schweden jemals für ein «White-collar»-Verbrechen ausgesprochen wurde.

Was von El-Sayeds Lügenimperium übrig blieb, spürten Zehntausende von Kleinaktionären, die ihr Geld in die von der Finanzpresse hochgejubelten Fermenta-Aktien gesteckt hatten. Sie standen plötzlich vor Riesenverlusten – in manchen Fällen sogar vor dem Ruin. In der Schweiz zahlten El-Sayeds schwedische Gläubigerbanken die geplatzte 5-Jahres-Anleihe im Herbst 1986 immerhin vollumfänglich zurück. Aber natürlich nur zu pari, das heisst ohne den satten Aufpreis, der beim Verkauf der spekulativen Wandel-Notes für die Zürcher BZ Bank abgefallen war.

VI
Boutique Ebner

Wie Ebner einen exklusiven Kundenkreis gewinnt und mit der ersten Stillhalter-Option die schlafende Konkurrenz wachrüttelt

«Eines der erfreulichsten Ereignisse an den Schweizer Börsen in diesem Jahr war der Einzug von Martin Ebners BZ Bank an den Zürcher Handelsring», beschied Ende 1985 die «Financial Times». «Er signalisiert die Ankunft einer jüngeren, kritischen Generation, die begierig darauf ist, die Chancen zu packen, welche sich heute durch die Internationalisierung der Wertschriftenmärkte ergeben.» Die Schweizer Behörden seien «weniger stur als angenommen und nicht unglücklich über einen, der das Wirtschaftsestablishment aufrüttelt», schrieb das Finanzblatt in einer publizistischen Hymne auf Martin Ebner, überschrieben mit dem Titel «Readiness to break the mould of conformity»[16]. Dieser Artikel sei etwas vom besten, was in den letzten zehn Jahren über ihn und die BZ Bank geschrieben wurde, urteilt Ebner im Rückblick, dessen «Bereitschaft, mit dem konformen Verhalten zu brechen» im angelsächsischen Raum schon früh erkannt und entsprechend wohlwollend kommentiert wurde.

Eigentlich hatte die BZ Bank ihren ersten Geschäftsbericht erst Anfang 1987 veröffentlichen wollen, denn für die sieben Monate des ersten Geschäftsjahres war vorsichtigerweise ein beträchtlicher Verlust budgetiert worden. Dass Martin Ebner dennoch bereits im Januar 1986 mit schwarzen Zahlen aufwarten konnte, war vor allem der blendenden Verfassung zuzuschreiben, in welcher sich die Aktienbörsen im zweiten Halbjahr 1985 befanden. Und so kam es beim Bilanzieren zur freudigen Überraschung: Zum verblüffenden Gesamtergebnis von 6,9 Millionen Franken trugen die bisher erzielten Kommissionseinnahmen 5,7 Millionen und der Wertschriftenertrag rund eine Million Franken bei. Nach Abschreibungen und Steuern verblieb per Ende Dezember 1985 unter dem Strich ein hübscher, kleiner Reingewinn von 920 000 Franken.

Mit diesen Zahlen erschreckte Martin Ebner seine Konkurrenten erstmals: Seit dem Einstieg der BZ Bank in den Aktienhandel waren erst drei Monate vergangen und bereits rangierte sie volumenmässig in der oberen Tabellenhälfte der nunmehr 25 Zürcher Ringbanken. Gegenüber dem allgemeinen Pessimismus, der sich Mitte der achtziger Jahre auf dem Schweizer Finanzplatz breit machte, setzte dieser Schnellstart einen erstaunlichen Kontrapunkt. Während die etablierten Banken des langen und breiten über den Wettbewerbsnachteil der Stempelsteuer lamentierten und damit drohten, ganze Abteilungen ins Ausland zu verlagern, kam Ebner, sah und handelte.

Mit Wille und Fleiss allein wäre der unternehmerische Take-off aber kaum zu realisieren gewesen. Entscheidend war Ebners erstklassiges Beziehungsnetz. Dank Kontakten, die er sich in den Jahren bei der Bank Vontobel aufgebaut hatte, gelang es ihm, in kürzester Zeit einen exklusiven Kreis von Versicherungskonzernen, Fondsgesellschaften und Pensionskassen um sich zu scharen. Dass dem Geschäft mit der institutionellen Kundschaft auch in der Schweiz die Zukunft gehören würde, hatten vor Ebner zwar auch schon andere erkannt, doch vermochte anscheinend niemand, aus dieser relativ banalen Erkenntnis die richtigen Konsequenzen zu ziehen.

Ganz anders Ebner: Wo immer er eine Marktlücke sah, fackelte er nicht lange. Schnelles Zupacken bildete die Grundlage seines unternehmerischen Erfolgs. Gerade bei den milliardenschweren Pensionskassen, deren Anlagevermögen zusehends in den Himmel wuchsen, machte Ebner ein wachsendes Bedürfnis nach anlagerelevanter Information aus.

Bewusst legte er sich daher ein Boutique-Konzept zurecht, ganz nach dem Motto «klein aber fein». Von der Konkurrenz sollte sich die BZ Bank dadurch abheben, dass sie ihre Dienstleistungen ausschliesslich auf den inländischen Wertschriftensektor fokussierte und sich bei der Analyse, wie auch bei der Kundenbetreuung, modernster Kommunikationstechnologien bediente. Dieses Angebot, ergänzt durch den Blockhandel mit ausgewählten

Blue-chips, würde besonders bei ausländischen Grossanlegern auf Interesse stossen, kalkulierte Ebner.

Um die anspruchsvolle Klientel mit dem Schweizer Aktienmarkt kurzzuschliessen, bedurfte es in erster Linie einer speziellen Betreuung. Warum den Kunden nicht gleich selber zu wichtigen Hintergrundgesprächen in die Unternehmenszentrale eines potentiellen Investments mitnehmen und ihm damit die Behandlung und Information eines Finanzanalysten zuteil werden lassen? Neben möglichst individuellem Service versuchte man bei der BZ Bank, die handverlesene Investorenschaft auch mit neuesten EDV-Lösungen zu beeindrucken.

Zu diesem Zweck war bereits im Juli 1985 die BZ Informatik AG ins Leben gerufen worden. Ihren Statuten gemäss bezweckt die BZ Informatik «die Erbringung von Dienstleistungen auf dem Gebiet der elektronischen Datenverarbeitung sowie die Entwicklung und den Vertrieb von Soft- und Hardware». Vom Gründungskapital übernahm die BZ Bank 60 Prozent, während die restlichen 40 Prozent Renzo Lazzarini, designierter Geschäftsführer der BZ Informatik, zeichnete. Den Bündner Informatikspezialisten hatte Ebner als externen EDV-Berater bei der Bank Vontobel kennengelernt.

Unter anderem sollte die Tochtergesellschaft sicherstellen, dass Ebner und seine Mannschaft mit interessierten Fondsmanagern und Pensionskassenverwaltern von Beginn weg «On-Line» kommunizieren konnten. Als eine der ersten Investmentbanken installierte die BZ Bank bei ihren Grosskunden eigene EDV-Terminals. Dadurch trafen die wichtigsten Informationen auch wirklich in «real time» bei der Kundschaft ein. Ausserdem wurden nach Börsenschluss jeweils die wichtigsten Börsenkennziffern adjustiert und in Form eines kondensierten «Stockguides» per Fax oder Modem an die zugewandten Orte versandt. Ein ausführlicher Bericht folgte jeweils am Freitag abend per Post.

Wie bei der Rekrutierung seiner Mitarbeiter griff Ebner auch beim Zusammentrommeln der Kundschaft auf das Naheliegende und Bewährte zurück. Vom persönlichen Beziehungsnetz, welches Ebner schon vor der Gründung der BZ Bank gute Dienste geleistet hatte, lässt sich fast nahtlos auf seinen Kundenstamm in den

Jahren 1985/86 schliessen – eine plausible These, die von berufsmässigen Kennern der Zürcher Finanzszene durchwegs vertreten wird.

• Unter diesen Umständen liegt es auf der Hand, dass die beiden Miteigentümer, Carnegie Fondkommission und Gebrüder Volkart Holding, bei der jungen BZ Bank für die ersten Kommissionseinnahmen sorgten.

• Für den Anfang traf es sich auch nicht schlecht, dass Ehefrau Rosmarie Ebner von 1977 bis 1981 bei der Zürcher Concast-Holding, einem Unternehmen aus der Stahlbranche, gearbeitet hatte. Für die BZ Bank sollte sich der persönliche Draht zu deren Anlageressort nunmehr in Form entsprechender Börsenorders auszahlen.

• Das gleiche liess sich von der verschwiegenen Berner Carba-Holding annehmen. Mit Peter Baumberger, dem Carba-Delegierten, hatte Ebner bekanntlich schon als Institutionellen-Chef bei der Bank Vontobel regelmässig zu tun gehabt.

• Seitens der finnisch beherrschten Bank Nordfinanz, wo Kollege Kurt Schiltknecht seit ein paar Wochen das Wertschriftenressort führte, war ebenfalls mit etlichen Aufträgen für die neugegründete Ringbank zu rechnen.

• Den Zuger «Commodity-Trader» Marc Rich interessierte, dass an der Zürcher Börse plötzlich einer aufgetaucht war, der mit unkonventionellen Ideen das schwerfällige Grossbankenkartell auf Trab bringen wollte. Mit den Börsenaufträgen, welche Rich der BZ Bank in der Folge zuschanzte, verband der «Rohstoff-Tycoon» einen Hintergedanken: Möglichst dicht wollte er am Epizentrum der sich abzeichnenden Innovationswelle stehen, um aus nächster Nähe mitzuverfolgen, was Ebner im Schilde führte.

• Zu den interessierten Kunden der BZ Bank gehörten in dieser Frühphase auch die «major players» der heimischen Versicherungsbranche, die sich – wie erinnerlich – bereits in der Ära Vontobel samt und sonders von Ebner hatten bedienen lassen.

• Regelmässigen Kontakt hielt Ebner insbesondere zu seinem Offiziersschulkollegen Rolf Hänggi, damals Stellvertretender Generaldirektor der «Zürich»-Versicherung. Hänggi zeichnete für die milliardenschweren Wertschriftenanlagen des Versicherungsmultis verantwortlich, bevor er 1988 zum alleinverantwortlichen Finanzchef und stellvertretenden Vorsitzenden der Konzernleitung aufrückte. Dass Hänggis oberster Boss, VR-Präsident Fritz Gerber, dem Neuling am Zürcher Börsenring gleich so viel Kredit einräumen würde, dass er sich persönlich für dessen ertragreiche Aktiendeals zu erwärmen begann, war nicht vorherzusehen gewesen. Von einem Paradeaufsteiger wie Gerber, der es aus bescheidenen Verhältnissen zu einem der Mächtigsten der Schweiz gebracht hatte, auf diese Art bestätigt zu werden, war für Ebner eine Ehre.

• Entscheidender war allerdings, dass Ebner neben der «Zürich»-Versicherung auch den (ebenfalls von Fritz Gerber präsidierten) Pharmakonzern Hoffmann-La Roche von Anfang an auf einen der obersten Plätze der BZ-Kundenliste setzen konnte. Die Geschäftsachse nach Basel hatte Ebner insofern vorgespurt, als er bereits als Vontobel-Angestellter regelmässig mit dem Pensionskassenchef von Hoffmann-La Roche, Peter Matter, zusammengearbeitet hatte. Und als der Investmentspezialist Henri B. Meier im Frühjahr 1986 von der englischen Handelsbank National Westminster in die Konzernleitung des Basler Pharma-Multis wechselte, soll niemand anderes als Martin Ebner eine hilfreiche Rolle gespielt haben. Ebners Kontaktnetz reichte eben weit. Als «Chief Financial Officer» von Hoffmann-La Roche, der genau wie Hänggi bei der «Zürich» direkt VR-Präsident Fritz Gerber unterstellt war, hatte Henri B. Meier von nun an die höchsten Liquiditätsreserven sämtlicher Schweizer Industrieunternehmen zu überwachen.

• Mit der Beamtenpensionskasse des Kantons Zürich gelang es Ebner, alsbald auch eine der landesweit grössten Vorsorgeeinrichtungen als milliardenschweren Nachfrager von Schweizer Bluechip-Aktien zu gewinnen.

• Ab 1986 kam die BZ Bank zudem mit der städtischen Finanzverwaltung ins Geschäft, nachdem Ebner deren Chef, Peter Lehner, eines Tages zufällig in der Zürcher Innenstadt über den Weg gelaufen war.

• Persönliche Kontakte verbanden Ebner des weiteren mit der Genfer Beteiligungsgesellschaft Pargesa. Hinter dem schnell wachsenden Firmenkonglomerat verbarg sich nebst drei weiteren Grossaktionären Mitte der achtziger Jahre noch der schwedische Autokonzern Volvo. Die weitläufigen Interessen der verschachtelten Finanzgruppe erstreckten sich bis ins Junk-Bond-Imperium von Drexel Burnham Lambert in New York und zur Londoner Finanzgesellschaft Henry Ansbacher.

• An der Themse gab es noch eine Handvoll anderer Adressen, die für Ebner von Interesse waren: Barclays Bank, Baring Brothers und S.G. Warburg heissen die honorigen Londoner Geldhäuser, denen sich der aufstrebende Aktienbroker verbunden fühlte. Die Londoner Niederlassung von J.P. Morgan und die Vermögensverwaltungsgesellschaft G.T. Management waren als potentielle Grossanleger ihrerseits an den Dienstleistungen einer BZ Bank interessiert. G.T. Management hatte sich auf die Verwaltung institutioneller Vermögen aus dem pazifischen Raum spezialisiert und sollte später von der Bank in Liechtenstein übernommen werden.

An dieser Stelle gilt es, einen Nimbus zu relativieren, den sich Ebner in der Öffentlichkeit mit Beharrlichkeit aufgebaut hat. Gemeint ist das «magische Dutzend», mit welchem der BZ-Chef hin und wieder aufkommende Fragen nach Anzahl und Beschaffenheit seines Kundenstamms zu kontern pflegt. «Der Kern ist bis heute derselbe geblieben», beantwortete Ebner im Januar 1995 die Frage eines Journalisten nach allfälligen Fluktuationen im Kundenkreis. «Von den grossen Institutionellen sind alle von Anfang an dabei.» Zum Nennwert darf man diese Aussage nur bedingt nehmen. Es ist kaum vorstellbar, dass es in Ebners «Top-Twelve» im Verlauf der letzten zehn Jahre zu keinerlei Verschiebungen gekommen sein soll. Oder wurden milliardenschwere Interessenten, die in der Zwischenzeit angeklopft haben, etwa abgelehnt?

Ausschläge bei den Kommissionseinnahmen zeigen, dass es im Spitzenfeld der wichtigsten BZ-Kunden bereits in der Anfangsphase immer wieder zu Positionswechseln gekommen sein muss. Einzelne Auftraggeber verabschiedeten sich entweder ganz von der BZ oder fielen in ihrer Bedeutung hinter den zwölften Tabellenrang zurück. Umgekehrt gewann die BZ-Gruppe in den vergangenen Jahren Dutzende neuer Kunden hinzu. Um die 100 Adressen würden derzeit bei der Lancierung eines neuen Finanzinstruments angeschrieben, verlautet aus gut informierter Quelle. Auch wenn die Mehrzahl der Grosskunden Ebner bis heute die Treue gehalten hat, meinen Bankexperten, sei die symbolträchtige «Zwölf» im Geschäft mit der diskretionsbedürftigen Anlegerschaft von Anfang an als cleveres Marketinginstrument konzipiert gewesen.

• So hatte die BZ Bank allein in Japan anfänglich drei hochpotente Kunden an der Angel. Einer davon war das japanische Brokerhaus Nomura, welches an den wichtigsten Börsenplätzen der Welt seit Jahren eine nicht wegzudenkende Rolle spielt. Im Verwaltungsrat der Zürcher Nomura-Tochter sitzt der Präsident der BZ Bank, Rechtsanwalt Konrad Fischer. Ein weiteres interessantes Aufsichtsmandat bekleidet Fischer beim Genfer Ableger der Barclays Bank.

• Von den grossen US-Finanzgesellschaften war es hauptsächlich die New Yorker Citibank, mit der die BZ Bank – wie übrigens die meisten Zürcher Investmentbanken – im Austausch stand. Daneben pflegte man mit dem amerikanischen Derivatspezialisten Bankers Trust rege Geschäftskontakte, was von der Sache her kaum zu erstaunen vermag.

• Weitere Koordinaten im internationalen Beziehungsgeflecht der BZ Bank waren die deutsche Allianz-Versicherung, der Mailänder Pirelli-Konzern sowie ein grosser europäischer Automobilhersteller.

• Bei soviel ausländischer Prominenz wäre fast in Vergessenheit geraten, dass Christoph Blocher von Beginn weg einer von Ebners wichtigsten Geschäftspartnern war, mit dem er im Verlauf der kommenden Jahre zahllose Aktiengeschäfte abwickeln sollte. Gleich nach der BZ-Gründung erteilte ihm der unternehmerisch veranlagte Nationalrat ein erstes lukratives Mandat. Studienfreund Ebner sollte das «financial engineering» für Blochers Emesta-Holding (ehemals Oswald-Holding) übernehmen, was sich der Aktienspezialist natürlich nicht zweimal sagen liess.

Obwohl es Martin Ebners erklärtes Ziel war, die jüngste Ringbank so schnell als möglich zu einem Market-maker im Zürcher Aktienhandel zu machen, erscheint der Ausdruck «Blockhandel» für die Anfangsphase etwas übertrieben. Bei den ersten grösseren

Aktiengeschäften, welche die BZ Bank für ihre Klientel abwickelte, ist es zutreffender, von einem «hardselling» von Schweizer Dividendenpapieren zu sprechen. Ein absolutes Novum auf dem Zürcher Parkett waren in diesem Zusammenhang die flexiblen «Schalterstunden» der Ebnerschen Aktienbank. Wo sonst, wenn nicht bei der BZ Bank in Zürich, konnte ein ausländischer Investor problemlos auch noch um acht Uhr abends anrufen, um seine Börsenorders für den kommenden Handelstag durchzugeben?

Für derlei individuellen Service griff die Kundschaft gerne etwas tiefer in die Tasche, zumal sich die BZ Bank auch bei der Gebührenordnung deutlich von der Konkurrenz abhob. Mit konstanten 0,5 Prozent des umgesetzten Aktienwertes belief sich die Courtage auf das Zwei- bis Fünffache dessen, was Grossinvestoren von anderen Banken als Kommission berechnet wurde. Dafür nahm Ebner für sich in Anspruch, die Aktienkurse gegenüber seiner Kundschaft nicht zu «schneiden», das heisst, die Papiere in der Regel zum selben Preis weiterzureichen, zu dem er sie erworben hatte. Eine niedrigere Maklergebühr mit einem technischen Zuschlag auf den Aktienverkaufspreis aufzupolieren, wie es offenbar in den Wertschriftenabteilungen der Grossbanken gang und gäbe war, grenzte für einen gradlinigen Charakter wie Ebner an Abriss.

Mit den Aktien von Ciba-Geigy, Sandoz und Hoffmann-La Roche, für die Ebner als einziger Schweizer Broker nach Feierabend noch Kurse stellte, hatte er sich bereits als Vontobel-Analyst vertraut gemacht. Neben den aussichtsreichen Chemievaloren empfahl er der BZ-Kundschaft die klassischen Blue-chips aus dem Finanzbereich – allen voran die Dividendenpapiere von Bankverein und Bankgesellschaft. «Den Inhabertitel der Bankgesellen haben wir bereits in unserem ersten Geschäftsjahr auf 5000 Franken hochgepusht», sagt ein inzwischen abgesprungener BZ-Mitarbeiter.

Daneben fiel die Bank anfänglich durch massive Käufe von Forbo-Aktien auf. Tatsächlich entpuppten sich die Titel von Europas führendem Wand- und Bodenbelaghersteller in den folgenden zwei Jahren als Kursrakete. Um den am Markt laut werdenden Gerüchten einer unfreundlichen Übernahme einen Riegel vorzuschieben, reagierte der Eglisauer Bauzulieferer im Frühjahr 1986 mit der Schaffung von vinkulierten Namenaktien, ohne grosse Auswirkung allerdings: Bis zum Herbst 1987 schnellten die Forbo-Inhaberpapiere um 150 Prozent in die Höhe.

Einen ähnlich guten Riecher besass Ebner bei den Namenaktien der Von Roll, die sich ab 1985 ebenfalls einer überdurchschnittlichen Hausse erfreuten. Frühzeitig realisierte Ebner, dass beim Gerlafinger Stahlkonzern ein «Turn-around» ins Haus stand. Während die Titel, gemessen an den künftigen Ertragsaussichten des Unternehmens, noch deutlich zu tief bewertet waren, schnürte die BZ Bank ein stattliches Von Roll-Paket.

Im Mai 1986 half Ebner dem Von Roll-Management sogar aus der Patsche. Überraschend erklärte sich die BZ Bank bereit, 240 000 Partizipationsscheine (PS), welche ursprünglich für eine Optionsanleihe der Von Roll vorgesehen waren, auf eigenes Risiko im Markt zu plazieren. Wochen zuvor hatte mit Heinrich Tanner just ein guter Bekannter der Ebners im Verwaltungsrat des Stahlkonzerns Einzug gehalten. Tanner war ein Mitbegründer der Zürcher Concast AG, in deren Rechtsabteilung Rosmarie Ebner früher als Sekretärin gearbeitet hatte.

Im Von Roll-Verwaltungsrat hatten sich die Grossbankenvertreter von SBG und SBV auf den Standpunkt gestellt, das Unternehmen sei noch nicht reif, um an den Kapitalmarkt zu gelangen. Tatsächlich wurden die erwähnten Optionsscheine von den Gläubigern niemals eingelöst, womit die 240 000 PS in den Händen der Unternehmensleitung richtiggehend «verfaulten».

Ebners Vorschlag, die 240 000 PS zu einem fixen Preis zu übernehmen und diese anschliessend in die Aktiendepots seiner institutionellen Kundschaft umzuschichten, muss auf den Verwaltungsrat der Von Roll wie ein Geschenk des Himmels gewirkt haben. Anders als bei einer gewöhnlichen Emission, bei der die Banken die auszugebenden Aktien normalerweise gegen eine umsatzgebundene Kommissionsgebühr von beispielsweise 1,5 Prozent weiterplazieren, zeigte sich Ebner schon im Vorfeld bereit, ein stattliches Agio zu bezahlen. Für 240 000 PS zu 100 Franken offerierte er Von Roll das Doppelte des aufgedruckten Nominalwertes, insgesamt also 48 Millionen Franken. Mit 200 Franken pro PS lag sein Angebot damit recht deutlich über dem ehemals von der Firma angepeilten Emissionspreis von 130 Franken.

Vor dieser grosszügigen Offerte konnten die Grossbankenvertreter ihre Augen nicht länger verschliessen und gaben für den Deal mit der BZ Bank grünes Licht. So ging im Sommer 1986 ein Geschäft über die Bühne, welches den Gerlafingern nicht nur die langersehnte Kapitalmarktfähigkeit zurückgab, sondern dem sich hochrappelnden Stahlkonzern gleich auch noch 48 Millionen Franken an frischen Mitteln in die Kasse spülte. Über den Preis, zu welchem Ebner die Partizipationsscheine in der Folge an seine solvente Kundschaft weiterverkaufte, lässt sich nur spekulieren. Für Branchenkenner scheint immerhin festzustehen, dass besagte Transaktion für die junge Zürcher Bank «sehr lukrativ» ausgefallen sein muss.

Einen beachtlichen Block von Stimmrechtsaktien, die Ebner monatelang im grossen Stil zusammengekauft hatte, reichte er 1987 seinem Freund Christoph Blocher weiter, womit dieser auf einen Schlag zum grössten Einzelaktionär der Von Roll avancierte. Mit Ebners Unterstützung gelang es Blocher, seine Grossinvestition – es soll sich um 50 000 Namenaktien beziehungsweise 6 Prozent des Von Roll-Kapitals gehandelt haben – alsbald in ein VR-Mandat umzumünzen, welches er in Gerlafingen in der Folge während zweier Jahre inne hatte. Als die Von Roll-Titel an der Börse genügend gestiegen waren, stiess Blocher das Aktienpaket über die BZ Bank ab und trat im Frühjahr 1989 von seinem VR-Posten zurück. «Unmittelbar nach der Ernte ist Blocher gegangen», bestätigt der Pressechef des Unternehmens.

Da sich Ebner lieber auf das Einfädeln lukrativer Aktiengeschäfte konzentrieren wollte, statt sich persönlich auch noch mit der Unternehmensanalyse herumzuschlagen, suchte er nach einem geeigneten Kopf für die entsprechende Sparte in seiner Bank. Am liebsten hätte er auf Hans Jörg Graf, seinen Nachfolger im Institutionellen-Ressort der Bank Vontobel, zurückgegriffen; doch schlug dieser das Angebot aus familiären Gründen aus – der 16-Stunden-Arbeitstag im Umfeld des «Workaholics» Ebner schreckte ab. Eine Alternative für den Posten des Chefanalytikers anerbot sich in der Person des Hochschulabgängers Ernst Müller-

Möhl. Genau wie Ebner verfügte dieser über eine akademische Doppelausbildung in Jura und Ökonomie, die er an der HSG in St. Gallen soeben mit dem Titel eines Dr. oec. gekrönt hatte. Bevor sich der quirlige Thurgauer aber als «Head of Research» bei der BZ Bank hinter den Bildschirm setzte, entsandte ihn Ebner nach den USA. An der «University of Chicago», die damals im Finanzbereich als Topadresse galt, sollte der künftige Mitarbeiter sein analytisches Know-how während eines halben Jahres zusätzlich schärfen.

Bei seiner Rückkehr im Sommer 1986 war Ernst Müller-Möhl voller Begeisterung für die in den Vereinigten Staaten in Mode gekommenen Finanzderivate. Sogleich begann der designierte Research-Chef, den Schweizer Optionenmarkt genauer unter die Lupe zu nehmen. Bei den «Warrants», wie sie in der Schweiz seit den siebziger Jahren angeboten wurden, handelte es sich meist um Aktienbezugsrechte aus sogenannten Optionsanleihen. Statt mit Zinsen wurden die Kreditgeber eines Unternehmens dabei mit dem Bezugsrecht auf Aktien entschädigt. Dem Anleger eröffnet der Besitz eines entsprechenden Optionsscheins («Warrant») die Wahlmöglichkeit, diesen entweder zu im voraus festgelegten Konditionen gegen Firmenaktien einzutauschen oder aber gegen bar zu veräussern.

«Es gibt Optionsscheine, die ganz einfach zu teuer sind», liess sich Müller-Möhl nach Abschluss seiner Untersuchung vernehmen. Und der findige HSG-Absolvent hatte mit den Bezugsrechten auf die Namenaktien von Nestlé auch gleich ein prominentes Beispiel zur Hand. Ebner zog aus Müller-Möhls Befund einen gleichermassen trivialen wie profitablen Schluss. Wenn zahlreiche Optionen tatsächlich in dem Sinne «mispriced» waren, dass sie vom Markt, verglichen mit den zugrundeliegenden Aktienwerten, zu hoch bewertet wurden, so müsste ein cleverer Geschäftsmann wohl am besten als Verkäufer von solchen Instrumenten auftreten und mit einer angemessenen Preisgestaltung Bewegung in den Markt bringen.

Eine andere Marktineffizienz, die es in den Augen Ebners auszunutzen galt, war damals an den Schweizer Aktienbörsen schon nahezu idealtypisch: der zuweilen krasse Bewertungsunterschied zwischen Inhaber- und Namenaktien. Aus Furcht vor unfreundlichen Übernahmen hatten in den siebziger Jahren zahlreiche Publikumsgesellschaften damit begonnen, vinkulierte Namenaktien auszugeben. Im Unterschied zu den frei handelbaren Inhabertiteln werden diese nur mit ausdrücklicher Billigung des Verwaltungsrates ins Aktionärsregister eingetragen. De facto lief die Vinkulierung auf einen Ausschluss ausländischer Investoren hinaus, was sich in einer niedrigeren Bewertung der meisten börsengängigen Namenpapiere niederschlug. So kosteten Mitte der achtziger Jahre beispielsweise die Namenaktien von Ciba-Geigy, Sandoz und Schweizer Rück bei gleichem Dividendenanrecht an der Börse nur ungefähr die Hälfte der entsprechenden Inhaberpapiere.

In dieser Bewertungsdiskrepanz witterte Ebner ein vielversprechendes Geschäft. Falls die Annahme korrekt war, dass die in Gang gekommene Öffnung der internationalen Wertpapiermärkte früher oder später auch den helvetischen Vinkulierungswall hinwegfegen würde, dann dürften die unterbewerteten Namenaktien in Zukunft eine überdurchschnittliche Marktentwicklung erleben. Also bräuchte man optimalerweise nur noch einen Weg zu finden, um die ausländische Kundschaft schon heute vom «Passzwang» der Namenaktionäre zu befreien und somit an den erwarteten Kurssteigerungen partizipieren zu lassen.

Im Oktober 1986 fand Martin Ebner den Ausweg in Form der ersten sogenannten Stillhalter-Option auf die Namenaktien von Ciba-Geigy. Auf dem Schweizer Finanzplatz landete er damit einen echten «Primeur».

Noch bevor die behäbigen Grossbanken mit ähnlichen Konstruktionen nachstossen konnten, hatte der BZ-Chef in Windeseile 100 000 Optionsscheine zum Stückpreis von 350 Franken bei seiner Kundschaft plaziert. Versehen mit einer Laufzeit von drei Jahren, berechtigte jeder Optionsschein bis Ende November 1989 zum Bezug einer Ciba-Namenaktie zum vorab fixierten Preis von 1950 Franken. Zum Zeitpunkt ihrer Plazierung notierte die Namenaktie noch unter 1800 Franken – bei steigender Tendenz. Demgegenüber kostete eine Ciba-Inhaberaktie damals 3500 Franken. Von den bisher in der Schweiz üblichen «Warrants» unterschied sich das neue Finanzinstrument in zweierlei Hinsicht:

Erstens stammte es nicht von der betroffenen Aktiengesellschaft selbst und wurde zweitens losgelöst von einer festverzinslichen Anleihe angeboten. Wichtiger schien bei Ebners Stillhalterkonzept jedoch, dass die für die Ausübung des Bezugsrechts bestimmten Aktien während der ganzen Laufzeit in einem Sperrdepot blockiert blieben. Daraus ergab sich für die entsprechende Titelkategorie automatisch eine gewisse Verknappung, die sich an der Börse tendenziell kurstreibend auswirkte. Einen Teil der Ende 1986 erstmals zu diesem Zweck hinterlegten Ciba-Aktien hatte die BZ Bank vorgängig direkt im Markt aufgekauft. Mehrheitlich handelte es sich bei den 100 000 Ciba-Titeln jedoch um Bestände von BZ-Kunden, die sich mit dem Verkauf der Optionen zu dreijährigem Stillhalten verpflichtet hatten.

Damit nahm die junge Bank den für 1988 geplanten Starttermin für einen standardisierten Optionenhandel an den Schweizer Börsen um Längen vorweg. Der Überraschungscoup hatte sofortige Wirkung: Tage später brachte der Schweizerische Bankverein eine analoge Stillhalter-Option auf die Namenaktien der «Zürich»-Versicherung auf den Markt. Kurz darauf sprang mit der Bank Vontobel auch schon ein drittes Institut auf den anfahrenden Zug, wobei diesmal Optionsscheine auf die unterbewerteten Sandoz-Namenaktien emittiert wurden. Freilich befand sich die Stillhalter-Idee auch bei der Konkurrenz schon länger in der Produkte-Pipeline. Nur hatten sich andere Institute der Mühe unterzogen, die angepeilten Firmen vorgängig über ihre Emissionspläne zu orientieren.

Die Mehrzahl der betroffenen Unternehmen erwischte die über den Aktienmarkt hereinbrechende Stillhalter-Welle unvorbereitet. In kaum einer Schweizer Konzernzentrale war man darauf gefasst, dass auf den eigenen Stimmrechtsaktien plötzlich solch gigantische Kurswetten liefen.

Als einziges Grossunternehmen reagierte damals Nestlé einigermassen besonnen auf die Stillhalter-Euphorie. Während die BZ Bank als nächstes lohnendes Objekt die Namenaktien des Nahrungsmittelkonzerns ins Visier nahm, kam aus Vevey die Ankündigung, Nestlé beabsichtige, entsprechende Bezugsrechte in eigener Regie auszugeben.

Der reissende Absatz im Publikum belegte zweifelsfrei, dass die BZ mit dem innovativen Instrument in eine Marktnische gestossen war. Nachdem die Ausgabe einer neuen Stillhalter-Serie bekanntgegeben wurde, dauerte es jeweils nur ein paar Stunden, bis die neuartigen Bezugsrechte beim Emittenten völlig ausverkauft waren. Und so war es denn auch nur logisch, dass die Optionskurse – noch bevor der Börsenhandel damit begonnen hatte – im Graumarkt bereits steil nach oben tendierten.

Viele Bankiers der alten Schule standen dem Treiben anfänglich skeptisch gegenüber. Offene Türen rannte die BZ Bank hingegen in Kreisen ein, die sich berufsbedingt schon seit Jahren mit derivativen Finanzinstrumenten befassten. Für die beim Rich-Konzern beschäftigten Trader etwa war das neue Instrument längst überfällig gewesen. Da sie sich als moderne Rohstoffhändler routinemässig mit Termingeschäften, Futures und anderen Konstrukten des dynamischen Risikomanagements beschäftigten, mussten ihnen die statisch abgesicherten Call-Optionen auf Schweizer Blue-chips wie steinzeitliche Arbeitswerkzeuge vorkommen. Und dennoch durften sich Ende 1986 selbst die abgebrühtesten Commodity- und Devisenhändler über die «BZ-Erfindung» freuen – wenn auch weniger über die konkrete Novität, als über die befreiende Perspektive, bei den konservativ veranlagten Kreditmanagern nicht mehr länger auf diskriminierendes Achselzucken zu stossen.

Jemand, von dem man aufgrund seiner Funktion nicht unbedingt erwartet hätte, dass er Martin Ebners Ideen vorbehaltlos aufnehmen würde, war Peter Lehner. Als Vorsteher der Finanzverwaltung der Stadt Zürich war Lehner unter anderem für eine gedeihliche Anlagepolitik der Beamtenpensionskasse zuständig. Zufälligerweise lief man sich nach einer Veranstaltung auf dem Zürcher Münsterplatz über den Weg. BZ-Direktor Hostettler, der den städtischen Finanzverwalter kannte, machte die beiden miteinander bekannt. Noch am selben Nachmittag sass Ebner in Lehners Büro und zeigte sich fasziniert von den Projekten, in die ihn der Chefbeamte einweihte. Lehner trug sich offenbar mit der Absicht, ein grösseres Swissair-Paket, welches die Stadt Zürich im Sinne einer strategischen Langfristbeteiligung hielt, gelegentlich zu «verstillhaltern». Auch wenn die entsprechende Stillhalter-Option in der Folge nie emittiert wurde, fand der nachmittägliche Gedankenaustausch seinen konkreten Niederschlag: Kurz darauf stieg auch schon die öffentliche Hand in das revolutionäre Stillhalter-Geschäft ein. Verpackt wurde die Emission vorsichtshalber in eine herkömmliche Anleihe der Stadt Zürich. Als wegweisende Neuerung war das festverzinsliche Darlehen jedoch mit Optionsscheinen auf die Namenaktien von Ciba-Geigy «garniert». Mit dieser zinssparenden Konstruktion, schätzten damals die Finanzanalysten, war es dem aufgeschlossenen Finanzverwalter gelungen, die Staatskasse um 3 bis 5 Millionen Franken zu entlasten. Im Gegenzug vermittelte Lehner der BZ Bank drei weitere Stillhalter, die bereit waren, ihre Ciba-Titel während der vereinbarten Optionsfrist zu hinterlegen. Das Phänomenale sei gewesen, «dass Ebner blitzschnell schalten konnte, und den Ball sofort aufnahm», lobt Peter Lehner im Rückblick. «Hätte ich damals auf dem Münsterplatz SBG-Chef Robert Studer getroffen, wäre es wohl bei einer kurzen Begrüssung geblieben.»

VII
«Die Fliege ist auf dem Floor!»

Wie Ebner der BZ Bank ein eigenständiges Profil verpasst und seine Mitarbeiter zu einem motivierten Trupp zusammenschweisst

Jeden Tag pünktlich um halb neun treffen sich die zwanzig BZ-Mitarbeiter und BZ-Mitarbeiterinnen an der Storchengasse 7 zum kollektiven «Gipfeli-Appell». Dieses Führungsinstrument wurde von Martin Ebner schon bei der Bank Vontobel entwickelt, denn aus Gründen der Mitarbeitermotivation macht es durchaus Sinn, ein kleines, überschaubares Team einmal am Tag in corpore zu versammeln.

Abgesehen davon schätzen die «Young Urban Professionals», die bei der BZ Bank arbeiten, den multikulturellen «Touch» an der betriebseigenen Espresso-Bar. Während einige der Mitarbeiter vom gestrigen Arbeitstag womöglich noch etwas übermüdet sind und ihr «Gipfeli» statt in den Kaffee gedankenverloren in ein Glas frischgepressten Orangenjus tunken, rüttelt sie der Chef mit Testfragen wach. Hat sich beispielsweise der US-Notenbankpräsident am Vortag öffentlich zur amerikanischen Geldpolitik geäussert, hakt Ebner plötzlich bei jemandem aus der Runde nach: «Frau Müller, was meinen Sie, in welche Richtung werden die Dollarzinsen tendieren?» Weil Zeitunglesen in der Bank tagsüber verpönt ist, erwartet Ebner von seinen Angestellten, dass sie zumindest den Wirtschaftsteil der «Neuen Zürcher Zeitung» bei Arbeitsantritt intus haben. Abwechslungsweise darf jeder einzelne Mitarbeiter beim Morgenappell auch einmal fünf Minuten lang über ein aktuelles Wirtschaftsthema referieren. In den Augen des Chefs fördert dieses kommunikative Element erstens die Gruppendynamik und stimmt zweitens auf die kommenden zehn, zwölf Stunden ein.

Möglichst effizient soll das Arbeitsfrühstück sein, nicht ausufernd oder gar geschwätzig. Kurz vor 9 Uhr verabschiedet sich die Händlercrew, um ins Börsengebäude hinüber zu gehen. Ein- bis zweimal pro Woche lenkt auch Ebner seine Schritte quer über den Paradeplatz, um direkt am Ring die Luft zu schnuppern, aus der seine milliardenschweren Träume sind. Kaum hat der strohblonde Broker den Börsenraum betreten, stecken die Händler ihre Köpfe zusammen: «Die Fliege ist auf dem Floor!» heisst die freudige Botschaft, die sich unter den Sales-Leuten wie ein Lauffeuer verbreitet. Minuten später weiss auch die Kundschaft in London oder Frankfurt darüber Bescheid. Nicht selten heisst es darauf am anderen Ende der Telefonleitung: «Passen Sie auf, was die BZ heute macht, und verhalten Sie sich genauso.» Grundsätzlich ist ja nichts Verwerfliches dabei, an der Börse als Trittbrettfahrer in Erscheinung zu treten.

Natürlich wurde der Newcomer von den etablierten Marketmakern am Zürcher Aktienring in den ersten Monaten eher belächelt als wirklich ernst genommen. Diese Haltung sollte relativ rasch in ungläubiges Staunen umschlagen. Nachdem offenkundig wurde, wie allein schon Ebners persönliche Präsenz am Ring dafür sorgte, dass der Umsatz und damit auch die Kurse in die Höhe schnellten, stellte sich bei den Ringhändlern bewundernde Hochachtung ein. Wer konsequent auf den «Ebner-Zug» aufsprang, konnte eine Menge Geld verdienen.

Was Martin Ebner von seinen Mitkonkurrenten an der Börse abhob, war sein Mut zum Risiko. Zwar verfügten die Wertschriftenabteilungen der etablierten Grossbanken über ein Mehrfaches an Kapital, doch niemand schien dort die Nerven zu besitzen, ähnliche Risikopositionen zu managen. Aus organisatorischen Gründen waren die Schweizer Grossbanken Mitte der achtziger Jahre zudem nicht in der Lage, einen Blockhandel zu organisieren, der diesen Namen wirklich verdient hätte. Dabei kamen ihnen nicht zuletzt ihre eigenen Hierarchien in die Quere. Die komplizierten Entscheidungswege führten oftmals dazu, dass die Verantwortung für eine risikobehaftete Transaktion schier endlos zwischen verschiedenen Abteilungen und Entscheidungsträgern hin- und hergeschoben wurde. Im Endeffekt blieb das Geschäft dann meist auf dem Schreibtisch eines subalternen Mitarbeiters liegen.

Im Gegensatz dazu zeichnete sich die BZ Bank durch eine straffe Führung mit entsprechend kurzen Informations- und Entscheidungswegen aus. Wenn etwa der Chef beim Morgenkaffee beschloss, die Aktien des Maschinenbaukonzerns BBC Brown Boveri seien beim aktuellen Börsenkurs ein guter Kauf, wurde dieser Beschluss in der bevorstehenden Börsensitzung nicht zu knapp in die Tat umgesetzt. «Angesichts der riesigen BZ-Umsätze, die an manchen Tagen bis zu 30 Prozent des gesamten Handelsvolumens ausmachten, bekamen selbst langjährige Börsenprofis ihren Mund nicht mehr zu», erzählt das Geschäftsleitungsmitglied einer Zürcher Ringbank: «Es war schon phänomenal, mit welcher Konsequenz Ebner als erster einen echten Blockhandel aufgezogen hat.» Wenn der Fliegenträger dem Ring dann gelegentlich für mehrere Tage fernblieb, oder die Kurse eine Zeit lang schwächer tendierten, machten schnell einmal Gerüchte über Krankheit oder einen Unfall des BZ-Chefs die Runde.

«Unsere Bank ist eine Boutique», hat Martin Ebner in den vergangenen zehn Jahren immer wieder geäussert. Diese Bezeichnung dürfte in erster Linie auf die persönliche Beratung der zahlungskräftigen Kundschaft gemünzt sein. Allerdings trifft sie auch auf die Arbeitsbedingungen innerhalb des BZ-Unternehmens zu. Zum Boutique-Konzept, wie es Martin Ebner vorschwebt, gehören aussergewöhnlich lange Öffnungszeiten. «Viermal pro Woche wurde bis zehn oder elf Uhr abends durchgearbeitet», berichtet ein ehemaliger Vizedirektor. «Wenn man schon um acht Uhr nach Hause gehen wollte, hiess es schnell einmal, ‹Du arbeitest ja nur noch halbtags!›» Vor allem in der Anfangsphase sei es deshalb öfters vorgekommen, dass einzelne Mitarbeiter in einem nahen Hotel der Zürcher Altstadt übernachteten, um die kollektive «Frühstücks-Stehung» am nächsten Morgen ja nicht zu verpassen.

Zum Gruppendruck trägt die «Workshop-Atmosphäre» bei, die Ebner mit psychologischem Geschick und speziellen Anlässen zu kreieren versteht. Nach getaner Arbeit lädt er seine Mitarbeiter nicht selten zu einem späten Diner in ein nahe liegendes Restaurant ein. Auf Spesen der BZ versteht sich. Oder er schweisst sein zwanzigköpfiges Team auf der privaten Ebene zusammen, indem er am Wochenende gemeinsame Spaziergänge oder Velotouren aufs Programm setzt. Denn zum lockeren Campus-Stil, wie ihn Ebner in den USA kennengelernt hat, gehört auch eine bewusste Pflege der körperlichen Fitness – mens sana in corpore sano! Gerade bei solchen «bankfremden» Aktivitäten kommt Ebners Motivationsgabe voll zur Geltung. «Er kann die Leute unheimlich gut begeistern», sagt ein BZ-Prokurist. Am liebsten sehe es Ebner, wenn alle an dem von ihm aufgestellten Freizeitprogramm teilnähmen.

Abgesehen von regelmässig stattfindenden Festivitäten wie etwa dem Martini-Essen, zu dem Chef Martin seine Angestellten traditionellerweise ins Hotel Adler nach Hurden einlädt, organisiert er jedes Jahr eine grössere Vergnügungsfahrt. Einmal besucht man das Bugatti-Museum in Mulhouse, ein andermal geht es für ein paar Tage nach Wien, oder die Belegschaft begibt sich unter Ebners kundiger Führung nach Hinterzarten in den Schwarzwald. Neben ihrer teambildenden Funktion geht es am Rande von derlei Freizeitaktivitäten natürlich immer ums Geschäft. «Jeder Anlass», erzählt eine langjährige BZ-Mitarbeiterin, «diente letztlich diesem tieferen Sinn.» Selbst wenn es sich um die Geburtstagsparty eines Kollegen handelte, sei spätestens nach einer halben Stunde die Aufforderung gekommen: «Back to business!»

So erstaunt es nicht, wenn sich verschiedene ehemalige Mitarbeiter mit Schaudern an das übliche Pensum von 70 bis 80 Wochenstunden in den ersten zwei, drei Jahren erinnern. Vor allem Mitarbeiter mit familiären Verpflichtungen gerieten bei der totalen Identifikation, die Ebner stillschweigend verlangte, in einen existentiellen Entscheidungszwang. Wer etwa morgens eine halbe Stunde später in der Bank aufkreuzte, weil er sein Frühstück vielleicht lieber zu Hause am Familientisch einnahm, oder wer keck um eine Reduktion der Präsenzzeit auf etwas moderatere 60 Stunden nachsuchte, biss bei Ebner auf Granit. Selbst Rosmarie Ebner, die eine Zeitlang die Viertagewoche in Erwägung zog, kam mit diesem Ansinnen bei ihrem Gatten nur mit grosser Mühe durch. Dabei ging es Rosi, die für die hart arbeitende Crew so etwas wie «die Seele der Bank» verkörpert, zuletzt um zusätzliche freie Stunden. Was der Partnerin vorschwebte, war mehr zeitlicher

Spielraum, um hin und wieder ein Blumenbouquet in die Räumlichkeiten der Bank zu tragen, oder um Geschäftsfreunde, die man abends in Wilen empfing, noch raffinierter verwöhnen zu können. Für das familienfremde Personal endeten solche Vorstösse meistens mit dem Abgang. So geschehen im Fall des Informatik-Chefs Renzo Lazzarini, der die verschworene Gemeinschaft drei Jahre nach dem Start verliess.

Was EM – so lautet Martin Ebners bankinternes Kürzel – nicht leiden kann, ist das, was er als «illoyales Verhalten» empfindet. Erst recht gilt dies in geschäftsspezifischen Fragen. Gibt der Chef für eine bestimmte Aktie eine Kaufempfehlung heraus, so missfällt es ihm sehr, wenn einer seiner Händler den entsprechenden Titel lieber «shorten» würde, weil er ihn bereits für reichlich teuer hält. «Ebner verlangt von seinen Angestellten, dass sie seine persönliche Meinung bedingungslos mittragen», sagt ein Vizedirektor, der Mitte 1986 fristlos entlassen wurde, nachdem er just gegen diese Regel verstossen hatte. Als die Namenaktien von Ciba zu einem Kurs von 2300 Franken gehandelt wurden, hielt dies jener Vizedirektor für das obere Limit und liquidierte im Auftrag eines prominenten BZ-Kunden ein stattliches Ciba-Paket am Markt. Er liess sich zu dieser Eigenmächtigkeit hinreissen, obwohl ihm Ebners Prophezeiung – «Die gehen auf 3000!» – in den Ohren klingen musste. Aufgrund der massiven Verkaufsorder kippten die Ciba-Titel tatsächlich um und begannen nach einer lang anhaltenden Hausse im Frühjahr 1986 erstmals wieder zu sinken. Der einzige, der sich bei der ganzen Aktion ins Fäustchen lachte, war der Innerschweizer Auftraggeber. Ihm, so wurde gemunkelt, soll der Sololauf des BZ-Angestellten einen Spekulationsgewinn in zweistelliger Millionenhöhe eingebracht haben.

Erst recht «bullish» war Ebner für die Titel von Hoffmann-La Roche. Bereits im ersten Geschäftsjahr, als die Roche-Inhaberaktien noch unter 100 000 Franken (vor dem Aktiensplit!) zu kaufen waren, begann die BZ Bank im grossen Stil in die ultraschweren Roche-Papiere zu investieren. Da sich eine komfortable Mehrheit der Stimmrechtsaktien in Basler Familienbesitz befand und der Markt für die Roche-Inhaberpapiere ausgesprochen eng war, mussten sich die Blockkäufe der BZ Bank zwangsläufig in merklichen Kursavancen niederschlagen. Dies sollte dann auch in fulminanter Art und Weise geschehen. Während mehrerer Monate schnellten die Roche-Inhaberaktien an der Zürcher Vorbörse in die Höhe und notierten im September 1987 bereits bei einem imposanten Stückpreis von 300 000 Franken. Ein paar Tage vor dieser Notierung, bei einem Kurs von 285 000 Franken, gelang es Ebner, ein ungemein lukratives Geschäft einzufädeln. Ein japanisches Finanzinstitut übernahm eine grössere Stückzahl Roche-Inhaber «en bloc». Allein die Courtage, die der fernöstliche Käufer für diese Grosstransaktion zu bezahlen hatte, belief sich auf eine sechsstellige Summe. Verständlicherweise war dieser Deal ein Grund zum Feiern.

Jedesmal, wenn der Tagesumsatz einen neuen Rekordstand erklommen hatte oder ein besonders einträgliches Einzelgeschäft über die Bühne gegangen war, pflegte EM seine Angestellten zu einer Art spontanem «Erntedankfest» einzuladen. Zur Feier des Tages liess er jeweils Lachs auffahren; und zwar nicht irgendeinen Lachs. Balik-Lachs hatte es zu sein. Das exklusive Etikett verdient sich der Fisch dadurch, dass er in der ländlichen Abgeschiedenheit des Toggenburgs nach einem streng geheimen russischen Rezept tagelang geräuchert wird. Am Hof der Zaren, so wird erzählt, sei der edle Balik nur bei den höchsten Anlässen wie einer Eheschliessung oder Kindstaufe serviert worden. Kurzum: Dem Geschäftsführer der BZ Bank gilt diese Toggenburger Spezialität als Inbegriff von Luxus. Gleich kiloweise wurde der teure Fisch von Rosi bei einem Traiteur in der Zürcher Innenstadt angefordert. Wenn es an der Börse rundging, konnte das phasenweise gleich zwei- oder sogar dreimal die Woche der Fall sein. «Der Lachs hing uns zeitweilig zu den Ohren heraus», sagt einer, der 1987 dabei war: «Wir konnten das Zeug mit der weissen Dillsauce bald nicht mehr sehen.»

Zur Feier erschallte jeweils in voller Lautstärke die mächtig triumphierende Neunte Symphonie Beethovens, die der Meister in seinem bereits tauben Stadium geschrieben hatte. Dort singt der Chor: «Wem der grosse Wurf gelungen ...» aus Friedrich Schillers Ode «An die Freude». Natürlich bezieht sich der «grosse Wurf» bei Schiller auf anderes als auf erfolgreiche Börsentransaktionen: «Wem der grosse Wurf gelungen, eines Freundes Freund zu sein, wer ein holdes Weib errungen, mische seinen Jubel ein!» Ebner, so berichten seine Mitarbeiter, sei ansonsten kein besonderer Liebhaber von klassischer Musik. Vielmehr tendiere der heimatverwurzelte Aktienhändler zur leichteren volksnahen Weise. Ein triumphaler Anlass wie ein neuer Umsatzrekord verlangte allerdings auch in Ebners Ohren nach einer etwas anspruchsvolleren Klangkulisse. An der Wand in Ebners Büro prangt übrigens eine goldene Schallplatte – Beethovens Neunte –, um von seiner akustischen Vorliebe Zeugnis abzulegen.

Am «schwarzen Montag», dem 19. Oktober 1987, fand die Party ein jähes Ende. Ausgelöst durch einen einschneidenden Kurssturz an der New Yorker Aktienbörse, ging ein Beben um den Erdball, wie es die Menschheit seit dem Beginn der Weltwirtschaftskrise im Jahre 1929 nicht mehr erlebt hatte. Auch in der Schweiz kam es zu einem beispiellosen Kurssturz mit Buchverlusten in der Grössenordnung von 50 Milliarden Franken. Weil die meisten Anleger mit panikartigen Verkäufen reagierten, sackte der Swiss Performance Index in wenigen Tagen um über 30 Prozent ab.

Der BZ-Geschäftsführer weilte am 19. Oktober 1987 an der amerikanischen Ostküste auf Kundenbesuch und musste den Crash untätig am Bildschirm mitverfolgen. Und so kam es auch bei den umfangreichen Eigenbeständen der BZ Bank zwangsläufig zu einem Bewertungs-Crash. Ebner war aber Börsenprofi genug, um sich von einem vorübergehenden Einbruch der internationalen Finanzmärkte nicht beeindrucken zu lassen. Zurück in Zürich handelte er augenblicklich und ergriff die einmalige Chance, die sich dem beherzten Investor nach dieser markanten Baisse eröffnete. Anstatt dem Herdentrieb einer verunsicherten Anlegerschaft zu folgen und die Hände zunächst müssig in den Schoss zu legen, tat Ebner das einzig Richtige, indem er mit seinen Blockkäufen nun erst recht vorwärts machte.

Sein geschultes Analystenauge fiel beispielshalber auf die Brauerei Feldschlösschen, ein verschwiegenes Familienunternehmen, das aufgrund unterbewerteter Immobilienanlagen vor stillen Reserven nur so strotzte. Nach dem Crash wiesen die Feldschlösschen-Aktien einen inneren Wert auf, der in etwa dem Doppelten ihres gedrückten Börsenkurses entsprach. Ergo begann die BZ Bank, sich im grossen Stil ins Aktionariat des führenden Schweizer Bierbrauers einzukaufen. Gleichzeitig baute sich Ebner auch eine strategische Beteiligung an der Winterthurer Brauerei Haldengut auf. Seit geraumer Zeit wurde Haldengut in Analystenkreisen als klassischer Übernahmekandidat gehandelt, was für entsprechende Kursphantasien sorgte. Die Übernahmegerüchte sollten erst Ende 1993 verstummen, als die Traditionsbrauerei schliesslich im Schoss des holländischen Biergiganten Heinecken gelandet war. Bereits 1987 kontrollierte die BZ Bank indessen ein mehrheitsfähiges Paket an Namenaktien, das ihr in Winterthur theoretisch das Sagen gab. «Ich könnte die Brauerei Haldengut verkaufen», soll sich Ebner damals im Kollegenkreis gebrüstet haben.

Daneben trat die BZ Bank immer wieder mit massierten BBC-Käufen in Erscheinung, so dass am Ring sogar die Vermutung laut wurde, Martin Ebner plane eine unfreundliche Attacke auf den Badener Maschinenbaukonzern. Diese Befürchtung schien auch BBC-Grossaktionär Stephan Schmidheiny umzutreiben, als er 1986 das 10-Prozent-Paket, welches ihm aus Vaters Schatulle zugeteilt worden war, auf 18 Prozent der BBC-Stimmen aufstockte. Am 10. August 1987 wurde der Börsenhandel mit den Aktien des Maschinenbauers dann überraschenderweise suspendiert. Nach einer mehrmonatigen Rallye notierten die BBC-Inhaberpapiere bei 3100 Franken, gegenüber 1600 Franken sechs Monate zuvor. Die Nachricht von der geplanten Fusion zwischen BBC und dem schwedischen Elektronikkonzern Asea traf die BBC-Aktionäre wie ein Blitz aus heiterem Himmel; zumindest den grössten Teil von ihnen: «Es wäre wohl verfehlt», schrieb die NZZ dazu in ihrem Börsenkommentar, «rückblickend aus den überproportionalen Kurssteigerungen der BBC-Aktien seit Jahresbeginn herauslesen zu wollen, einige seien ‹gleicher› informiert worden als andere.»[17]

Abgesehen von BBC und den substanzstarken Schweizer Brauereiaktien konzentrierte sich das spekulative Engagement der BZ Bank vorwiegend auf die Titel der heimischen Assekuranz, wo kurstreibende Gerüchte über mögliche Kooperationen oder Fusionen ebenfalls wie Unkraut gediehen. 1986 hatte die BZ damit begonnen, ein Beteiligungspaket an den «Neuenburger» Versicherungen zu schnüren. Mit der Intention, die Aktien später mit einem attraktiven Paketzuschlag der «Winterthur»-Versicherung anzudienen, lief Ebner allerdings leer. Im September 1988 übernahm die «Winterthur» von der Schweizerischen Rück ein namhaftes Paket an «Neuenburger»-Aktien und verfügte damit plötzlich über eine Kontrollmehrheit von 54 Prozent. All jene, die auf eine vollständige Übernahme gesetzt hatten, wurden herb enttäuscht. Die «Winterthur» beabsichtige nicht, ihre Mehrheitsbeteiligung an der Neuenburger-Versicherung durch ein öffentliches Angebot weiter zu erhöhen, liess Peter Spälti wissen und brachte damit die Spekulationsblase zum Platzen.

Neben ihrer Haupteinnahmequelle – dem Blockhandel mit Schweizer Aktien – blieb die BZ Bank auch auf dem Gebiet der Stillhalter-Optionen nicht untätig. Mit dem Prototyp dieser neuartigen Aktienbezugsrechte, lanciert auf die Namenaktien von Ciba-Geigy, hatte sie im November 1986 einen regelrechten Optionenboom ausgelöst. Noch im selben Monat wurden von den drei Schweizer Grossbanken SBG, SBV und SKA sowie von der Bank Vontobel nicht weniger als elf analog aufgebaute Emissionen durchgepeitscht. Dieses Ergebnis übertraf selbst die kühnsten Erwartungen der BZ-Promotoren. Um ihre Pionierrolle zu festigen, wartete die Crew um Martin Ebner im Januar 1987 mit einer abgewandelten Spielart auf. Die Bank plazierte bei ihren Kunden 43 000 Optionsscheine zu 2000 Franken, die zum Bezug einer ganzen Palette von Namenaktien verschiedener Schweizer Publikumsgesellschaften berechtigten. Während einer Laufzeit von drei Jahren und fünf Monaten konnte die Option gegen zehn Namenaktien des Schweizerischen Bankvereins sowie je einen Namentitel von Nestlé, Sandoz und «Zürich»-Versicherungen eingetauscht werden. Mit einem Gesamtvolumen von 86 Millionen Franken stellte die Ausgabe dieser Mischoption das bisher grösste je in der Schweiz getätigte Stillhaltergeschäft dar.

Zwei Wochen vor dem Börsencrash stiess die BZ Bank mit einem weiteren Bezugsrecht auf einen speziellen Korb von

Schweizer Chemie- und Pharmaaktien nach. Zehn Optionsscheine zu 775 Franken sollten dem Käufer diesmal das Recht geben, innerhalb von zwei Jahren 1/10 Genussschein von Hoffmann-La Roche (Börsenjargon: Baby Roche), drei Sandoz-Namenaktien sowie neun Ciba-Geigy-Namentitel für insgesamt 59 000 Franken zu erwerben. Zum Zeitpunkt dieser neuerlichen Emission waren laut Berechnungen der BZ Bank in der Schweiz bereits Aktien im Gesamtwert von 3,5 Milliarden Franken zur Sicherstellung entsprechender Bezugsrechte bei den Emissionsbanken hinterlegt. Keine zwölf Monate, nachdem Ebner die erste Stillhalter-Option auf den Markt gebracht hatte, konnte er zu seiner grossen Genugtuung feststellen, dass sich alle Ringbanken aktiv an einem regen Optionenhandel im Sekundärmarkt beteiligten. Die Spitzenstellung im Emissionsgeschäft, schrieb Ebner der düpierten Konkurrenz ins Stammbuch, beanspruche mit einem Marktanteil von rund 50 Prozent sein eigenes Institut, gefolgt von der Schweizerischen Kreditanstalt und der Bank Vontobel mit jeweils rund 20 Prozent.

Der wachsende Einfluss der BZ Bank am Zürcher Aktienring schlug sich 1987 in einem Marktanteil zwischen 6 und 8 Prozent nieder. «Ich muss Sie mit einer Schätzung abspeisen, nicht weil wir die Zahlen nicht zur Verfügung hätten, sondern weil die Zürcher Börse bis dato nicht einmal die elementarsten Umsatzzahlen erhebt», liess Ebner anlässlich der Bilanzpressekonferenz für das zweite volle Geschäftsjahr verlauten[18]. Während die hierzulande verfügbare Statistik «Anzahl bezahlter Kurse» geradezu irreführend sei, wären verlässliche Angaben über das gehandelte Volumen an anderen Börsenplätzen längst Standard, kritisierte der BZ-Chef. Mit diesen Worten schien er sich wohl für eine erhöhte Transparenz in die Bresche werfen zu wollen. Aufgrund solcher Erhebungsmängel könne er sich nur schwer vorstellen, in welcher Weise sich Profis – wie er selbst – zukünftig an der geplanten Schweizer Optionenbörse Soffex betätigen sollten.

Abgesehen von seiner Manöverkritik war der Geschäftsleitungsvorsitzende anlässlich der oben erwähnten Bilanzpressekonferenz imstande, erneut mit einem Bombenresultat aufwarten. Allein den 1987 im Aktienhandel erzielten Kommissionsertrag bezifferte Ebner auf 32,8 Millionen Franken. Damit konnten die Verluste, Abschreibungen und Rückstellungen, die crashbedingt auf 8,5 Millionen Franken zugenommen hatten, plus die erhöhten Steueraufwendungen von 8 Millionen Franken mehr als mühelos aufgefangen werden. Zwar wurden bei der jungen BZ Bank vermutlich ein paar stille Reserven aufgelöst. Jedenfalls resultierte 1987 – trotz Börsenkrach – ein ansehnlicher Reingewinn. Laut Geschäftsbericht war dieser gegenüber dem Vorjahr um 30 Prozent auf stolze 15,5 Millionen Franken angewachsen. Diese Summe schlug Ebner zum Kapitalstock seiner dynamischen Finanzboutique, womit deren Eigenmittel (inklusive Aktienkapital) nach zweieinhalbjähriger Geschäftstätigkeit bereits auf 52,7 Millionen Franken angeschwollen waren.

Exkurs:
Professor Schiltknecht

Wie der intellektuelle Freund mit dem roten Parteibuch zum Einstieg in die Privatwirtschaft gezwungen wird

Am Abend des 8. Dezember 1994 ist der Hörsaal 20 an der Universität Basel bis auf den letzten Platz besetzt. Angekündigt ist eine Sondervorlesung von Professor Kurt Schiltknecht unter dem Titel «Ökonomie und Geldverdienen». Beim enormen Interesse, das dieses Thema unter den Basler Ökonomen ausgelöst hat, stört es kaum, dass manch einer der Zuhörer mit einem Stehplatz vorliebnehmen muss.

«Meine Damen und Herren», eröffnet Schiltknecht seinen Vortrag, «wenn ich nicht an dieser Universität unterrichten würde, hätte ich jetzt gesagt, etwas macht man hier im Unterricht falsch. Denn wenn sich mit der Ökonomie tatsächlich Geld verdienen liesse, würden Sie jetzt sicher etwas Gescheiteres tun, als in diesem Hörsaal zu sitzen. Von daher muss ich schon annehmen, dass hier in Basel irgend etwas schiefgelaufen ist.»

Zugegebenermassen, wendet der geübte Rhetoriker den pointierten Einstieg gegen sich selbst, sei auch bei ihm einiges schiefgelaufen. Als er das Thema «Ökonomie und Geldverdienen» für seine Vorlesung festgelegt habe, seien erstens die Börsenkurse noch um 10 Prozent höher, zweitens die langfristigen Zinsen deutlich tiefer gewesen; drittens sei der Dollar wesentlich stärker gewesen.

«Ich kann Ihnen versichern, dass ich weder den Börsenrückgang noch den Zinsanstieg, geschweige denn den Dollarkurs richtig vorhergesehen habe», gibt sich der prominente Geldtheoretiker bewusst selbstkritisch. Man könne mit der Ökonomie also auch Geld verlieren, und deshalb habe er sich eigentlich gedacht, den Inhalt seines Vortrag entsprechend zu revidieren. «Aber wahrscheinlich haben die meisten von Ihnen ja bereits genügend Erfahrungen mit dem Geldverlieren gemacht!»

Nachdem Schiltknecht seine Zuhörer mit solchem Vorgeplänkel gebührend in Stimmung gebracht hat, konzentriert er sich auf sein ursprüngliches Thema – das Geldverdienen: «Als ich die Idee entwickelte, Ökonom zu werden, habe ich meinem Vater erklärt, dass dies ein Studium sei, das normalerweise die Kinder reicher Eltern studieren, die zu wenig intelligent sind, etwa anderes zu tun. Heute erzähle ich meiner Tochter, dass das Problem der Politologie eben das sei, dass die Kinder reicher Eltern...» – der Rest des Satzes geht im schallenden Gelächter des Auditoriums unter. Mit wohldosiertem Sarkasmus ist es Schiltknecht innert fünf Minuten gelungen, das Publikum im Hörsaal voll und ganz auf seine Seite zu ziehen.

Um ehrlich zu sein, fährt der Volkswirt fort, müsse er folgendes zugeben: Unter dem Aspekt des Geldverdienens habe er anfänglich beschlossen, nicht etwa Volkswirtschaftslehre (VWL), sondern Betriebswirtschaftslehre (BWL) zu studieren. «Ich hatte den Eindruck, dass man mit VWL relativ wenig anfangen kann. Vor allem jedoch realisierte ich relativ schnell, dass VWL etwas schwieriger ist als BWL. Vom Optimieren her ist natürlich das Einfachere immer das Bessere.»

Nachdem er sich aber trotzdem für die volkswirtschaftliche Richtung entschieden hatte, sass Schiltknecht an der Universität Zürich in den Vorlesungen der Professoren Jürg Niehans und Friedrich A. Lutz, zweier ordoliberaler Ökonomen. In seiner Dissertation «Beurteilung der Gentlemen's Agreements und Konjunkturbeschlüsse der Jahre 1954 bis 1966, unter besonderer Berücksichtigung der Auslandgelder», die mit «magna cum laude» ausgezeichnet wurde, setzte sich Schiltknecht mit den monetaristischen Theorien von Milton Friedman und Karl Brunner auseinander und versuchte, die von ihnen postulierten Interdependenzen zwischen Geldmenge, Wirtschaftswachstum und Inflation auf die Politik der Schweizerischen Nationalbank zu übertragen.

Während seiner Promotion arbeitete Schiltknecht als Assistent und wissenschaftlicher Mitarbeiter am Institut für Wirtschaftsforschung an der ETH Zürich, wo er sich eingehend mit den Methoden der Wirtschaftsprognose vertraut machte. Eine Zeitlang trug er sich sogar mit dem Gedanken, in der Schweiz ein eigenes Prognoseinstitut aufzuziehen. Je mehr Vorhersagen er damals gemacht habe, sagt Schiltknecht im Rückblick, umso skeptischer sei er geworden: «Ich hatte den Eindruck, dass eigentlich alle Computerprognosen letztlich die Prognosen der Modellbauer waren – indem man nämlich immer die konstanten Glieder so angepasst hat, dass man am Schluss eben das Ergebnis erhielt, das man eigentlich erhalten wollte.»

Im Frühjahr 1969 zog es Schiltknecht nach Paris. In der Forschungsabteilung der Organisation für wirtschaftliche Zusammenarbeit und Entwicklung (OECD) entwarf er zusammen mit Jean-Christian Lambelet, heute Professor an der Universität Lausanne, das erste ökonometrische Modell für die Schweiz. Auch sonst gestaltete sich die Pariser Zeit für den diskussionsfreudigen Volkswirt höchst anregend. In den Bistros von Paris lernte er ein Jahr nach Ausbruch der Studentenrevolte die neomarxistischen Ideen von Horkheimer und Adorno kennen. Als ihm das Prognostizieren endgültig verleidet war, bewarb sich Schiltknecht im September 1974 bei der Schweizerischen Nationalbank (SNB) – mit schulterlangem Haar, wie eine Fotografie aus jenen Tagen beweist. «Ich werde sie kürzer schneiden, mit jedem Schritt in der Hierarchie», habe er Nationalbankpräsident Fritz Leutwiler damals versprochen[19].

Aufgrund seiner intellektuellen Brillanz schwand die Haarpracht recht bald: Schiltknecht machte bei der Nationalbank eine steile Karriere. 1977 wurde er zum Leiter der neugeschaffenen Forschungsstelle der SNB ernannt. Als diese 1979 mit der volkswirtschaftlichen Abteilung zusammengelegt wurde, übertrug man dem begabten Forschungschef die Verantwortung für den ganzen Bereich. 1981 folgte die Beförderung zum Direktor, und ein Jahr später wurde Schiltknecht bereits zum Stellvertretenden Vorsteher des 1. Departements ernannt, welches die Stabsabteilungen der SNB umfasst. In dieser Funktion unterstand ihm der Bereich Volkswirtschaft, der sich aus der volkswirtschaftlichen (Forschung, Konjunkturbeobachtung) und der bankwirtschaftlichen Abteilung (Statistik, Bankwirtschaft) zusammensetzt. Parallel zu seiner

Tätigkeit bei der SNB habilitierte sich Schiltknecht 1976 an der Universität Basel, wo er bis heute eine zweistündige Vorlesung über geldpolitische Fragen bestreitet. Was das Fachliche betrifft, so waren es die Thesen des Monetaristen Karl Brunner, die Schiltknecht bei seiner wissenschaftlichen Karriere am meisten beeinflussten. Regelmässig besuchte er die sogenannten «Konstanzer Seminare», welche der in den USA lehrende Schweizer Nationalökonom zwecks Verbreitung der monetaristischen Lehre ins Leben gerufen hatte. Konzipiert als europäische Parallele zum amerikanischen «Shadow Open Market Committee», tat sich in Konstanz neben Professor Brunner auch Professor Allan H. Meltzer von der Carnegie Mellon University in Pittsburgh mit Kommentaren und Empfehlungen zur internationalen Geld- und Fiskalpolitik hervor. Bereits 1976 unternahm Schiltknecht die sommerliche Wallfahrt zu diesem Tempel des stabilen Geldwerts und hielt im Kreis der monetaristischen Jünger einen Vortrag zum Thema «Monetary Policy under Flexible Exchange Rates: The Swiss Case». In späteren Jahren nahm Schiltknecht gelegentlich auch den Vontobel-Analysten Martin Ebner zu den Konstanzer Seminaren mit. Schiltknechts Nachfolger bei der Nationalbank, Chefökonom Georg Rich, erinnert sich, den blonden Starbankier Anfang der achtziger Jahre dort kennengelernt zu haben. «Als ich Ebner zum erstenmal traf, spürte ich sogleich, dass es sich um eine aussergewöhnliche Persönlichkeit handelt.»

Während seiner zehnjährigen Tätigkeit bei der Nationalbank, sagt Kurt Schiltknecht, habe er ein paar Erkenntnisse gewonnen, die ihm bis heute nützlich seien. Beispielsweise, «dass die einfachen Dinge immer die besten sind, um Geld zu verdienen». Die Frankenhausse von 1978 zitiert er als Paradebeispiel, «wie man mit einer simplen Analyse der ökonomischen Zusammenhänge unglaubliche Beträge verdienen kann». Die markante Aufwertung des Schweizerfrankens hatte die SNB 1978 veranlasst, ein Wechselkursziel gegenüber der Deutschen Mark von «deutlich über 80 Rappen» zu postulieren. Um dieses Ziel zu erreichen, musste die Notenbank mit Milliardenbeträgen zugunsten der Deutschen Mark intervenieren. Als Folge der damit verbundenen Ausweitung der Notenbankgeldmenge glitten die Schweizer Geldmarktsätze praktisch auf Null, während die langfristigen Zinsen auf ein rekordtiefes Niveau von unter 3 Prozent fielen.

Ein Bekannter aus dem Kader einer Grossbank erkundigte sich damals bei Schiltknecht, welche Anlagestrategie angesichts dieser Situation am sinnvollsten sei. «Sie müssen sich extrem langfristig verschulden und das Geld kurzfristig anlegen!» lautete dessen knapper Tip. Er selbst habe die Situation damals ja nicht gut ausnützen können, bedauert Schiltknecht retrospektiv, «weil man bei der Nationalbank immer gesagt hat: Wir sind keine Spekulanten!» Folglich sei die Nachfrage nach derartigen Ratschlägen meistens aus den Devisen- und Geldmarktabteilungen der Banken gekommen. «Die Honorare, die wir als SNB-Mitarbeiter kassiert haben, bestanden im allgemeinen aus einem Mittagessen und einer guten Flasche Wein», resümiert der Professor. Von den drei Grossbanken hätte dann allerdings nur die Schweizerische Bankgesellschaft seinen Ratschlag auch wirklich umgesetzt und damit ein Zinsergebnis erzielt, das in den Folgejahren um Hunderte von Millionen Franken über demjenigen der beiden grossen Konkurrenzbanken lag. «Mein Honorar für diesen Tip», mokiert er sich, «bestand darin, dass man mir jetzt sagt, ich verstehe nichts von diesen Fragen.» Selbst die Sekretärin von Direktionspräsident Leutwiler soll sich damals auf seine Empfehlungen gestützt haben. Schiltknecht schlug ihr vor, langfristige Dollarbonds anzuschaffen. «Für diesen Ratschlag habe ich eine Tafel Schokolade bekommen. Im Vergleich zum Honorar der Bankgesellschaft war das immerhin schon relativ grosszügig.» Kurz, er habe bei der Nationalbank gespürt, dass das Salär – wie bei allen staatlichen Tätigkeiten – begrenzt sei. Vor allem dann, wenn man den Sprung ins Direktorium nicht schafft.

Bei seiner Ablösung von der SNB, erzählt Schiltknecht, habe ihm speziell seine Frau den Rücken gestärkt. «Obwohl ich als Leiter der Volkswirtschaftlichen Abteilung gar nicht so schlecht verdient habe, mussten wir zu Hause jeden Franken zweimal umdrehen.» Belastet wurde das Schiltknechtsche Familienbudget namentlich durch einen hohen Hypothekarkredit, der zum Kauf eines Eigenheims oberhalb der Zürcher Goldküste aufgenommen worden war. «Ich bin eben schon damals hohe Risiken eingegangen», bekennt Schiltknecht voller Stolz. Seine Frau sei jedenfalls sofort einverstanden gewesen, als er ihr ankündigte: «Wenn ich nicht ins Direktorium gewählt werde, reiche ich die Kündigung ein!»

Und genau das tat Kurt Schiltknecht. Am 31. Oktober 1984 verfügte der Bundesrat, der 43jährige Chefökonom sei im obersten Leitungsorgan der Währungsbehörde fehl am Platz. Weder Schiltknechts fachliche Eignung noch die unübersehbare Tatsache, dass er sich in geldpolitischen Fragen längst als Monetarist reinsten Wassers erwiesen hatte, vermochten offenbar den Makel seiner Zugehörigkeit zur Sozialdemokratischen Partei der Schweiz (SPS) aufzuwiegen. Eine andere Version der damaligen «Parteibuchaffäre» besagt, Schiltknechts SP-Mitgliedschaft habe beim Entscheid der Landesregierung lediglich eine zweitrangige Rolle gespielt. Leutwiler und Schiltknecht, so erzählen SNB-Insider, seien sich in ihrer aufbrausenden Art einfach viel zu ähnlich gewesen. Der scheidende Direktoriumspräsident habe den Kandidaten daher bei den Bankbehörden, welche die Wahl durch den Bundesrat vorbereiten, vorsorglich «abgesägt». Wie dem auch sei – einen rebellischen Geist wie Schiltknecht an den Schalthebeln der Geldpolitik zu wissen, galt der bürgerlichen Landesregierung offenbar als untragbares Risiko. Daran änderte auch das marktwirtschaftliche Credo des vermeintlichen Sozis nichts. «Schiltknecht im Sinne der britischen Labour-Partei als Sozialisten zu bezeichnen», urteilte das Fachmagazin «Institutional Investor», «wäre ungefähr dasselbe, wie den spanischen Dikatator Franco einen Liberalen zu nennen.»[20]

Zwei Tage nach der Nichtwahl hatte Schiltknecht bereits einen Termin in der Chefetage der Bank Nordfinanz, um die Modalitäten seines Transfers in die Privatwirtschaft zu besprechen. In diesem finnisch beherrschten Institut, mit Sitz genau gegenüber der SNB in Zürich, stieg der verschmähte Chefökonom wenig später tatsächlich als einer von vier geschäftsführenden Direktoren ein. «Als Co-Direktor einer Auslandsbank, der sich vornehmlich der Sektoren Wertschriften und Vermögensverwaltung wird anzunehmen haben, ist Schiltknecht fortan gleichwohl unter Wert eingesetzt», prophezeite ihm damals die «Weltwoche»[21] – ein publizistischer Fingerzeig, der sich zweieinhalb Jahre danach bewahrheiten sollte.

In seiner Sitzung vom 7. September 1987 beschloss der Verwaltungsrat der Bank Leu, das Präsidium des Zürcher Traditionshauses zu einem Vollamt auszubauen. Die Idee, Schiltknecht für diesen prestigeträchtigen Posten zu gewinnen, soll ursprünglich von Leu-Vizepräsident Heinz Portmann, ehemaliger Wirtschaftsredaktor der «Neuen Zürcher Zeitung», gekommen sein. In seiner späteren Berufslaufbahn hatte Portmann jahrelang als Finanzchef bei der «Zürich»-Versicherung gearbeitet.

Neben Portmann sass im fünfköpfigen Leuen-Ausschuss Heinz R. Wuffli, ein früherer Topmanager der Schweizerischen Kreditanstalt (SKA). Als Ende der siebziger Jahre der «Chiasso-Skandal» aufflog, musste Wuffli den Konzernleitungsvorsitz bei der SKA räumen. Auch dieser leidgeprüfte Spitzenbankier setzte sich nach Kräften dafür ein, Schiltknecht an die Spitze der Bank Leu zu lotsen. In John R. Lademann, Vizepräsident der Leu-Generaldirektion und früher seinerseits ein Nationalbänkler, fand der Kandidat einen dritten gewichtigen Fürsprecher.

Nichts konnte die 1755 gegründete und damit älteste Schweizer Grossbank besser gebrauchen, als einen unverbrauchten, hundertprozentig integren Steuermann. Ausgelöst durch eine Reihe von peinlichen Affären, befand sich das Institut seit geraumer Zeit in einer ernsthaften Vertrauenskrise. Im Mai 1986 sah sich die Bank Leu in den bisher grössten Wertpapierskandal der amerikanischen Börsengeschichte verwickelt. Durch umfangreiche Insidergeschäfte, die über eine Leu-Tochter auf den Bahamas gelaufen waren, hatte der New Yorker Investmentspezialist Dennis Levine illegale Gewinne in zweistelliger Millionenhöhe gescheffelt. Bevor ihm die amerikanische Börsenaufsicht auf die Schliche kam, war Levine als hochdotierter Geschäftsführer der Brokerfirma Drexel Burnham Lambert tätig gewesen. Was aus Schweizer Sicht das eigentlich Pikante an der Sache darstellte: Kaderleute der Bank Leu hatten die obskuren Transaktionen von Levine nicht nur vertuscht, sondern aktiv daran mitverdient.

Als im Januar 1987 zudem ruchbar wurde, das Topmanagement der Bank Leu habe sich anlässlich der Übernahme der britischen

Whiskybrennerei Distillers PLC durch den Guiness Konzern zu fragwürdigen Kursmanipulationen hergegeben, geriet das Institut erst recht in einen Argumentationsnotstand. Das ins Kreuzfeuer der Kritik geratene Führungsduo – Arthur Fürer (VR-Präsident) und Hans Knopfli (Präsident der Generaldirektion) – setzte jedoch die Scheuklappen auf und liess sich beim Ziehen der erforderlichen Konsequenzen viel zuviel Zeit. Erst Monate später, nachdem sich die Eidgenössische Bankenkommission längst in die Ermittlungen eingeschaltet und die beiden Hauptverantwortlichen bei der Bank Leu mit der gebotenen Diskretion aufgefordert hatte, ihre Positionen doch bitte gelegentlich zur Verfügung zu stellen, traten Fürer und Knopfli «auf eigenen Wunsch» zurück.

Mit Schiltknechts Nomination verband sich die Hoffnung, es möge ihm gelingen, die Negativschlagzeilen produzierende Bank wieder in ruhigere Gewässer zu steuern. Manche Leu-Aktionäre trauten den Navigationskünsten des neuen Steuermanns allerdings nicht. War diesem eigenwilligen Sozi nicht schon einmal – und zwar vom Bundesrat persönlich – ein Denkzettel verpasst worden?

Und nun besass der Zurückgewiesene die Stirn, drei Jahre später noch immer auf seine SP-Mitgliedschaft zu pochen. In den Augen mancher bürgerlichen Parteigänger grenzte solch unbeugsames Verhalten an Renitenz. So kam es, dass gewisse rechtsbürgerliche Kreise im Leu-Aktionariat erneut mit demselben diskriminierenden Vorbehalt wie anno 1984 gegen Schiltknecht zu Felde zogen. Wenige Tage vor der Generalversammlung meldete sich in der «Schweizerischen Handelszeitung» ein «Aktionskomitee oppositioneller Aktionäre der Bank Leu» zu Wort. Die Nomination eines Sozialdemokraten für das Verwaltungsratspräsidium eines «traditionell gut bürgerlich geführten, nichtstaatlichen Bankunternehmens» ist «mit aller Entschiedenheit» abzulehnen, hiess es in dem Aufruf an die Leu-Aktionäre. Urheber des Polit-Inserats war eine Handvoll Zürcher FDP-Kantonsräte. Was das «Fähnlein der sieben Aufrechten» bei seiner öffentlichen Attacke gegen Kurt Schiltknecht übersah, war die Tatsache, dass es die Landesregierung inzwischen für angebracht hielt, den renommierten Ökonomen – trotz seiner Parteizugehörigkeit – ins Aufsichtsgremium der Schweizerische Nationalbank, den vierzigköpfigen Bankrat, zu delegieren.

Am 17. März 1988, dem Tag der Leuen-GV, sprang sogar die freisinnige NZZ mit unverhohlener Sympathie für den Sozialdemokraten in die Bresche. Unter dem Titel «Ein valabler Kandidat» steht in dem Zeitungskommentar geschrieben: «Wenn immer sich Schiltknecht in der Öffentlichkeit zu volkswirtschaftlichen Fragen geäussert hat, so tat er dies von einer konsequent marktwirtschaftlichen Warte aus, die manchem bürgerlichen Parteigänger wohl anstehen würde. Bleibt die Frage, weshalb er ‹seiner› Partei die Treue hält. Bis zum Beweis des Gegenteils wohl deshalb, weil er der beruflichen Karriere zuliebe sein einmal gewähltes Hemd nicht opportunistisch wechseln will. Das ist ein Charakterzug, der eher für als gegen Schiltknecht spricht.»

Dieser Anschauung vermochten sich in der nachfolgenden Generalversammlung dann auch die Aktionäre der Bank Leu nicht zu verschliessen. Mit eindrücklichen 97,5 Prozent der vertretenen Stimmen wurde der vormalige Nordfinanz-Sprecher an die Spitze des Verwaltungsrats der Bank Leu gewählt.

Für den operativen Chefposten hatte der Verwaltungsrat inzwischen ebenfalls einen geeigneten Anwärter ausgemacht. Mit Zustimmung Schiltknechts trat am 1. April 1988 an der Bahnhofstrasse 32 ein zweiter «starker Mann» seinen verantwortungsvollen Job an: neuer Präsident der Generaldirektion wurde der langjährige Bankverein-Generaldirektor Werner Schick. In bezug auf die künftige Arbeitsteilung zwischen ihm und Schiltknecht gab sich Schick vor seinem Amtsantritt gelassen. Die Kompetenzen seien durch das Bankgesetz klar abgegrenzt: «Er steht der Aufsichtsbehörde vor, ich dem Exekutivorgan. Natürlich sollten in einem gut funktionierenden Unternehmen beide Gremien die gleiche Philosophie vertreten. Ich habe diesbezüglich aber keinerlei Bedenken.»[22]

VIII

Raid auf den Leu

Wie sich Ebner an die fünftgrösste Schweizer Bank heranpirscht und seine Take-over-Pläne in ein unverdächtiges Fusionsprojekt verpackt

In der Wahl seines Jugendfreundes zum Verwaltungsratspräsidenten der Bank Leu sah Martin Ebner eine einmalige Chance. Als ihn Kurt Schiltknecht kontaktierte, um ihm spontan einen Posten in der Geschäftsleitung des Traditionshauses anzubieten, lehnte Ebner dennoch dankend ab. Bei aller persönlichen Verbundenheit konnte er sich nie und nimmer vorstellen, seine vielversprechende Unternehmerkarriere bereits nach drei Jahren an den Nagel zu hängen, um in die Enge eines Angestelltenverhältnisses zurückzukehren. Der Gedanke an eine Zusammenarbeit mit Schiltknecht liess ihn hingegen nicht mehr los. Die Frage war nur, unter welchen Vorzeichen eine solche Zusammenarbeit stattfinden sollte.

Unter Finanzexperten herrschte damals kein Zweifel über die Notwendigkeit einer strategischen Neuausrichtung beim ältesten Zürcher Kreditinstitut. Die Bank Leu sei «weder Fisch noch Vogel», befand im August 1987 das Wirtschaftsmagazin «Bilanz» und brachte damit einen häufig gehörten Einwand auf den Punkt[23]. Gemessen an ihrer Bilanzsumme, argumentierten die Finanzanalytiker, sei die «Grossbank» Leu zu klein, um im zusehends härteren Wettbewerb weiterhin als Universalbank auftreten zu können. Damit das Institut im klassischen Spar- und Kreditgeschäft gesamtschweizerisch eine tragende Rolle hätte spielen können, fehlte ein geeignetes Filialnetz. Zudem war die Bank Leu reichlich spät ins moderne Investmentbanking eingestiegen. Seit 1984 existierte eine Filiale in New York, und in London hatten die Leuen erst 1986 einen eigenen Stützpunkt errichtet. Das konservative Geldhaus war solide in der Vermögensverwaltung für eine solvente Privatkundschaft verankert, doch liess es andererseits gerade im zukunftsträchtigen Geschäft mit den institutionellen Grosskunden, in welchem die BZ Bank so erfolgreich agierte, bei Schiltknechts Eintritt jeglichen Elan vermissen.

Einem Analysten wie Martin Ebner mussten vor allem die gewaltigen Liquiditätsüberschüsse der Bank Leu auffallen. Seit Jahren schon übertrafen die zufliessenden Kundengelder (Sparkonti und Kassenobligationen) die Ausleihungen (hauptsächlich Hypothekarkredite) um mehrere Milliarden Franken, so dass es sich die Bank zur Gewohnheit gemacht hatte, riesige Beträge im verhältnismässig unprofitablen Interbankgeschäft zu parkieren. Hätte ein «Risk-taker» wie Ebner in dieser Bank das Sagen gehabt, wäre es längst zu einer viel ertragreicheren Lösung gekommen. So aber wurde das behäbige, von Skandalen heimgesuchte Institut seit geraumer Zeit als Übernahmekandidat gehandelt. An entsprechenden Avancen mangelte es nicht. Neben der Deutschen Bank bekundeten verschiedentlich japanische Investoren ihr Interesse an einer entsprechenden Kapitalbeteiligung. Der Leu-Verwaltungsrat dachte sogar daran, das Traditionsinstitut mit einem dynamischeren Konkurrenzunternehmen wie dem benachbarten Bankhaus Bär zu verschmelzen, um so eine massgebliche Kraft im Schweizer Privatbankensektor entstehen zu lassen. Doch bisher war es eben nur bei der Ideenskizze geblieben.

Nachdem sich Ebner die Sache unter diesen Vorzeichen nochmals überlegt hatte, rief er Schiltknecht nach ein paar Tagen zurück und unterbreitete ihm den Vorschlag, die Bank Leu und die BZ Bank unter einem gemeinsamen Holdingdach zusammenzuführen. Gegenüber Schiltknechts Job-Offerte hatte diese Variante den klaren Vorteil, dass Ebner auf die Bank Leu Einfluss nehmen könnte, ohne deswegen seine Selbständigkeit als Unternehmer aufs Spiel zu setzen. Hauptsache, die Leuenbank mit ihren unproduktiven Liquiditätsreserven gelänge in Reichweite der BZ Bank.

Zunächst galt es, die heimische Machtbasis abzusichern. Zum Zeitpunkt, als sich Schiltknechts Aufstieg zum VR-Präsidenten der Bank Leu abzeichnete, hatte Ebner bei der BZ Bank diesen Schritt bereits vollzogen. Von der Öffentlichkeit weitgehend unbemerkt, verfügte er im Frühjahr 1987 eine Restrukturierung des Gesellschaftskapitals. Zu diesem Zweck überzeugte er die beiden anderen Hauptaktionäre – Carnegie Fondkommission und Gebrüder Volkart AG – mit der Macht des Faktischen davon, ihre Anteile am Stimmrechtskapital der BZ Bank um jeweils 10 Prozent zu reduzieren. Für den Erfolg der Bank, argumentierte Ebner, sei es unumgänglich, das BZ-Management in Zukunft auch kapitalmässig stärker einzubinden. Um die Gründungspartner davon abzuhalten, sich seinem Wunsch zu verweigern, drohte Ebner unverhohlen damit, notfalls aus dem Gemeinschaftsunternehmen auszusteigen und in eigener Regie etwas Neues aufzuziehen. Vor diese Wahl gestellt, blieb zunächst den Schweden nichts anderes übrig, als Ebners Bedingungen zu akzeptieren. Von den 68 000 Namenaktien, die Carnegie Fondkommission anlässlich der BZ-Gründung im Mai 1985 gezeichnet hatte, kaufte Martin Ebner 20 400 Stück zurück. Da parallel zum Geschäftserfolg der Bank mittlerweile auch der Wert der BZ-Aktien kräftig gestiegen war, konnte Carnegie bei dieser unfreiwilligen Transaktion einen Kapitalgewinn von 34 Millionen Schwedenkronen verbuchen, umgerechnet etwas mehr als 8 Millionen Schweizerfranken.

Den zweiten Gründungsaktionär, Volkart-Besitzer Andreas Reinhart, stellte Ebner kurze Zeit später vor vollendete Tatsachen: «Penser und Björkman sind einverstanden. Wie ist es mit Dir?» Zähneknirschend willigte auch Reinhart ein und trat im Oktober 1987 jeweils 3 Prozent der Namenaktien an die Kaderleute Hostettler, Achermann und Müller-Möhl ab. Danach präsentierte sich die Stimmverteilung bei der BZ Bank wie folgt: 42 Prozent befanden sich in Ebners Besitz, 28 Prozent kontrollierte die Carnegie Fondkommission, auf 21 Prozent war der Anteil der Gebrüder Volkart geschrumpft, und beim Management der BZ Bank lagen neuerdings 9 Prozent des Namenkapitals. Endlich konnte damit der Geschäftsführer alleine über die Bank bestimmen, denn zusammen mit seinen drei treuesten Mitarbeitern kontrollierte Ebner nun 51 Prozent der Stimmen.

Erstmals beschlichen Andreas Reinhart Zweifel. Nachdem Ebner die gemeinsame Gründungsidee – eine Partnerschaft ohne dominierenden Mehrheitsaktionär – einseitig zu Makulatur gemacht hatte, musste Reinhart sich ernsthaft fragen, ob er nicht lieber gleich ganz aussteige. Schon mehrfach hatte sich der Winterthurer Rohstofferbe im Verwaltungsrat der BZ Bank gegen Projekte von Geschäftsführer Ebner gestellt. «Die Folge davon war, dass ich allmählich von wichtigen Informationen abgeschnitten wurde», erinnert sich Reinhart. Die krasse Art und Weise, wie ihn Martin Ebner mit seiner Entscheidung, den Anteil der Gebrüder Volkart am Stimmrechtskapital zu verkleinern, überrumpelt habe, sei dafür Beispiel genug. «Nachdem Ebner die Stimmenmehrheit besass», sagt Reinhart, «war der Verwaltungsrat ohnehin überflüssig.»

Wie auch immer – Ebner konnte jetzt schalten und walten, wie er wollte. Und das nützte er auch umgehend aus. Das sechszeilige Communiqué, welches den Nachrichtenagenturen am 5. Mai 1988 durchgefaxt wurde, war ziemlich dürftig. Und dennoch schlug die Meldung beim konservativen Zürcher Finanzestablishment wie eine Bombe ein: «Die Verwaltungsräte der Bank Leu AG und der BZ Bank Zürich AG teilen mit, dass Gespräche über ein Zusammengehen der beiden Gesellschaften in einer Holding geführt werden. Das Ergebnis der Verhandlungen wird in nächster Zeit veröffentlicht.»

Die älteste und zugleich konservativste Schweizer Grossbank und die jüngste Zürcher Ringbank unter einem gemeinsamen Dach? War das etwa ein schlechter Scherz? Gemessen an ihren Bilanzsummen, nahmen sich die BZ Bank (138 Millionen) und die Bank Leu (15,8 Milliarden) wie David und Goliath aus. Es schien, als signalisierten zwei Partner ihr Zusammengehen, deren Profil gegensätzlicher nicht hätte sein können. Hier die aggressiven Aktiengeschäfte einer jungen, straff organisierten und aussergewöhnlich innovativen Finanzboutique. Und dort die behäbige Verwaltungsmentalität einer 233jährigen, hierarchisch gewachsenen Universalbank. 20 BZ-Mitarbeiter gegen den siebzigfachen Personalbestand bei den Leuen.

Allein schon in der gewählten Formulierung «Zusammengehen der beiden Gesellschaften in einer Holding» war ein ungeheures Kompliment der traditionsreichen Bank Leu an die Adresse des winzigen Newcomers verborgen. «Es geht nicht darum, dass die BZ Bank übernommen wird. Beide Institute werden ihre Unabhängigkeit bewahren», liess sich Martin Ebner tags darauf im «Wall

Street Journal» zitieren. Und gegenüber dem Zürcher «Tages-Anzeiger» stellte er klar: «Wir stecken nicht in Schwierigkeiten, das Geschäft läuft besser als im letzten Jahr.» Was für Motive waren es dann, die zwei Institute, welche auf den ersten Blick keinerlei Gemeinsamkeiten aufwiesen, zu einem Zusammenlegen ihrer Aktivitäten bewegen konnten? «Die BZ Bank offeriert neben Ertragskraft und exklusiver Kundenstruktur auch Fachwissen und Erfahrung im Bereich von Aktien und Optionen», rief die «Neue Zürcher Zeitung» ihren Lesern in Erinnerung. Die Tatsache, dass überhaupt eine Pressemitteilung versandt worden sei, deute darauf hin, «dass man das Anfangsstadium der Sondierungen sehr weit hinter sich gebracht hat; vermutlich so weit, dass – Unvorhergesehenes ausgeschlossen – den Aktionären der beiden Banken in weniger als einem Monat vorgeschlagen werden könnte, ihre Papiere in eine neue Holding einzubringen»[24].

Nun, das Unvorhergesehene liess sich in diesem Fall tatsächlich nicht ausschliessen, und so kam es viereinhalb Wochen später zwischen der BZ und den Leuen zu einem abrupten Übungsabbruch. «Dieses Projekt hätte die vorbehaltlose Unterstützung aller Organe erfordert, eine Voraussetzung, die nicht gegeben zu sein scheint», informierte Ebner die Medien am Abend des 9. Juni 1988 in leicht verklausulierter Sprache. Nach 35tägiger Sendepause, welche nicht zuletzt an der Börse zu etlichen Spekulationen geführt hatte, war es auch diesmal wieder ein dürrer Sechszeiler – einseitig aus dem BZ-Lager stammend – der das Ende des ungewöhnlichen Flirts markierte.

Die «Neue Zürcher Zeitung» erklärte sich den Abbruch der Verhandlungen damit, «dass offenbar primär bei der Bank Leu der Reibungswiderstand ein Ausmass angenommen hatte, das die Geduld auf Seiten der BZ Bank überstrapazierte». Und der «Tages-Anzeiger» vermutete: «Die Synergien hätten sich wohl nur ausschöpfen lassen, wenn die BZ Bank ihre Kultur, ihre Unabhängigkeit hätte weitgehend bewahren können. Dies wäre nach dem Stand der Abklärungen und Verhandlungen nicht möglich gewesen.» Was aber war in den 35 Tagen zwischen dem ersten und dem zweiten Pressecommuniqué hinter der schönen Fassade der Leuenbank konkret geschehen?

«Alles, was bisher über die geplatzte Fusion zwischen der altehrwürdigen Bank Leu und dem Newcomer BZ veröffentlicht wurde, trifft nicht ins Schwarze – in Wirklichkeit war die Geschichte eine ganz andere», schrieb das Monatsmagazin «Politik & Wirtschaft» (P&W) in seiner Ausgabe vom August 1988. Nicht eine einsame Idee der beiden Bankenchefs Kurt Schiltknecht und Martin Ebner hätte hinter der in Aussicht genommenen Holdingstruktur gestanden, «sondern ein Übernahmeversuch mit der ‹Zürich›-Versicherung am Mischpult und schwedischen Hintermännern». Durch eine komplizierte, heimlich vorbereitete Kapitaltransaktion hätte laut P&W das Aktionariat der Bank Leu dergestalt verändert werden sollen, dass sich Martin Ebner am Schluss womöglich als neuer Besitzer der Bank Leu herausgestellt hätte. Das Perfide an diesem Plan: Die bisherigen Leu-Aktionäre wären über ihre stille Entmachtung bis zuletzt im unklaren belassen worden.

Nach dem Willen der drei beteiligten Holdinggründer – Kurt Schiltknecht, Martin Ebner sowie «Zürich»-Finanzchef Rolf Hänggi – hätte das Grundkapital der über Leu und BZ aufzuspannenden Dachgesellschaft in Höhe von 320 Millionen (total 1 088 000 Stimmen) wie folgt aufgeteilt werden sollen: Nicht ganz die Hälfte, beziehungsweise 523 200 Stimmen (48,1 Prozent), wären den bisherigen Leu-Aktionären angeboten worden, womit sich diese a priori in der Minderheit befunden hätten. 96 000 Stimmen (8,8 Prozent) sollten die Gesellschafter der BZ, zur Hauptsache die schwedische Carnegie Fondkommission, erhalten. 224 000 Stimmen (20,6 Prozent) wollte sich Martin Ebner persönlich sichern, und die restlichen 244 800 Stimmen (22,5 Prozent) wären schliesslich als sogenannte Vorratstitel der «Zürich»-Versicherung zugefallen. Laut dem oben erwähnten P&W-Artikel spielte die «Zürich»-Versicherung beim geplatzten Übernahmeversuch die Rolle des gewichtigen Zünglein an der Waage, indem sie ihre 244 800 Vorratstitel «jederzeit zur Verfügung der Leu-Holding halten» sollte und gemäss deren Weisungen hätte einsetzen müssen.

Der Bericht – überschrieben mit «Das Fell des Leuen zu früh verteilt» – löste im Schweizer Blätterwald ein gehöriges Rauschen aus. Allzu ungeheuerlich waren die erhobenen Vorwürfe, um einfach unter den Tisch gewischt zu werden. Vor allem fragte man sich in Zürcher Bankkreisen, aus welcher Quelle das Magazin wohl seine Informationen bezogen hatte, wonach die ahnungslosen Altaktionäre der Leuenbank von ein paar skrupellosen Parvenüs hinterrücks hätten ausgebootet werden sollen.

Um den Spekulationen die Spitze zu brechen, forderte eine Gruppe von oppositionellen Leu-Aktionären den VR-Präsidenten Kurt Schiltknecht ultimativ auf, den Inhalt des Presseberichts entweder klar und deutlich zu dementieren oder aber die Konsequenzen zu ziehen und von seinem Posten zurückzutreten. Schiltknechts Schwierigkeit war, dass es in dieser Angelegenheit substanziell recht wenig zu dementieren gab.

Dergestalt in der Bredouille, geriet der VR-Präsident auch noch von offizieller Seite unter Druck. Die Abteilung für Wirtschaftsdelikte der Zürcher Bezirksanwaltschaft war, aufgeschreckt durch den P&W-Artikel, in der Chefetage der Bank Leu vorstellig geworden – wegen Verdachts auf versuchten Betrug an den Aktionären.

Doch Schiltknecht gelang die Gratwanderung. Geschickt lenkte er die Aufmerksamkeit von den publizistischen Vorwürfen weg auf das Informationsleck im eigenen Hause. Flankenschutz erhielt er von Wirtschaftsanwalt Peter Nobel, der von Martin Ebner unlängst in den Verwaltungsrat einer auf den Handel mit Derivaten spezialisierten BZ-Tochter berufen worden war. Gegen potentielle Interessenkonflikte schien Professor Nobel, ein Mitglied der Eidgenössischen Bankenkommission (EBK), weitgehend resistent zu sein. Schliesslich hatte der umtriebige Aktienrechtler dem befreundeten Schiltknecht schon bei der Formulierung von dessen Anstellungsvertrag als erster Vollamtspräsident der Leuenbank mit juristischem Rat zur Seite gestanden.

Auf Schiltknechts Geheiss musste die Geschäftsleitung rückwirkend sämtliche Gespräche protokollieren, die in den vergangenen Wochen geführt worden waren. Generaldirektoren, die dagegen aufbegehrten, domestizierte Schiltknecht mit der wenig verheissungsvollen Aussicht, er werde – falls nötig – den ganzen Levine-Skandal inklusive der unerspriesslichen Rolle, welche Angehörige des Leuen-Kaders dabei gespielt hatten, erneut auf den Tisch bringen.

Die Stimmung im Hause war zum Zerreissen gespannt, als der Verwaltungsrat der Bank Leu am 24. August 1988 zu seiner ordentlichen Sitzung zusammentrat. Die Gewissheit, dass sich bereits die Zürcher Strafverfolgungsbehörden für den Fall interessierten, verunsicherte die Mehrzahl der Verwaltungsräte sichtlich. Äusserst knapp sprach das Aufsichtsorgan seinem angeschossenen Präsidenten noch einmal das Vertrauen aus, wobei der vehemente Support von Heinz R. Wuffli letztlich ausschlaggebend gewesen sein soll. Die nonchalante Art und Weise, wie Schiltknecht die Holding-Idee seinerzeit unter «Verschiedenes» auf die Traktandenliste gesetzt und so dem erstaunten Gremium erstmals präsentiert hatte, mochte manch einem seiner Kollegen im Nachhinein wie blanker Zynismus vorkommen.

Nachdem das Vertrauensvotum hauchdünn über die Bühne gegangen war, erhitzten sich die Gemüter an der drängenden Frage, wo das Leck im Informationsdispositiv der Leuenbank zu orten sei. Obschon die Spurensuche zunächst im Sand verlief, wurde der Presse noch am gleichen Abend ein ausführliches Communiqué unterbreitet, in dem sich der Verwaltungsrat zumindest in der Öffentlichkeit geschlossen hinter seinen Präsidenten stellte. Der ungeheuerliche Vorwurf, Schiltknecht habe einer verdeckten Übernahme der Bank Leu Vorschub geleistet, wurde darin als «haltlos» bezeichnet und «in aller Form zurückgewiesen».

«Offensichtlich sind der Zeitschrift ‹Politik und Wirtschaft› von einstweilen unbekannter Seite Dokumente aus einem frühen Diskussionsstadium zugespielt worden, mit denen den gemachten Unterstellungen der Anschein der Glaubwürdigkeit verliehen wurde», hiess es in dem Schreiben. Und weiter: «Es liegt uns besonders daran festzuhalten, dass die Rolle der ‹Zürich›-Versicherung falsch dargestellt worden ist. Richtig ist, dass in Erwägung gezogen wurde, die ‹Zürich›-Versicherungs-Gesellschaft bei der diskutierten Gründung der Leu-Holding AG für eine Zwischenfinanzierung beizuziehen, so wie dies in der Praxis bei solchen Kapitalmarkttransaktionen durch Dritte üblich ist. Die in den beiden Artikeln der ‹Politik und Wirtschaft› dargestellten

Stimmrechtsverhältnisse sind völlig irrelevant, da sie im Verlaufe der Vorverhandlungen wesentlich modifiziert wurden, bevor sie überhaupt dem Verwaltungsrat zur Diskussion vorgelegt worden sind.»

Ein unmissverständliches Dementi ging aus diesen Zeilen nicht hervor. Statt von einem Übernahmeversuch sprach der Leu-Verwaltungsrat verklausuliert von «Kapitalmarkttransaktionen durch Dritte» und versuchte, das von P&W beschriebene Szenario dadurch zu entkräften, dass er es als reine Ideenskizze aus einer längst überholten Vorbereitungsphase hinstellte.

Bei den der Presse zugespielten Unterlagen handelte es sich effektiv um ein zwölfseitiges Originaldokument aus der Chefetage der Bank Leu, datiert vom 3. Mai 1988 – just einen Tag also vor jener Verwaltungsratssitzung, die nach Leuen-Sprachregelung recht eigentlich als «Eintretensdebatte» zum Leu/BZ-Handel galt. Die im Prinzip zweitrangige Frage, wer das brisante Dokument herausgegeben und damit seine Schweigepflicht verletzt hatte, blieb bis heute ungeklärt. Verschiedentlich tauchte in diesem Zusammenhang das Gerücht auf, Werner K. Rey, der sich eine Zeitlang ebenfalls für die Bank Leu interessiert habe, könnte bei der Informationsbeschaffung seine Hände vermittelnd im Spiel gehabt haben. P&W-Verleger Beat Curti, dem die brisante Post damals zuging, gibt sich in dieser Frage zugeknöpft. Er nehme, soll er einmal geäussert haben, dieses Geheimnis wohl dereinst mit ins Grab.

Nach dem altbewährten Prinzip, dass der Bote zu köpfen sei, wenn sich die Botschaft nicht gezieme, übernahm im Herbst 1988 vor allem die ansonsten so besonnene «Neue Zürcher Zeitung» eine tragende Rolle bei der publizistischen Hatz gegen das Medium, welches mit seinem Bericht den Stein des Anstosses ins Rollen gebracht hatte. In einer Breitseite gegen die Konkurrenz schimpfte das bürgerliche Sprachrohr, «dass Autoren einer Publikation, die sich zu Politik und Wirtschaft zu äussern vorgibt, zusammen mit ihren Zulieferanten ein Schmierenstück veröffentlichen, das zwar das Papier nicht wert ist, wohl aber an Boshaftigkeit kaum zu überbieten war»[25]. Ein «Schurkenstück» allerdings, wie damals selbst die NZZ einräumen musste, «das – wäre es wahr – tatsächlich an den Pranger gehörte»[26].

Beim Versuch, die Vorkommnisse von 1988 zu rekonstruieren, erhärtet sich der Verdacht, dass im Fall des von Martin Ebner und Kurt Schiltknecht angezettelten Fusionspokers nicht sein konnte, was nicht sein durfte. Das mysteriöse Merger-Projekt, beteuern gut informierte Kreise noch heute, sei in Wirklichkeit eine geschickt getarnte Übernahmeattacke gewesen. Von einem Generaldirektor der Bank Leu werden die Kernaussagen, die damals in P&W gemacht wurden, denn auch wörtlich als «absolut zutreffend» bezeichnet. Mehr noch: Der aufsehenerregende Pressebericht, welcher von der NZZ reflexartig als journalistisches «Schurkenstück» abgekanzelt worden war, stelle nur die Spitze eines Eisbergs dar. Was sich hinter den Kulissen tatsächlich abgespielt habe, wirke bei Lichte besehen noch wesentlich unappetitlicher – nämlich der orchestrierte Versuch eines «unfriendly takeover», an dem sich nebst den Drahtziehern aus purer Profitgier auch namhafte Exponenten des Schweizer Wirtschaftsestablishments beteiligt hätten.

Den eigentlichen Knackpunkt beim misslungenen Raid bildete die Festlegung des Austauschverhältnisses, gemäss dem die Valoren der gegensätzlichen Fusionspartner gegen die neuen Holdingaktien hätten eingetauscht werden sollen. Ebner, bekanntlich ein Meister im Taktieren, machte ursprünglich den Vorschlag, dass vier BZ-Aktien einer Leu-Aktie entsprechen sollten, was seine Verbündeten Schiltknecht und Hänggi offenbar widerspruchslos akzeptierten. Mit diesem Schachzug war es Ebner gelungen, den Buchwert seiner BZ Bank um mehrere hundert Millionen Franken anzuheben, womit er sich laut den von P&W veröffentlichten Zahlen a priori einen Stimmenanteil von knapp 30 Prozent an der geplanten Holding gesichert hätte. Noch bevor das Leuen-Kader in die geheimen Pläne eingeweiht wurde, kamen die drei Freunde überein, die wichtigsten Positionen in der geplanten Holding wie folgt unter sich aufzuteilen: Während Schiltknecht als VR-Präsident amtieren würde, sollte Hänggi das Amt des Vizepräsidenten und Ebner dasjenige des verantwortlichen Geschäftsführers zufallen.

Mit dem Ziel, seinen Anteil zu einer mehrheitsfähigen Position auszubauen, versuchte Ebner über alle verfügbaren Kanäle eine möglichst grosse Anzahl weiterer Stimmrechtsaktien zusammenzutragen. In diesem Bestreben informierte er alsbald seine wichtigsten Kunden über das Projekt. Im Fall der «Zürich»-Versicherungen, deren erklärter Strategie es entsprach, in neue profitable Geschäftsfelder vorzustossen, war die Holding-Idee ja bereits auf überaus fruchtbaren Boden gefallen. Mit dem Resultat, dass sich Finanzchef Rolf Hänggi, der ein Anlagevermögen von 30 Milliarden Franken verwaltete, freundlicherweise sogar anerbot, das gesamte Aktienkapital der geplanten Dachgesellschaft von 320 Millionen Franken im Sinne einer Zwischenfinanzierung vorzustrecken. Im übrigen war der Assekuranzkonzern traditionellerweise mit den Leuen verbunden, da er ein grösseres Beteiligungspaket in seinem Portefeuille hielt.

Wie die «Zürich»-Versicherung zählte auch Hoffmann-La Roche zu den gewichtigen Aktionären der Bank Leu. Als glückliche Fügung musste es Ebner erscheinen, dass Roche-Präsident Fritz Gerber im Doppelamt ebenfalls dem Aufsichtsgremium der «Zürich« vorstand. Gerber konnte es daher nicht entgangen sein, welch cleveren Coup Finanzchef Rolf Hänggi zusammen mit Ebner und Schiltknecht im Schilde führte. Im April 1988, kurz bevor die Fusionsverhandlungen publik wurden, erwarb Gerber Namenaktien der Bank Leu im Wert von einer knappen Million Franken und legte sie in ein Depot bei der BZ Bank.

Wie entsprechende Bankdokumente beweisen, deckten sich auf eigene Rechnung vorsorglich auch die beiden Verwaltungsräte Heinz R. Wuffli und Heinz Portmann mit Leu-Titeln ein. Zum Zeitpunkt ihrer Abwicklung waren die persönlichen Aktienkäufe von Gerber, Wuffli und Portmann nicht illegal: Die Einführung eines sogenannten Insiderartikels, welcher das Ausnützen vertraulicher Vorabinformationen strafbar macht, war in der Schweiz erst auf den 1. Juli 1988 vorgesehen. Je näher dieser Termin allerdings rückte, desto knapper wurde den Eingeweihten die Zeit, Aktien vorzukaufen.

In den Kundendepots der BZ Bank stapelten sich derweil schon Tausende von Leu-Aktien. Insbesondere die «Zürich»-Versicherung liess sich beim Einsammeln der stimmschweren Namentitel einiges einfallen. Verschiedene «Zürich»-Töchter wie zum Beispiel die «VITA»-Lebensversicherungs-Gesellschaft oder die «Turegum» – beide wurden damals von Fritz Gerber präsidiert – hatten sich massgeblich an der Kollekte beteiligt. Selbst von einer Offshore-Filiale der «Zürich» auf den Bermuda-Inseln war unlängst ein beträchtliches Aktienpaket bei der BZ Bank eingeliefert worden. Dort nahm man die Titel freudig entgegen und schlug sie zum übrigen Dispobestand. Auch in den Kundendepots, welche der Roche-Konzern beziehungsweise dessen Pensionskasse bei der BZ unterhielten, lagerte bereits eine stattliche Zahl von Leu-Titeln. Dasselbe traf auf die «Winterthur»-Versicherungen zu. Offensichtlich war es Ebner gelungen, auch «Winterthur»-Chef Peter Spälti die Vision einer potenten Privatbanken-Holding schmackhaft zu machen. Darüber hinaus verwaltete die BZ Bank umfangreiche Leu-Bestände, welche die Beamtenpensionskasse der Stadt Zürich und der Genfer Uhrenkonzern Rolex angelegt hatten. «Last but not least» war auch Nationalrat Christoph Blocher nicht untätig geblieben, indem er sich von Ebner ein grösseres Leu-Paket ins Portefeuille seiner Emesta-Holding drapieren liess.

Als Schiltknecht das Fusionsprojekt erstmals unter «Varia» auf die Traktandenliste des Verwaltungsrats der Bank Leu setzte, hatten Ebner und zugewandte Orte still und leise bereits rund 15 000 Namenaktien aufgekauft – selbstverständlich ohne diese ins Aktionärsregister der Bank eintragen zu lassen. Solcherlei Versteckspiel wurde von der Schweizerischen Bankiervereinigung zwar regelmässig verurteilt, doch was scherte dies Ebner, für den es sich spätestens an diesem Punkt seiner Karriere auszahlte, nie daran gedacht zu haben, sich bei der Standesorganisation der heimischen Bankfachleute als zahlendes Mitglied einzuschreiben?

Zu den umfangreichen Aktienpositionen, die einzelne von Ebners Grosskunden hielten, wären im Fall einer Machtübernahme die zahlreich vorhandenen Vorratsaktien geschlagen worden, die sich im Besitz der Bank Leu selbst befanden. Unter deren Einbezug war es durchaus denkbar, dass Ebner zum Schluss eine Stimmenmehrheit auf die Waage gebracht hätte. Sämtliche Leu-Aktien wären sodann an der Börse dekotiert und zusammen mit den BZ-Titeln in druckfrische Holding-Papiere umgetauscht worden, womit das geplante «Going Private» perfekt gewesen wäre. Martin Ebner, so lässt sich im Rückblick vermuten, hätte sich nach erfolgter Umtauschaktion wenn nicht als neuer Eigentümer so doch zumindest als einflussreichster Grossaktionär der fünftgrössten Bankengruppe des Landes präsentieren können.

Dass die Holding-Idee nach vierwöchigem Seilziehen von der Verwaltungsratsmehrheit der Leuenbank zuletzt abgeschmettert wurde, vermochte Ebners Ambitionen kaum etwas anzuhaben. Auf den marmornen Fluren der ältesten Zürcher Grossbank galt es derweil einen Haufen zerschlagenen Porzellans wegzuräumen. Als erste Massnahme zur Schadensbegrenzung verteilte Schiltknecht jede Menge Maulkörbe, «und zwar solche von der massiveren Sorte», wie sich «Bilanz» nach dem missratenen Verkupplungsversuch ausdrückte[27]. Dem Präsidenten der Generaldirektion, Werner Schick, der aus seiner ablehnenden Haltung gegenüber den Fusionsplänen nie einen Hehl gemacht hatte und in Schiltknechts Augen daher als einer der Hauptverdächtigen für die Indiskretionen galt, hetzte jener das interne Inspektorat auf den Hals – eine Fährte, die sich nachträglich als falsch erwies. Ohne den Vorsitzenden der Geschäftsleitung vorgängig darüber in Kenntnis zu setzen, liess Schiltknecht dessen persönliche Konten überprüfen. Der Vorwurf: Schick habe auf eigene Rechnung mit Namenaktien gehandelt und sich somit womöglich als Insider strafbar gemacht. Mit derlei Unterstellungen konfrontiert, sah sich der langjährige Bankverein-Generaldirektor seinerseits nach einem Rechtsbeistand um und wurde im Zürcher Wirtschaftsjuristen Peter Hafter fündig.

Erst als Schick in Aussicht stellte, mit Hilfe von Hafter die gravierenden Vorwürfe mit allen Mitteln zu bekämpfen, wobei er auch die Hintergründe des vereitelten Übernahmeversuchs ans Licht zu bringen gedenke, lenkte Schiltknecht ein. Unter dem Versprechen, die ganze Angelegenheit ein für allemal auf sich beruhen zu lassen, wurde Schick bereits sieben Monate nach seinem Amtsantritt «auf eigenen Wunsch» wieder aus der Geschäftsleitung entlassen. «Herr Schiltknecht und ich haben uns nicht gut vertragen. Der Hauptgrund dafür ist sicher die BZ-Geschichte», liess er sich im «Tages-Anzeiger» zu seiner ebenso kurzen wie zerrütteten «Ehe» mit dem VR-Präsidenten der Bank Leu vernehmen[28]. «Ich war der wichtigste Opponent gegen den Deal mit der BZ Bank», erklärte Schick gegenüber dem «Wall Street Journal»[29]. Und was schrieb die «Neue Zürcher Zeitung»? «Dem an sich faszinierenden Projekt Schiltknechts, eine Bankholding durch Kooperation mit der BZ Bank Martin Ebners zu schaffen, setzte Schick aus Gründen, auf die hier nicht einzugehen ist, entschiedenen Widerstand entgegen.» Seither weigert sich der ehemalige Generaldirektionspräsident hartnäckig, der Öffentlichkeit weitere Auskünfte zu erteilen: «No comment!» Die Vermutung liegt daher nicht allzu fern, Werner Schick habe sich seinen Maulkorb vom Oktober 1988 mit einer Millionenabfindung «vergolden» lassen.

Auch um Kurt Schiltknecht wurde es nach dem Wirbel um das fehlgeschlagene Holding-Projekt für einige Monate ungewöhnlich ruhig. Anlässlich der Generalversammlung der Bank Leu vom 6. April 1989 teilte er den anwesenden Aktionären unter anderem folgendes mit: «Spekulationen in Leu-Aktien sind ein beliebtes Börsenspiel geworden, obwohl der Verwaltungsrat nie Zweifel darüber aufkommen liess, dass die Bank Leu unabhängig bleiben will. Unabhängigkeit kann aber auf die Dauer nicht nur erklärt werden, sondern muss erarbeitet und verteidigt werden. Dabei können verschiedene Wege beschritten werden. Der Verwaltungsrat hat vor einigen Monaten, als eine Übernahme befürchtet werden musste, ein Aktienpaket mit knapp 20 Prozent der Stimmen bei zwei Gruppen plaziert, die sich verpflichtet haben, für die Unabhängigkeit der Bank einzutreten und die Aktien längere Zeit zu halten. Dank dieser Plazierung ist auf absehbare Zeit hinaus keine Übernahme zu befürchten.»

Die Aussage des VR-Präsidenten sollte sich bald als Fehlanzeige entpuppen. Bei den beiden Aktionärsgruppen, denen Schiltknecht zusammen 91 000 Vorratsaktien (18,2 Prozent der Stimmen) angeboten hatte, handelte es sich einerseits um Angehörige des eingesessenen Familienclans der von Schulthess. Diese zählten seit den vierziger Jahren zu den treuesten Miteigentümern der Bank. Der zweite Investorenkreis, welcher von Schiltknechts Privatplazierungsplänen profitieren sollte, gruppierte sich um den ehemaligen Adia-Manager Martin O. Pestalozzi. Zusammen mit einer Handvoll Gleichgesinnter kontrollierte Pestalozzi die Beteiligungsgesellschaft Adiainvest S.A., die nach dem Einstieg von Werner K. Rey aus dem Adia-Konzern herausgelöst worden war.

Um die weiter anhaltenden Take-over-Gerüchte endlich zum Verstummen zu bringen, ging Schiltknecht Ende 1988 mit Pestalozzi & Co. einen Aktionärsbindungsvertrag ein. Um die Unabhängigkeit des Hauses zu gewährleisten, sollte sich Adiainvest verpflichten, für mindestens zwei Jahre von einer Weiterveräusserung der Leu-Aktien abzusehen. Mit der Bindung dieser vermeintlich stabilen Kernaktionäre glaubte Schiltknecht, klug gehandelt zu haben.

Noch am selben Tag setzten sich die Adia-Leute indes mit der Führungsspitze der «Crédit Suisse» (CS) zusammen, um der Grossbank eine «Call-Option» (Kaufrecht) auf ihre Leu-Beteiligung einzuräumen. Martin Pestalozzi, der mit diesem Winkelzug kaltschnäuzig gegen die Usanzen auf dem Finanzplatz verstossen hatte, musste sich in der Folge unethisches Verhalten vorwerfen lassen. Andere Stimmen wollten wissen, dass der Vertrag mit Adiainvest «oberflächlich formuliert» und die spätere Übernahme somit «von Schiltknecht provoziert» worden sei.

1990 landete die traditionsreiche Leuenbank nämlich in den Armen der CS-Holding. «Schiltknecht hat es fertiggebracht, ein zwar von Insider- und anderen Skandalen leicht angeschlagenes, trotz alledem jedoch kerngesundes Bankhaus in Rekordzeit in die Abhängigkeit eines Finanz-Grosskonzerns zu führen», grollte das Magazin «Politik & Wirtschaft». In den Spalten der «Financial Times» liess sich Schiltknecht derweil als Auslöser einer historischen Wende feiern: «Die Annäherung der CS-Holding an die Bank Leu hat eine Bresche in den Damm konservativen Verhaltens geschlagen.»[30]

Misstrauen kam damals nicht nur gegenüber dem Geschäftsgebaren der Pestalozzi-Gruppe auf. Scheele Blicke erntete auch die «Zürich»-Versicherung, die als gewichtiger Leu-Aktionär auf der persönlichen Ebene mit dem übermächtigen Aufkäufer liiert war: Fritz Gerber, Präsident der Hoffmann-La Roche und der «Zürich»-Versicherung, sass nämlich zudem im Verwaltungsrat der

«Crédit Suisse». Selbstverständlich kam bei der Leu-Übernahme durch die CS-Holding auch BZ-Chef Martin Ebner voll auf seine Rechnung.

Im November 1993 trat er sein Beteiligungspaket mit einem Börsenwert von über 150 Millionen Franken an die CS-Holding ab (für jeweils sechs Leu-Holding-Aktien erhielt die Ebnersche BK Vision eine CS-Holding-Inhaberaktie plus 720 Franken). Bereits Anfang 1994 sah sich die CS-Holding allerdings gezwungen, ihre eigenen Titel zurückzukaufen, wobei Ebner einen ansehnlichen Gewinn erzielte. «Ebner drohte, der CS das Leben so schwer zu machen, dass er einen hohen Paketzuschlag herausholen konnte», wurde die Transaktion vom englischen Fachmagazin «Business Week» beschrieben: «The closest thing to greenmail Switzerland has seen.»[31]

Über Kurt Schiltknecht als einer Schlüsselfigur im Drama um die Bank Leu sind die Meinungen geteilt. Schiltknecht sei «eine Sphinx» urteilt einer, der ihn als Arbeitskollegen aus der Nähe kennt. «Man weiss nie, was er wirklich denkt.» Und trotzdem wird das SP-Mitglied – «Ich bezahle meinen Mitgliederbeitrag noch heute!» – von den Medien immer wieder als ebenso gradliniger wie berechenbarer Wirtschaftsliberaler dargestellt: «Kurt Schiltknecht war immer ein Teil des Systems», lobte 1990 die «Weltwoche», «er ist ein aufrichtiger Anhänger der freien Marktwirtschaft, der im Vergleich zu den Bürgerlichen höchstens dadurch auffällt, dass er konsequenter ist als jene.»[32] Auf die Frage, wen SVP-Nationalrat Christoph Blocher als Nachfolger für Finanzminister Otto Stich in den Bundesrat zu wählen gedenke, antwortete dieser im September 1995 in einem «Blick»-Interview: «Ich werde den Bankier Kurt Schiltknecht wählen. Er versteht viel von Wirtschafts- und Währungspolitik, ist EU-Gegner und immer noch Mitglied der SP.»[33]

Unter Kollegen ist Schiltknecht für seine unverkrampften Umgangsformen bekannt. Halte er etwas für «einen Seich», so pflege er dies offen und ehrlich mitzuteilen, attestieren ihm seine Mitarbeiter. Verschiedene aktive und ehemalige Angehörige des Leuen-Kaders, die selbstredend allesamt auf absolute Diskretion bedacht sind, weisen in diesem Zusammenhang darauf hin, dass Schiltknecht in seiner damaligen Funktion als VR-Präsident ausgesprochen autoritäre Verhaltensmuster an den Tag gelegt habe.

Einzelne Kaderleute sprechen hinter vorgehaltener Hand gar von einer «Racheneurose gegen das Establishment», die der Sozialdemokrat bei den internen Machtkämpfen offenbart haben soll. Jedenfalls sei bei der Bank Leu recht schnell deutlich geworden, dass der hochbegabte Finanztheoretiker vom Frontbetrieb einer Geschäftsbank keine grosse Ahnung hatte und deshalb, wie sich ein ihm damals unterstellter Topmanager ausdrückt, «unfähig war, ein Unternehmen von dieser Dimension zu führen».

Derlei Unterstellungen steckt Kurt Schiltknecht mit Gelassenheit weg. «Niederlagen gibt es für mich praktisch nicht», versichert der glücklose Leu-Präsident. Das sei schon bei der Nationalbank so gewesen, als er 1984 gesagt habe: «Ich gehe!» Noch jedesmal sei für ihn anschliessend eine neue Herausforderung aufgetaucht: «Mit dieser Einstellung», weiss der Professor, «gerät man nie auf die Verliererseite.»

IX
Flop mit Pirelli

Wie Ebner sein Unternehmen einem organisatorischen Umbau unterzieht und sich mit den Aktien eines italienischen Reifenherstellers für einmal deutlich verkalkuliert

An Pressekonferenzen pflegt Martin Ebner sich stets sehr verbindlich zu geben. Damit die versammelte Journalistenschar seinen Ausführungen die gebotene Aufmerksamkeit schenkt, trägt er seine Informationshäppchen mit leiser, nahezu einschläfernder Stimme vor. Diese effektvolle Technik hat sich Ebner in speziellen Kommunikationstrainings angeeignet, die er parallel zu seinem Berufsaufstieg hin und wieder besucht. Aus solchen Workshops stammt sein Gespür, mit welchen Äusserungen man bei den Zuhörern das Eis zu brechen vermag – oder wie eine unangenehme Frage am geschicktesten auf einen thematischen Nebenschauplatz gelenkt werden kann.

Lange Zeit galt Ebner als ausgesprochen publizitätsscheu. Das Image einer konsequenten Unzugänglichkeit für die Medien pflegte der eigenwillige Starbankier bis weit in die neunziger Jahre hinein ganz bewusst. Im Kontrast zu diesem noch immer weitverbreiteten Bild ist hinlänglich bekannt, dass der BZ-Chef ausgewählten Medienvertretern alljährlich Hunderte von Stunden für vertrauliche Hintergrundgespräche widmet. «So musste sich jeder Journalist geehrt fühlen, der wider die Gepflogenheit auserwählt war und ausgiebig, mit viel Charme, aber stets streng ‹off the records› empfangen wurde», berichtete das Wochenmagazin «Facts» in seiner Ausgabe vom 27. April 1995.

Im Umgang mit der Schreiberzunft offenbart Ebner ein erstaunliches Einfühlungsvermögen. Während er bestimmte Medienleute zum frühmorgendlichen Champagner-Plausch ins Hotel «Baur au Lac» lädt, trifft er sich mit anderen in der rauchgeschwängerten «Helvetia-Bar» auf ein Bierchen: «Dabei blieb der

Mann auch off the records durchaus korrekt, belehrte freundlich, beschimpfte nicht und verriet kein Bankgeheimnis.»[34] Ausnahmsweise lässt sich Ebner von einem Reporter auch einmal beim morgendlichen Frühstücksappell über die Schulter blicken. Oder er trägt dem sozialen Milieu eines Journalisten Rechnung, indem er sich mit diesem auf eine ganz gewöhnliche Portion Spaghetti ins populäre Restaurant «Cooperativo» begibt.

In vertraulichem Rahmen verlangt der BZ-Chef dann von jedem Redaktor dasselbe: In Zeitungsartikeln dürfe mit keinem Wort erwähnt werden, dass der Autor mit Martin Ebner persönlich gesprochen habe. Die meisten halten sich dann auch an diese Vorgabe. Wer möchte sich schon einen Informationsdraht, dem das Fluidum der Einzigartigkeit anhaftet, vorsätzlich abklemmen? Wiewohl kritische Zungen behaupten, dass Ebner bei seinen häufigen «Tête-à-tête» mit ausgewählten Medienschaffenden in der Regel gar keine Informationen preisgebe, die überhaupt zitierfähig wären.

Nach dem gescheiterten Verkupplungsversuch mit der Bank Leu ging Martin Ebner erneut in die Offensive. Anfang November 1988 orientierte er die Öffentlichkeit über seine neuesten Pläne. Dass er zu diesem Zweck ausgerechnet an einem Freitag vor die Presse trat, war kein Zufall. Längst war der BZ-Gründer versiert genug, um zu wissen, dass den Wochenendausgaben der Gazetten seitens der Leser die höchste Beachtung zuteil wird. Öffentliche Erklärungen pflegte Ebner aus Effizienzgründen daher regelmässig auf den fünften Wochentag anzusetzen. Anlässlich der Pressekonferenz vom 4. November 1988 teilte er den kurzfristig aufgebotenen Medienleuten mit, dass tags zuvor in Freienbach (Kanton Schwyz) eine neue Gesellschaft namens «BZ Gruppe Holding» ins Leben gerufen worden sei – ausgestattet mit einem Eigenkapital von einer halben Milliarde Franken. Die Überraschung war perfekt: Gleichsam über Nacht hatten sich Ebner und seine Mitstreiter als führende Kraft auf dem Schweizer Finanzplatz positioniert. Die Vontobel-Holding, bei deren gleichnamiger Investmentbank Martin Ebner vor vier Jahren noch als Angestellter gearbeitet hatte, konnte mit 240 Millionen Franken nicht einmal die Hälfte an Eigenmitteln vorweisen. Und selbst die potente Bankgruppe Julius Bär verfügte mit 435 Millionen Franken über weniger eigenes Kapital als die neugeschaffene BZ Gruppe Holding.

«Rund ein Drittel des BZ-Holding-Kapitals wird bei der schwedischen Carnegie Fondkommission bleiben», erklärte der «Tages-Anzeiger» am folgenden Tag. Damit «bleibt die schwedische Carnegie Fondkommission auch wichtiger Einzelaktionär der Holding», pflichtete die «Basler Zeitung» bei. Und die im allgemeinen gut informierte NZZ liess ihre Leser am 5. November 1988 wissen: «Neben dem Management der Bank wird die schwedische Carnegie Fondkommission ein noch nicht definitiv bestimmtes Aktienpaket halten.»

Warum dementierte Ebner diese Fehlinformation nicht? Wer sonst, wenn nicht der Geschäftsführer selbst, konnte zu diesem Zeitpunkt wissen, dass die schwedische Brokerfirma Carnegie Fondkommission als BZ-Teilhaber bereits ausgeschieden war?

Von den ursprünglich drei Hauptaktionären verabschiedete sich die Volkart-Holding im Herbst 1988, indem Andreas Reinhart die ihm verbliebenen 21 Prozent des BZ-Kapitals an Martin Ebner verkaufte. «Wir trennten uns, weil ich über die geplante Leu-Übernahme nicht informiert worden war», begründet Reinhart seine Distanznahme. Zudem glaubte der Winterthurer Kunstmäzen bemerkt zu haben, dass es der Investorengruppe um Ebner nicht nur ums Geldverdienen, sondern auch um politische Einflussnahme ging. Vor allem stiess sich Reinhart an der Rolle, die der Unternehmer und SVP-Nationalrat Christoph Blocher im unmittelbaren Umfeld der BZ Bank spielte. Offiziell wurde Reinharts Ausstieg damals mit Interessenkonflikten erklärt, die sich daraus hätten ergeben können, dass dieser unlängst für einen freigewordenen Sitz im Verwaltungsrat der Schweizerischen Bankgesellschaft (SBG) nominiert worden war. Ironie des Schicksals, dass sich Reinhart innerhalb dieses erlauchten Gremiums zwangsläufig erneut mit den Ideen des streitbaren SVP-Nationalrats auseinandersetzen musste. Blocher hatte den Sprung ins Aufsichtsorgan der grössten Schweizer Bank bereits Anfang der achtziger Jahre geschafft.

Kurz bevor mit Reinhart der eine Gründungsaktionär ausschied, war auch Bewegung in das andere schwedische Beteiligungspaket gekommen. Im Mai 1988 verkaufte der Financier Erik Penser die Brokerfirma Carnegie Fondkommission für 2,7 Milliarden Kronen (knapp 700 Millionen Franken) an die vom schwedischen Staat kontrollierten PK-Banken. Die Beteiligung an der Zürcher BZ Bank wurde dabei aus dem Portefeuille der Fondkommission herausgelöst und verblieb weiterhin unter Pensers Kontrolle. Von nun an figurierten die BZ-Aktien in der Bilanz der Muttergesellschaft D Carnegie & Co., deren «Chief Executive Officer» zum damaligen Zeitpunkt Johan Björkman war. Das Finanzkonglomerat D Carnegie & Co. wiederum hatte Verschachtelungskünstler Penser in seinem Organigramm unter dem Holdingdach von Nobel Industrier eingetragen.

Alles deutete darauf hin, dass die Kapitalquote der Schweden auch innerhalb der neuen BZ Gruppe Holding (BZGH) vorerst bei knapp unter 30 Prozent stabil bleiben würde. Allerdings wurde die Beteiligung zweigeteilt: 21 Prozent an der BZGH hielt der von Erik Penser zusammengeschweisste Megakonzern Nobel Industrier. Die entsprechenden 180 271 Titel (Inhaber- und Namenaktien) standen bei Nobel per 31. Dezember 1989 mit umgerechnet 113 Millionen Franken zu Buch. Ein zweites Teilpaket im Umfang von 8 Prozent des BZGH-Kapitals tauchte 1989 erstmals im Geschäftsbericht einer schwedischen Investor AB auf. Bei dieser Gesellschaft handelte es sich um ein zentrales Anlagegefäss des Wallenberg-Clans, mit dem Björkmans Gattin – eine geborene Seth – verschwägert ist.

Nach Björkmans Ausscheiden als verantwortlicher Geschäftsführer von D Carnegie & Co. verschwanden die 180 271 BZGH-Titel aus den Büchern von Nobel Industrier. Das Aktienpaket sei Anfang 1990 «in die Schweiz zurückverkauft» worden, sagt Björkman, ohne freilich den Namen des Käufers nennen zu wollen. Wahrscheinlich sind bei dieser Transaktion auch einige Aktien in Björkmans persönlichem Umfeld versickert, zumal sich seine Auskunft nur teilweise mit jener von Ebner deckt, wonach ausländische Aktionäre Mitte 1990 noch 15 Prozent am Kapital der BZ Gruppe Holding hielten[35]. Fest steht immerhin, dass diejenigen 8 Prozent an der BZGH, welche dank Björkmans vermittelnder Hand vorübergehend in den Dunstkreis der Wallenberg-Familie geraten waren, 1992 von der Investor AB wieder abgestossen wurden – für umgerechnet 70 Millionen Schweizerfranken. Der Käufer? Offiziell unbekannt.

Auf die Frage nach dem Verbleib jener Aktien meinte Björkman: «Sie verschwenden hier in Stockholm ihre Zeit.» Die Anschlussfrage, wo sich diese unter den gegebenen Umständen wohl nutzbringender verbringen liesse, quittierte er mit dem frustrierenden Bescheid: «Anywhere!» Und: «Sie werden es nicht herausfinden, es sei denn, der Besitzer verrät es ihnen selbst.» Tat er aber nicht. Aus zuverlässiger Schweizer Quelle stammt indessen die Information, dass Björkman kapitalmässig von Beginn weg an der BZ Bank beteiligt gewesen sei und später auch einen Teil des Carnegie-Pakets übernommen habe. Solch ein Verhalten würde wohl auch Martin Ebners Geschäftsphilosophie entsprechen, derzufolge ein aktiver Verwaltungsrat – der Johan Björkman zweifellos ist – einen substantiellen Teil seiner persönlichen Mittel in die betreffende Gesellschaft stecken sollte. «Ein Verwaltungsrat muss sich mit seinem Vermögen massgeblich am Unternehmen beteiligen und nicht nur mit einer Pflichtaktie», postulierte Ebner in einem Gespräch mit dem Zürcher «Tages-Anzeiger»[36]. Dass Björkman im Aufsichtsgremium der BZ Gruppe Holding Einzelunterschrift führt und somit de jure das ganze Ebner-Imperium auf eigene Faust veräussern könnte, scheint den quirligen Schweden leicht zu beunruhigen: «Bei dieser grossen Verantwortung ist mir ein bisschen unwohl. Einer von uns könnte ja psychisch unstabil werden und plötzlich alles verkaufen.»

Wie dem auch sei: Die reichlich dotierten Eigenmittel der BZ Gruppe Holding setzten sich bei deren Gründung im November 1988 aus dem Aktienkapital in Höhe von 320 Millionen Franken und einer Liquiditätsreserve von 180 Millionen Franken zusammen. Das Aktienkapital befinde sich «zu rund zwei Dritteln im Besitz des Managements der BZ Bank Zürich AG», liess Ebner die zusammengetrommelte Journaille wissen. Er selbst gedenke, an der Dachgesellschaft «weniger als die Hälfte der Stimmrechte» zu halten[37]. Ob die aktiven Verwaltungsräte der BZ Bank dabei zum Management zu zählen waren, liess Ebner allerdings offen – genauso wie auch die Frage unbeantwortet im Raum verhallte, wer neben den Direktverantwortlichen der BZ Bank eigentlich die restlichen knapp 300 Millionen (also das letzte Drittel des AK plus die Liquiditätsreserve von 180 Millionen) Franken beigesteuert hatte.

Bei diesen Investoren im Hintergrund, liess Ebner sich mit Blick auf die erforderliche Minimaltransparenz entlocken, handle es sich um «einheimische institutionelle Grossanleger». Warum auch sollten jetzt konkrete Namen genannt werden, nachdem es während des publizitätsträchtigen Seilziehens um die Bank Leu – mit Ausnahme freilich der «Zürich»-Versicherungen – vollumfänglich gelungen war, deren Anonymität zu wahren. «Über die Besitzverhältnisse bei der Holding geben wir keine Auskunft», betont Rechtsanwalt Konrad Fischer, der bis im Herbst 1992 den BZGH-Verwaltungsrat präsidierte. Die naheliegende Vermutung, dass einige der Grossinvestoren, die unter Ebners Ägide an der geplanten Leu-Übernahme beteiligt waren, ihre Mittel später in die BZ Gruppe Holding eingeschossen haben, wird an der Zürcher Bahnhofstrasse indessen schon fast wie ein Faktum gehandelt.

Das Aktienkapital der BZGH teilte sich auf in eine Million Namenaktien mit einem Nennwert von 100 Franken sowie 440 000 Inhaberaktien mit einem Nennwert von 500 Franken. Damit war sichergestellt, dass die Namenaktionäre bei gleichem Kapitaleinsatz über das fünffache Stimmrecht der Inhaberaktionäre verfügten, wodurch bereits mit weniger als der Hälfte der Namenaktien eine bequeme Majorisierung der Inhaberaktionäre zu bewerkstelligen war.

Laut Handelsregister des Kantons Schwyz wurden die neuen BZGH-Titel ursprünglich von den beiden Verwaltungsräten Martin Ebner und Rechtsanwalt Konrad Fischer (Präsident) gezeichnet, wobei auf jeden der beiden 499 975 Namen- und 220 000 Inhaberaktien entfielen. Im Falle von Fischer ist selbstredend davon auszugehen, dass dieser das Aktienpaket nicht auf eigene Rechnung, sondern «fiduziarisch» im Auftrag von Drittpersonen übernahm. Als dritter Mann sass Johan Björkman im Verwaltungsrat der neuen Dachgesellschaft. Aufgrund dieser Vertrauensposition durfte der Schwede die restlichen 50 Namenaktien zeichnen, was wiederum Martin Ebner die unverfängliche Aussage erlaubte, er persönlich kontrolliere «weniger als die Hälfte» der verfügbaren Stimmrechte.

Zur Liberierung des Aktienkapitals in Höhe von 320 Millionen Franken wurden bei einer SKA-Filiale in Zug als Depositenstelle 279 Millionen Franken in bar einbezahlt. Die restlichen 41 Millionen beglichen Ebner und Fischer in Form einer Sacheinlage. Diese Sacheinlage umfasste einerseits das gesamte Aktienkapital der BZ Bank (170 000 Namenaktien und 30 000 Partizipationsscheine). Hinzu kamen 183 000 Namenaktien der OZ Zürich Optionen und Futures AG, einer auf den Sekundärhandel mit Stillhalter-Optionen spezialisierten Finanzgesellschaft, die von Martin Ebner im März 1988 gegründet worden war.

Unter der Annahme, dass Ebner zum Zeitpunkt der Holding-Gründung über eine knappe Kapitalmehrheit an der BZ Bank Zürich AG verfügte, dürften die von ihm eingebrachten Aktien gut 100 Millionen Franken wert gewesen sein. Auch seinen Partnern hatte er schliesslich den zehnfachen Nennwert vergütet, als es mit Blick auf die neue Gesellschaftsstruktur die ausstehenden 49 Prozent der BZ-Aktien einzusammeln galt. Was dies im Einzelfall bedeutet, lässt sich am Beispiel von BZ-Börsenchef Alfred Hostettler aufzeigen. Für die 7500 Partizipationsscheine, die Hostettler allein im ersten Betriebsjahr 1985 zeichnen durfte, hatte er damals 900 000 Franken bezahlt (inklusive eines Agios von 20 Prozent). Im Herbst 1988 erhielt er von Ebner für dieselben 7500 Partizipationsscheine 7,5 Millionen Franken gutgeschrieben. Die Differenz von 6,6 Millionen Franken entsprach einer jährlichen Kapitalrendite von über 200 Prozent.

Für den BZ-Gründer persönlich sah die Rechnung noch erheblich besser aus: Gestartet war Ebner im Mai 1985 mit Schulden in der Höhe von 7 Millionen Franken. Dreieinhalb Jahre später kontrollierte er stimmenmässig knapp die Hälfte und kapitalmässig rund ein Fünftel der mit einer halben Milliarde Franken kapitalisierten BZ Gruppe Holding, womit Ebner pro Arbeitstag im Schnitt rund 100 000 Franken verdient hatte. Rechnet man mit einem Arbeitspensum von 70 Wochenstunden, hatte es der BZ-Chef dabei auf ein Stundensalär von über 7000 Franken gebracht – eine wahrhaft rekordverdächtige Leistung.

Mit der neuen Holdingstruktur hatte sich die BZ Gruppe nicht nur eine massiv verbreiterte Kapitalbasis geschaffen. Neben steuerlichen Vorteilen erlaubte die Neuorganisation auch grössere unternehmerische Freiheiten, was insofern von Bedeutung war, als ja nur der eigentliche Bankensektor strengen Gesetzesbestimmungen untersteht. Gleichsam als Kronjuwel wurde die hochprofitable BZ Bank Zürich zu hundert Prozent in die BZGH eingebracht. Zweitwichtigstes Aktivum war die OZ Zürich Optionen und Futures AG, deren Aktienkapital in der Höhe von 50 Millionen Franken ebenfalls vollumfänglich in Besitz der Dachgesellschaft überging.

Um sich bei einigen besonders verdienstvollen Persönlichkeiten erkenntlich zu zeigen, wich Martin Ebner im Falle der OZ Zürich Optionen und Futures AG erstmals vom Prinzip des dreiköpfigen Verwaltungsrats ab. Neben ihm und Rechtsanwalt Konrad Fischer nahm der pensionierte Börsenkommissär Franz Hunter im OZ-Aufsichtsgremium Platz. Jahrzehntelang hatte Hunter die ordnungsgemässe Durchführung der Transaktionen am Zürcher Aktienring überwacht. Mit Jacques Bergün Schuster durfte es sich neben ihm ein ehemaliger Funktionär der Eidgenössischen Bankenkommission auf einem Verwaltungsratssessel der OZ bequem machen. Den 63jährigen Anlagefonds-Experten belohnte Ebner zudem mit einem zweiten noch gewichtigeren Mandat. Bei der BZ Bank okkupierte Jacques B. Schuster fortan den freigewordenen VR-Sessel von Andreas Reinhart. Als Nummer fünf im OZ-Verwaltungsrat bleibt der Aktienrechtler Peter Nobel, mit seinen vielgestaltigen Beziehungen zur «Upperclass» des heimischen Finanzestablishments, zu erwähnen. Professor Nobel machte sich bei der neuen Tochtergesellschaft auch gleich gebührend nützlich, indem er im Auftrag von Drittinvestoren, deren Identität durch das Anwaltsgeheimnis verdeckt blieb, für 37 Millionen Franken drei Viertel des OZ-Kapitals zeichnete.

Unter dem Dach der neuen Holding wurden auch die Aktiven der seit 1985 existierenden BZ Informatik AG deponiert, deren Aktienkapital lediglich eine halbe Million Franken betrug. Nach dem Ausscheiden von Geschäftsführer Renzo Lazzarini hatte Anfang 1988 ein deutscher Informatikspezialist die operative Leitung der BZI übernommen. Den Verwaltungsrat stellten Martin Ebner (Präsident) und Philipp Achermann. Rund die Hälfte ihres Umsatzes erwirtschaftete die BZI mit externen Aufträgen. Einer ihrer wichtigsten Kunden war die japanische Mitsubishi-Bank, für welche die Informatiktochter den gesamten EDV-Support erbrachte. Mit knapp 30 Mitarbeitern hatte die Zürcher Mitsubishi-Filiale ein ähnliches Anforderungsprofil wie die BZ Bank. Kam dazu, dass sich beide Firmen auf denselben Computerhersteller stützten. Auch im Backoffice der BZ Bank stellte nämlich ein NCR-Grossrechner den Datentransfer sicher. Gefüttert wurde die NCR-Anlage mit einer speziellen Bankensoftware namens «FIRST». Später wechselte man die Marke und schaffte eine neue, noch leistungsfähigere Anlage von Digital Equipment an. Damit war dann auch der Tag erreicht, an dem Ebner voller Stolz verkünden konnte, seine Brokerfirma verfüge über die «wahrscheinlich grösste Computerpower pro Mann in der Welt.»[38].

Seine überlegene Computertechnik wusste Ebner vielfältig zu nutzen – etwa im Kampf gegen allfällige «Trittbrettfahrer». So verstand er es, die Zürcher Firma Telekurs, die sich mit der Erfassung und Weiterverbreitung von Börsendaten beschäftigt, gezielt in die Irre zu führen. Und das ging so: Weil Telekurs ihren elektronischen Service den Kunden entsprechend der Nutzungsintensität in Rechnung stellt, muss die Firma über eine persönliche Identifikationsnummer nachvollziehen können, wieviele Daten von einem bestimmten Computerterminal aus abgefragt worden sind. Steht der betreffende PC zum Beispiel im Büro von Martin Ebner, so kann es von Interesse sein, hin und wieder kurz nachzuprüfen, für welche spezifischen Börsendaten sich der BZ-Chef gerade interessiert. Auf dem Finanzplatz ist es denn auch kein Geheimnis, dass gewisse Telekurs-Angestellte zu Informationen Zugang haben, die unter Umständen ein lukratives Insider-Geschäft ermöglichen. Um solche ungebetenen «Zaungäste» abzuwehren, liess Ebner in besonders heiklen Phasen – wie kurz vor einer geplanten Stillhalter-Emission – die Firma Telekurs alle zwanzig bis dreissig Sekunden mit einer fingierten Abfrage alimentieren. Zu diesem Zweck bediente sich die BZ Informatik eines Zufallsgenerators, wobei Ebner die Zusatzkosten der künstlich simulierten Abfragen gerne in Kauf nahm. «Manchmal wurde die Fährte auch gezielt auf einen anderen Titel gelenkt», plaudert ein Eingeweihter aus der Schule. Im Vorfeld von Emissionen habe es bei der BZ deshalb «noch nie ein Informationsleck» gegeben.

An der Storchengasse 7 in Zürich belegte die BZ Informatik den ersten Stock, während sich die Geschäftsräumlichkeiten der Bank eine Etage höher befanden. Ende 1988 lief der Mietvertrag für die unteren Räume ab, währenddem es Ebner gelungen war, sich die zweite Etage für insgesamt fünf Jahre zu sichern. Mit dem Vermieter einigte man sich auf den Kompromiss, dass beide Stockwerke spätestens nach vier Jahren zu räumen seien. Noch vor Ablauf dieser Frist schloss Ebner mit dem Warenhaus Robert Ober einen langfristigen Mietvertrag ab. Auf den obersten zwei Etagen der geräumigen Immobilie neben der Zürcher Sihlporte sollte der BZ-Gruppe ab Herbst 1989 eine Fläche von 3000 Quadratmetern zur Verfügung stehen – in unmittelbarer Nähe des neuen Börsengebäudes.

Wäre der Vertrag mit Robert Ober nicht zustande gekommen, hätte sich Ebner notfalls auch mit einem dezentraleren Geschäftssitz abgefunden. Vorsorglich hatte er bereits im September 1987 im Zürcher Enge-Quartier eine leerstehende Geschäftsliegenschaft für 4,65 Millionen Franken erworben. Sechs Monate später war es zur Gründung der Beteiligungsgesellschaft BZ Fundus AG gekommen, in die als einziger nennenswerter Posten besagte Liegenschaft an der Steinentischstrasse 5 eingebracht wurde. Eine Zeitlang interessierte sich für das Objekt auch die Mineralölgesellschaft Shell, welche seinerzeit noch in unmittelbarer Nachbarschaft ihren Schweizer Hauptsitz hatte. Als sich die Ausbaupläne von Shell dann zerschlugen, blieb die Immobilie definitiv im Portefeuille der BZ Fundus hängen, wo sie sich heute noch befindet. Da das Geschäftshaus momentan von der niederländischen Rabobank genutzt wird, fliessen der BZ-Gruppe aus diesem «unproduktiven» Engagement immerhin Mieteinnahmen zu.

Eine fünfte und vorläufig letzte Tochtergesellschaft wurde im Dezember 1988 unter dem Namen BZ Mergers & Acquisitions AG gegründet. Wie die Firmenbezeichnung erahnen lässt, sollte die BZ Mergers & Acquisitions laut ihren Statuten «Dienstleistungen im Bereich des Zusammenschlusses, des Erwerbs und der Vermittlung von Unternehmungen» erbringen. Die geplanten M&A-Aktivitäten beträfen nicht nur das Inland, sondern den gesamten europäischen Raum, erklärte Ebner anlässlich der Gründung grossspurig. Dabei schien er vor allem multinationale Industriekonglomerate wie Alusuisse, Ciba, Sandoz oder Sulzer im Visier zu haben, die es seiner Ansicht nach aufzuteilen und durch den Verkauf wenig produktiver Unternehmensteile «schlank» zu machen galt. Als M&A-Geschäftsführer konnte der junge Harvard-Absolvent Martin Bisang gewonnen werden. Den Verwaltungsrat bildeten Martin Ebner (Präsident), Ernst Müller-Möhl und Konrad Fischer.

Die umfangreichen Auf- und Umbauarbeiten des Jahres 1988 hinderten Ebner nicht daran, für den Nukleus seiner Gruppe einen neuen Rekordgewinn von knapp 17 Millionen Franken auszuweisen. Mit einer Eigenkapitalrendite von 32 Prozent erzielte die BZ Bank einen einsamen Spitzenwert und zementierte damit ihren Ruf als absolute Ausnahmeerscheinung auf dem Schweizer Finanzplatz. In ihrer Abschlussbilanz per 31. Dezember 1988 hatte sich der Wertschriftenbestand gegenüber dem Vorjahr fast verdreifacht und stand mit 237 Millionen Franken zu Buch. Davon entfielen rund 150 Millionen auf Schweizer Aktien. Gemäss Ebners eigenen Berechnungen kam die BZ Bank im Handel mit Schweizer Blue-chips bereits auf einen Marktanteil von 8 Prozent und rangierte damit – Kopf an Kopf mit der Bank Vontobel – hinter den drei Grossbanken an vierter Position.

Zu dieser beachtlichen Marktstellung hatten nicht nur die umfangreichen Aktienkäufe im Zusammenhang mit dem Leu-Deal, sondern auch der Aufbau eines gewichtigen Pirelli-Engagements beigetragen. Der italienisch-schweizerische Konzern, weltweit führender Kabelproduzent und einer der grössten Reifenhersteller, hatte sich im April 1988 einer tiefgreifenden Reorganisation unterzogen. Zu diesem Zweck war unter anderem beschlossen worden, das industrielle Management des Konzerns in der Mailänder Dachholding Pirelli S.p.A. zu konzentrieren, während die finanzielle Koordination künftig bei der in Basel ansässigen Société Internationale Pirelli (SIP) liegen sollte. Im Grunde lief die Neugruppierung der Aktivitäten darauf hinaus, die Kontrollposition der Pirelli-Familie innerhalb des unübersichtlichen Industriekonglomerats zu verstärken. Weil gleichzeitig bekannt geworden war, dass den Aktionären nach Jahren stabiler Ausschüttungsverhältnisse erstmals wieder ein Dividendenverzicht zugemutet werden sollte, kamen die SIP-Titel im Frühjahr 1988 an den Schweizer Börsen massiv unter Druck.

Ebner witterte eine Chance. Und so begann die BZ Bank damals, Pirelli-Titel in rauhen Mengen «einzupacken». Selbstverständlich versäumte es Ebner nicht, sich gedanklich eine vielversprechende Zukunftsstrategie für das diversifizierte Konglomerat zurechtzulegen. Primär mag er sich dabei folgende Fragen gestellt haben: Waren die industriellen Aktivitäten von Pirelli in den Geschäftsbereichen «Reifen» beziehungsweise «Kabel» einzeln nicht mehr wert als zusammen? Liesse sich eventuell ein «Spin-off» der beiden Sparten realisieren? Und wenn ja, welches wären potentielle Interessenten, die möglicherweise bereit wären, für ein mehrheitsfähiges Aktienpaket eine saftige Kontrollprämie zu entrichten? Ebners spekulatives Interesse galt dabei vorab dem Kabelbereich, einer Branche, für die er im Zuge des vielgepriesenen Informationszeitalters ein gigantisches Entwicklungspotential vorhersah.

Seine Wünsche schienen in Erfüllung zu gehen, als der Konzern im April 1989 seine Reifensparte tatsächlich ausgliederte, um sie in die neu geschaffene Pirelli Tyre Holding (PTH) mit Sitz in den Niederlanden einzubringen. Was in Ebners Augen zählte, war eine Vision – und die hatte Leopoldo Pirelli mit diesem Spin-off eindrücklich unter Beweis gestellt.

Also wurden an der Limmat eifrig weitere Pirelli-Papiere eingesammelt. Nach Recherchen der Wirtschaftszeitung «Cash» lagerten Ende 1989 bereits 18 Prozent der SIP-Inhaberaktien in den Wertschriftendepots der BZ Bank[39].

Und im darauffolgenden Jahr ging es in diesem Stil weiter. Von April bis Oktober 1990 wechselten am Zürcher Aktienring Pirelli-Inhaberaktien für über 360 Millionen Franken die Hand, wobei Börsenhändler die Market-maker-Funktion der BZ einhellig bestätigten.

In Zusammenhang mit den Blockkäufen der BZ Bank sprach vor allem die Kursentwicklung der Inhaberpapiere gegenüber derjenigen der Partizipationsscheine Bände. Während der Ecart zwischen den beiden Titelkategorien über Jahre hinweg bei ungefähr 10 Prozent stabil geblieben war, trieben die massierten Kauforders der BZ nur die Inhaberpapiere in die Höhe. Mit der Folge, dass sich die Kursdifferenz zu den stimmrechtslosen Partizipationsscheinen auf beinahe 50 Prozent ausweitete. Ende 1990 schätzten Insider den BZ-Anteil an Pirelli-Inhabern bereits auf «weit über 30 Prozent»[40].

Dies war erst die Ouvertüre zu einem eigentlichen Wirtschaftskrimi. Um nicht selbst zu einem Übernahmekandidaten zu werden, ging Firmenpatriarch Leopoldo Pirelli noch einmal in die Offensive. Im September 1990 bot Pirelli dem führenden deutschen Pneuhersteller, der Hannoveraner Continental AG, offiziell eine enge Kooperation im Reifenbereich an. In einem Interview mit dem deutschen Nachrichtenmagazin «Der Spiegel» beschrieb Conti-Chef Horst Urban das aggressive Werben der Italiener mit folgenden Worten: «Pirelli hat, bildlich gesprochen, die Pistole auf den Tisch gelegt nach dem Motto: Wenn ihr nicht wollt wie wir, zwingen wir euch. Oder anders ausgedrückt: Wenn nicht ein Ergebnis erzielt wird bei den Gesprächen, das Pirelli sich vorstellt, kommt es eben zur unfreundlichen Übernahme.»[41]

Dabei handelte es sich keineswegs um leere Drohungen. Im Vorfeld des unmissverständlichen Annäherungsversuchs hatte der Mailänder Familienclan im grossen Stil Conti-Aktien aufkaufen lassen und behauptete nun, zusammen mit befreundeten Aktionärsgruppen bereits über 50 Prozent des Hannoveraner Konkurrenzunternehmens zu kontrollieren. Eine unrühmliche Rolle beim Seilziehen um das Hannoveraner Reifenhaus spielten insbesondere die Deutsche Bank und die Allianz-Versicherung, die über gewichtige Beteiligungen an Continental verfügten und mit den Italienern vorübergehend gemeinsame Sache zu machen schienen.

Um das Verteidigungsdispositiv der Hannoveraner Continental AG zu knacken, reichte es letztlich doch nicht. Am 30. November 1991 musste ein zerknirschter Leopoldo Pirelli öffentlich eingestehen, dass die Verhandlungen definitiv gescheitert seien. Finanziell hatte der fünfzehnmonatige Fusionspoker den Mailändern beträchtlich zugesetzt. Am Ende des Geschäftsjahres 1991 musste die Pirelli-Gruppe einen Verlust von über 700 Millionen Franken ausweisen. Mehr als die Hälfte davon stammte allein aus dem Kurszerfall der Continental-Aktien, den der Pirelli-Konzern seinen verdeckt agierenden Mitstreitern gemäss einer entsprechenden Garantievereinbarung in vollem Umfang zurückerstatten musste.

Mit den fehlgeschlagenen Fusionsplänen von Leopoldo Pirelli ging auch für Martin Ebner und seine BZ-Gruppe ein vielversprechendes Geschäft in die Binsen. Unter Pirelli-Aktionären war in den kommenden Jahren Dividendenverzicht das Losungswort. Erst 1994 fand der italienisch-schweizerische Mischkonzern in die Gewinnzone zurück. Entsprechend unattraktiv gestaltete sich zwischenzeitlich die Performance der Pirelli-Papiere. Als teures Überbleibsel einer missglückten Spin-off-Phantasie dümpeln noch heute Hunderttausende von Pirelli-Aktien in den Depots der BZ-Gruppe und ihrer Kunden. Beweis dafür ist ein Emissionsprospekt vom Mai 1995, wonach die BZ Bank 500 000 Stillhalter-Optionen auf die Inhaberaktien der Société Internationale Pirelli (SIP) zum Preis von Fr. 11.20 je Optionsschein im Markt plaziert hat.

X

Zwischen Sein und Schein

Wie sich Ebner das Image des ruhelosen Innovators zulegt und im Vorstand der Zürcher Effektenbörse auf erbitterten Widerstand stösst

Im Brennpunkt des Börsengeschehens standen Ende der achtziger Jahre immer wieder Probleme mit der Vinkulierung von Namenaktien. Viele Schweizer Publikumsgesellschaften hielten es damals für nötig, einer latenten Übernahmegefahr dadurch zuvorzukommen, dass sie ihre statutarischen Eintragungsbestimmungen restriktiver gestalteten. Den umgekehrten Weg hatte im November 1988 Nestlé eingeschlagen, indem der Nahrungsmittelkonzern erstmals auch Ausländer zum offiziellen Eintrag ins Aktionärsregister zuliess. So begrüssenswert dieser Schritt grundsätzlich war, sorgte er vorübergehend doch für gewaltige Kursschwankungen, bei denen die Besitzer von Inhaberaktien oftmals die Verlierer waren. Die durchschnittliche Kursdifferenz (Ecart) zwischen den frei handelbaren Inhabertiteln und den weniger liquiden Namenaktien schrumpfte 1989 auf weniger als 15 Prozent, nachdem der Bewertungsunterschied zwei Jahre zuvor noch rund das Doppelte betragen hatte. Natürlich sah sich die BZ Bank durch diese Entwicklung in ihrer Anlagestrategie voll und ganz bestätigt. Die Schweizer Namenaktien hatten 1987/88 auf breiter Front aufgeholt, was nicht zuletzt Ebners ausländischen Kunden, die sich als sogenannte Stillhalter verpflichtet hatten, zugute kam. Gemäss Ebners unternehmerischen Credos, dass eine erfolgreiche Idee immer weiter zu «polieren» sei, sah er mithin keinerlei Anlass, vom Konzept eines durch Titelhinterlegung verbrieften Aktienbezugsrechts abzuweichen.

Dass Ebner das Aufholpotential der Namenaktien seinerzeit korrekt antizipiert und mit seiner BZ Bank dann auch konsequent in eine äusserst erfolgreiche Nischenpolitik umgesetzt hatte, trug in Finanzkreisen wesentlich zu seiner Glaubwürdigkeit als Unternehmer bei. Daneben pflegte der BZ-Chef auch den Ruf des ruhelosen Erneuerers, der den Verkrustungen auf dem heimischen Finanzplatz permanent mit den verschiedensten Innovationen zu Leibe rückt. So gesehen, war die Veröffentlichung eines Lehrbuchs mit dem Titel «Optionen» für das Image der BZ Bank von grosser Bedeutung, zumal das Buch 1988 im renommierten NZZ-Verlag erschien. Als Herausgeber des viel beachteten Kompendiums, welches den Leser am Beispiel des Optionenhandels in die Welt der Finanzderivate einführt, zeichnete der aufstrebende BZ-Partner Ernst Müller-Möhl verantwortlich. Bei genauerem Hinsehen trug das Werk allerdings die unverkennbaren Züge der zuvor bereits in Schweden erschienenen Publikation «Optioner». Tatsächlich war es der Ex-Journalist Johan Björkman gewesen, der die Initiative für eine Übersetzung der von ihm persönlich redigierten schwedischen Version ergriffen hatte. Erweitert um einige wenige Spezialkapitel, in denen auf die inländischen Verhältnisse Bezug genommen wird und versehen mit einem aktuellen Vorwort, liess sich die über weite Strecken wörtliche Transkription des schwedischen Originaltextes hierzulande als eindrucksvolle Visitenkarte gebrauchen.

Während das Stillhaltergeschäft nach dem Börsencrash vom Oktober 1987 monatelang brachlag, hatte sich die BZ Bank vorübergehend auf eine etwas andere Optionsspielart verlegt. Im März 1988 überraschte Ebner die Konkurrenz mit einer weiteren finanztechnischen Innovation – dem handelbaren Kaufrecht auf einen «synthetischen» Aktienindex. Zur Lancierung des in der Schweiz bisher unbekannten Produkts war eigens die OZ Zürich Optionen und Futures AG aus der Taufe gehoben worden. Der sogenannte OZX-Aktienindex, welcher vom Research-Leiter Müller-Möhl in Zusammenarbeit mit der Hochschule St. Gallen konzipiert worden war, setzte sich aus elf permanent an der Börse gehandelten Schweizer Blue-chip-Aktien zusammen. Im OZX-Index waren ausser den gängigsten Pharma-, Bank- und Versicherungstiteln unter anderen auch die Aktien von BBC, Elektrowatt, Nestlé und Jacobs Suchard enthalten. Der Erwerb einer Call-Option (Kaufrecht) auf dieses gemischte Aktienportefeuille gab dem Anleger für einmal nicht das Recht eines physischen Titelbezugs.

In Abweichung zum Stillhalter-Gedanken war vielmehr eine Barauszahlung fällig, wenn der kumulierte Börsenwert der betreffenden Aktien an einem zukünftigen Stichtag ein zum voraus bestimmtes Niveau überstieg. Da im OZX-Index bewusst nur Inhabertitel Berücksichtigung fanden, konnte der betreffende Aktienkorb ohne jegliche Restriktion jederzeit gekauft oder verkauft werden.

Bei der Index-Variante ist es kaum möglich, jederzeit die entsprechenden Aktien in der festgelegten Zusammensetzung auf einem Sperrkonto zu hinterlegen. Deshalb verlangt das eidgenössische Bankengesetz in dem Fall eine Absicherung mit Eigenkapital. Hierin bestand denn auch der tiefere Grund, weswegen die OZ Zürich Optionen und Futures AG überhaupt gegründet worden war – als eine Finanzgesellschaft, die sich nicht an die bankgesetzlichen Vorschriften zu halten brauchte.

Konzipiert wurde die OZ als rechtlich unabhängiges Unternehmen, was seinen optischen Ausdruck in einem speziellen, rot-schwarz-grünen Logo fand, welches die Eigenständigkeit der neuen Tochtergesellschaft markieren sollte. Obwohl die OZ anfänglich über keine eigenen Angestellten verfügte und sich damit de facto als taktisches «Anhängsel» der BZ Bank erwies, wurde bei der Kapitalausstattung nicht gekleckert – eine vertrauensbildende Massnahme, die in Finanzkreisen bisher noch immer Wirkung gezeigt hatte. Vom ersten Tag an standen der OZ 100 Millionen Franken zur Verfügung, die Hälfte davon in Form von Fremdkapital. Nur rund ein Viertel des OZ-Aktienkapitals in der Höhe von 50 Millionen Franken befinde sich im Besitz der BZ Bank, liess Ebner die Öffentlichkeit vielsagend wissen. Den Rest habe ein «Konsortium schweizerischer institutioneller Anleger» gezeichnet. Wer zu den ungenannten Grossinvestoren zählte, die sich hinter der Signatur von OZ-Verwaltungsrat Peter Nobel verbargen, gab Ebner nicht bekannt. Genausowenig hielt er es damals für angebracht, bezüglich der Frage Transparenz zu schaffen, welcher grosszügige Investor die anderen 50 Millionen der OZ in Form eines zu vier Prozent verzinsten, nachrangigen Wandeldarlehens (mit einer Laufzeit von fünf Jahren) zur Verfügung gestellt hatte. Wie sich nachträglich in Erfahrung bringen lässt, stammte das

Darlehen von der schwedischen OM Gruppen AB (Optionen-Markt Gruppe), zu deren Leitfiguren wiederum kein anderer als Johan Björkman zählt. Der 1985 gestarteten OM Gruppen streckte Carnegie Fondkommission – genau wie im Fall der BZ Bank – einen massgeblichen Teil ihres Gründungskapitals vor. Seither hat sich die Stockholmer Firma sehr erfolgreich auf den Handel mit derivativen Finanzinstrumenten und die damit verbundenen Beratungsleistungen spezialisiert. Vergleichbar mit der Schweizer Soffex betreibt OM Gruppen in Schweden unter eigenem Namen eine vollelektronische Optionenbörse, an der unter anderem auch Indexoptionen gehandelt werden. Interessanterweise übernimmt dieselbe juristische Person – also OM Gruppen selbst – neben der Abwicklung gleichzeitig auch das «Clearing» sämtlicher Transaktionen. Das in Schweden erprobte, integrierte Handelssystem ist weltweit gefragt und konnte bereits nach Finnland, Frankreich, Hongkong, Italien, Norwegen, Spanien und Österreich exportiert werden. In Grossbritannien betreibt OM Gruppen seit Jahren die «London Securities and Derivatives Exchange», und kürzlich hat sogar die «American Stock Exchange» in New York ihr Interesse an der schwedischen Börsentechnologie bekundet. Ende 1994 verfügte OM Gruppen über eine Bilanzsumme von 1,76 Milliarden Kronen und wies einen konsolidierten Reingewinn in Höhe von 374 Millionen Kronen aus. Gewichtigster Einzelaktionär des an der Stockholmer Börse kotierten Unternehmens ist die Wallenberg-Firma Investor AB. Als Verwaltungsratspräsident von OM Gruppen amtiert seit 1992 Johan Björkman, der auch kapitalmässig an der Gruppe beteiligt ist.

Im Jahr 1988 war Björkman bei OM Gruppen zwar erst einfaches VR-Mitglied. Gleichwohl hatte er in dieser Funktion natürlich ein strategisches Interesse an Martin Ebners jüngstem Kind. In der OZ Zürich Optionen und Futures AG erkannte Björkman den Nukleus einer privaten Schweizer Optionenbörse. Tatsächlich war den Promotoren der «Swiss Options and Financial Futures Exchange AG» (Soffex), die damals kurz vor der Realisierung stand, auch eine Offerte der schwedischen OM Gruppen auf den Tisch geflattert – und zwar mit einer Preisvorstellung, die sich nur auf einen Bruchteil der rund 200 Millionen Franken belief, welche schliesslich in die Schweizer Optionenbörse investiert wurden. «Eine Zeitlang waren wir nahe daran, den Auftrag zu erhalten», erinnert sich Johan Björkman. Die drei Schweizer Grossbanken, so vermutet er, hätten dann aber wohl einen Kontrollverlust befürchtet und die Soffex-Projektleitung lieber an die Beratungsfirma Arthur Andersen vergeben.

Die Abfuhr, welche die befreundeten Schweden damals erlitten, mag Ebners negative Haltung gegenüber einem vollelektronischen Handelssystem mitgeprägt haben. Bei jeder sich bietenden Gelegenheit betonte er in der Folge alle möglichen Nachteile der Soffex. Wiewohl er anlässlich der Lancierung der ersten Indexoption einräumte, dass dieses Vorgehen so kurz vor dem geplanten Soffex-Start «bankpolitisch brisant» sei, berief er sich gleichzeitig auf das «Bedürfnis nach einfachen, langlaufenden Indexoptionen», welches die grossen inländischen Versicherungen und Pensionskassen bei ihm angemeldet hätten[42]. Im Vergleich zur Soffex, die für einen vergleichbaren Kontrakt Spesen in Höhe von 4,25 Prozent berechnen würde, betrage die Courtage im Falle der OZX-Option nur 0,8 Prozent.

Bei seiner unablässigen Kritik an der Soffex ging es Martin Ebner im Grunde um etwas ganz anderes. Der durchschlagende Erfolg von Ebners Blockhandelsstrategie gründete massgeblich auf der Tatsache, dass es ihm wie keinem zweiten gelungen war, institutionelle Grossinvestoren nicht via den offiziellen Börsenhandel zu bedienen, sondern «over-the-counter», das heisst ausserbörslich kurzzuschliessen – beispielsweise beim gemeinsamen Mittagslunch. Obwohl am Zürcher Aktienring mittlerweile bereits über 10 Prozent des Umsatzvolumens auf die BZ Bank entfiel und sich Ebner zu einem der wichtigsten Market-maker entwickelt hatte, liessen sich die lukrativsten Deals nicht selten nach Börsenschluss während eines vertraulichen Ferngesprächs in die Wege leiten. Im Schutz der eigenen vier Bürowände konnte man ungestört über den Aufbau einer grösseren Aktienposition parlieren, ohne damit gleich Dutzende von unliebsamen Trittbrettfahrern auf den Plan zu rufen. Es versteht sich eigentlich von selbst, dass Anlagetips, die auf einem Informationsvorsprung gegenüber der Konkurrenz beruhen, nicht freiwillig an die grosse Glocke gehängt werden. Auch über so delikate Details wie konkrete Emissionspreise, Paketzuschläge oder die Zuteilung von Optionsscheinen lässt sich am Telefon viel offener sprechen.

Was Ebner abschreckte, war jeglicher wie auch immer geartete Veröffentlichungszwang, den ein modernes, computergestütztes Handelssystem zwar nicht in jedem Fall vorschrieb, aber zumindest ein gutes Stück näher rücken liess. Während die Befürworter einer Elektronischen Börse Schweiz (EBS) deren erhöhte Transparenz priesen, war Ebner diese Lösung zwangsläufig ein Dorn im Auge. Dazu kam die wenig erfreuliche Aussicht, dass ein elektronisches System die institutionelle Grosskundschaft dazu veranlassen würde, sich von den traditionellen Börsenagenten abzunabeln. «Das reine Brokerage wird mit der EBS sterben. Die grossen Pensionskassen werden sich alle ihre eigenen Terminals anschaffen, um selbst in den Handel einzusteigen», prophezeit der Börsenchef einer Zürcher Ringbank.

Um seinem Abwehrreflex das nötige Gewicht zu verleihen, liess sich Ebner 1989 in den Vorstand des Effektenbörsenvereins wählen. Zu diesem Zweck hatte er im Vorfeld vor allem bei den kleinen Ringbanken – Maerki Baumann, Oppenheim Pierson, Rinderknecht und anderen – mit Argumenten gegen die geplante EBS lobbyiert. An der Generalversammlung vom 2. Mai 1989 kam es zu einer regelrechten Kampfwahl, bei der sich immerhin 16 von 29 Mitgliedern des Zürcher Effektenbörsenvereins zugunsten Ebners aussprachen. «Ohne den Grossbankenfilz in Gestalt einer informellen ‹Listenverbindung› zwischen SBG, SBV, SKA und deren Tochtergesellschaften wäre er praktisch einstimmig gewählt worden», präzisiert ein Privatbankier aus dem damaligen Pro-Ebner-Lager. Nach Ebners Zuwahl setzte sich der Vorstand aus den Vertretern folgender acht Institute zusammen: Bankgesellschaft, Kreditanstalt, Bankverein, Zürcher Kantonalbank, Bank Vontobel, Bank Bär, Rüd Blass & Cie. sowie neuerdings BZ Bank.

In diesem ehrenwerten Kreis nahm Ebner neben Quästor Marcel Ospel, dem späteren Konzernleitungsvorsitzenden des Schweizerischen Bankvereins, seinen Platz ein. Der Zufall wollte es, dass er am Sitzungstisch somit dem langjährigen Präsidenten Nicolas J. Bär direkt gegenüber sass. Mit Ebner hielt im Vorstand der Zürcher Effektenbörse augenblicklich ein neuer Diskussionsstil Einzug, was sich allein schon darin manifestierte, dass die monatlichen Sitzungen nun plötzlich sehr viel länger dauerten. Während es bisher Usus gewesen war, die Traktanden im Konsensverfahren zu beschliessen, bestand Ebner bei jeder Gelegenheit auf einer Abstimmung. Dabei schien er schlicht zu ignorieren, wenn seine Vorstösse gelegentlich eins zu sieben abgelehnt wurden. Lag ihm ein Thema besonders am Herzen, konnte Ebner nach verlorenem Stimmentscheid schier endlos weiterdebattieren, um das Gremium eventuell doch noch von seinem Standpunkt zu überzeugen.

Mit der ungewohnten Tatsache, bei umstrittenen Sachgeschäften von den übrigen Vorstandsmitgliedern praktisch jedesmal überstimmt zu werden, hatte der BZ-Chef jedoch seine Schwierigkeiten. Dies insbesondere in Fällen, wo er die Interessen seines eigenen Instituts tangiert sah. Für die Kotierung inländischer Wertpapiere beispielsweise war damals de facto noch der Börsenvorstand zuständig, auf dessen Expertenmeinung sich der Zürcher Regierungsrat bei seiner offiziellen Beschlussfassung stützte. Innerhalb des Vorstands wurden die Kotierungsgesuche in der Regel auf dem Zirkulationsweg erledigt, das heisst, an oberster Position prangte jeweils die Signatur von Nicolas J. Bär, und darunter zeichneten mit abnehmender Wichtigkeit die übrigen sieben Vorstandsmitglieder – oder eben auch nicht. Bei Kotierungsgesuchen seitens der BZ-Gruppe, so erzählt man sich, sollen in der oberen Blatthälfte verschiedentlich ein paar wichtige Unterschriften gefehlt haben.

Martin Ebner, der sich eine solche Bevormundung nicht gefallen lassen wollte, begann, sich mit seiner Kritik zusehends auf den seit 1982 amtierenden Obmann des Gremiums einzuschiessen. Der Vorstandsvorsitzende Nicolas J. Bär vertrete einseitig die Linie der Grossbanken, warf ihm der BZ-Chef vor. Dies manifestiere sich deutlich in Bärs befürwortender Haltung bezüglich der Umstellung der herkömmlichen «à la crié»-Börse auf ein elektronisches Handelssystem. Bei jedem sich bietenden Anlass strich Ebner jetzt die seiner Meinung nach viel zu hohen Kosten der perfektionistischen Schweizer Lösung heraus. Als die Börsenmitglieder im Herbst 1989 über das EBS-Projekt zu befinden hatten, war die Ebner-Fraktion mit 14 Stimmen in der Minderheit. Frustriert über den Rückschlag, sah Ebner nur noch einen Ausweg. Er selbst würde Nicolas Bär an der Spitze des Börsenvorstands ablösen. Um diese Ambition möglichst wirkungsvoll ins Publikum zu tragen, wich Ebner ausnahmsweise sogar von seiner selbst auferlegten Presseschau ab: «Entweder ich werde Präsident des Vorstandes der Zürcher Effektenbörse, oder ich trete zurück», liess er sich im März 1990 von der Wirtschaftszeitung «Cash» zitieren[43]. Mit diesem unverhohlenen Machtanspruch hatte er den Bogen in Zürcher Finanzkreisen allerdings überspannt. An der Bahnhofstrasse sprach man hinter vorgehaltener Hand von einer «Hosenlupf-Politik» des BZ-Chefs. Skepsis dominierte auch bezüglich der Frage, woher Ebner mit seinem legendären Arbeitspensum überhaupt die Zeit nehmen wollte, um den Präsidentenjob seriös auszufüllen. Andere wiederum werteten die von Ebner verbreitete Absicht, im Falle eines Wahlerfolgs höchstens drei Jahre im Amt zu bleiben, als Ausdruck eines verantwortungslosen Prestigedenkens.

Von den Zürcher Ringbanken, die Ebner bisher noch die Stange gehalten hatten, setzten sich in der Folge drei weitere ins gegnerische Lager ab – darunter die PBZ Privatbank Zürich, welche unlängst von der SBG übernommen worden war und daher schwerlich anders konnte, als von nun an mit der Muttergesellschaft zu votieren. In der Chefetage der Zürcher Kantonalbank (ZKB) machte sich ebenfalls ein Umdenken bemerkbar, obwohl die ZKB im allgemeinen gute Beziehungen zur BZ Bank pflegt. Als schliesslich auch noch das Bankhaus Rahn & Bodmer umkippte, waren für Ebner die Würfel gefallen. Mit Blick auf die Generalversammlung vom 9. Mai 1990 gab er seinen Austritt aus dem Vorstand der Zürcher Effektenbörse bekannt. Als Kapitulation wollte er den abrupten Rückzieher allerdings nicht verstanden wissen, vielmehr als «logische Konsequenz eines effizienten Zeiteinsatzes»[44].

Verwöhnt von seinem durchschlagenden Erfolg als Aktienhändler, begann sich Ebner gleichwohl immer wieder für Projekte zu interessieren, die deutlich ausserhalb seiner eigentlichen

Kernkompetenz lagen. Eigenkapital war seit der Holding-Gründung beinahe im Überfluss vorhanden, und so ist es leicht verständlich, wenn ihn Geschäftsfreunde hin und wieder um finanzielle Unterstützung für eines ihrer Projekte angingen. Durch seine Bekanntschaft mit dem Zürcher Kiesunternehmer Felix Matthys sah sich Ebner unversehens mit der verlockenden Frage konfrontiert, ob es sich eventuell lohnen könnte, in der Schweizer Fernsehlandschaft inskünftig ein gehöriges Wörtchen mitzureden. Als Mitglied der Schweizerischen Volkspartei (SVP) engagierte sich Matthys schon seit längerer Zeit auf dem Gebiet der Medienpolitik, in der grundsätzlichen Hoffnung, die politische Grosswetterlage damit in eine rechtskonservative Richtung zu beeinflussen. Aus dieser Motivation heraus hatte er sich 1974 aktiv an der Gründung des sogenannten «Hofer-Clubs» beteiligt, einer Art selbsternannter Zensurstelle gegen linke Unterwanderungstendenzen, von der Matthys das öffentlich-rechtliche Fernsehen der Schweiz bedroht sah.

Ende der achtziger Jahre trat Matthys mit dem Projekt eines European Business Channel (EBC) an Martin Ebner heran. Was der Kies-Industrielle zu realisieren gedachte, war nichts Geringeres als ein professionell gemachter, auf Wirtschaftsthemen spezialisierter Fernsehkanal, dessen erfolgreiche Lancierung für die Meinungsbildung auf dem Finanzplatz langfristig von einiger Bedeutung hätte sein können. Nachdem die drei heimischen Grossbanken vor einer Finanzierungszusage an Matthys zurückgeschreckt waren, erschienen auch Ebner die Risiken zu hoch, um einen gehörigen Teil seiner Mittel statt in Aktien in den geplanten Wirtschaftskanal zu investieren.

Doch Matthys, der mit dem Abbau von Kies reich geworden und als Lokalpolitiker bis an die Spitze der Zürcher SVP aufgestiegen war, hatte noch andere Ideen auf Lager. Kurz vor dem Fall des eisernen Vorhangs war er von einer unternehmerischen Vision heimgesucht worden: Im Triestingtal, 40 Kilometer südlich von Wien, wollte er ein grösseres Stück Land erwerben und darauf eine Art Industriepark errichten. Ein bis zwei Dutzend Unternehmen aus dem deutschsprachigen Raum, die an einer Ostexpansion interessiert waren, sollten das «österreichische Silicon Valley»⁴⁵ bevölkern. Felix Matthys, der in Österreich über einflussreiche Kontakte verfügte, hatte davon gehört, dass die staatliche Österreichische Industrieholding ÖIAG entschuldet werden musste. Zu diesem Zweck sollten verschiedene Objekte, die noch aus der Zeit des Zweiten Weltkriegs stammten, privatisiert werden. Konkret hatte sich Matthys für ein 3,5 Millionen Quadratmeter grosses Gelände zwischen Berndorf und Loebersdorf erwärmt, wo ehemals die kriegswichtigen Industrieunternehmen der Familie Krupp (österreichische Linie) produziert hatten. Drei Viertel der riesigen Fläche waren zwar von Wald bedeckt. Dies war jedoch eigentlich kein Nachteil, zumal die restlichen 800 000 Quadratmeter optimal erschlossen waren und sogar über einen eigenen Autobahnanschluss verfügten.

Anfang 1989 wurde das Grundstück für 100 Millionen Schilling (umgerechnet rund 13 Millionen Franken) dem österreichischen Staat abgekauft und ein halbes Jahr später zu 99,5 Prozent in die Zürcher Fundus Holding AG eingebracht. Kapitalisiert war die Schweizer Muttergesellschaft (nicht zu verwechseln mit der 1988 errichteten BZ Fundus) mit 7 Millionen Franken. Gesamthaft handelte es sich um eine Investition in der Grössenordnung von 20 Millionen Franken, eine Summe, die Matthys und die BZ Gruppe Holding zu gleichen Teilen aufbrachten.

Selbst an den exotischen Geschäften, die Matthys damals in Westafrika abwickelte, zeigte sich Ebner interessiert. In Nigeria kontrollierte der Bauunternehmer 40 Prozent an einer Gesellschaft namens G. Cappa Limited, bei welcher es sich laut Zeitungsberichten um das grösste Bauunternehmen des Landes mit über 4000 Beschäftigten gehandelt haben soll. Zweimal reisten die beiden zusammen nach Lagos, wobei sich allerdings rasch herausstellte, dass Ebner mehr Aufmerksamkeit für die lokale Aktienbörse als für den Strassenbau des Landes übrig hatte. Die Idee, interessierten Schweizer Investoren in absehbarer Zeit einen börsengängigen «Drittwelt-Basket» offerieren zu können, schien dem weltoffenen Bankier gar nicht so abwegig. Nach Zürich zurückgekehrt, beauftragte Ebner einen BZ-Mitarbeiter, nach Nigeria zu reisen und die Abklärungen vor Ort weiterzuführen. Einer der Hauptgründe, an denen sich die Mission letztlich zerschlug, betraf die lokale Bestimmung, wonach sich ausländische Investoren allenfalls minderheitlich an nigerianischen Unternehmungen beteiligen durften.

Auch aus dem Industriepark in der Nähe von Wien sollte vorerst nichts werden. 1990 geriet Matthys, der sich mit seinen Fernsehplänen übernommen hatte, in einen finanziellen Engpass. Um nicht das ganze Österreich-Vorhaben aufs Spiel zu setzen, musste Ebner wohl oder übel Matthys' Anteil an der Fundus Holding übernehmen, womit die BZGH fortan als Alleinbesitzer des weitläufigen Areals dastand. Die Immobilie sei zum gelegentlichen Verkauf bestimmt, heisst es seither. Für Matthys hatte der Flop ein unangenehmes Nachspiel. Bevor der Fernsehpromotor definitiv in Konkurs ging, hatte er sich bei Ebner noch ein paar Millionen ausgeborgt. Ebner, der sein Geld unbedingt wiedersehen wollte, liess Felix Matthys deswegen betreiben.

Geradezu nötig hatte Ebner das Geld indessen nicht: 1989 zeigte sich die Zürcher Börse in Rekordlaune. Mit einem abgabenpflichtigen Wertpapierumsatz in der Höhe von 640 Milliarden Franken wurde der bisherige Spitzenumsatz des Jahres 1987 um 0,6 Prozent übertroffen. Im richtigen Licht betrachtet, fiel die Steigerung des Handelsvolumens allerdings wesentlich markanter aus, denn in den offiziellen Umsatzangaben spiegelten sich weder die Transaktionen in Stillhalter- noch in anderen Optionen wider. Dabei hatten gerade die derivativen Finanzinstrumente stark an Bedeutung gewonnen, da diese nun – im Gegensatz zu früheren Jahren – grösstenteils an der Zürcher Hauptbörse gehandelt wurden. Ende 1989 figurierten bereits 33 Stillhalter-Optionen im Haupttableau. Hinzu kamen 28 vorbörslich gehandelte Stillhalter-Optionen. Allein bei der BZ Bank waren zu diesem Zeitpunkt Aktien im Wert von 3,8 Milliarden Franken für Stillhalterzwecke hinterlegt.

Von der allgemeinen Belebung des Wertschriftenhandels konnte Ebners Finanzboutique in überdurchschnittlichem Umfang profitieren. Gegenüber dem Vorjahr hatte sich der Reingewinn beinahe verdreifacht und wurde per 31. Dezember 1989 mit 50 Millionen Franken ausgewiesen. Der Handel mit Schweizer Aktien als eigentliche Kernaktivität erwies sich dabei ein weiteres

Mal als die mit Abstand wichtigste Einnahmequelle. Mit einem Umsatzvolumen von 26 Milliarden Franken konnte die BZ Bank ihren Marktanteil in diesem Segment markant auf 20 Prozent erhöhen und avancierte damit in ihrem fünften Geschäftsjahr zur unbestrittenen Marktführerin. Demgegenüber entfielen 1989 schätzungsweise nur noch jeweils 15 Prozent auf die Bankgesellschaft und die Kreditanstalt, während sich der Bankverein gar mit einem Anteil von 12 Prozent bescheiden musste.

Zu diesem Sprung an die Tabellenspitze hatte ein grösseres Blockhandelsgeschäft beigetragen, welches 1989 in der Schweizer Öffentlichkeit hohe emotionale Wellen warf – der Übernahmekampf zwischen dem Detailhandelsriesen Coop Schweiz und dem Konsum Verein Zürich (KVZ). Obwohl die Expansionsgelüste von Coop im ersten Anlauf zum Scheitern verurteilt waren, wurden damals die Weichen für einen Firmenzusammenschluss gestellt, der erst 1995 mit der Übernahme der restlichen KVZ-Anteile durch Coop seinen Abschluss fand.

Am 24. Mai 1989 hatte sich Coop in grossformatigen Zeitungsinseraten erstmals an die KVZ-Aktionäre gewandt, sich darin als Grossaktionär zu erkennen gegeben und ihnen eine Kaufofferte von 3750 Franken je Inhaber- und 1500 Franken je Namenaktie unterbreitet. Infolge des überraschend erfolgten Übernahmeangebots schossen die KVZ-Titel an der Zürcher Börse regelrecht in den Himmel: KVZ-Inhaberaktien, die am Vortag noch zu 3500 Franken gehandelt worden waren, legten um 17,9 Prozent zu und notierten zum Börsenschluss bei 4125 Franken. KVZ-Namenaktien schlossen sogar mit einem Tagesgewinn von 26,2 Prozent. Kurze Zeit später erhöhte Coop die Offerte an die KVZ-Aktionäre auf 4000 Franken je Inhaber- beziehungsweise 2200 je Namenaktie. In einer Mitteilung an die Medien begründete die Unternehmensführung diese Anpassung nicht etwa mit dem Kursschub an der Börse, sondern damit, dass ihr «verschiedentlich grössere Pakete zu einem höheren Preis angeboten» worden seien[46].

Eine zentrale Drehscheibe, über welche die umfangreichen Aktientransfers liefen, war die BZ Bank. Mit anderen Worten mischte Ebner auch bei der KVZ-Übernahme an vorderster Front mit.

Um den Preis der Aktien möglichst weit in die Höhe zu treiben, spielte er geschickt auf Zeit und bot die zusammengekauften Titel neben Coop reihum verschiedenen Exponenten der Schweizer Detailhandelsszene zum Kauf an. Dabei versäumte er es nicht, potente BZ-Kunden in sein Dispositiv miteinzubeziehen. So verlautete damals aus Börsenkreisen, dass etwa die kantonalzürcherische Beamtenpensionskasse ein namhaftes Paket von 3700 KVZ-Inhaberaktien mit einem Paketzuschlag von 500 Franken je Titel der Unternehmensführung von Coop angedient habe[47].

Zu Spekulationen im grossen Stil verleiteten 1989 auch die Titel der Schweizerischen Kreditanstalt (SKA). Dabei sah sich ein Angestellter der BZ Bank wegen Verdachts auf illegalen Insiderhandel unversehens auf die Anklagebank versetzt. Am 3. März 1989 hatte die SKA überraschend bekanntgegeben, man beabsichtige, die CS-Holding zur Dachgesellschaft der SKA-Gruppe auszubauen. Gleichzeitig wurde den Aktionären ein attraktives Umtausch- und Kapitalerhöhungsangebot unterbreitet. Um den Kurs der SKA-Titel nicht unnötig in die Höhe zu treiben, waren die Umstrukturierungspläne im Vorfeld sorgfältig geheimgehalten worden. Trotzdem hatten zwei Zürcher Bankangestellte – darunter ein Börsenhändler der BZ Bank – vorzeitig von den Absichten der SKA Wind bekommen und ihren Informationsvorsprung an der Börse in entsprechende Transaktionen umgesetzt. Zu diesem Zweck erwarben die beiden am 2. März 1989 mit geliehenem Geld 2400 SKA-Inhaberaktien für 6,4 Millionen Franken und stiessen die Papiere vier Tage später – der Kurs war inzwischen um zehn Prozent geklettert – für 7,1 Millionen wieder ab. Der Spekulationsgewinn, den sie dabei über Nacht realisieren konnten, betrug ansehnliche 715 000 Franken. Zusätzlich hatte der für Martin Ebner tätige Ringhändler 100 Call-Optionen auf die SKA-Titel gekauft und an dieser zweiten Transaktion weitere 95 000 Franken verdient.

Wegen «Ausnützens der Kenntnis einer vertraulichen Tatsache», wie Insidervergehen im Schweizer Strafgesetzbuch umschrieben sind, wurde der BZ-Mann vom Zürcher Bezirksgericht zwei Jahre später zu einer bedingten Gefängnisstrafe von vier Monaten und einer Busse von 30 000 Franken verurteilt. Ausserdem musste er seinen illegal erzielten Gewinn – rund 465 000 Franken – der Staatskasse abliefern. Vom Vorwurf des verbotenen Insiderhandels wurde er in zweiter Instanz jedoch wieder freigesprochen. Das Zürcher Obergericht hob den Schuldspruch mit der Begründung auf, der Tipgeber im Hintergrund hätte schliesslich nie ermittelt werden können. Genau an dieser Schwachstelle der Indizienkette hakte der als Experte beigezogene Ersatzrichter und zeitweilige OZ-Verwaltungsrat, Professor Peter Nobel, mit seinem Plädoyer ein. Da es nicht gelungen sei, einen Informanten zu identifizieren, argumentierte Nobel vor dem Obergericht, könnte die brisante Information den beiden Angeklagten im Prinzip auch ganz zufällig zu Ohren gekommen sein. Für die zwischenzeitlich erlittenen Verdächtigungen wurden die zwei mit einem ansehnlichen Trostpflaster entschädigt. Der eingezogene Spekulationsgewinn wurde ihnen zurückerstattet, hinzu kam eine Prozessentschädigung von je 12 000 Franken.

Für seinen Arbeitgeber, die BZ Bank, hatte der eine der beiden Rehabilitierten seinerzeit keine einzige der profitträchtigen SKA-Aktien geordert. Unter Kollegen war der Börsenhändler für seine Grosspurigkeit bekannt. Hin und wieder hatte er es sogar gewagt, gegen Ebners Empfehlung zu «traden», was logischerweise zu unüberhörbaren Spannungen führen musste. Vor allem aber hatte der Bonvivant offenbar genug von den langen Arbeitszeiten, wie sie der BZ-Chef von seinen Angestellten forderte. «Im Frühjahr 1990», erinnert sich ein Arbeitskollege, «ist er fadengerade zur Tür rausmarschiert, just nachdem er seine Mitarbeiter-Optionen bei Martin Ebner eingelöst hatte.» Um etwas Abstand vom hektischen Ringhandel zu erlangen, verabschiedete sich der Börsianer vorübergehend in Richtung Bahamas, wo er sich eine hübsche Zweitresidenz errichten liess, bevor er in die Niederungen der Zürcher Börse zurückkehrte.

Genau zwei Jahre waren seit dem legendären Crash vergangen, als es im Oktober 1989 erneut zu einem markanten Kurssturz kam. Nach der miserablen Vorlage, die die New Yorker Börse zum Wochenausklang geliefert hatte, wollte am Montag, dem 16. Oktober, auch in Zürich die Masse der Anleger nur das eine: ihre Aktien verkaufen. Ebner, der bereits 1987 erhebliche Nervenstärke gezeigt hatte, bewahrte auch jetzt wieder die Ruhe. Im Gegensatz zur überwiegenden Mehrzahl der Investoren, die das heraufziehende Börsengewitter mit panischen Verkaufsaufträgen quittierten, kaufte die BZ Bank an der Zürcher Börse während einer einzigen Sitzung Aktien im Wert von 200 Millionen Franken. «Wir haben eben unsere Hausaufgaben gemacht und den ganzen Samstag und Sonntag gearbeitet», gab ein aufgekratzter Martin Ebner der Wirtschaftszeitung «Cash» zu Protokoll[48]. Lange Telefongespräche seien nötig gewesen, um verunsicherte Kunden zu beruhigen. Mit entsprechender Seelenmassage war es Ebner sogar gelungen, etwaige Verkaufsabsichten da und dort in entsprechende Kauforders umzupolen. «Unsere Disposition war klar. Wir sagten uns, wenn der Markt um 5 Prozent sinkt, haben wir Glück, wenn es 10 Prozent werden, haben wir ‹Riesenschwein›.» Für einmal verriet Ebner sogar seinen Titelmix: Zu günstigen Preisen habe sich die BZ Bank am 16. Oktober in erster Linie mit Aktien von Roche, Ciba, «Zürich», SBG, Feldschlösschen, Pirelli und Ems-Chemie eingedeckt, wusste «Cash» zu berichten. Ausser Dividendenwerten sammelte die BZ an diesem Tag auch eifrig ausstehende Stillhalter-Optionen ein, die vorübergehend mit einem Discount von teilweise bis zu 50 Prozent zu haben waren. Abgesehen von den Eigenbeständen der BZ Bank, die sich bei dieser Gelegenheit ausnehmend günstig auffüllen liessen, schlug sich Ebners antizyklische Strategie auch in den Wertschriftendepots seiner Kunden positiv nieder. Weil die Börse am nächsten Tag bereits wieder Tritt zu fassen begann, hatten sich die von der BZ Bank eingesetzten 200 Millionen innerhalb von 24 Stunden schon auf 210 Millionen Franken vermehrt – zumindest auf dem Papier.

XI
Printing money

Wie Ebner die Fähigkeit der privaten Geldschöpfung entdeckt und seine Partner an den Früchten dieser Erfindung beteiligt

Ein Gedanke war Martin Ebner seit der Gründung der BZ Bank nicht mehr aus dem Kopf gegangen: die Idee, seiner erfolgreichen Brokerfirma eine ebenso erfolgreiche Vermögensverwaltungsgesellschaft zur Seite zu stellen. Mehrmals angekündigt – und genau so oft verschoben – hatte sich der Plan immer wieder an der Suche nach einer gereiften Persönlichkeit zerschlagen, welche für die Leitung der geplanten BZ Trust überhaupt in Frage kam. Ein valabler Kandidat wäre wohl Rolf Hänggi von der «Zürich»-Versicherung gewesen. Doch dieser wurde intern befördert und stieg beim Assekuranzriesen Schritt für Schritt zum stellvertretenden Konzernchef auf. Die Idealbesetzung für den verantwortungsvollen Posten eines BZ-Vermögensverwalters, so musste es Ebner allmählich scheinen, war auf dem heimischen Arbeitsmarkt einfach nicht aufzutreiben.

Dies sollte sich schlagartig ändern, als Ebners langjähriger Gefährte Kurt Schiltknecht am 26. Juli 1990 von seinem wechselvollen Posten als VR-Präsident der Bank Leu zurücktrat. Nach dem misslungenen Merger-Projekt mit der BZ Bank und der anschliessenden Leu-Übernahme durch die CS-Holding, hätte sich dieser wohl ziemlich schwer getan, bei einer Schweizer Grossbank noch einmal einen adäquaten Top-Job zu ergattern. So brauchte er sich Ebners Angbot nicht zweimal zu überlegen.

Eine Woche nach Schiltknechts Demission schritten die beiden mit Rechtsanwalt Konrad Fischer im Schlepptau denn auch bereits zur konstituierenden Generalversammlung der BZ Trust AG. Von deren Gründungskapital in Höhe von 10 Millionen Franken übernahm die BZ Gruppe Holding 95 Prozent, während Schiltknecht die restlichen Aktien zeichnete und sich auf diesem Weg, wie er damals gegenüber der Presse betonte, «mit einer für seine Verhältnisse substantiellen Quote»[49] an der neuen Gesellschaft beteiligte. Schliesslich sollte der Professor ja nicht nur im Verwaltungsrat sitzen, sondern als alleinverantwortlicher Geschäftsführer die gesamte BZ Trust managen. Um das Vertrauen zu unterstreichen, das er in seinen neuen Kompagnon zu setzen gewillt war, zeigte sich Ebner sogar bereit, das oberste Organ der BZ Gruppe Holding zeitweilig auf vier Köpfe zu erweitern. Neben dem Kerntrio Björkman–Ebner–Fischer führte bei der BZGH fortan auch Kurt Schiltknecht eine Einzelunterschrift. Desgleichen wurde im Verwaltungsrat der BZ Bank ein weiterer Sessel bereitgestellt, womit sich das Gremium neu aus den Herren Björkman, Fischer, Schiltknecht und Schuster zusammensetzte.

Wie die BZ Bank mit ihrem Dutzend Kunden werde sich auch die BZ Trust auf einen extrem limitierten Kreis von fünf bis zehn institutionellen oder privaten Grossanlegern konzentrieren, liess Geschäftsführer Schiltknecht an einer Medienorientierung verlauten. Unterstes Limit für die Übernahme eines Vermögensverwaltungsmandats sei die Summe von 100 Millionen Franken – kein Anlagemedium für Kleinsparer also. Die ihm anvertrauten Mittel wolle er nicht im Sinne des herkömmlichen Portfolio-Management möglichst breit diversifizieren, verriet Schiltknecht. Statt dessen beabsichtige er, sehr selektiv nur ein paar wenige, ausgewählte Aktienpositionen aufzubauen. Im übrigen werde er sich bemühen, den Ertrag der Anlagen durch den Einsatz von Optionen zusätzlich zu verbessern.

Was Schiltknecht vor der Presse entworfen hatte, nahm sich weniger wie eine eigenständige Strategie, als vielmehr wie eine perfekte Ergänzung zu den Aktivitäten der BZ Bank aus. Dieselbe handverlesene Kundenkartei, derselbe exklusive Service, gezielter Einsatz von Optionen – am Ende würde die BZ Bank im Auftrag der rechtlich unabhängigen BZ Trust genau diejenigen Blue-chips zusammentragen, an denen das Brokerhaus ohnehin interessiert war. Mit dem Vorteil notabene, dass dabei an zwei verschiedenen Orten stattliche Kommissionserträge anfallen würden. Und so war es von Martin Ebner ja schliesslich auch gedacht. Als Marketmaker vermochte er an der Börse zwar durchaus ansehnliche Gewinne zu erzielen, was unter anderem daran abzulesen war, dass die konsolidierten Eigenmittel der BZ Gruppe mittlerweile auf eine runde Milliarde zugenommen hatten. Darüberhinaus lagerten in den Kundendepots der BZ Bank Vermögenswerte in Höhe von 10 Milliarden Franken, die es im Auftrag von Grosskunden treuhänderisch zu verwalten galt. Die ganz grossen Summen jedoch liessen sich allein mit Blockhandelsaktivitäten und dem Schreiben von Stillhalter-Optionen nicht mobilisieren. Ein Ökonomieprofessor als Aushängeschild der neuen Vermögensverwaltungssparte, so mochte sich Ebner überlegt haben, dürfte bei der Gewinnung zusätzlicher Anlagemilliarden katalytisch wirken.

Die Leistungsprämie, welche dem Management der BZ Trust im Erfolgsfall zugute kommen sollte, nahm sich auf den ersten Blick vernünftig aus. Schiltknecht hatte dabei an eine erfolgsabhängige Gebühr (Performance fee) gedacht, die nur dann zur Auszahlung käme, wenn die jährliche Performance der verwalteten Anlagegelder 6 Prozent übersteigen würde. Dieser Mindestertrag sollte nicht linear an einer einmal festgelegten Ausgangssumme gemessen werden, sondern jeweils kumulativ vom neuen Stand aus, sofern die Vorgabe vorher erreicht oder übertroffen worden war. Falls es der BZ Trust im ersten Jahr also gelänge, ein Vermögen von beispielsweise 100 Millionen auf 115 Millionen zu steigern, so müssten im folgenden Jahr als neue «bench mark» mindestens 115 Millionen plus 6 Prozent angepeilt werden, damit die Trust-Manager erneut in den Genuss einer Verwaltungsgebühr kämen. Würde der Marktwert der getätigten Anlagen zwölf Monate später jedoch darunter fallen, so gingen diese leer aus. Im umgekehrten Fall – und das war das eigentlich Interessante – könnte ein einziges gutes Aktienjahr aber auch gewaltig «einschenken», weil in solch einem Fall nämlich eine progressive Gebührenskala zur Anwendung käme, deren Untergrenze nach den Ausführungen von Schiltknecht nicht weniger als ein stattliches Fünftel des erwirtschafteten Mehrertrags betragen sollte.

Abgesehen von diesem ausgeklügelten Gewinnbeteiligungssystem erwies sich die Gründung einer eigenständigen, auf die Vermögensverwaltung spezialisierten Unternehmenstochter auch im Rahmen der Gruppenstrategie als gelungener Schachzug. Solange eine Bank Börsengeschäfte und Vermögensverwaltung unter ein und demselben Dach abwickelt, kommt es nämlich fast zwangsläufig zu einer Interessenkollision zwischen den beiden Sparten. Der Konflikt rührt daher, dass ein Börsenhändler zur Steigerung der Kommissionseinnahmen von Berufs wegen bestrebt ist, möglichst viele Transaktionen durchzuführen, und seine Positionen daher ständig in Bewegung hält. Ein umsichtiger Vermögensverwalter hingegen handelt genau umgekehrt, weil er dem Kunden unnötige Spesen ersparen möchte.

Diesen Interessengegensatz hatte man in den Vereinigten Staaten mit einem Gesetz neutralisiert, welches eine strikte Trennung der beiden Aktivitäten vorschrieb. Demgegenüber war es in der Schweiz – zumal bei den Grossbanken – seit jeher gang und gäbe, den Handel und die Verwaltung von Wertschriften organisatorisch zu vereinen.

In Abgrenzung zum sogenannten Universalbankensystem konnte Ebner seiner Kundschaft von nun an eine saubere Trennung zwischen Vermögensverwaltung und Brokergeschäft anbieten. Ganz ohne Hintergedanken hatte er sich allerdings nicht für das angelsächsische Trennsystem entschieden. Mit Blick auf die Kommissionseinnahmen barg eine solche Lösung den entscheidenden Vorteil, die Investoren jedesmal zur Kasse bitten zu können, wenn ihre Vermögenswerte die Schnittstelle zwischen Bank und Trust passierten. Indem zwischen den beiden Tochtergesellschaften gewissermassen eine abgabepflichtige Membran aufgespannt wurde, liessen sich die anlagesuchenden Gelder im günstigsten Fall in eine wechselseitige Zirkulationsbewegung versetzen, die gleichsam osmotisch zur Profitmaximierung der BZ-Gruppe beitrug. Vom Marketingstandpunkt aus betrachtet, stellte es sich dabei als besonderer Vorteil heraus, dass die Interessen der Kundschaft mit denjenigen von BZ Bank und BZ Trust im Grunde parallel liefen. Waren letztlich nicht alle an einer möglichst guten Performance interessiert?

Als Schmiermittel von Ebners «Geldmaschine» dienten die Stillhalter-Optionen. Auf die Erfolgsrechnung der BZ Bank hatten die Kommissionseinnahmen, die sich damit erwirtschaften liessen, bis anhin aber nicht denselben gewichtigen Einfluss gehabt wie die Erträge aus dem zugrundeliegenden Aktiengeschäft. Nach betriebswirtschaftlichen Kriterien erfüllten die Stillhalter-Optionen vielmehr die Funktion eines Ertragsstabilisators – quasi als logische Ergänzung zu den gewaltigen Risiken, die die Bank im Blockhandel einging. «Nur im Aktienhandel ist Ebner risikofreudig. In allen anderen Bereichen verhält er sich dagegen risikoavers», erläutert ein früherer Kadermitarbeiter. Mit der Gründung einer assoziierten Vermögensverwaltungsgesellschaft wuchs die BZ-Familie nun allerdings in eine Dimension hinein, welche ihr Umsatzvolumen und damit ihre Ertragsmöglichkeiten auf dem Gebiet der Finanzderivate noch einmal entscheidend erweiterte.

Vor dem Hintergrund von Ebners Konzentrationsphilosophie gilt es, sich zum besseren Verständnis der folgenden Ausführungen vor Augen zu halten, dass es sich bei seinen Bankkunden, Trustkunden, Stillhaltern und Optionskäufern nicht selten um ein und denselben Investor handelt.

Bekanntlich versteht man unter einer Option das vertraglich vereinbarte Recht, eine Ware – zum Beispiel eine spezifische Aktie – bis spätestens zu einem künftigen Datum zu einem vorausbestimmten Preis zu erwerben. Der Verkäufer (Stillhalter) einer Option geht dabei die Verpflichtung ein, seine Titel innerhalb der festgelegten Frist zum vereinbarten Ausübungspreis, der im Fall einer Call-Option über dem aktuellen Börsenkurs liegt, zu verkaufen. Für diese Verpflichtung wird der Stillhalter mit der Optionsprämie (Verkaufspreis) entschädigt. Damit ergibt sich für ihn eine Absicherung gegen kleinere Kursrückschläge, weil jetzt der Börsenkurs theoretisch im Umfang der eingenommenen Prämie sinken kann, ohne beim Stillhalter einen entsprechenden Buchverlust zu verursachen. Bei guter Börsenverfassung spekuliert der Stillhalter allerdings meist auf den umgekehrten Effekt, so dass er die Optionsprämie später als Zusatzertrag verbuchen kann.

Wenn der Börsenkurs über den Ausübungspreis steigt, wird die Option normalerweise eingelöst und der Stillhalter muss seine hinterlegten Titel ausliefern. Dabei erleidet er – ökonomisch gesprochen – einen Opportunitätsverlust, welcher der Differenz zwischen Börsenkurs und Ausübungspreis minus der erhaltenen Optionsprämie entspricht. Damit wird auch klar, weshalb die Optionsscheine im Auftrag des Kunden von der BZ Bank oftmals vorzeitig zurückgekauft werden. Dies gilt zumindest dann, wenn alles nach Plan läuft, und der Basistitel an der Börse anzieht. Die Chance eines Kursgewinns, die er vorübergehend an den Optionskäufer abgetreten hat, möchte der Aktienbesitzer (Stillhalter) nun doch lieber selbst ausnützen.

Bei Neuemissionen kommt es häufig vor, dass der Stillhalter einen Grossteil der ausgegebenen Optionsscheine von Anfang an auf eigene Rechnung übernimmt. Im Markt wirkt sich ein solcher Vorbezug preistreibend aus. Dem Stillhalter kann dieser Kursstimulus nur recht sein. Er selbst profitiert ja schliesslich vom günstigen Emissionspreis, welcher von der BZ Bank in der Regel so tief angesetzt wird, dass beinahe immer ein Nachfrageüberhang besteht. Wenn der Kurs der einbehaltenen Optionsscheine nach ein paar Wochen kräftig gestiegen ist, werden diese im Markt weiter plaziert, wobei die Kurssteigerung jetzt dem Stillhalter und nicht der emittierenden Bank zugute kommt. Beim sogenannten Sekundärhandel von Optionsscheinen fällt der Derivate-Tochter OZ Zürich Optionen und Futures AG eine prominente Rolle zu. Billige Optionen werden von der OZ im Markt aufgekauft beziehungsweise erst dann zum Verkauf angeboten, wenn sie tendenziell bereits überbewertet sind.

Ein konkretes Beispiel: Die OZ kreiert eine neue Stillhalter-Option und legt deren Modalitäten wie Prämie, Bezugspreis und Laufzeit fest. Die Urhebergebühr auf das neue Finanzinstrument, welche die OZ als rechtlich unabhängige Tochtergesellschaft intern der BZ Bank verrechnet, wird dabei nicht separat erhoben, sondern direkt in den Optionspreis miteinkalkuliert. Sodann tritt die BZ Bank als Emittentin der betreffenden Optionsscheine auf und verrechnet dem Käufer 0,5 Prozent des nominellen Ausgabebetrags als eigentliche Kommission. Im Namen· des Stillhalters (der einen Grossteil selbst erworben hat) verkauft die BZ Bank die emittierten Optionsscheine in einem weiteren Schritt an die BZ Trust und verrechnet dem Stillhalter nochmals 0,5 Prozent Kommission. Der Trust als zwischenzeitlicher Vermögensverwalter bestimmt den optimalen Zeitpunkt, wann eine Option tendenziell zu billig wird, und daher aus dem Depot genommen und verkauft werden sollte. Beim Rückverkauf an die BZ Bank werden dem Kunden nochmals 0,5 Prozent in Rechnung gestellt. Nicht selten schlägt die Bank kurze Zeit später auf dieselben Basistitel eine neue Stillhalter-Emission vor und kassiert abermals 0,5 Prozent Kommission, womit der ganze Reigen von vorne beginnt.

Auf diesem Weg bleiben 2 bis 3 Prozent des gesamten Prämienvolumens in der Erfolgsrechnung der BZ Gruppe hängen. Bei einer Stillhalter-Emission im Nominalwert von beispielsweise 20 Millionen Franken entspricht dies dem ansehnlichen Kommissionsertrag von einer halben Million Schweizerfranken – ohne dass dabei für die Volkswirtschaft ein Mehrwert geschaffen worden wäre.

In Anbetracht dieser Zusammenhänge konnte man naiverweise zur Annahme gelangen, mit der Gründung der BZ Trust habe Ebner das Perpetuum Mobile der wundersamen Geldvermehrung entdeckt. So einfach verhielt es sich natürlich nicht. Schliesslich musste auf der Gegenseite überhaupt jemand willens sein, solch stolze Maklergebühren zu entrichten. Während Ebner vorab an den Kommissionsabgaben verdiente, profitierten aber auch seine wichtigsten Mitspieler, die Kunden. Indem es Ebner regelmässig gelang, das Angebot künstlich zu verknappen, zog der Marktwert der Optionsscheine jeweils stark an, sobald die Nachricht von einer geplanten Neulancierung an die Öffentlichkeit drang. Verglich man später den Kurs, den die betreffenden Stillhalter-Optionen an ihrem ersten Börsenhandelstag erzielten, mit dem von der BZ Bank ursprünglich bekanntgegebenen Emissionspreis, so liess sich unschwer erkennen, welch beachtliche Summen vorab bereits verteilt worden waren. Notierte ein Optionsschein mit einem Nominalwert von 20 Franken am Tag der Handelseröffnung bei 25 Franken, so bedeutete dies bei einem Emissionsvolumen von 20 Millionen Franken nichts anderes, als dass im Graumarkt seit der Bekanntgabe bereits eine «Rente» in Höhe von 5 Millionen Franken ausgeschüttet worden war.

Im Grunde genommen haftet solch einem Vorgang nichts Aussergewöhnliches an. Das Instrument der künstlichen Marktverknappung wird nicht nur von der BZ Bank weidlich eingesetzt; auch bei den Emissionen anderer Institute kommt es immer wieder zu markanten Überzeichnungen. Die Crux bei der ganzen Sache liegt in der Zuteilungspraxis. Ebners unangefochtene Spitzenstellung im Stillhalterbereich erlaubte es ihm, die Gewinnchancen im Vorfeld einer Emission nach seinem persönlichen Gusto zu verteilen.

Oberste Priorität in Ebners Verteilschlüssel genossen diejenigen Investoren, welche die Kugel ins Rollen brachten, indem sie sich als Stillhalter verpflichteten. Als Entschädigung winkte ihnen einerseits der offizielle Verkaufspreis (Optionsprämie). Auf Wunsch reservierte ihnen Ebner zusätzlich auch noch einen Grossteil der zu emittierenden Optionsscheine, womit sie sich bequem ein entsprechend grosses Stück der Differentialrente zwischen Emissionspreis und späterem Marktwert sichern konnten. Für derlei Vorzugsbehandlung nahmen die Stillhalter den Nachteil in Kauf, dass ihre Wertschriften während der gesamten Optionslaufzeit blockiert blieben. Selbst dieser Verlust an Handlungsfreiheit hat indessen eine positive Kehrseite, indem sich nämlich die Marktausdünnung, wie bereits erwähnt, auf den Basistitel tendenziell kurstreibend auswirkt.

Nachdem sich die Stillhalter solchermassen fürs erste bedient hatten, plazierte Ebner die restlichen Optionsscheine päckchenweise bei geschäftlich eng verbundenen Mandatskunden (sogenannten Custodians), befreundeten Fondsmanagern oder Pensionskassenverwaltern. Nicht selten fielen dabei auch einige Titel für den Privatgebrauch des betreffenden Stelleninhabers ab. «Hin und wieder habe ich bei der BZ auch auf eigene Rechnung ein paar Optionen gekauft», gesteht der frühere Finanzchef der Stadt Zürich, Peter Lehner. Indem die Zuteilung für alle zu gleichen Preisen erfolgt sei, habe sich das manipulative Element dabei stets «im Rahmen» gehalten. «Auch im Falle von Aktien ist derjenige im Vorteil, der zuerst bei tiefen Preisen kauft», gibt Lehner zu bedenken, der im übrigen offen zu seiner freundschaftlichen Beziehung mit Ebner steht. Die Storchengasse sei früher quasi an seinem Heimweg gelegen, so dass er dort «abends öfters mal auf ein Bier vorbeigeschaut» habe. Auch der langjährige Vorsteher der Beamtenpensionskasse des Kantons Zürich, Robert Straub, erkennt im Zusammenhang mit Optionszuteilungen keinerlei Interessenkonflikte. In seinen Augen wäre es sogar «fast unseriös, wenn ein Pensionskassenchef persönlich keine Wertschriften erwirbt». «Solange die Transaktionen nicht zu Lasten der Pensionskasse gehen», so Straub, «ist der Eigenhandel Privatsache.»

Für diejenigen Kunden, welche von Ebner berücksichtigt wurden, kam der Optionsbezug zum Emissionspreis wenn nicht einem Geschenk, so doch immerhin einer willkommenen, geschäftlichen Anerkennung gleich. Schliesslich handelte es sich dabei – vorausgesetzt der Gesamtmarkt tendiert aufwärts – in den meisten Fällen um ein todsicheres Geschäft. Aus demselben Grund pflegte der BZ-Chef gewöhnlich auch einige Tausend Stück unter seine Mitarbeiter zu verteilen, für die solche Optionszuteilungen längst den Charakter eines fest einkalkulierten Lohnbestandteils angenommen hatten.

«Obwohl das Grundsalär nicht eben üppig war, haben wir immer unheimlich gut verdient», bestätigt ein inzwischen ausgetretenes Kadermitglied. Nach dessen Auskunft soll ein BZ-Direktor in den Anfangsjahren ein Jahresgehalt von 180 000 Franken bezogen haben, während ein Vizedirektor es auf circa 130 000 Franken brachte. Tatsächlich symbolisierten diese Summen jedoch nur die per Arbeitsvertrag garantierte Ausgangsbasis. Die Butter kam für die BZ-Mitarbeiter erst dadurch aufs Brot, dass ihnen Ebner regelmässig die Möglichkeit bot, bei aussichtsreichen Aktiengeschäften oder bei der Emission von Optionen auf eigene Rechnung zu partizipieren. In guten Börsenjahren konnte ein geschickt agierender Mitarbeiter auf diesem Wege locker einen steuerfreien Kapitalgewinn von zusätzlichen 300 000 Franken erzielen. Bei der Lancierung neuer Stillhalter-Optionen berücksichtigte Ebner seine Crew jeweils mit einer bestimmten Inhouse-Quote, wobei der Reiz für die Angestellten auch hier in der Differenz zwischen dem günstigen Bezugspreis und dem Wiederverkaufswert eines Titels lag. Es sei vorgekommen, erzählt ein Insider, dass Ebner innerhalb von dreissig Minuten eine halbe Million Franken unter seinen Angestellten verteilt habe. Entsprechend ihres individuellen Budgetrahmens konnten die Mitarbeiter mehr oder weniger Optionsscheine zeichnen, wobei natürlich diejenigen am meisten profitierten, die bereits über ein ansehnliches Privatvermögen verfügten. Ausgeschlossen wurde anlässlich solcher Ausschüttungsrunden hingegen niemand. «Es hat noch!» sei der Crew beim morgendlichen Stehkonvent zuweilen mitgeteilt worden, so dass selbst Sekretärinnen und Hilfskräfte wie Botengänger auf ihre Rechnung kommen konnten. Wem dies nicht genügte, hatte jederzeit die Möglichkeit, seine persönlichen Rücklagen mit dem Eigenhandel von Aktien oder Optionen weiter zu vermehren. Zu diesem Zweck verfügte jeder BZ-Mitarbeiter – wie dies bei anderen Banken übrigens auch der Fall ist – über ein persönliches Kontokorrent plus zugehörigem Wertschriftendepot. Während Jahren sollen den BZ-Mitarbeitern selbst riskante Strategien wie Leerverkäufe erlaubt gewesen sein (Verkauf von Wertpapieren auf Termin, die der Verkäufer noch gar nicht besitzt, mit der Absicht, sich bis zum Liefertermin billiger einzudecken). Einigen Angestellten, so heisst es, habe Ebner für deren spekulatives Eigenengagement vorübergehend sogar ein Darlehen in Höhe eines vollen Jahresgehalts eingeräumt. Im Spitzenjahr 1993 muss es dann allerdings zu einigen Auswüchsen gekommen sein, weshalb Ebner damit begann, den Kontostand gewisser Mitarbeiter vorgängig abzuklären. «1993 konnten selbst die unteren Chargen nebenbei eine Million verdienen», weiss eine kaufmännische Angestellte zu berichten, die damals bei der BZ Bank ein reguläres Jahresgehalt von 80 000 Franken bezog. Für das «Fussvolk» habe das Problem gewöhnlich im richtigen Timing gelegen, sagt die Ex-Mitarbeiterin, wobei Kaderleute den optimalen Verkaufszeitpunkt innerhalb der Optionsfrist natürlich eher erwischt hätten.

Obwohl es sich bei der BZ-Belegschaft um ein kleines, fast familiäres Team handelt, hatte die Gleichbehandlung der Mitarbeiter auch ihre Grenzen. «Es gab immer zwei Klassen von Informationsempfängern», erklärt ein langjähriger BZ-Prokurist, «Partner, die BZ-Aktien zeichnen durften, und solche, denen Ebner dieses Recht selbst nach Jahren der Betriebszugehörigkeit nicht zugestand.» Seine Teilhaber versuchte Ebner zu einer verschworenen Clique zu formen, indem er sie in regelmässigen Abständen übers Wochenende an einen ungestörten Ort ausserhalb Zürichs zum kollektiven «Brainstorming» zusammenrief. Anlässlich solcher Partner-Treffen kamen strategische Fragen zur Sprache, welche es zwar sinnvollerweise über den engsten Kreis der Geschäftsleitung hinaus zu verbreiten galt, die sich aber wiederum nicht unbedingt für die Ohren der Allgemeinheit eigneten. Der Loyalität der Auserwählten gegenüber ihrem Chef konnten diese Zusammenkünfte nur förderlich sein, selbst wenn die Genugtuung, sich im Bekanntenkreis als «Partner» von Martin Ebner bezeichnen zu können – gemessen am prozentualen Aktienbesitz – auf schwachen Füssen zu stehen schien.

Nach demselben Prinzip pflegte Ebner auch seine Klienten einzuteilen. Je gewichtiger ein Kunde war, desto schneller wurde er mit den wichtigsten Informationen versorgt. Im volatilen Optionenhandel ist es selbst für ausgewiesene Derivativspezialisten nicht immer ganz einfach, den optimalen Ein- oder Ausstiegstermin zu bestimmen. Aus dem Bedürfnis heraus, möglichst frühzeitig avisiert zu werden, drängte sich mithin auch seitens der Kundschaft ein möglichst enger Kontakt zur BZ Bank auf.

Im Falle der OZ Zürich Optionen und Futures AG, die mittlerweile über eine B-Lizenz für den ausserbörslichen Wertpapierhandel verfügte, war für die Kunden ein direkter Informationsdraht von geradezu existentieller Bedeutung. Im Gegensatz zur BZ Bank wickelt die OZ bewusst keine Geschäfte auf Mandatsbasis ab. Der Optionenkäufer muss demnach jederzeit selbst bestimmen, wann der richtige Zeitpunkt für einen Kauf- beziehungsweise Verkaufsauftrag gekommen ist.

Am besten beobachtet man haargenau und ahmt das Marktverhalten der OZ mit möglichst geringer Zeitverzögerung nach. Selbstverständlich gilt auch hier die Regel, dass die Chancen auf ein optimales Timing eng mit der Qualität der Kundenbeziehung gekoppelt sind. Wenn eine grössere Transaktion «in der Pipeline» ist, werden seitens der OZ zuerst die wichtigsten Adressen kontaktiert. Meistens steigen einige Grossanleger in das vorgeschlagene Geschäft ein, womit sich die Konditionen für die übrigen Interessenten bereits merklich verschlechtert haben, bevor zum Schluss auch noch die «Drittklasskunden» einen Telefonanruf erhalten. «Den letzten beissen die Hunde!» – wenn dieses Sprichwort irgendwo zutrifft, dann im unberechenbaren Optionenhandel.

Die Psychologie der Anleger spielt in diesem schnellebigen Geschäft eine zentrale Rolle. Für die BZ Bank als Emittentin läuft die Sache dann am besten, wenn andere Vermögensverwalter oder Konkurrenzbanken auf den fahrenden Zug aufspringen und ihrer Kundschaft die neu lancierten Optionsscheine ihrerseits zum Kauf empfehlen. Nicht selten haben am Ende die Kleinanleger das Nachsehen, welche die entsprechenden Bezugsrechte zu einem Zeitpunkt an der Börse beschaffen lassen, in dem institutionelle Grossinvestoren ihre Titel «Over-the-counter» und damit von der Öffentlichkeit unbemerkt bereits wieder abstossen. Für diesen Informationsvorsprung, der im derivativen Geschäft über Gewinn oder Verlust entscheidet, ist Ebners Klientel bereit, eine happige Courtage zu bezahlen.

Daneben gibt es offenbar ein paar Tricks, um die Kundschaft auch in weniger aussichtsreichen Phasen bei der Stange zu halten. «Wenn ein Kunde in eigener Regie über die Börse aussteigen möchte, kauft die BZ Bank nicht, bevor der Optionspreis ganz am Boden ist», will der Pensionskassenchef eines Schweizer Maschinenbaukonzerns bemerkt haben. Weil man auf dem Finanzplatz ohnehin wisse, wer mit der BZ Gruppe Geschäfte macht und wer nicht, hätten solche Kunden oftmals auch anderswo Pech. «Die Grossbanken», behauptet der Informant, «bestrafen verkaufswillige BZ-Kunden damit, dass sie deren Order nicht wie gewöhnlich über die eigenen Bücher nehmen, sondern an den Börsenring verbannen, wo sie für die entsprechenden Titel dann absichtlich einen tiefen Kurs stellen.» Folglich seien ausstiegswillige Optionsscheinbesitzer im Umfeld der BZ Gruppe «faktisch gefangen».

Für den «major player» der Stillhalterszene, in dessen Büro sämtliche Informationsdrähte zusammenlaufen, verbindet sich mit dem derivativen Geschäft ein ganz besonderes Lebensgefühl. Wenn Ebner eine Serie neuer Optionsscheine auf den Markt bringt, so beschreibt er diesen Vorgang im Kollegenkreis mit dem vielsagenden Ausdruck «printing money». Von der Faustischen Idee, dass ein Privatmann sein eigenes zahlungskräftiges Geld herausgeben könnte, zeigte sich die Menschheit schon immer fasziniert. Im Unterschied zu Martin Ebner haben es bisher allerdings nur die wenigsten geschafft, dem geheimnisvollen Mechanismus der Geldschöpfung so verblüffend nahe zu kommen – und dies auf absolut legale Weise. Während man Notenfälscher gewöhnlich ins Kittchen steckt, kommt einer, der permanent sein selbstgeschaffenes Quasi-Geld in Form druckfrischer Optionsscheine unter die Leute bringt, mit dieser unternehmerischen Tat zu hohem Prestige und einem Riesenvermögen.

Für derlei Gedankenspiele, die um das Phänomen der Geldschöpfung kreisen, scheint Ebner eine Schwäche zu haben. Im kleinen Kreis unterhielt man sich gelegentlich über die Möglichkeit, bei einen jungen Künstler eine Zeichnung in Auftrag zu geben, diese auf Aktien zu drucken und die solchermassen verzierten Wertpapiere anschliessend als Lithographien unter die Leute zu bringen. Fehlte nur noch, eigens zu diesem Zweck eine weitere Tochtergesellschaft namens «BZ Fine Art» ins Leben zu rufen.

Eine andere ausgefallene Idee, die in geselliger Runde entwickelt wurde, lief kurioserweise auf eine Privatsubventionierung der öffentlichen Post- und Telefonbetriebe (PTT) hinaus. Eine kleine PTT-Filiale in der Zürcher City, die Ende der achtziger Jahre von der Schliessung bedroht war, wollten Ebner & Co. dadurch am Leben erhalten, dass sie sich spasseshalber überlegten, die gesamte BZ-Korrespondenz über die bedrohte Annahmestelle laufen zu lassen. Als werbewirksame Gegenleistung sollten die Sendungen der BZ statt mit dem offiziellen PTT-Emblem mit dem bankeigenen Firmenlogo abgestempelt werden.

Angestachelt wurden solche Phantasien durch einen neuerlichen Schub im Stillhaltergeschäft, in dessen Gefolge die BZ Bank in den ersten sieben Monaten des Jahres 1990 ihre Emissionstätigkeit auf neue Höchstwerte schrauben konnte. Doch die Ernüchterung liess nicht lange auf sich warten. Die Besetzung Kuwaits am 2. August 1990 durch die irakischen Streitkräfte traf die überhitzten Finanzmärkte wie ein eiskalter Guss. In der Schweiz bildet sich das Aktienhandelsvolumen bis zum Jahresende rapide zurück, während die Kurse im Schnitt um gegen 30 Prozent einbrachen.

Im Geschäftsabschluss der BZ Bank, die jederzeit grosse Eigenbestände an Schweizer Aktien hielt, hinterliess dieser Rückgang deutliche Spuren. Wie bei den meisten anderen Banken auch, hatte man den Einfluss der Kampfhandlungen auf die weltweite Börsenkonjunktur anfänglich völlig falsch interpretiert und deshalb auf entsprechende Verkaufsorders verzichtet. Nur dank der Auflösung von stillen Reserven im Umfang von 25,5 Millionen Franken gelang es Ebner am Jahresende, einen «optischen» Reingewinn von 9,9 Millionen Franken auszuweisen. Gemäss Geschäftsbericht sei dies «das Korrelat zur bisherigen Politik, über eine Normalverzinsung hinausgehende Wertschriftenerlöse nicht als Ertrag auszuweisen, sondern im Hinblick auf die mit dem Market-making verbundenen Risiken zur Bildung interner Rückstellungen und Reserven zu verwenden». Der Gewinn von 9,9 Millionen, welchen man zu kosmetischen Zwecken den stillen Reserven entnommen hatte, wurde anschliessend den offenen Reserven zugewiesen, womit sich das Eigenkapital der BZ Bank Ende 1990 offiziell auf 120 Millionen Franken belief. Über das Ausmass des zusätzlichen «Notgroschens», den die Bank in fetten Jahren still zur Seite gelegt hatte, konnten die Finanzanalysten derweil bloss Vermutungen anstellen.

Es scheint – so widersinnig einem dies auf den ersten Blick auch vorkommen mag – dass sich Ebner persönlich noch nie besonders viel aus Geld und den damit verbundenen Konsummöglichkeiten gemacht hat. So kann man ihn weder als einen Genussmenschen bezeichnen, noch legt er besonderen Wert auf teure Kleidung, und auch die Innenausstattung seines Privatdomizils mutet eher karg als luxuriös an. «Ich brauche für mich kein Geld», liess sich Ebner im Oktober 1994 in der Wirtschaftszeitung «Cash» zitieren[50]. Sein ganzes Vermögen hat er über die Jahre hinweg in die BZ-Gruppe gesteckt. Ehefrau Rosi, die gleichzeitig die Rolle von Ebners Chefsekretärin einnimmt, hat an dieser Prioritätenordnung offenbar nichts auszusetzen. «Zum Geburtstag», behauptet einer, der die beiden recht gut kennt, «schenkt ihr Martin jeweils ein dickes Aktienpaket mit einer schönen bunten Schleife darum.»

Obschon Ebner in atemberaubendem Tempo in die «Upperclass» der Multimillionäre aufgestiegen ist, bleibt er seiner spartanischen Erziehung in allen Lebenslagen treu und fällt nirgends durch eine exzessive Konsumhaltung auf. Mehr noch: Er trägt seinen Hang zur Askese wie eine Tugend vor sich her. Mit Stolz verweist Ebner etwa auf die kostengünstige Möblierung in den Räumlichkeiten der BZ Bank – «die Tische aus einer billigen Mahagoni-Imitation, die Stühle für 100 Franken das Stück, wenn sie nicht überhaupt wegrationalisiert worden sind wie am grossen Sitzungstisch, wo die Mitarbeiter zur allmorgendlichen ‹Sitzung› stehen.»[51] Wenn jemand aus seiner Entourage seinen Wohlstand allzu demonstrativ zur Schau stellt, regt sich Ebner über solchen Snobismus masslos auf. So mussten sich zum Beispiel einige seiner Mitarbeiter, die beschlossen hatten, einen Teil ihrer Börsengewinne in teure Luxuslimousinen zu investieren, diesbezüglich recht deutliche Worte fallen lassen. Als in Zürich eines Sommers ein heftiger Hagelschlag niederging, kam Ebner seine ausgeprägte Sparsamkeit für einmal teuer zu stehen. Der Optionenprofi hatte sich ein paar Tage zuvor gerade einen unauffälligen, neuen BMW angeschafft und dabei auf eine Vollkasko-Versicherung für das Gefährt verzichtet. Eine Zeitlang, erzählt ein Bekannter, sei Ebner nach diesem verheerenden Sommergewitter mit einem total verbeulten Wagen durch die Gegend gefahren. «Wenn Ebner einen Armani-Anzug besitzen würde», spöttelt eine ehemalige BZ-Mitarbeiterin, «dann hätte er das Etikett herausgeschnitten.»

Geld ist für Ebner nicht dazu da, um leichtfertig ausgegeben oder gar verschwendet zu werden. Der BZ-Chef sieht darin vielmehr ein Surrogat für etwas anderes, unter Umständen noch wesentlich Faszinierenderes – nämlich Macht. Je mehr ein Individuum während seiner kurzen Lebensspanne von diesem wandelbaren «Rohstoff» anhäufen kann, desto vielfältiger sind seine gesellschaftlichen Gestaltungsmöglichkeiten, desto bestimmender sein Einfluss, desto höher sein soziales Ansehen. Geld, das Mittel zur Omnipotenz.

XII
Roche & Co.

Wie ein Aktienpaket der Firma Hoffmann-La Roche auf verschlungenen Wegen in einer Glarner Beteiligungsgesellschaft namens Pharma Vision 2000 landet

Wenn es unter den drei grossen Basler Chemieunternehmen eine Adresse gab, der sich Martin Ebner verbunden fühlte, war es diejenige des Pharmakonzerns Hoffmann-La Roche. In den Forschungslaboratorien von Roche – wie die Gesellschaft der Einfachheit halber genannt wird – war ein osteuropäischer Chemiker eher zufällig auf die Wirkstoffgruppe der Benzodiazepine gestossen. Ein potentes Schlafmittel, das auf dieser Basis entwickelt werden konnte, sollte dem Konzern zu weltweiter Berühmtheit verhelfen. Sein Handelsname: Valium. Die erfolgreiche Vermarktung des neuartigen Tranquilizers katapultierte Roche in die Spitzengruppe der internationalen Medikamentenhersteller.

Schon als Vontobel-Analyst hatte sich Ebner eingehend mit den Kennziffern des verschwiegenen Basler Pharmakonzerns beschäftigt. Dabei war er zur Überzeugung gelangt, dass sich hinter dieser «Substanzperle» noch weit mehr verstecken musste als das finanzielle Potential der Roche, welches der internationalen Investorenschaft ohnehin bereits bekannt war. Nach der BZ-Gründung begann Ebner vom ersten Tag an, seiner Klientel die aussichtsreichen Roche-Aktien zu empfehlen.

Im Gegensatz zu den Aktien vieler Schweizer Grossunternehmen war der Erwerb von Roche-Titeln an keinerlei Einschränkungen gebunden, welche die Nationalität des Käufers oder die Anzahl der pro Anleger eingetragenen Aktien betraf. Der Pharmakonzern konnte sich diese liberale Regelung leisten, weil er eine sichere Mehrheit an stimmberechtigten Inhaberaktien in Basler Familienbesitz wusste. Ein «unfriendly takeover» schien a priori ausgeschlossen, weil höchstens ein Viertel der insgesamt ausstehenden 16 000 Inhaberaktien an den Schweizer Börsen frei handelbar war.

Umso grösser war die Überraschung, als im September 1987 die kleine amerikanische Biotechnologiefirma ICN (International Chemical & Nuclear) mit der kecken Verlautbarung an die Öffentlichkeit gelangte, sie befände sich im Besitz von 6,3 Prozent des stimmberechtigten Roche-Kapitals. Beim damaligen Börsenkurs von 300 000 Franken pro Inhabertitel hatte ein solches Paket einen Marktwert von über 300 Millionen Franken. Selbst für das Management von Roche war das kein Pappenstiel.

Kontrolliert wurde die im kalifornischen Costa Mesa ansässige ICN vom Exiljugoslawen Milan Panic, laut «Business Week» einem der reichsten Serben der Welt. Panic, der im Zweiten Weltkrieg in Titos Partisanenarmee gekämpft hatte und 1950 zum jugoslawischen Radsport-Champion ausgerufen worden war, hatte eine regelrechte Tellerwäscherkarriere hinter sich. Ende der fünfziger Jahre war der gelernte Biochemiker nach Kalifornien emigriert, wo er mit einem Startkapital von 200 US-Dollar und einer alten Waschmaschine, die er als Zentrifuge benutzte, in das noch junge Gebiet der Molekularbiologie einstieg.

25 Jahre später gebot Panic als Mehrheitsaktionär der ICN über eine Publikumsgesellschaft, die zusammen mit ihren Tochtergesellschaften einen Börsenwert von annähernd einer Milliarde US-Dollar repräsentierte.

Mit der Marktreife des Antivirus-Präparats Virazole, dem manche Gesundheitsexperten sogar eine Heilwirkung gegen die Immunschwächekrankheit Aids zubilligten, glaubte der Selfmademan, nun endlich in die Spitzenliga der multinationalen Pharmaproduzenten vorstossen zu können. An der Wall Street hatten die ICN-Aktien im Herbst 1986 scharf angezogen, nachdem eine New Yorker Brokerfirma die Bedeutung des Präparats in einer Anlagestudie mit derjenigen von Penizillin verglichen und Virazole deshalb das Potential eingeräumt hatte, «eines der weltweit meistverkauften Medikamente» zu werden. Panic fehlten nur noch die entsprechenden Vertriebskanäle, um die vermeintliche Wunderdroge in eigener Regie weltweit vermarkten zu können. Um diesem Manko Abhilfe zu schaffen, so wurde damals vermutet, liebäugelte er mit dem Basler Chemiekonzern Hoffmann-La Roche.

In der Schweiz war die Firma ICN keine Unbekannte. Um ihr rasantes Wachstum finanzieren zu können, war ICN in rascher Folge mehrmals an den hiesigen Kapitalmarkt gelangt und dabei immer wieder mit unkonventionellen Konstruktionen aufgefallen. Für Missmut hatte im Februar 1987 eine Wandelanleihe über 60 Millionen Franken gesorgt, die neben der Rückzahlung wahlweise zum Bezug von ICN-Titeln oder Ciba-Geigy-Inhaberaktien berechtigen sollte. Ohne zuvor über die Pläne von ICN informiert worden zu sein, hatte sich Ciba-Geigy in der Öffentlichkeit sofort vehement von diesem Wandelrecht und von Herrn Panic zu distanzieren versucht. Mit seinem überraschenden Einstieg bei Hoffmann-La Roche schien der ehemalige Radrennfahrer nun offenbar geneigt, sich innert kürzester Zeit bereits zum zweiten Mal mit einem Pharmagiganten aus dem Grossraum Basel anzulegen.

In Jean-François Kurz, Mitbegründer und Teilhaber der Genfer Privatbank Gutzwiller, Kurz, Bungener, hatte Panic einen ideenreichen Fürsprecher gefunden. Aus der Trickkiste dieses schillernden Bankiers stammte auch die Idee mit der Ciba-Wandelanleihe. Um die entsprechenden Bezugsrechte sicherzustellen, wurden bei der Basler Privatbank E. Gutzwiller & Cie 15 000 Ciba-Inhaberaktien «verstillhaltert». Erbost über das eigenmächtige Vorgehen des Privatbankiers zeigte man sich namentlich auch in der Generaldirektion der Bank Leu in Zürich, zu deren Einflussbereich das Genfer Bankhaus Gutzwiller, Kurz, Bungener gehörte.

Auf dem konservativen Schweizer Bankenplatz genoss Jean-François Kurz den Ruf eines etwas unberechenbaren Exoten – zumal er ein Faible dafür hatte, mit Regierungsvertretern aus Drittweltstaaten wie Indien, Costa Rica oder gar Kuba ins Geschäft zu kommen. Bereits Anfang der siebziger Jahre hatte Kurz das Finanzestablishment gegen sich aufgebracht, weil er in Genf ein eigenes Emissionssyndikat auf die Beine zu stellen und damit ein traditionelles Grossbankenmonopol zu knacken gewagt hatte. Viele der Emissionen, welche Kurz in den Folgejahren durchzog, waren für Schweizer Verhältnisse absolut neuartig. So war es, um nur ein Beispiel zu nennen, Jean-François Kurz, der hierzulande die erste öffentliche Anleihe eines ausländischen Schuldners mit einem variablen Zinssatz ausstattete. Sein Partner bei dieser ungewöhnlichen Frankenauslandsanleihe war die Nationalbank von Algerien. «Während Jahren hat er die Schweizer Grossbanken mit komplexen Anleihen für unkonventionelle Schuldner terrorisiert», urteilte 1988 das Fachmagazin «Euromoney» über Kurz und verglich ihn mit einem «Weissen Wolf» in einer trägen Herde ultrakonservativer Bankfachleute[52]. Weil Kurz verschiedentlich mit Aktienbezugsrechten operierte, als dieses Instrument in der Schweiz noch weitgehend unbekannt war, könnte man ihn mit Fug und Recht als einen der Väter des Stillhalter-Gedankens bezeichnen.

Nachdem es 1988 an der Spitze der Bank Leu zu einer Wachablösung gekommen war, musste auch Jean-François Kurz die Konsequenzen ziehen und von seinem Chefposten bei der Genfer Tochter zurücktreten. So fand der «Nestbeschmutzer» jetzt endlich die Zeit, um sich etwas eingehender mit seiner Zweitkarriere als Gemeindepräsident von Trélex, einem Genfer Vorort, zu beschäftigen. Daneben pflegte er aber weiter die wertvollen Beziehungen, die er als Privatbankier geknüpft hatte, und wurde Anfang der neunziger Jahre sogar zum persönlichen Berater des Ministerpräsidenten von Restjugoslawien ernannt. Der serbische Regierungschef ad interim, den Kurz während ein paar Monaten zu beraten hatte, war übrigens kein anderer als ICN-Besitzer Milan Panic.

Doch kehren wir zum Annäherungsversuch des unverfrorenen Serben an die noble Roche zurück. Was die Öffentlichkeit nie erfuhr, war die Tatsache, dass die Zürcher BZ Bank mit ihren internationalen Kundenbeziehungen massgeblich zum Aufbau von dessen Roche-Paket beigetragen hatte. In den Monaten, bevor sich Panic als Grossinvestor des Basler Pharmakonzerns zu erkennen gab, waren die ultraschweren Roche-Inhaberaktien in einem aussergewöhnlich engen Markt raketengleich in die Höhe geschossen. Während die Titel an der Zürcher Vorbörse im Herbst 1986 noch bei 100 000 Franken gehandelt worden waren, durchbrachen sie zwölf Monate später bereits die Schallmauer von

300 000 Franken. Bei einem Kurs von 285 000 Franken war es Ebner damals gelungen, einen besonders lukrativen Handel abzuschliessen. Ein japanisches Investmenthaus hatte eine grosse Stückzahl Roche-Inhaber «en bloc» geordert und mit diesem Auftrag in den Räumlichkeiten der Zürcher BZ Bank prompt das Ritual ausgelöst, welches bei solchen Gelegenheiten mit uhrwerkmässiger Präzision ablief: Umsatzrekord! Beethovens Neunte! Balik-Lachs!

Der japanische Käufer steckte die erworbenen Papiere dann allerdings nicht in sein eigenes Portefeuille, sondern reichte das Aktienpaket an Milan Panic, den Besitzer der kalifornischen Biotechnologiefirma ICN, weiter.

«No panic at Hoffmann-La Roche», titelte seinerzeit die «Financial Times» und wies in ihrem Bericht darauf hin, dass die Börsenkapitalisierung des Basler Pharmamultis die finanziellen Möglichkeiten von ICN bei weitem übersteige.[53] Eine Kontrollübernahme bei Roche hätte einen Kapitaleinsatz von weit über drei Milliarden Franken erfordert – theoretisch, denn eine feste Stimmenmehrheit lag ja bekanntlich bei den Familien Hoffmann, Oeri und Sacher.

Entsprechend locker gab sich die Roche-Konzernleitung. Die Idee einer industriellen Zusammenarbeit mit dem amerikanischen Pharmazwerg wies man gegenüber der Presse weit von sich. Weder sei man zu einem Rückkauf des fraglichen Aktienpakets bereit, noch habe man an einer auch nur losen Verbindung zu ICN das geringste Interesse.[54] Für die Roche-Spitze war klar, dass es sich bei den Aktienkäufen von Panic um ein spekulativ inspiriertes Finanzmanöver handeln musste. Dafür sprach schon die unorthodoxe Art und Weise, wie er sein Engagement publik gemacht hatte. Tatsächlich befand sich Panic unter einem nicht zu übersehenden Zugzwang. An der Wall Street hatten die ICN-Aktien Anfang 1987 ihren Zenit überschritten und tauchten immer tiefer, je länger die medizinische Zulassung des kurzfristig hochgejubelten Aids-Medikamentes durch die amerikanische Food and Drug Administration auf sich warten liess. Dazu kam der Umstand, dass Panic seine rasante Expansionsstrategie weitgehend mit fremden Mitteln unterlegt hatte. Einen Grossteil davon hatte

Panic in Form von Wandelanleihen aufgenommen, womit den angeschlagenen ICN-Titeln – vorausgesetzt, die Gläubiger würden sich tatsächlich für einen Aktienbezug entscheiden – eine erhebliche Verwässerung drohte.

Nach dem Börsencrash vom Oktober 1987, in dessen Gefolge die Roche-Aktien massiv an Boden verloren und bis auf 153 000 Franken absackten, ergriff Panic die Flucht nach vorne und stockte seine Beteiligung weiter auf. Wie illiquide der Markt für die Roche-Inhabertitel war, zeigt folgende Transaktion. Gemäss einem Bericht von «Finanz und Wirtschaft» erwarb die kalifornische ICN am 30. November 1987 an der Zürcher Vorbörse «rund 30 Roche-Aktien», was deren Notierung von 176 000 Franken (Eröffnungskurs) auf 195 000 Franken (Schlussnotierung) trieb.[55] Allein mit diesem vom Umfang her relativ begrenzten Kauf im Gegenwert von nicht einmal 6 Millionen Franken schaffte es Panic, den Wert seiner Roche-Beteiligung von nunmehr knapp 1200 Inhaberaktien während einer einzigen Börsensitzung um 20 Millionen Franken nach oben zu hebeln.

Der agile ICN-Boss versäumte es denn auch nicht, dem Roche-Management seine neuerlichen Aktienkäufe gebührend unter die Nase zu reiben. Als sich die Basler Konzernspitze eigens nach New York begeben hatte, um der amerikanischen Chemiefirma Sterling Drug ein Übernahmeangebot zu unterbreiten, schlug Panic abermals zu. Am 8. Januar 1988 meldete ICN, sie habe ihre Roche-Beteiligung in der Zwischenzeit auf 7,3 Prozent der Stimmen ausgebaut.

Am Rheinknie markierte VR-Präsident Fritz Gerber Gelassenheit. Man sehe wirklich keinen Grund, irgendwelche Abwehrmassnahmen zu ergreifen, verlautete aus der Roche-Zentrale. Selbst wenn es Panic gelingen sollte, seine Beteiligung – wie er grossspurig angekündigt hatte – auf 25 Prozent der Stimmen zu erhöhen, so hatte ein Grossaktionär von Hoffmann-La Roche statutengemäss nicht einmal bei einem 49prozentigen Anteil das Anrecht auf einen Sitz im Verwaltungsrat.

Insgeheim musste es Gerber und seine Entourage schon etwas irritieren, dass die Inhaberaktien des Traditionsunternehmens zum Spielball eines jugoslawischen Spekulanten gerieten. Mit einer realistischen Marktbewertung hatte es jedenfalls nichts zu tun, wenn ein marginaler Handwechsel, wie der oben beschriebene Kauf von 30 Roche-Inhaberaktien durch ICN, die Börsenkapitalisierung des Konzerns innert Minuten um beinahe 300 Millionen Franken schwanken liess. Ergo begann man in Basel, ein Szenario zu entwickeln, wie dem lästigen Einfluss zu begegnen sei. Ein grösserer Buchverlust, so die Überlegung, würde Panic bald gefügig machen.

Am Montag, dem 21. März 1988, kamen die Inhaberaktien des Basler Pharmakonzerns an der Zürcher Börse tatsächlich unter enormen Abgabedruck. Aufgrund von massiert eintreffenden Verkaufsaufträgen sackte der Kurs von 172 000 auf 150 000 Franken ab. Innert Stunden hatte sich der Marktwert von Panics Roche-Paket um 25 Millionen Franken verringert. Alles lief wie am Schnürchen. Vier Tage später kam aus Kalifornien prompt die Meldung, die Biotechnologiefirma ICN habe ihre Beteiligung – zuletzt hatte diese 1376 Inhaberaktien (8,6 Prozent der Stimmen) umfasst – ausserbörslich an einen unbekannten Dritten weiterveräussert.

Am künstlich inszenierten Kurssturz vom 21. März 1988 hatten sich mehrere Zürcher Ringbanken beteiligt – im Sinne einer konzertierten Aktion, bei welcher Roche-Aktien in grosser Stückzahl auf den Markt geworfen wurden, um gleichzeitig über andere Kanäle wieder absorbiert zu werden. «Die Inhabertitel sind damals von der linken in die rechte Hosentasche geschaufelt worden», beschreibt ein namhafter Zürcher Investmentbanker den ungewöhnlichen Vorgang. Wo aber waren die 1376 Roche-Papiere gelandet, die Panic angesichts der für ihn katastrophalen Kursentwicklung hatte abstossen müssen?

Acht Monate später sollte sich das Rätsel ansatzweise lösen, als im Kanton Glarus eine neue Aktiengesellschaft namens Pharma Vision 2000 ins Handelsregister eingetragen wurde. Als deren designierter Präsident trat der Schwandener Rechtsanwalt Peter Hefti in Erscheinung, ein eifriger Sammler von Verwaltungsratsmandaten, der dem rechten Flügel der Freisinnig Demokratischen Partei (FDP) angehörte und seit zwanzig Jahren als Ständerat politisierte. Neben drei Dutzend anderer Gesellschaften sass der Jurist unter anderem bei der Bank Nordfinanz sowie der «Zürich»-Versicherung im Verwaltungsrat. Im Umfeld der BZ Bank war Hefti demnach kein Unbekannter, während er beim Präsidenten von Hoffmann-La Roche aufgrund gemeinsamer VR-Aufgaben bei der «Zürich» einen regelrechten Vertrauensbonus genoss. Als Peter Hefti im «Stöckli» turnusgemäss den Vorsitz übernehmen durfte, schrieb die «Weltwoche»: «Es gibt Leute, die halten den neuen Ständeratspräsidenten für so stockkonservativ, dass er selbst im Kohlenkeller noch Schatten wirft.» Rechts von Hefti, so wurde dieser ein andermal charakterisiert, komme nur noch der Glarner Fels.

Bei der Pharma Vision 2000 handelte es sich um eine Aktiengesellschaft mit den Wesenszügen eines auf die Schweizer Pharmabranche ausgerichteten Anlagefonds. Gemäss ihren Statuten sollte die Neugründung langfristige Beteiligungen auf dem Gebiet der Pharmaindustrie übernehmen, verkaufen und verwalten. Ihr Aktienkapital belief sich auf 250 Millionen Franken, eingeteilt in 410 000 Inhaberaktien zu 500 Franken sowie 450 000 Namenaktien zu 100 Franken. Gemessen am Kapitaleinsatz verfügten auch hier die Namenaktien über das fünffache Stimmrecht der Inhaberaktien, weshalb sich die Gesellschaft bereits mit einem Kapitaleinsatz von weniger als 45 Millionen Franken kontrollieren liess. Die Gründer der Pharma Vision 2000 hatten offenbar die Vorteile des bewährten Zweiklassensystems im Aktionariat erkannt. Für einen Interessenausgleich sollte immerhin eine gesonderte Vertretung der beiden Eigentümerkategorien im Verwaltungsrat sorgen. In Artikel 16 der Gründungsstatuten hiess es dazu: «Auf Antrag eines Aktionärs wird je ein Mitglied des Verwaltungsrates ausschliesslich durch die Inhaber der Aktien mit einem Nennwert von 500.– und ein Mitglied ausschliesslich durch die eingetragenen Eigentümer der Aktien mit einem Nennwert von 100.– gewählt.»

Im Portefeuille der Investmentgesellschaft befanden sich vorerst nur Stimmrechtsaktien der drei Basler Chemiekonzerne: 70 000 Ciba-Geigy-Namenaktien, 20 000 Sandoz-Namenaktien und 1550 Roche-Inhaberaktien. Die beiden erstgenannten Aktienblöcke hatten sich zuvor in einem Wertschriftendepot des amerikanischen Brokerhauses Merrill Lynch befunden. Demgegenüber schien das Roche-Paket aus zwei verschiedenen Quellen alimentiert worden zu sein. 860 Inhaberaktien hatte man offiziell der Banque Nationale de Paris (BNP) abgekauft, während die restlichen 690 Titel den Handelsbeständen der Deutschen Bank entstammten.

Bezüglich des tatsächlichen Ursprungs der Roche-Beteiligung drängte sich indes eine andere Vermutung auf. Schliesslich deckten sich die 1550 Inhaberaktien ziemlich genau mit dem spekulativen Engagement, mit welchem ICN-Besitzer Panic noch im Frühjahr desselben Jahres für Aufsehen gesorgt hatte. Eingedenk der Tatsache, dass die selten gehandelten Roche-Titel von gewissen Investoren gleichsam wie ausgefallene Briefmarken ins Portefeuille gesteckt wurden, liegt die Annahme auf der Hand, bei den 1550 Roche-Inhaberaktien, welche in die Pharma Vision eingebracht worden waren, handelte es sich grösstenteils um das ehemalige Panic-Paket (1376 Inhaberaktien).

Wahrscheinlich hatte der Käufer die ICN-Beteiligung nur deshalb in zwei ungleiche Hälften geteilt und vom kalifornischen Costa Mesa via Paris und Frankfurt nach Zürich schleusen lassen, um deren tatsächliche Herkunft zu verschleiern. Dass Panic freiwillig auf einen angemessenen Paketzuschlag verzichtet haben sollte, indem er seine Beteiligung statt en bloc in zwei Portionen abstiess, liess sich andererseits so gut wie ausschliessen. Der Käufer sei bereit gewesen, einen angemessenen Paketzuschlag zu entrichten, prahlte der ehemalige Radrennfahrer nach dem Verkauf und seine ICN habe dabei 30 Millionen Franken verdient.[56]

Obwohl ein grundsätzliches Interesse von Hoffmann-La Roche am Verbleib besagter Stimmrechtsaktien schwerlich zu leugnen ist, beharrt man in Basel bis heute auf der unverfänglichen Version, Milan Panic habe die Aktien seinerzeit «an Dritte» verkauft. Nachdem sich die Roche-Spitze mehr als einmal mit unmissverständlichen Worten von einer Zusammenarbeit mit dem dreisten Angreifer distanziert hatte, stimmt es doch nachdenklich, dass es ein paar Monate später plötzlich gleichwohl zu einer Kooperation kam. «Im September 1988 hat unsere Roche-Gesellschaft in den USA umsatzmässig schwache Produkte mit einem insgesamten Jahresumsatz von weniger als 15 Millionen US-Dollar für den amerikanischen Markt an ICN auslizenziert», bestätigt die Presseabteilung des Pharmakonzerns.

Bei der Gründung der Pharma Vision 2000 im November 1988 belief sich der Börsenwert ihrer drei Beteiligungen auf über 570 Millionen Franken. Die Kontrolle liege «in Händen von schweizerischen institutionellen Anlegern», die im übrigen «keinen Einfluss auf die Geschäftsführung» der betreffenden Chemiekonzerne auszuüben gedächten, liess sich Hefti anlässlich der Gründung entlocken. Die Kapitalanlage habe folglich rein passiven Charakter.[57] Die im Vorfeld aufgetauchten «Beeinflussungsszenarien», welche der BZ Bank vor dem Hintergrund der kürzlich erfolgten Holding-Gründung mit einem Aktienkapital von einer halben Milliarde Franken zugeschrieben worden waren, verwies Hefti gegenüber der «Neuen Zürcher Zeitung» ins Land der Märchen. Die BZ Bank Zürich habe zwar in einem Vorstadium Hilfe geleistet, sei dabei aber in keiner Art und Weise dominierend gewesen und habe ferner mit der Geschäftsführung absolut nichts zu tun.[58]

Offiziell war das für die Aktienkäufe benötigte Kleingeld von Luc Hafner, einem Genfer Notar, bereitgestellt worden. Zu diesem Zweck hatte dieser bei der Zürcher Kantonalbank (ZKB), die der Pharma Vision 2000 als Depotstelle diente, 550 Millionen Franken einbezahlt (250 Millionen Aktienkapital plus 300 Millionen Agio). «Maître» Luc Hafner arbeitete in der Rhonestadt Tür an Tür mit dem Advokaten André Pfyffer von Altishofen, der als diskreter Mandatsträger für die Genfer Beteiligungsgesellschaft Pargesa und den schwedischen Volvo-Konzern tätig war. Viel mehr gab es über Luc Hafner nicht zu berichten, weshalb sich wohl auch niemand zur Vermutung veranlasst sah, hinter der Unterschrift dieses Juristen könne sich neben ein, zwei anderen Grossinvestoren eventuell die BZ Bank oder sogar der Pharmakonzern Hoffmann-La Roche verbergen.

Ein Indiz bestand allenfalls darin, dass mit Alfred B. Berger der Präsident von Merrill Lynch (Schweiz) im Verwaltungsrat der Pharma Vision Einsitz genommen hatte. Einen erheblichen Teil seiner Finanzgeschäfte wickelte der Roche-Konzern traditionellerweise über dieses internationale Brokerhaus ab – insbesondere, was den amerikanischen Markt betraf. Die schweizerische Merrill Lynch-Tochter sollte denn auch für die laufende Überwachung des Pharmaportefeuilles zuständig sein. Kein Wunder also, dass es nicht Hefti, sondern Berger war, der im Aufsichtsgremium der Pharma Vision von Anfang an die Fäden zog. So wurde etwa der Genfer Privatbankier Bénédict Hentsch von letzterem angefragt, ob er nicht ebenfalls im Aufsichtsgremium der Pharma Vision aktiv zu werden wünsche. Doch Hentsch war kein Mandatesammler und winkte aus Rücksicht auf seine Ungebundenheit als Investmentbanker ab: «Man will seine Kunden ja schliesslich frei beraten können.»

Der Zürcher Rechtsanwalt Jean-Claude Wenger schien hinsichtlich allfälliger Interessenkonflikte keine Bedenken zu haben, in den Verwaltungsrat der Pharma Vision einzutreten. Seit seiner Heirat mit Claudia Schrafl, einer Nichte des Schweizer Grossindustriellen Max Schmidheiny, gehörte Jean-Claude Wenger sozusagen zum engeren Familienkreis des Schweizer Wirtschaftsestablishments. Ein Mann mit derartigen Beziehungen war verständlicherweise in jedem Verwaltungsrat willkommen. Abgesehen von gewichtigen Mandaten bei Holderbank und Wild Leitz, präsidierte Wenger die Zürcher Nomura-Tochter, in deren Verwaltungsrat auch BZ-Mann Konrad Fischer Einsitz genommen hatte. Die beiden waren es gewohnt, beruflich recht eng zu kooperieren. Neben seinen Verwaltungsratspflichten war Fischer damals noch bei der Zürcher Anwaltskanzlei Wenger, Vieli, Gut & Partner tätig, zu deren Mitbegründern Jean-Claude Wenger zählte.

Im Militär hatte es Oberst Wenger bis zum Kommandanten des Thurgauer Infanterie-Regiments 31 gebracht, und auf dem politischen Parkett genoss der 62jährige Jurist ebenfalls einen makellosen Ruf. Wenige Wochen vor Gründung der Pharma Vision war Wenger vom Bundesrat beauftragt worden, mit der Kernkraftwerk Kaiseraugst AG Sondierungsgespräche über die Höhe der Entschädigungssumme für einen Bauverzicht zu führen. Nachdem sich herausgestellt hatte, dass ein Kernkraftwerk in der Nordwestecke der Schweiz aus politischen Gründen nicht zu realisieren war, forderte eine Gruppe bürgerlicher Parlamentarier die Landesregierung auf, das umstrittene Projekt ad acta zu legen.

Einer ihrer Wortführer war SVP-Nationalrat Christoph Blocher. Als Verwaltungsratsmitglied der Motor-Columbus AG – einem der Kaiseraugst-Aktionäre – war Blocher natürlich an einer möglichst generösen Entschädigung durch den Bund interessiert. Finanzminister Otto Stich wollte derweil «möglichst nichts» bezahlen, und so wurde es dem unabhängigen Unterhändler Jean-Claude Wenger in der Öffentlichkeit hoch angerechnet, dass er es immerhin geschafft hatte, die Liquidationskosten für den Steuerzahler auf 350 Millionen Franken zu begrenzen.

Die Pharma Vision 2000 schien absichtlich als eine Art Black box konstruiert worden zu sein. Zu diesem Zweck waren die betreffenden Roche-Aktien einerseits auf reichlich verschlungenen Wegen eingebracht worden. Um den Aktienfonds vor neugierigen Blicken zu schützen, hatte man ihn zusätzlich mit einer doppelten Phalanx von Juristen umgeben. Für Aussenstehende war es somit kaum möglich, Rückschlüsse auf die Identität der wirtschaftlich Berechtigten zu ziehen. Dafür sorgte das Anwaltsgeheimnis.

Selbst ausgewiesene Finanzexperten waren im Fall der Pharma Vision aufs Spurenlesen angewiesen. Eine Fährte, der häufig nachgegangen wurde, schien in der Tat auf eine Zusammenarbeit zwischen BZ Bank und Hoffmann-La Roche hinzudeuten. Roche habe den Rückkauf des ICN-Pakets finanziert und sich im Sinne einer Kreuzbeteiligung dafür an den Aktien der Pharma Vision schadlos gehalten, wurde hinter den Kulissen gemunkelt. Für das «Handling» der Pharmabeteiligungen und sämtliche damit verbundenen Brokeraktivitäten, hiess es, sei von Anfang an die BZ Bank und nicht etwa Merrill Lynch verantwortlich gewesen. Da Merrill Lynch Ende der achtziger Jahre in Zürich noch nicht einmal über einen eigenen Börsensitz verfügte, dürfte diese These nicht ganz aus der Luft gegriffen sein. Andere Beobachter wollten sogar von einer verdeckten Allianz zwischen der BZ Bank und Hoffmann-La Roche zwecks Übernahme des Konkurrenten Ciba wissen. Laut Aussage eines Zürcher Bankiers, der es vorzieht, in dieser Angelegenheit ungenannt zu bleiben, habe der geheime Schlachtplan folgendermassen ausgesehen: «Im Auftrag der Pharma Vision sollte die BZ Bank möglichst viele Ciba-Aktien zusammentragen. Wären dann eines schönen Tages genügend Ciba-

Titel beisammen gewesen, hätte Roche die alleinige Kontrolle über die Investmentgesellschaft übernommen und sich bei dieser Gelegenheit als neuer Ciba-Besitzer ‹geoutet›.»

Soweit sollte es nicht kommen. Am 12. Juli 1991 trat der Ems-Chef Christoph Blocher vor die Presse, um überraschend bekanntzugeben, dass ein Konsortium unter seiner Führung die Stimmenmehrheit an der Pharma Vision 2000 übernommen habe. Ein Drittel des Mehrheitspaketes befinde sich neuerdings in seinem Besitz, verkündete der Chemieunternehmer. Einen gleich grossen Anteil halte die BZ Gruppe Holding, und das restliche Stimmendrittel liege in Händen von «inländischen Institutionellen». Wie sich erst später herausstellen sollte, handelte es sich bei der letztgenannten Investorengruppe um den Westschweizer Uhrenkonzern Rolex. Die drei Parteien wurden durch einen Aktionärsbindungsvertrag zusammengehalten. Von den stimmrechtsprivilegierten Namensaktien kontrollierten Christoph Blocher, die BZ Gruppe Holding sowie die Rolex Holding jeweils genau ein Drittel, womit diese drei Investoren bei einer Kapitalbeteiligung von lediglich 18 Prozent über eine Mehrheit von 52,3 Prozent der Aktienstimmen verfügten.

Der Roche-Konzern selbst besass zum Zeitpunkt von Blochers Kontrollübernahme ein massgebliches Paket an Inhaberaktien der Pharma Vision in der Grössenordnung von schätzungsweise 20 bis 25 Prozent. Einen Sitz im Verwaltungsrat der Pharma Vision beanspruche Roche deswegen nicht, schrieb damals die «Finanz und Wirtschaft».[59] Mit dem Besitz von 16 200 Namenaktien sowie 14 760 Inhaberaktien zählte seit Mitte 1990 auch die britische Handelsbank National Westminster zu dem sagenumwobenen Aktionärskreis der Pharma Vision.

War die Fachwelt bislang auf Mutmassungen angewiesen, so existierte jetzt wenigstens eine halboffizielle Version: Handstreichartig hatte sich das Gespann Blocher/Ebner die Kontrolle über ein Pharmaportefeuille verschafft, welches inzwischen einen Marktwert von 930 Millionen Franken aufwies.

Mit diesem Schritt «wurde aus dem 50jährigen Pfarrerssohn, Juristen und Industriellen auch noch ein Financier», kommentierte «Bilanz».

Für die Investorengruppe um Blocher dürfte sich der Übernahmepreis auf ungefähr 160 Millionen Franken belaufen haben. Anlässlich der kurzfristig einberufenen Medienorientierung gab Blocher denn auch bekannt, sein Anteil sei ihn auf etwas über 50 Millionen Franken zu stehen gekommen. Leider hätten seine finanziellen Kapazitäten nicht ausgereicht, um mehr als nur ein Drittel der Stimmrechtsaktien zu übernehmen, kokettierte der Ems-Besitzer vor der Presse. Unter welchen Vorzeichen der Handwechsel zustande gekommen war, liess er dabei wohlweislich im dunkeln. Eine Strafklage, die in dieser Angelegenheit kurze Zeit später von einem Liestaler Arzt bei der Staatsanwaltschaft des Kantons Zürich eingereicht wurde, legte nämlich den Schluss nahe, dass es sich bei Blochers Aktienkauf weniger um ein Geschäft unter Freunden als um ein geschickt geführtes Manöver gegen den Willen der bisherigen Eigentümer gehandelt hatte.

Anlässlich der ausserordentlichen Generalversammlung der Pharma Vision vom 5. August 1991, zu welcher sich die Aktionäre eilends im Buffet des Zürcher Hauptbahnhofs versammelt hatten, traten dann auch prompt der Schwandener Rechtsanwalt Peter Hefti sowie Merrill Lynch-Vertreter Alfred B. Berger von ihren Ämtern zurück. Auf den Präsidentensessel schwang sich Christoph Blocher, während Berger durch Ebners Studienfreund und Verwaltungsrats-Allrounder Konrad Fischer ersetzt wurde. Und um die Troika wunschgemäss zu komplettieren, wurde die Geschäftsführung der Pharma Vision dem zuverlässigen Gefolgsmann Kurt Schiltknecht übertragen.

Die Inhaberaktien der Pharma Vision, von denen sich im Juli 1991 maximal die Hälfte in Publikumsbesitz befanden, quittierten den Einstieg des neuen Konsortiums mit einer deutlichen Avance. «Für den Publikumsaktionär von Pharma Vision wird sich mit dem Wechsel im Aktionariat einiges ändern», prophezeite die «Finanz und Wirtschaft»: «Mit Christoph Blocher im Hintergrund erwirbt der Anleger einen interessanten Pharmabasket, der in Zukunft weniger Roche-lastig sein wird und auch nicht mehr so viele Namenaktien enthalten wird».[60]

Was die Roche-Lastigkeit betraf, lag das Börsenfachblatt für einmal völlig daneben. Zum Jahresende wiesen die Roche-Titel im Beteiligungsportefeuille der Pharma Vision bereits ein Gewicht von 65,7 Prozent auf, gegenüber 57 Prozent per 31. März 1991. Auf die Aktien von Ciba-Geigy entfielen wertmässig 30 Prozent, während sich der Rest aus Titeln der Ems-Chemie (2,7 Prozent) sowie Sandoz (1,6 Prozent) zusammensetzte. Dank des Verkaufs von über 70 000 Sandoz-Namenaktien konnte die Investorengruppe um Blocher wenige Wochen nach ihrer Kontrollübernahme bereits einen eindrücklichen Beteiligungsertrag von 73,3 Millionen Franken verbuchen.

In Sachen Aktionärsnutzen behielt «Finanz und Wirtschaft» freilich Recht. Während die Aktien der Pharma Vision 2000 seit deren Gründung mit einem deutlichen Discount gegenüber ihrem inneren Wert von über 10 Prozent gehandelt worden waren, verringerte sich diese Differenz in der zweiten Jahreshälfte 1991 auf knappe 2 Prozent. Der für solche Anlageinstrumente im allgemeinen übliche Abschlag war damit schon beinahe verschwunden.

Für die Käufer der Pharma Vision-Inhaberaktien zahlte es sich aus, dass Schiltknecht im zweiten Halbjahr rund 350 Millionen Franken in Form kurzfristiger Kredite aufgenommen hatte, um damit unter anderem 800 000 Bezugsrechte (in Form von sogenannten Bull Spread Warrants) für den Erwerb zusätzlicher Roche-Genussscheine zu finanzieren. Warum es sich ansonsten lohnen könnte, die Inhaberaktien der Pharma Vision zu erwerben, durften die Aktionäre im ersten Geschäftsbericht unter BZ-Management nachlesen: «Strategie der Pharma Vision 2000 ist es, nachhaltigen Mehrwert für ihre Aktionäre zu schaffen, indem sie ausgewählte Beteiligungen an Gesellschaften der Pharmaindustrie und verwandter Branchen hält und bewirtschaftet und dabei als Eigentümeraktionär auftritt. In der heutigen Zeit können und wollen viele Aktionäre die Eigentümerfunktion nicht in eigener Person wahrnehmen. Diese Rolle übernimmt die Pharma Vision 2000 AG mit dem Ziel der Werterhaltung und Wertsteigerung ihres Eigentums. Gespräche mit dem Verwaltungsrat und Management der Unternehmungen, an denen die Pharma Vision 2000 AG beteiligt ist, werden regelmässig gesucht und die Unternehmungsaktivitäten und -ziele aufmerksam verfolgt.»

Die Gespräche mit dem Management von Hoffmann-La Roche schienen zu fruchten. Im Verlauf des Jahres 1992 stieg der innere Wert pro Pharma-Vision-Inhaberaktie um 38,8 Prozent auf 2752 Franken. Die Beteiligung an der Roche Holding (inklusive Optionen auf weitere Roche-Titel) dominierte Ende Jahr im Portefeuille mit 73,9 Prozent vom gesamten Börsenwert. Das Gewicht der Ciba-Aktien hatte sich auf 23,8 Prozent verringert, während die 24 000 Inhaberaktien der Ems-Chemie wertmässig noch 2,3 Prozent entsprachen.

Im März 1993 trat der Jurist Konrad Fischer von seinem Verwaltungsratsposten bei der Pharma Vision zurück. Ersetzt wurde er durch Martin Ebner persönlich. Rechtsanwalt Jean-Claude Wenger schied acht Monate später ebenfalls aus. «Sehr geehrter Herr Präsident», schrieb jener an Christoph Blocher, den starken Mann der Pharma Vision, «ich beziehe mich auf das mit Ihnen am 1. November 1993 geführte Gespräch und erkläre hiermit meinen Rücktritt als Mitglied des Verwaltungsrates der Pharma Vision 2000 AG. Mit vorzüglicher Hochachtung, Dr. J. C. Wenger.» Diese knappe Erklärung markiert die Distanz, zu der es zwischen dem hemdsärmlig agierenden SVP-Politiker und dem distinguierten Anwalt gekommen war – Divergenzen, die sich letztlich auf eine Frage des persönlichen Stils zurückführen liessen. Während Blocher als VR-Präsident sich nicht scheute, Entscheidungen autokratisch zu fällen, zog es Wenger in der Regel vor, sich eine eigene Meinung zu bilden. Vor allem aber hatte der Rechtsanwalt berufsbedingt ein ausgesprochenes Flair für Diskretion. Wenn er etwas nicht leiden konnte, war es Blochers Hang zur Publizität. Dazu kamen berufliche Interessenkonflikte, die dadurch nicht geringer wurden, dass Fischer und Wenger jahrelang der gleichen Anwaltspraxis angehört hatten. (Nach Fischers Rücktritt bei der Pharma Vision trennte er sich auch von der Zürcher Kanzlei Wenger, Vieli, Gut & Partner.) Als Ersatz für Jean-Claude Wenger wurde der 46jährige Schwede Peter Sjöstrand ins Aufsichtsorgan der Pharma Vision gehievt. Bei Sjöstrand handelt es sich um einen ehemaligen Schulkameraden von Johan Björkman, dem aufgrund dieser «Jugendseilschaft» auch sofort die Ehre zuteil wurde, bei der BZ Gruppe Holding als aktienzeichnender Partner aufgenommen zu werden. Von 1977 bis 1993 hatte Sjöstrand der Konzernleitung des schwedischen Chemieunternehmens Astra AB angehört und verfügte damit über langjährige Managementerfahrung im Pharmabereich. Mit Sjöstrand im Bunde sei man darauf vorbereitet, im «Extremfall» auch Führungsverantwortung in Pharmagesellschaften zu übernehmen, führte Christoph Blocher vor der Presse vielsagend aus. Werde nämlich in einer Firma, an der die Pharma Vision beteiligt sei, «ein Riesenmist gebaut», so Blocher, dann müsste man «im Notfall» auch eingreifen können.

Vor dem Hintergrund des neuerlichen Sesselrückens im Verwaltungsrat entwickelte sich die Pharma Vision im Superbörsenjahr 1993 zum «High-flyer». Die handelbaren Inhaberaktien legten innert Jahresfrist um 94,7 Prozent auf 5110 Franken zu. Seit der Übernahme der Geschäftsführung durch die BZ Trust vor zweieinhalb Jahren hatte sich der Inhaberkurs mehr als verdreifacht.

Nachdem die Titel seit Mitte 1992 vorbörslich gehandelt worden waren, wurden sie im Frühjahr 1993 endlich auch an der Zürcher Hauptbörse kotiert. Mit einem Jahresumsatz von rund drei Milliarden Franken stiessen die Titel der Pharma Vision fünf Jahre nach der Gründung unter die am meisten gehandelten Schweizer Aktien vor. Die wachsende Beliebtheit der Beteiligungsgesellschaft fand ihren Ausdruck in einer Prämie von über 10 Prozent, die der Aktienkurs am Ende des Geschäftsjahres gegenüber dem inneren Wert aufwies.

Ende 1993 belief sich der Börsenwert der von der Pharma Vision gehaltenen Roche-Titel auf mehr als 3 Milliarden Franken. Davon entfielen 1,55 Milliarden Franken auf Roche-Inhaberaktien und rund 980 Millionen auf stimmrechtslose Genussscheine. Der Rest des Investments bestand aus Call-Optionen auf beide Titelkategorien. Die 135 000 Roche-Inhaberaktien, welche die Pharma Vision am Jahresende auswies, entsprachen 8,4 Prozent des stimmberechtigten Kapitals. Unter Berücksichtigung des 1989 erfolgten Aktiensplits deckte sich dieses Engagement verblüffend genau mit dem spekulativen Roche-Paket, welches ICN-Boss Milan Panic im März 1988 an einen «unbekannten Dritten» veräussert hatte.

1993 schien die Ebner-Crew auch finanziell am Ziel ihrer Träume angekommen zu sein. Indem sich die Entschädigung der von Kurt Schiltknecht gemanagten BZ Trust an der Kursentwicklung der Pharma Vision-Inhaberaktie bemass, konnte man sich am Jahresende mit einer «management fee» von über 350 Millionen Franken aus der Schatulle der Investmentgesellschaft bedienen. Und dies, obschon man den kontinuierlichen Ausbau der Roche-Beteiligung und das Schreiben von Stillhalter-Optionen auf diese Titel nicht gerade als Gewaltsarbeit bezeichnen kann. «Geht man grosszügig von total neun Mannwochen aus, so hat sich BZ Trust jede Stunde mit einer Million vergolden lassen», errechnete Anfang 1994 das Wirtschaftsmagazin «Bilanz».[61]

Je stärker sich die Anlagestrategie der Pharma Vision auf den Basler Roche-Konzern konzentrierte, desto wichtiger wurde für den Publikumsaktionär die Hebelwirkung, welche sich aus einem zusätzlichen Fremdkapitalanteil ergab. Ansonsten, so die Überlegung, wäre es eventuell kostengünstiger, direkt in die Roche-Titel zu investieren, ohne den Umweg über die mit einem Aufpreis gehandelten Pharma Visions-Aktien zu nehmen. Infolge der zunehmenden Konzentration auf das Unternehmen Hoffmann-La Roche ging der wertmässige Anteil der Ciba-Aktien 1993 auf 11,8 Prozent zurück. «Da die Ciba an ihrer Strategie der Diversifikation festhält und den Pharmabereich nicht eindeutig zum Schwerpunkt ihrer künftigen Aktivitäten machen wird, wurde die Beteiligung an Ciba in Laufe des Jahres etwas abgebaut», begründete Blocher diesen Schritt. Die Beteiligung an seiner eigenen Firma, der Ems-Chemie, verschwand bis Ende 1993 sogar vollständig aus den Büchern. «Die Pharma Vision trennte sich von dieser sehr erfolgreichen Beteiligung», so Blocher, «weil die Ems-Gruppe keinen eigentlichen Pharmakonzern darstellt.» Aufgrund des latenten Insiderverdachts, der angesichts der Ems-Position in einer von Blocher präsidierten Beteiligungsgesellschaft in Marktkreisen aufgetaucht war, hielt Fondsmanager Kurt Schiltknecht diese Transaktion nach eigenem Bekunden für «extrem heikel». Gelöst wurde das Problem offenbar dadurch, dass die betreffenden 24 000 Ems-Inhaberaktien nicht über den Börsenring verkauft, sondern statt dessen in ein anderes «Beteiligungsgefäss» der BZ-Gruppe umplaziert wurden. 1994 liquidierte Schiltknecht auch noch den Rest der Ciba-Beteiligung, womit der Pharma Vision-Aktionär nunmehr praktisch ein reines Roche-Investment in Händen hielt. «In Anbetracht der guten Ergebnisse und Aussichten der Roche Holding erachtet es der Verwaltungsrat als unzweckmässig, nur aus Diversifikationsgründen die Position Roche zu Lasten von weniger erfolgversprechenden Beteiligungen abzubauen», heisst es dazu im 94er Geschäftsbericht. Durch die Ausübung entsprechender Call-Optionen war die Beteiligung im ersten Halbjahr 1994 um 73 000 Inhaberpapiere aufgestockt worden, womit sich die Pharma Vision insgesamt 13,5 Prozent der Roche-Inhaberaktien und 1,8 Prozent der ausstehenden Genussscheine einverleibt hatte. Im Windschatten der Basler Familienerben war die von Blocher präsidierte Investmentgesellschaft zu einem derart gewichtigen Faktor herangewachsen, dass sich dieser öffentlich rühmen konnte: «Wir werden vom Roche-Management ernstgenommen.»

Während sich die Vorliebe der Pharma Visions-Architekten für die Roche-Papiere mittlerweile hinlänglich herumgesprochen hatte, bot der Kapitalfluss in umgekehrter Richtung reichlich Nahrung für die wildesten Spekulationen. Klar schien zumindest, dass die beiden milliardenschweren Roche-Pensionskassen, welche der Kontrolle des Ebner-Kontaktmanns Peter Matter unterstanden, seit Jahren eng mit der BZ-Gruppe verbunden waren – sei es als Abnehmer von grösseren Aktienpaketen, sei es als Stillhalter und Optionsschreiber oder als institutioneller Investor bei der Pharma Vision. Daneben gebot das Finanzressort von Henri B. Meier über die höchsten Barreserven sämtlicher Schweizer Publikumsgesellschaften. Bei einem Bestand an Drittaktien, deren Börsenwert im Frühjahr 1995 in der Grössenordnung von 10 Milliarden Franken anzusiedeln war, liegt die Vermutung auf der Hand, dass sich aus Diversifikationsgründen darunter wohl auch einige Titel der einen oder anderen BZ-Gesellschaft befinden.

Was aber ist in der Zwischenzeit aus der Beteiligung von Hoffmann-La Roche an der Pharma Vision 2000 geworden? Das Minderheitspaket von knapp 25 Prozent, welches der Pharmamulti bei Blochers Machtübernahme in Form von Inhaberaktien gehalten hatte, sei mittlerweile auf «unter 5 Prozent» zurückgefahren worden. «Roche hält keine Kreuzbeteiligungen», heisst es in Basel kategorisch. Wenn die Aktien der Pharma Vision 2000 von Finanzchef Henri B. Meier und seinen Portfoliomanagern trotzdem hin und wieder gekauft und verkauft würden, erklärt ein Roche-Sprecher, so diene dies puren Anlage- und nicht etwa Mitsprache- oder gar Kontrollzwecken.

Exkurs:
Ebner, Blocher und die Ems-Chemie

*Wie Ebner die Emser Werke aufpoliert und zusammen
mit seinem Studienfreund die üppigen Finanzerträge
am Fiskus vorbeischleust*

Die freundschaftlichen Bande, welche sich zwischen Martin Ebner und Christoph Blocher seit ihrer Studienzeit entwickelt hatten, wurden von beiden lange Zeit bewusst kaschiert. Zu verhindern wussten sie allerdings nicht, dass bereits anlässlich der BZ-Gründung Gerüchte in Umlauf kamen, die beiden Spezis hätten hin und wieder auch beruflich einiges miteinander zu besprechen. Mit der Lancierung eines steuersparenden Dividendenmodells – genannt Coto – trat das erfolgreiche Tandem 1990 zum ersten Mal gemeinsam ins Rampenlicht. Ihren geheimnisvollen Anstrich verlor die Beziehung zwischen dem geschäftstüchtigen Aktienhändler und dem erfolgreich politisierenden Ems-Besitzer allerdings erst mit Blochers Aufstieg zum VR-Präsidenten der Pharma Vision. Warum sollten die beiden Senkrechtstarter mit ihrer gegenseitigen Zuneigung noch länger hinter dem Berg halten? Wenn zwei zusammenfinden, von denen jeder behaupten darf, auf seinem Gebiet ein Könner zu sein, kann schliesslich mit erheblichen Synergien gerechnet werden.

Schwer zu sagen, worin die Affinität des populistischen SVP-Nationalrats zum eher introvertierten Starbanker wurzelt. Ist es die ähnliche Sozialisation, dasselbe konservative Wertegerüst oder die gleiche ausgeprägte Fähigkeit, mit Verve gegen den Strom zu schwimmen? Parallelen gibt es in mancherlei Beziehung. Beide entstammen relativ bescheidenen Mittelklass-Verhältnissen, beide verspüren den Drang, über ihre soziale Herkunft hinauszuwachsen, und jeder ist mit dem, was er bisher angepackt hat, aussergewöhnlich erfolgreich gewesen. Offenbar hat eine sich jeweils stark auf religiösen Glauben und Moral stützende Erziehung im Innern von zwei grundverschiedenen Persönlichkeiten denselben lodernden Ehrgeiz heranreifen lassen. Indem sie beide, Ebner wie Blocher, einem ausgeprägten Individualismus huldigen, ist jeder für sich zum Entschluss gelangt, auf der gesellschaftlichen Karriereleiter – koste es, was es wolle – möglichst weit nach oben zu steigen.

Der um vier Jahre ältere Blocher hatte gegenüber dem Freund einen gewissen «natürlichen» Vorsprung, als er sich 1983 zum Alleinherrscher über die Emser Chemiewerke aufschwang – zwei Jahre bevor Ebner seine eigene Bank ins Leben rief. Pfarrer Gerhard Blocher hat eine zentrale Triebfeder im Handeln seines Bruders Christoph einmal mit dem Hinweis auf die Allgegenwärtigkeit Gottes freizulegen versucht, auf die jener sein Tun als Unternehmer und Politiker abstütze.[62] Demnach liegt alles im Leben in Gottes Hand – so auch der Entscheid über Erfolg oder Misserfolg – ohne jedes menschliche Dazutun. Aus dieser beinahe fatalistischen Geisteshaltung ergibt sich automatisch eine Art Furchtlosigkeit vor den Folgen des eigenen Tuns. «Das Zentrale am Christentum ist die Gnade», bestätigt Christoph Blocher, «deshalb kann ich als Mensch, der überall aneckt, überhaupt funktionieren.»[63]

Als eine Gnade Gottes muss es Blocher vorgekommen sein, als er kurz vor seiner Matura zufällig die Bekanntschaft von Werner Oswald, dem Besitzer der Emser Werke, gemacht hatte, von diesem wie ein leiblicher Sohn behandelt und schliesslich sogar zum Kronprinzen für die künftige Führung des Unternehmens aufgebaut worden war. Bereits bevor er offiziell für die Emser Werke tätig wurde, soll Blocher aus Oswalds Privatschatulle allmonatlich einen symbolischen «Zahltag» in der Höhe eines normalen Angestelltensalärs bezogen haben. Kaum war er 1969 in den Rechtsdienst der Emser Werke eingetreten, erhielt er vom Patriarchen, der an Blochers forschem Auftreten offenbar den Narren gefressen hatte, schon die Prokura zugesprochen. Die neuen Visitenkarten waren kaum gedruckt, da beförderte ihn Werner Oswald bereits zum Vizedirektor.

Als der Firmenbesitzer Ende der siebziger Jahre starb, hatte sich Blocher in dessen Windschatten längst an die Spitze des Unternehmens emporgeboxt und dabei die drei Oswald-Söhne, deren Interessen offenbar in andere Richtungen gingen, weit hinter sich gelassen. Blocher sei «in den Konzern eingebrochen wie der Eber in den Kartoffelacker», beschrieb ein Informant aus dem Ems-Kader den ungebremsten Aufstieg von Oswalds Protégé gegenüber der «Weltwoche».[64] Daneben war der Pfarrerssohn auch politisch stets aktiv gewesen, als Gemeinderat seiner Wohngemeinde Meilen und später als Kantonsrat. 1977 hatten ihn die Delegierten der Schweizerischen Volkspartei (SVP) mit überwältigender Mehrheit sogar auf den Schild des Parteipräsidenten im Kanton Zürich gehoben.

Was Christoph Blocher noch fehlte, war ein mehrheitsfähiges Aktienpaket an den Emser Werken. 1981 schien die Gelegenheit, diesem Manko abzuhelfen, für den VR-Delegierten in greifbare Nähe zu rücken. Die Eigenmittel des Konzerns waren auf 100 Millionen Franken zusammengeschmolzen, gefährlich wenig für einen Betrieb mit über 1700 Beschäftigten. Weil die Besitzerfamilie die anstehenden Investitionen nicht länger aus der eigenen Tasche finanzieren konnte, wurde bei den Banken ein ausserordentlicher Überbrückungskredit aufgenommen – mit der Folge, dass die Ems-Aktionäre im Geschäftsjahr 1981/82 erstmals seit langem auf die Auszahlung einer Dividende verzichten mussten. Zwar hätte der Gewinnvortrag in der Höhe von 6,6 Millionen Franken «für eine unveränderte Dividende problemlos ausgereicht», wie «Finanz und Wirtschaft» damals bemerkte. Die Ankündigung Blochers, dass die Ems-Chemie Holding auf die Ausrichtung einer Dividende verzichten wolle, sei daher «recht unerwartet» gekommen. Entsprechend empfindlich reagierte die Börse auf den plötzlichen Sparentscheid. Innert zweier Tage büssten die Ems-Valoren 18 Prozent ihres Marktwertes ein.

Böse Zungen unterstellen Blocher im Rückblick, dass er die Familie Oswald damals gezielt in die Enge getrieben haben soll. Zu diesem Zweck habe er den Zustand der Firma bewusst in düsteren Farben dargestellt und damit den Dividendenausfall regelrecht provoziert, welcher den Oswalds einen Einkommensverlust in der Grössenordnung von einer Million Franken bescherte. Mit der Perspektive, den Gürtel enger schnallen zu müssen, konnten sich die Familienmitglieder jedenfalls nur schwer anfreunden. Vor allem die drei Oswald-Söhne wollten allem Anschein nach lieber Bares sehen und so erhielt Blocher als VR-Delegierter im Frühling 1983 den Auftrag, einen Käufer für die Ems-Gruppe zu suchen.

Um fündig zu werden, brauchte der schlaue Blocher nicht weiter zu gehen als bis zur nächsten Filiale der Schweizerischen Bankgesellschaft (SBG). Dort stellte man ihm bereitwillig ein entsprechendes Darlehen in Aussicht, mit welchem er sich flugs in die Position eines Käufers manövrierte. Schliesslich sass der Ems-Delegierte damals bereits im Verwaltungsrat der SBG. Mit dieser Kreditzusage im Rücken konnte eigentlich nicht mehr viel schiefgehen.

Am 27. Mai 1983 wechselten planmässig sämtliche Aktien der Oswald-Holding, in deren Portefeuille sich die Stimmenmehrheit an der Ems-Chemie befand, den Besitzer. Was die verdutzten Familienmitglieder erst Wochen später erfahren sollten, war das schier unglaubliche Faktum, dass Christoph Blocher bei dieser gekonnt eingefädelten Transaktion nicht nur als Mittelsmann, sondern gleichzeitig als verdeckt agierender Käufer aufgetreten war. «Dass da gleichsam der Kaufinteressent zum Verkaufsagenten, der Bock zum Gärtner gemacht wurde, war indessen nur eine von mehreren Merkwürdigkeiten beim Besitzerwechsel der Emser Gruppe», schrieb die «Weltwoche» über den mysteriösen Handwechsel. «Ebenfalls seltsam mutet an, dass Blochers Entscheid, den Konzern eigentumsmässig zu übernehmen, nicht allen Aktienpaketinhabern offenbart wurde. Mehrere (Gross-) Aktionäre wussten überhaupt nicht, an wen ihre Papiere gingen.»[65] Vollführt hatte Blocher dieses Kunststück, indem er mit den einzelnen Grossaktionären nicht etwa selbst in Kontakt getreten war, sondern sich die nötigen Unterschriften von den willfährigen Oswald-Söhnen hatte besorgen lassen. Im Vertrag hatte der promovierte Jurist zudem eine Klausel eingebaut, die ihm das Recht zubilligen sollte, den Handwechsel gegenüber Dritten während zweier Jahre geheim zu halten.

Solange mochte Blocher dann allerdings nicht zuwarten, bevor er sich am 1. September 1983 der Schweizer Öffentlichkeit erstmals als stolzer Ems-Besitzer präsentierte. Für einen Preis von rund 20 Millionen Franken hatte der Firmeninsider ein Unternehmen erworben, dessen Substanzwert die bezahlte Summe um ein Vielfaches übertraf. Allein die Fabrikanlagen der Ems-Gruppe wiesen zu jenem Zeitpunkt einen Versicherungswert in dreistelliger Millionenhöhe auf. Dazu kamen zahlreiche Wohnbauten, Sportanlagen, Bauerngehöfte, drei Kraftwerke im Kanton Graubünden, die Schlösser Rhäzüns und Fürstenau sowie sechs Millionen Quadratmeter Land. Selbst wenn man die geschwächte Ertragskraft der Ems-Chemie dazu ins Verhältnis setzte, rechneten Finanzanalysten glaubhaft vor, hätte die gewaltige Substanz des Unternehmens zumindest einen drei- bis vierfachen Verkaufspreis gerechtfertigt.

So dauerte es denn auch nicht lange, bis es mit der darbenden Ems schon wieder merklich aufwärts ging. Vierundzwanzig Monate später hatte Blocher bereits wahr gemacht, was er als frisch gebackener Eigentümer im Herbst 1983 als «Kraftakt» angekündigt hatte: Kostenreduktion in allen Abteilungen um 5 Prozent, Personalabbau von 1765 auf 1550 Beschäftigte, Modernisierung der Produktion, konsequente Förderung ertragsstarker und Eliminierung ertragsschwacher Produkte. In Windeseile war es Blocher gelungen, die Ems-Chemie von einem problembeladenen Familienbetrieb mit Schwergewicht in der krisengeschüttelten Kunstfaserindustrie zu einem modernen, in den Wachstumssektoren «Spezialkunststoffe» (mit Anwendungen in der Sport-, Freizeit- und Autoindustrie), Engineering und Rüstungstechnik verankerten Konzern umzuformen.

Durch Zukauf der Romanshorner Togo-Gruppe im Mai 1985, welche sich auf die Herstellung von Klebstoffen für die Automobilindustrie spezialisiert hatte, schraubte Blocher das Umsatzvolumen beharrlich in Richtung 500-Millionen-Grenze, nachdem die Konzernverkäufe seit Ende der siebziger Jahre bei 300 Millionen stagniert hatten. Im Wehrbereich entpuppten sich insbesondere die Raketenzünder der Ems-Tochter Patvag Technik AG als Marktrenner. Zu den traditionellen Abnehmern dieser Ems-Spezialität zählte damals der schwedische Rüstungskonzern Bofors, welcher von Erik Penser beherrscht wurde. Mit dem schwedischen Börsenakrobaten und Carnegie-Eigner war Christoph Blocher demzufolge noch vor Martin Ebner ins Geschäft gekommen.

Als sich Ebner 1985 selbständig machte, waren die Ems-Aktien seit Blochers Kontrollübernahme um annähernd 200 Prozent in die Höhe geschossen. Der rasante Wertzuwachs hatte dem Ems-Besitzer in der Zwischenzeit einen nahezu beliebigen Zugang zu Lombardkrediten verschafft, womit Blocher das persönliche Darlehen, welches er zwei Jahre zuvor bei der SBG aufgenommen hatte, bereits mit Zins und Zinseszins zurückzahlen konnte, als sich Ebner mit Hilfe von Andreas Reinhart gerade erst auf die Suche nach einem Vorschuss für die BZ-Gründung begab.

Das Beispiel seines Studienkollegen hatte Ebner zwar eindrücklich vor Augen geführt, dass der Sprung in die Selbständigkeit bar jeglicher Eigenmittel erfolgreich zu bewerkstelligen war. Mehr als moralischen Sukkurs durfte er von Blocher in der Vorbereitungsphase allerdings nicht erwarten. Dies sollte sich ändern, sobald die BZ Bank operativ geworden war. Einer von Ebners wichtigsten, institutionellen Grosskunden war von Beginn weg die Zuger Emesta-Holding. Auf diesen Namen hatte Blocher die übernommene Oswald-Holding umgetauft, in deren Besitz sich als wichtigste Beteiligung nach wie vor die Kontrollmehrheit an der Ems-Chemie befand.

Einer der ersten Aufträge, den Blocher dem befreundeten Bankier 1985 zuschanzte, betraf die kapitalmässige Restrukturierung der Ems-Gruppe. Angesichts von Blochers ehrgeizigen Expansionsplänen und des steilen Aufstiegs, den die Ems-Valoren an der Börse genommen hatten, riet Ebner zu einer Verstärkung der Eigenkapitalbasis. In einem ersten Schritt wurde das Aktienkapital der Ems-Chemie von 70 auf 77 Millionen Franken aufgestockt, wobei die dabei ausgegebenen Inhaberaktien für eine Optionsanleihe im Umfang von 28 Millionen Franken reserviert blieben. Weil den bisherigen Ems-Aktionären ein Vorzeichnungsrecht für diese Anleihe eingeräumt wurde, kamen sie indirekt gleichwohl in den Genuss eines Bezugsrechts. In einem zweiten Schritt schlug Ebner die gestaffelte Ausgabe von Partizipationsscheinen vor. Mit diesen beiden Massnahmen, so erläuterte er seinem Freund, könnte sich die Ems-Chemie mittelfristig gut und gerne 100 Millionen Franken zur Finanzierung künftiger Investitionen und Akquisitionen verschaffen. Bei einer kalkulatorischen Verzinsung von durchschnittlich 2,5 Prozent würde die Mittelaufnahme erst noch ungemein billig erfolgen. Um die Kapitalmarktfähigkeit der Gesellschaft weiter zu verbessern, sollten die vorbörslich gehandelten Inhaberaktien an der Zürcher Hauptbörse kotiert werden.

Verglichen mit dem, was Ebner sich in der Folge noch alles einfallen liess, war dies gewissermassen erst die Ouvertüre. Im Herbst 1986 erwies sich der BZ-Chef an der Finanzklaviatur von Blochers Ems-Chemie schon nahezu als Virtuose, indem er ihr eine Melodie entlockte, die man bisher in der Schweiz noch nie gehört hatte. «Gratisoptionen», hiess die verlockende Weise, welche den Ems-Aktionären null Risiko, dafür aber praktisch unlimitierte Gewinnchancen versprach. Mit diesem in Amerika hinlänglich erprobten Instrument sollten die treuen Anteilseigner für den Dividendenverzicht entschädigt werden, den sie Anfang der achtziger Jahre zwangsläufig geübt hatten. Dass Hauptaktionär Blocher auf diesem Weg selbst in den Genuss der grössten Gewinnchancen kam, entbehrte nach Meinung von Finanzmarktexperten keineswegs der Logik. «Er ist schliesslich der massgebliche Architekt des Erfolgs – und damit der zu erwartenden Kurssteigerung. In den USA ist diese Art des Leistungslohnes für die obersten Unternehmenschargen schliesslich gang und gäbe», rühmte «Finanz und Wirtschaft» unter dem bezeichnenden Titel «Muskelprotz mit Köpfchen».[66] Der Belobigte indessen war ehrlich genug, gegenüber der Presse klarzustellen, dass die Partitur zu dieser unüblichen Finanzkomposition nicht ins Ems geschrieben worden sei. Der Vorschlag stamme von «Bankfachleuten», die ihm zu diesem Vorgehen geraten hätten, verriet der Unternehmer.[67]

Drei Jahre, nachdem Blocher die Ems-Chemie gewissermassen für ein Butterbrot übernommen hatte, verfügte der Konzern bereits über Eigenmittel von mehr als 500 Millionen Franken. Dank Martin Ebners reichem Börsen-Know-how war die Kapitalbasis der Ems in einer Art und Weise angeschwollen, dass die Mittel – gemessen am operativen Geschäft – jetzt eher zu reichlich vorhanden waren.

Anfang 1987 ergab sich eine vielversprechende Chance, die überschüssige Liquidität gewinnbringend anzulegen. Nach der Chemiekatastrophe von Schweizerhalle am 1. November 1986 waren die Sandoz-Aktien vom Markt empfindlich zurückgestuft worden. Blocher nutzte den Imageschaden, der sich für den Basler Konzern ergab, und erwarb ein Paket von 21 000 Sandoz-Namenaktien. Die Ems-Chemie beabsichtige, sich neben ihrem angestammten Geschäft zukünftig als «passiver Investor» zu betätigen, liess Blocher die Öffentlichkeit ein knappes Jahr später wissen. Von seinem Freund Ebner hatte er sich wohl in der Zwischenzeit überzeugen lassen, dass Publizität gerade in Fällen, wo die Kursentwicklung eine zentrale Rolle spielt, zuweilen mehr helfen als schaden kann. Man habe die Beteiligungsstrategie modifiziert und in den letzten Monaten «ausgewählte Namentitel schweizerischer Chemiefirmen zu Anlagezwecken erworben», verkündete Blocher anlässlich der Bilanzpressekonferenz vom 5. Oktober 1987.

Was der VR-Präsident der Ems-Chemie unter einem «passiven» Investment verstand, sollte die Konzernspitze von Sandoz alsbald am eigenen Leib zu spüren bekommen. «Nachdem er sich billig mit Sandoz-Aktien eingedeckt hatte, kreuzte Christoph Blocher in Basel auf und versuchte, die Unternehmensführung unter Druck zu setzen», erinnert sich ein mittlerweile ausgeschiedener Sandoz-Manager. Zuerst habe Blocher vorgeschlagen, die Chemiefirma solle ihre Aktien selbst zurückkaufen – versehen mit einem entsprechenden Paketzuschlag, versteht sich. Als man darauf nicht eingegangen sei, habe Blocher Forderungen gestellt und schliesslich die Möglichkeit angetönt, das Aktienpaket nötigenfalls über die Börse zu verkaufen. Bei Konzernchef Marc Moret, der es nicht ausstehen kann, wenn jemand seine Allmacht in Zweifel zieht, biss der Ems-Gewaltige allerdings auf Granit. Dem Sandoz-Präsidenten war hinlänglich bewusst, wer Blocher beim Schnüren des Aktienpaketes Pate gestanden hatte. Sein Verhältnis zu Martin Ebner wiederum liess sich – milde ausgedrückt – mit «distanziert» umschreiben. Einen ausgeprägten Machtmenschen wie Moret musste das zuweilen arrogant wirkende Auftreten des Fliegenträgers zwangsläufig irritieren. Hinzu kam, dass die undurchsichtigen

Over-the-counter-Geschäfte, wie sie die BZ Bank betrieb, dem konservativen Westschweizer von Anfang an ein Dorn im Auge waren.

Vor diesem Hintergrund war es eigentlich kein Wunder, dass die vermeintlich passiven Investoren bei Moret auch mit einer weiteren Avance auf wenig Gegenliebe stiessen. Den später geäusserten Vorschlag, ein grösseres Sandoz-Paket innerhalb der Pharma Vision aktiv zu bewirtschaften und dabei das Management des Pharmamultis im Sinne einer «Give and take»-Konstruktion an der erhofften Höherbewertung der Aktien partizipieren zu lassen, lehnte Moret ebenso kategorisch ab. Hätte die Schweiz eine griffige Insiderregelung wie die USA, wetterte er im Kreis seiner engsten Mitarbeiter, dann wären Ebners «Visionen» schlichtweg undenkbar.

Bereits 1987 hatte einiges darauf hingedeutet, dass sich Blocher mit dem Gedanken trug, die erworbenen Drittaktien dereinst in einem börsenkotierten Beteiligungsvehikel zu parkieren. Einen Teil davon hatte er zwischenzeitlich in den Pharma-Korb der BZ Bank gelegt, weil Ebner ja bekanntlich auf zusätzliche Stillhalter angewiesen war, um laufend weitere Optionsscheine emittieren zu können. «Ich könnte mir vorstellen», äusserte der Ems-Besitzer Anfang Oktober 1987 in einem Interview, «dass spezielle Holdinggesellschaften gegründet werden, welche einen hauptstimmberechtigten Publikumsaktionär haben und die den Zweck verfolgen, Schweizer Namenaktien zu erwerben. Die Holding könnte kleine Pakete von unterbewerteten Namenaktien aufnehmen, wodurch dem ausländischen Investor die Möglichkeit geboten wäre, sich indirekt an diesen Namenaktien über den Erwerb von Inhaberpapieren der Holding zu beteiligen.»[68] Dieser Satz hätte auch von Martin Ebner stammen können.

Die Ems-Chemie sei keine Bank und wolle auch keine werden, wies Blocher entsprechende Anspielungen bezüglich seiner neuen Rolle als Grossinvestor zurück. Heute wie morgen sehe er sich in erster Linie als industrieller Unternehmer. «Am hiesigen Kapitalmarkt via Ausgabe von Chemieaktien Mittel zu beschaffen, um diese anschliessend dem Kapitalmarkt ungesäumt im Zuge des Erwerbs von ebenfalls Chemieaktien wieder zuzuführen, kann kaum als eine eminent industrielle Handlungsweise gelten», kritisierte hingegen die NZZ und verglich die Ems-Chemie mit einer Art «Investmentfonds».[69]

Den schnellen Innovationsrhythmus, den Blocher – angeregt von seinem ideenreichen Partner – dem Finanzressort seiner Unternehmung angedeihen liess, behielt er in der Folge bei. Im Herbst 1987 wurde den Aktionären abermals eine zweistufige Kapitalerhöhung vorgeschlagen, welche der Ems-Chemie neue Mittel im Umfang von 150 Millionen Franken in die Kasse spülen sollte. Gleichzeitig begann Blocher damit, die 1986 gerade erst ausgegebenen Partizipationsscheine an der Börse zurückzukaufen. Verglichen mit den Inhaberaktien seien die Partizipationsscheine deutlich unterbewertet, begründete er die überraschende Kehrtwende vor der Presse, weshalb er beschlossen habe, diese Titelkategorie unter Umständen wieder vollständig aus dem Markt zu nehmen, «weil wir ja schliesslich wissen, was der PS wert ist und was wir damit im Sinne haben».[70]

Die Börse reagierte auf solch klare Worte mit einem heftigen Kurssprung. Bei aussergewöhnlich hohen Umsätzen legte der Ems-Partizipationsschein am folgenden Tag um 12,8 Prozent auf 880 Franken zu, womit sich der Ecart zwischen Inhaberaktien und PS von 26 Prozent auf 13 Prozent halbierte. Die Kommentare bezüglich Blochers neuesten Streiches waren widersprüchlich. Was von den einen als wirkungsvolle Kurspflege gelobt wurde, verurteilten andere als grobe Börsenmanipulation, wobei die eigentlich interessante Frage, weshalb Blocher den Kurs der unterbewerteten Ems-PS mit Blick auf deren geplante Rücknahme mit Bedacht «heraufschwatzen» sollte, unbeantwortet blieb. Gegen geltendes Recht konnte Blocher mit der Ankündigung des PS-Rückkaufs jedenfalls kaum verstossen haben.

Zwar war es Publikumsgesellschaften nach dem alten Aktienrecht strikte untersagt, eigene Titel zurückzukaufen. Auf Partizipationsscheine traf dieses Verbot hingegen nicht zu, weshalb sich Blocher mit seiner Aktion ganz offensichtlich in einer Gesetzeslücke bewegte. «Die Idee kam von uns. Wir haben die Sache aber mit diversen Banken besprochen», umschiffte Blocher souverän die Frage, welcher Kopf hinter dem unorthodoxen Einfall stecken könnte.[71]

Die Erfolgssträhne der Ems-Chemie sollte auch in den kommenden Jahren nicht abreissen. Abgesehen von einem zunehmenden Engagement im Bereich der Finanzanlagen, nutzte Blocher die gute Börsenkonjunktur, um den Aufbau seines Unternehmens mittels gezielter Akquisitionen voranzutreiben. Im Mai 1987 erwarb er die Schweizerische Sprengstoff-Fabrik (SSF) in Dottikon, welche neben ihrer traditionellen Rolle als Hersteller militärischer Explosivmaterialien schwerpunktmässig chemische Zwischenprodukte für Medikamente, Vitamine, Farbstoffe und Fotochemikalien produzierte. Durch die Eingliederung der SSF nahm der Gruppenumsatz der Ems auf einen Schlag um 96 auf über 600 Millionen Franken zu. Von den bestehenden Tochtergesellschaften verzeichnete vor allem die im Bau von Industrieanlagen tätige Ems-Inventa eine stürmische Entwicklung. Was die Errichtung neuer Textilfaser-Fabriken betraf, schien im Fernen Osten ein regelrechter Boom ausgebrochen zu sein. Aufgrund zahlreicher Projekte, welche die Ems-Inventa in der Volksrepublik China laufen hatte, fühlte sich der Unternehmer Christoph Blocher im Reich der Mitte alsbald ausgesprochen heimisch. In den Büchern der Ems-Chemie schlug sich der forcierte Kulturaustausch insofern nieder, als von zehn eingenommenen Franken annähernd neun aus dem Exportgeschäft stammten.

Nachdem im Geschäftsjahr 1988 sämtliche Kennziffern neue Rekordmarken erklommen hatten, kamen die Ems-Aktionäre – von denen Blocher der Gewichtigste war – zum sechsten Mal hintereinander in den Genuss einer Dividendenerhöhung. Im Rahmen einer weiteren Kapitalerhöhung wurden die Anteilseigner zudem erneut mit der Ausgabe von Gratisoptionen bedacht. Auch 1989 ging es mit Blochers Unternehmung rasant aufwärts: Der Umsatz stieg auf 740 Millionen, der betriebliche Cash-flow nahm auf 124 Millionen zu, und der Gruppengewinn verdoppelte sich gar auf 142 Millionen Franken. Bei einer Umsatzrendite von 9,5 Prozent hatte die betriebliche Rentabilität ein Niveau erreicht, welches selbst in der ertragsstarken Chemiebranche für neidische Blicke sorgen musste. Dass die Gesamtrentabilität des Konzerns mittlerweile gar auf das Doppelte, nämlich auf sagenhafte 19 Prozent hochgeschnellt war, liess sich indessen nicht nur auf Blochers unbestrittene Fähigkeit als Industrieunternehmer zurückführen. Im Februar 1989 hatte Ebner ihm geraten, sein Sandoz-Paket mit einem Kursgewinn von netto 72 Millionen Franken abzustossen. Die frei gewordenen Mittel nutzte Blocher für den Erwerb von 70 000 Namenaktien der Ciba-Geigy, denen Ebner im Gegensatz zu den «ausgereizten» Sandoz-Papieren damals weitaus bessere Kurschancen zubilligte. Anfang 1990 liess sich Blocher erneut von den analytischen Fähigkeiten seines Freundes inspirieren und entschloss sich zum Kauf von 20 000 Genussscheinen der Firma Hoffmann-La Roche. Achtzehn Monate später wiesen die beiden von der Ems-Chemie gehaltenen Aktienpakete einen Marktwert auf, der beinahe 100 Prozent über dem seinerzeitigen Einstandspreis von 160 Millionen lag.[72] Erneut hatte Blochers Anlageberater ein untrügliches Gespür für das richtige Timing bewiesen. Mit dem Verkauf der 20 000 Roche-Genussscheine konnte Blocher später einen Gewinn von 23 Millionen Franken realisieren. Seine 70 000 Ciba-Aktien, die er in der Zwischenzeit bei der BZ Bank «verstillhaltert» hatte, stiess Blocher in der Folge ebenfalls wieder ab. Allein aus geschickt «getimten» Wertschriftentransaktionen waren bis 1992 insgesamt an die 200 Millionen in die Ems-Kasse geflossen.

Um ihre finanztaktischen Manöver auszubrüten, sassen die Freunde zuweilen bis tief in die Nacht zusammen. «Gelegentlich tauchte Blocher gegen Abend in den Räumlichkeiten der BZ Bank auf», erinnert sich eine jüngere BZ-Mitarbeiterin, die von Ebner bei solcher Gelegenheit geheissen wurde, dem vielbeschäftigten Nationalrat eine kleine Erfrischung zu servieren. Auf die Dauer erwies sich die Bank jedoch nicht als die ideale Begegnungsstätte. Im Mai 1989 fand sich endlich ein passendes Plätzchen, wo sich ein Treffen unter vier Augen problemlos auch an den freien Wochenenden abhalten liess. In einem Anflug von Romantik erwarben Martin Ebner und Christoph Blocher südwestlich von Schaffhausen ein stattliches Hofgut, inklusive Jagdrecht und dazugehörigem Pferdegestüt. Interessanterweise fand sich das Gehöft namens Albführen, welches ehedem der Firma Maggi zu Testzwecken gedient hatte, nicht auf heimischem Boden, sondern lag jenseits der Landesgrenze auf dem Gebiet der Europäischen

Union (EU). Für den «heimatwachen» SVP-Politiker spielten solche Details keine Rolle. Hauptsache, Nationalrat Blocher konnte sich von Zeit zu Zeit mit seinem Geschäftsfreund privat aussprechen. Zum territorialen Seitensprung gehörte, dass man im Gestüt von Albführen zwischendurch auch einmal ein Pferd satteln konnte.

Eingebracht wurde das gemeinsame Besitztum in die eigens dafür errichtete Napp-Holding, mit Geschäftssitz am Wohnort Martin Ebners. Bis im Mai 1994 figurierte Blocher als VR-Präsident der Napp-Holding, während Ebner sich in diesem speziellen Fall mit dem Vizepräsidium zufriedengab. Nach Blochers unfreiwilligem Ausscheiden aus dem Verwaltungsrat der Schweizerischen Bankgesellschaft (SBG) schien den Freunden die Gefahr allmählich zu gross, dass ihr exterritoriales Privatinvestment eines Tages publik werden und in der Presse für entsprechende Schlagzeilen sorgen könnte. Also verkaufte man das Hofgut an den SVP-Freund Walter Frey, der seither in den Wäldern um Albführen auf die Jagd geht.

Die Eigenmittel der Ems hatten längst die Milliardengrenze überschritten, als Ebner damit begann, sein Augenmerk auf die Dividendenpolitik zu konzentrieren. Es müsste sich doch ein Weg finden, so dachte er sich, einen Teil der angesammelten Eigenmittel an die Aktionäre zurückfliessen zu lassen, ohne dass der Fiskus dabei jedesmal 35 Prozent Verrechnungssteuer abschöpfte. Solange sich die Steuerbehörden derart ungeniert bedienen konnten, war die Dividende in jedem Fall eine vergleichsweise unattraktive Form der Gewinnbeteiligung.

Einen Ausweg aus diesem Dilemma schien Ebner anlässlich eines Finanzanalystentreffens mit Daniel Regolatti, dem Chef-Treasurer von Nestlé, gefunden zu haben. Es war kurz vor Weihnachten des Jahres 1989, als man sich nach Abschluss des offiziellen Teils der Veranstaltung zum gemeinsamen Diner in ein Spezialitätenrestaurant ausserhalb von Vevey zurückzog. Nach der zweiten Flasche Weisswein kritzelte Regolatti eine Balkengrafik auf seine Papierserviette und schob die Skizze Ebner zu. Vor dem Hintergrund ihrer bisherigen Unterhaltung begriff jener sofort. «Das ist ja super», soll der BZ-Chef ausgerufen haben, «wenn wir daraus eine Option machen, ist diese Idee mindestens hundert Millionen wert.»

Bevor sich Ebner daran machte, Regolattis steuersparenden Vorschlag in klingende Münze umzuwandeln, wollte er auf Nummer Sicher gehen. Sowohl beim eidgenössischen Verrechnungssteueramt als auch bei den Steuerbehörden des Kantons Zürich forderte er ein entsprechendes Gutachten an. Zu Ebners eigener Überraschung fiel die Antwort in beiden Fällen identisch aus: «Keine Besteuerung!» Der Vater des Gedankens, Daniel Regolatti, legte die beiden Gutachten dem Verwaltungsratsausschuss von Nestlé vor. Doch sein direkter Vorgesetzter, Nestlé-Finanzchef Reto Domeniconi, befürchtete unnötige Umtriebe und schoss die Idee kurzerhand ab. Schützenhilfe erhielt er dabei von Rainer Gut, dem obersten Verantwortlichen der CS-Holding, der neben Domeniconi ebenfalls im Nestlé-Ausschuss sass.

Christoph Blocher war diesbezüglich weniger heikel. Schliesslich hatten sich schon andere finanzielle Schachzüge, die ihm Ebner ans Herz gelegt hatte, als durchschlagend erfolgreich entpuppt. Er habe der bevorstehenden Generalversammlung ein «interessantes, neuartiges Modell zur Dividendenausschüttung« vorzuschlagen, liess der Ems-Chef im Februar 1990 medienwirksam durchblicken.[73] In Zusammenarbeit mit der BZ Bank sei man zum Entschluss gelangt, den Ems-Aktionären anlässlich der nächsten Gewinnausschüttung die Wahlmöglichkeit zwischen einer Bardividende und dem Bezug zusätzlicher Ems-Aktien zu unterbreiten. Der Name des neuartigen Finanzinstruments: Coto (Cash- oder Titel-Option).

Vorausgesetzt, die Ems-Aktionäre entschieden sich für die Titel-Option, hatten sie drei Wahlmöglichkeiten. Entweder sie konnten ihr Bezugsrecht an der Börse verkaufen oder innert einer bestimmten Frist gegen Inhaberaktien der Ems-Chemie eintauschen. Wem beides nicht zusagte, der hatte drittens die Möglichkeit, seine Coto gegen einen garantierten Mindestpreis bei der Gesellschaft abgelten zu lassen. Weil bei der dritten Variante – analog zur herkömmlichen Dividende – Substanz aus dem Unternehmen abfloss, brachte diese den Nachteil mit sich, dass die Verrechnungssteuer wie gewohnt fällig wurde. In den beiden anderen

Fällen waren die Ems-Aktionäre jedoch gegen den Zugriff der Steuerbehörden gefeit.

Vermeintlich gefeit, wie es im Rückblick klarzustellen gilt. Zunächst erweckte es zwar den Anschein, mit Coto sei auf dem Schweizer Finanzparkett ein epochaler Knüller lanciert worden. Nachdem die Textilmaschinenfabrik Saurer und Werner K. Reys Omni-Holding dem Beispiel der Ems-Chemie gefolgt waren, glaubten Blocher und sein nun offizieller Finanzberater, das steuersparende Modell könne sich in der Schweiz in den kommenden Jahren auf breiter Front durchsetzen. Sogar Rainer Gut, Chef der CS-Holding, hatte seine ablehnende Haltung revidiert und war mit seiner Bank mittlerweile auf den Coto-Zug aufgesprungen. Doch der Vorsteher des eidgenössischen Finanzdepartements, Bundesrat Otto Stich, bereitete dem Dividendenzauber Wochen später ein jähes Ende, indem er ein drittes Gutachten aus dem Ärmel zog, welches die vermeintliche Steuerbefreiung der sogenannten Cash- oder Titel-Option definitiv annullieren sollte. Weil das Verdikt offenbar aus der Rechtsabteilung des eidgenössischen Justizdepartements stammte, verspürten die Initianten keine Lust, weiter dagegen anzugehen.

Verdriessen liess sich der streitbare SVP-Nationalrat durch diese Abfuhr allerdings nicht. Obwohl der Gruppengewinn 1991 deutlich auf 51,4 Millionen Franken gesunken war (Vorjahr: 142,2 Millionen), offerierte er sich und den übrigen Ems-Aktionären im nächsten Jahr gleich zwei alternative Dividenden-Mahlzeiten. Statt einer Barauszahlung sollten die Ems-Besitzer ein Bezugsrecht für die nächste Kapitalerhöhung plus eine zwei Jahre gültige Gratisoption (ebenfalls auf Ems-Aktien) erhalten. Zusammen sollten die beiden Bezugsrechte zum Zeitpunkt ihrer Ausgabe 200 Franken wert sein, doppelt so viel wie die Vorjahresdividende. Während die Aktionäre nach dieser Finanzoperation um gut 40 Millionen reicher wären, würden Blochers Unternehmung schätzungsweise 120 Millionen Franken zufliessen – immer vorausgesetzt, die Ems-Papiere kletterten an der Börse weiterhin nach oben. «Die Ems-Chemie, die einst Holz zu Zuckertreibstoff machte, ist auch heute noch für Überraschungen der alchemistischen Art gut», kommentierte der «Tages-Anzeiger» Blochers jüngstes Dividenden-Placebo.[74] Dass die geplante Ausschüttung den zu verteilenden Reingewinn um ein Mehrfaches überstieg, spielte bei der innovativen Formel offenbar keine Rolle – zumindest so lange nicht, als die Ems-Aktionäre an eine überdurchschnittliche Performance ihrer Titel glaubten. Auf der Basis künftiger Börsengewinne versprach Blocher seinen Kapitalgebern mithin eine bargeldlose Dividende, welche die aktuelle Ertragskraft der Ems-Chemie bei weitem überstieg. Das Prinzip Hoffnung, auf dem die ganze Konstruktion fusste, veranlasste den «Tages-Anzeiger» zur ironischen Bemerkung, Blocher gleiche dem «Baron von Münchhausen, der sich einst am eigenen Zopf aus dem Sumpf gezogen hatte».[75]

So weit liess es der Finanzminister nicht kommen. Otto Stich erstickte das interessante Experiment im Keim, indem er abermals unerbittlich auf einer Besteuerung der verdeckten Gewinnausschüttung bestand. Blocher wiederum liess auch dieses zweite Veto nicht auf sich sitzen. 1992 entschloss er sich dazu, das Aktienkapital der Ems-Chemie von 140,9 auf 84,6 Millionen Franken herabzusetzen und die Differenz in bar an die Aktionäre auszuzahlen. Während dieser 40prozentige Kapitalschnitt bei natürlichen Personen die üblichen Einkommens- und Verrechnungssteuern verursachte, galt für juristische Personen das sogenannte Buchwertprinzip, das heisst, die Kapitalrückzahlung erfolgte steuerneutral. Von dieser gesetzlichen Ungleichbehandlung profitierte in erster Linie der Hauptaktionär, da Blocher seine Ems-Aktien bekanntlich nicht als Privatmann hielt, sondern sie bei der Zuger Emesta-Holding – einer juristischen Person – eingelagert hatte. Zum Steuervorteil kam die persönliche Genugtuung, den bundesrätlichen Finanzminister in der dritten Runde endlich ausgetrickst zu haben. Obwohl das Instrument der Nennwertrückzahlung in der Schweiz bis dato eher unüblich gewesen war, musste sich Stich bei dieser Art von «Dividende» endgültig geschlagen geben.

Im folgenden Jahr wartete Blocher abermals mit einer neuen Ausschüttungsvariante auf. Diesmal sollten die Eigentümer der Ems-Chemie via Aktienrückkauf am Unternehmenserfolg beteiligt werden. Für 384 Millionen kaufte die Firma rund 175 000 Inhaberaktien zurück, womit sich das Aktienkapital um 17,5 auf nominal 67,1 Millionen Franken verringerte. Während gewisse Kommentatoren angesichts der Coto-Lancierung noch enthusiastisch von der Erfindung einer Art «Volksaktie» geschwärmt hatten, handelte es sich hierbei für den Privatanleger aus steuerlichen Gründen erneut um ein unattraktives Angebot. Gegenüber der Ausschüttung einer Bardividende brachte eine betriebliche Teilliquidation dem Kleinaktionär keinerlei Vorteile, weshalb die der Ems angedienten Papiere fast ausschliesslich aus den Depots institutioneller Grossinvestoren stammten. Für Blocher hatte die Rückkaufaktion den angenehmen Nebeneffekt, dass seine Kontrollmehrheit an der Ems-Chemie von 53 auf 60 Prozent der Stimmen zunahm.

1994 wurde das Rückkaufprozedere in leicht abgewandelter Form wiederholt. Durch die Tilgung von 33 475 Inhaberaktien und 50 700 Namenaktien reduzierte sich das nominelle Aktienkapital auf 62,7 Millionen Franken. Von den 240 Millionen, die bei dieser Ausschüttungsrunde an diverse Grossinvestoren verteilt wurden, flossen 55,8 Millionen Franken – steuerfrei wohlgemerkt – auf das Konto von Blochers Emesta-Holding.

Was den Zustand der Ems-Gruppe anging, so hatten die von Ebner inspirierten Finanzmanöver den Konzern in der Zwischenzeit nicht etwa ausbluten lassen, sondern ihn im Gegenteil zu einer regelrechten Ertragsperle geformt. Die einschlägigen Kennziffern wie Eigenkapitalrendite, Cash-flow-Rendite oder Nettogewinn (bezogen auf den Umsatz) schienen sich allmählich bei der magischen Marke von 20 Prozent einzupendeln – ein Wert, von dem andere Schweizer Industrieunternehmen nur träumen können. Für dieses Glanzresultat ist selbstverständlich auch Blochers unternehmerisches Credo verantwortlich: «Nischen nutzen, sparsam bleiben und gegen den Strom schwimmen.»[76]

Ist es ein Zufall, dass diese Tugenden in der Person des BZ-Gründers mindestens genauso stark zum Ausdruck kommen? «Sich auf weniges konzentrieren und darin Meister sein», hat sich Blocher laut eigener Aussage auf sein unternehmerisches Banner geschrieben.[77] Wäre es nicht der Ems-Chef gewesen, der diesen Satz im Sommer 1994 von sich gegeben hat, könnte man mit Fug zur Annahme gelangen, der Ausspruch stamme aus der Zitatesammlung von Martin Ebner.

Zusehends konzentrierte Blocher einen beträchtlichen Teil seiner industriellen Aktivitäten auf die Automobilbranche. 1994 fielen direkt oder indirekt bereits gegen 40 Prozent des Gruppenumsatzes in diesem Sektor an. Vor allem mit der teilweisen Umstellung der ehemals im Wehrbereich tätigen Tochtergesellschaft Patvag AG auf die Produktion von Airbag-Zündern scheint Blocher der Vorstoss in einen lukrativen Wachstumsmarkt gelungen zu sein. Die Zünder seien immer noch dieselben, nur würden sie neuerdings unter einer zivilen Bezeichnung vermarktet, wird Blochers erfolgreiche Automobil-Offensive von Branchenkennern relativiert.

Zu einem zweiten wichtigen Standbein entwickelte sich die Ems-Inventa, die unter Blochers Ägide zu einem weltweit anerkannten Spezialisten bezüglich des Baus von Produktionsanlagen für synthetische Fasern aus Polyester und Polyamid geworden ist. Allein 1993 konnte die Gesellschaft ihren Kunden 16 schlüsselfertige Anlagen übergeben, 12 davon in China. Zu den Einnahmen aus dem operativen Geschäft kommt die Rendite der betrieblich überschüssigen Eigenmittel. Ende 1994 verfügte die Ems-Chemie über einen Wertschriftenbestand in der Grössenordnung von 400 Millionen Franken.

Für das Jahr 1995 – wie konnte es anders sein? – stellte Blocher erneut eine Halbierung des nominellen Aktienwertes in Aussicht, dieses Mal wieder in Analogie zu der im Jahr 1992 erfolgten Nennwertreduktion. Im Markt wurde allmählich die Vermutung laut, Blocher steuere mit seiner beharrlichen Kapitalminimierungsstrategie auf ein «Going private» zu. «Diese Gedanken haben wir uns bereits gemacht. Alleine kann ich jedoch dieses Projekt nicht durchführen», gab Blocher im April 1995 öffentlich zu.[78] Obschon sich der Ebner-Vertraute innerhalb von zwölf Jahren zu einem der wohlhabendsten Unternehmer des Landes aufgeschwungen hat, mangelt es ihm vorläufig noch an den nötigen Mitteln, um die Ems-Chemie vollständig in seinen Privatbesitz zu überführen. Gemessen an deren Börsenkapitalisierung würde ein hundertprozentiger Aktienrückkauf eine zehnstellige Summe erfordern, während sich Blocher gemäss seiner letzten Steuererklärung mit einem Reinvermögen von 742 Millionen Franken bescheiden muss.

XIII
Der verlorene Sohn

Wie Ebner vom Tagesgeschäft zurücktreten möchte und sich statt dessen von seinem designierten Nachfolger trennen muss

Ein tragender Pfeiler von Martin Ebners Bilderbuchkarriere wurzelt in seiner Fähigkeit, alle verfügbaren Energien auf ein einziges Ziel zu lenken. Dank eines höchst effizienten Zeiteinsatzes hatte er innerhalb weniger Jahre erreicht, wovon andere ihr Lebtag nicht einmal zu träumen wagen. Je einsamer jedoch die Gefilde wurden, in welche der Börsen-Superstar emporstieg, desto stärker regte sich in ihm eine Furcht, die Zeit könnte ihm zwischen den Fingern zerrinnen. Mag sein, dass dies einer der Gründe ist, weshalb Ebner nie eine Armbanduhr trägt.

Gestresst wirkt Martin Ebner nur selten. Wird er in seinem Tagesprogramm von Unvorhergesehenem aufgehalten, dann verschiebt er die Erledigung sämtlicher Pendenzen einfach in die Abendstunden. Dadurch, dass er seinem Arbeitsrhythmus diesen «Open-end»-Charakter verliehen hat, gelingt es ihm, dem ständigen Zeitdruck wirkungsvoll die Spitze zu brechen.

Eine spürbare Entlastung ergab sich für Ebner auch dadurch, dass er den tüchtigen Research-Leiter Ernst Müller-Möhl 1988 zum Direktor befördert und neben Hostettler (Börsenchef) und Achermann (Controller) als vierten Kopf in die Geschäftsleitung der BZ Bank integriert hatte. Abgesehen von der Gesamtverantwortung, die ihm als Vorsitzenden der Geschäftsleitung ohnehin zufiel, konnte sich Ebner von nun an verstärkt auf den Verkauf und die Kundenbetreuung konzentrieren.

Mit der Gründung der BZ-Holding, unter deren Dach sich eine wachsende Zahl von Tochtergesellschaften gruppierte, hatte das Unternehmen inzwischen eine Dimension angenommen, die zusätzlicher Führungskapazität bedurfte. Um dieser Notwendigkeit zu entsprechen, rekrutierte Ebner Ende der achtziger Jahre vier neue Kadermitarbeiter – Martin Bisang, Balz Merkli, Hans-Rudolf Schmid und Peter Wick – und machte sie, was bisher nur in Ausnahmefällen geschehen war, von Anfang an zu seinen Partnern. Konkret bedeutete dieses Privileg, dass die vier neuen Mitarbeiter jeweils einige Aktien der BZ Gruppe Holding zeichnen und an den vierteljährlich stattfindenden Partner-Meetings teilnehmen durften. Insgeheim schien Ebner zu hoffen, die qualifizierten Nachwuchsleute würden sich zu eigenständigen Unternehmerpersönlichkeiten entwickeln, woraus sich für ihn eine gewisse Entlastung von der Tagesroutine ergäbe. Schon als Vontobel-Analyst soll Ebner mit dem Gedanken gespielt haben, sich dereinst im Alter von 45 Jahren aus dem Tagesgeschäft zurückzuziehen.

Im März 1991 machte es den Anschein, als könnte dieser lang gehegte Wunsch effektiv in Erfüllung gehen. «Ebner räumt das Cockpit», titelte «Bilanz» und enthüllte damit den überraschenden Entscheid des BZ-Gründers, den Direktionsvorsitz der Bank in die Hände seines Musterschülers Ernst Müller-Möhl zu legen. Ebner beabsichtige, sich in Zukunft vermehrt als Stratege im Hintergrund zu betätigen, vermutete das Magazin, eine Rolle, die er wohl seinem schwedischen Vorbild Johan Björkman abgeschaut habe.[79]

Eine Zeitlang zog sich Ebner dann auch tatsächlich vom Tagesgeschäft zurück, indem er öfters zu Hause in Wilen blieb und nicht mehr jeden Tag in den Räumlichkeiten der Bank auftauchte. Müller-Möhl, dem die Funktion des neuen Geschäftsführers zufiel, wurde im Research-Bereich durch Peter Wick ersetzt. Ganz so einfach, wie Ebner sich das vorgestellt hatte, liess sich der Stabwechsel allerdings nicht über die Bühne bringen. Kaum war das unangefochtene Alpha-Tier ausser Reichweite, kam es intern zu Rangeleien. Vom Erfolg verwöhnt, konnte der Senkrechtstarter Müller-Möhl mit den BZ-Mitarbeitern zuweilen schnippisch umgehen, weshalb ihm einzelne Kaderleute bald ihre Loyalität aufkündigten. Möglicherweise konnten es diese aber auch einfach nicht akzeptieren, dass Müller-Möhl die Stirn besass, den Meister sogar äusserlich zu imitieren, indem er sich in dessen Abwesenheit gelegentlich selbst eine Fliege umband. Vor allem mit Börsenchef Alfred Hostettler, dem es nicht gefallen wollte, dass ihm Ebner einen Jüngeren vor die Nase gesetzt hatte, soll es zu mancherlei Auseinandersetzungen gekommen sein. Ein weiteres Handicap schien darin zu bestehen, dass Müller-Möhl bei aller Begabung im Umgang mit der Kundschaft nicht über dieselbe langjährige Erfahrung verfügte wie sein Lehrmeister. Gewisse nostalgisch angehauchte Grosskunden sehnten sich bald nach ihrem vertrauten Gesprächspartner und Berater zurück. Selbst wenn sich der Newcomer in Aktienfragen als nahezu ebenso gewitzt erweisen sollte wie sein Vorgänger, stellte er für bestimmte Kunden lediglich eine Zweitausgabe seines prominenten Ziehvaters dar.

Andererseits machten sich bei Martin Ebner schon nach wenigen Wochen gewissermassen Entzugserscheinungen bemerkbar. Je länger er der Bank fernblieb, desto mehr begann er, sich nach der täglichen «Action» in der Schaltzentrale des BZ-Imperiums zurückzusehnen. Telefonieren konnte er zwar auch von Wilen aus, doch die unmittelbare Nähe zur Börse, die ja schliesslich das unverwechselbare Lebensgefühl eines erfolgreichen Market-makers ausmacht, liess sich dadurch nur schlecht kompensieren.

Verstärkt wurde dieses Manko durch die Tatsache, dass es Ebner schon immer ausserordentlich schwer gefallen war, Verantwortung über einen längeren Zeitraum hinweg tatsächlich abzugeben, anstatt bloss punktuell und vorübergehend zu delegieren. Zwar liess er seine Partner bei wichtigen Geschäften in den meisten Fällen mitreden, doch entscheiden wollte er im Zweifelsfall allein. Ein langjähriger BZ-Mitarbeiter schildert Ebner als einen «extrem misstrauischen» Chef, der bestrebt ist, jedes annähernd wichtige Detail jederzeit selbst unter Kontrolle zu behalten: «Ausser Johan Björkman traut Ebner gerade seiner Frau.» Selbst im Falle von Professor Kurt Schiltknecht, der als Leiter der BZ Trust nach aussen hin grosse Verantwortung trägt, sei es mit der persönlichen Entscheidungsgewalt nicht allzuweit her, behauptet der Informant. Von einer eigenständigen Anlagepolitik könne jedenfalls keine Rede sein. Vielmehr erschöpfe sich Schiltknechts Aufgabe darin, sämtliche Anlageentscheidungen, die ihm von Ebner vorgegeben würden, eins zu eins nachzuvollziehen. Abgesehen von seinem angestammten Fachgebiet – der Beobachtung und Interpretation von Konjunkturzyklen – beschränke sich Schiltknechts

Rolle phasenweise auf reine Repräsentationspflichten und das Verfassen intelligenter Referate. Ergänzend habe der Professor in letzter Zeit die Funktion eines Pressesprechers der BZ-Gruppe übernommen.

In den Augen der Öffentlichkeit galt Schiltknecht seit Juli 1991 als alleinverantwortlicher Vermögensverwalter der Pharma Vision 2000. Mit der Gründung der BK Vision (die Abkürzung BK steht für Bank) im Herbst gleichen Jahres hatte er bereits eine zweite analog konzipierte Beteiligungsgesellschaft zu betreuen. Nicht Pharma- sondern Finanzaktien sollten in dieses börsengängige Gefäss eingebracht und sodann durch das Schreiben von Stillhalter-Optionen aktiv bewirtschaftet werden. Auch im Fall der BK Vision sei nicht eine breite Diversifikation das angestrebte Ziel, bemühte sich Schiltknecht das neue Beteiligungsvehikel von herkömmlichen Anlagefonds abzugrenzen. Statt dessen sei geplant, das Hauptgewicht der Anlagen auf ein paar wenige erstklassige Gesellschaften mit überdurchschnittlichen Ertragsaussichten zu konzentrieren. Ein nicht minder wichtiges Unterscheidungsmerkmal liess der Professor dagegen unerwähnt – den praktischen Vorteil nämlich, dass die Gesetzesbestimmungen, denen eine Beteiligungs-AG wie die BK Vision untersteht, verglichen mit den Erfordernissen eines Anlagefonds bedeutend larger sind.

Am Gründungstag, dem 25. Oktober 1991, wies das Portefeuille der BK Vision einen Börsenwert von 539 Millionen Franken auf. Davon waren 63,3 Prozent in Namen- und Inhaberaktien der Schweizerischen Bankgesellschaft (SBG) angelegt. Der Rest entfiel auf Titel der Leu-Holding (19,5 Prozent), der Gotthard Bank (7,2 Prozent), des Schweizerischen Bankvereins und der CS-Holding (je 5 Prozent).

Das in die BK Vision eingebrachte Leu-Paket ging auf den misslungenen Take-over-Versuch aus dem Jahr 1988 zurück und setzte sich im einzelnen wie folgt zusammen: 40 000 Namenaktien zu 100 Franken, 24 000 Namenaktien zu 500 Franken, 13 000 Inhaberaktien zu 500 Franken sowie 70 000 Partizipationsscheine mit einem Nennwert von 100 Franken. Demgegenüber war die Beteiligung an der Tessiner Banca del Gottardo eigens für die Gründung der BK Vision eingegangen worden und somit völlig neu. Kurt Schiltknecht kannte den VR-Präsidenten der Gotthard Bank, Claudio Generali, sassen sie doch beide im Aufsichtsgremium der Schweizerischen Nationalbank. Schiltknecht und Generali kamen überein, dass die BK Vision von der Gotthard Bank 75 000 Partizipationsscheine übernehmen und das Aktienpaket im Sinne einer Kreuzbeteiligung mit Inhaberaktien der BK Vision begleichen sollte. Ebner stimmte dem Vorschlag zu, obwohl er mit den Rentabilitätsziffern des Tessiner Instituts nicht im geringsten zufrieden war. Nachdem er das Management diesbezüglich mehrmals in die Pflicht genommen hatte, die erhoffte Ertragssteigerung jedoch ausgeblieben war, verlor er nach fünfzehn Monaten die Geduld und beauftragte Schiltknecht im März 1993, die Gotthard-Beteiligung wieder abzustossen. Für 40 Millionen Franken in bar kaufte die Gotthard Bank 80 000 eigene Partizipationsscheine zurück und legte sie in die Wertschriftendepots ihrer Kunden. Im November 1993 sollte dann auch die umfangreiche Leu-Beteiligung aus dem Dunstkreis der BZ-Gruppe verschwinden. Ebner verkaufte das Paket an die CS-Holding und liess sich seine spekulative Geduld mit einem dicken Zubrot entlöhnen.

Abgesehen von der augenfälligen SBG-Dominanz im Portefeuille der BK Vision, liessen sich aus der ursprünglichen Aufteilung nur bedingt Rückschlüsse auf die künftige Investitionsstrategie der Beteiligungsgesellschaft ziehen. Mit gewohnt nebulösen Formulierungen wurde zunächst auch die Frage nach den wirtschaftlich Berechtigten umschifft. Die 750 000 Namenaktien (entsprechend 55,6 Prozent der Stimmen) würden von der BZ Gruppe Holding gemeinsam mit einer «kleinen Gruppe branchenfremder schweizerischer Institutioneller» gehalten, gaben Schiltknecht und Ebner gemeinsam bekannt. Die 600 000 Inhaberaktien (44,4 Prozent der Stimmen) sollten hingegen möglichst breit im Publikum gestreut werden.

Neben Kurt Schiltknecht und Martin Ebner, der das Präsidium der BK Vision selbst übernahm, tauchte im dreiköpfigen Verwaltungsrat ein dem Leser aus dem Leu-Kapitel bereits bekannter Name auf: Peter Hafter, Associé der grössten Schweizer Anwaltskanzlei Lenz & Staehelin in Zürich, der dem Generaldirektionspräsidenten Werner Schick im internen Machtkampf gegen Schiltknecht seinerzeit den Rücken freigehalten hatte. 1990 hatte sich Hafter mit der Verteidigung von Ex-Bundesrätin Elisabeth Kopp gesamtschweizerisch einen Namen gemacht. Hafter plädierte damals auf Freispruch, indem er die Illegitimität der telefonischen Mitteilung der Angeklagten an ihren Gatten Hans W. Kopp eloquent bestritt, die Verletzung eines Amtsgeheimnisses negierte und im übrigen den Standpunkt vertrat, dass Frau Kopp den amtlichen Ursprung der Nachricht gar nicht gekannt habe.

Einen zweiten vielbeachteten Auftritt bot Prominenten-Anwalt Hafter als juristischer Beistand von Sir Evelyn Rothschild. Durch die haarsträubenden Enthüllungen des ehemaligen Rothschild-Kreditchefs Jürg Heer hatte sich Sir Evelyn gezwungen gesehen, in eklatantem Widerspruch zur Gepflogenheit des Hauses, vor den Medien persönlich Stellung zu beziehen. Bei der hochbrisanten Frage nach den Verbindungen der Zürcher Rothschild-Filiale zur skandalumwitterten Ambrosiano-Bank, schien dem Mandanten von Peter Hafter dann allerdings sein Gedächtnis zu versagen.

Abgesehen von den Rothschilds, hat Peter Hafter in mehr als vierzig anderen Fällen Verwaltungsratspflichten übernommen – unter anderem für die Zuger Metro Holding und das amerikanische Kreditinstitut J.P. Morgan. Seinen VR-Sitz bei J.P. Morgan in Genf hat der vielbeschäftigte Anwalt jedoch unlängst wieder geräumt – angeblich soll seine enge Beziehung zur BZ-Gruppe für den Mandatsverlust verantwortlich sein.[80]

Langweilig wird es Peter Hafter deswegen auf gar keinen Fall, präsidiert er in Zürich doch weiterhin die renommierte Suhrkamp Verlag AG und nennt in zentraler Citylage die «Buchhandlung zum Rennwegtor» sein eigen.

Ein rundes Dutzend unscheinbarer Beteiligungsgesellschaften, die formalrechtlich von Peter Hafter kontrolliert werden, hat er in die Kanzlei seines Glarner Anwaltskollegen Peter Hefti ausgelagert, womit anzunehmen ist, dass es zwischen Peter Hefti, dem früheren VR-Präsidenten der Pharma Vision 2000, und Peter Hafter, Verwaltungsrat der BK Vision, periodisch zu kollegialen Kontakten kommen dürfte.

Auch wenn Hafter über ein exzellentes Beziehungsnetz verfügt, waren für Fragen der Anlagepolitik andere zuständig. Was die Entwicklung der Schweizer Bankvaloren anging, deren Performance über längere Zeit hinweg eher schleppend verlaufen war, zeigte sich Kurt Schiltknecht anlässlich der Gründung der BK Vision ausgesprochen optimistisch, das heisst, er ging im Oktober 1991 davon aus, dass die Aktien der Banken und Versicherungen unmittelbar vor einer nachhaltigen Kurserholung stünden. Die Schweizerische Nationalbank, so glaubte Schiltknecht zu wissen, könnte in Kürze zu einer expansiveren Geldpolitik übergehen, was gerade den Finanzvaloren einen markanten Auftrieb verleihen dürfte. Die Hoffnung des ehemaligen SNB-Chefstrategen erwies sich allerdings als verfrüht. Anstatt die Wirtschaft mit zusätzlicher Liquidität zu versorgen, drehte die Notenbank mit Rücksicht auf den Wechselkurs den Geldhahn vorerst weiter zu. Erst im Frühjahr 1992 mehrten sich die Anzeichen, dass die SNB gelegentlich auf einen etwas expansiveren Pfad einschwenken würde. Vor diesem Hintergrund begannen die Börsenkurse vorübergehend kräftig anzuziehen, doch der nächste Dämpfer liess nicht lange auf sich warten. «Nach dem überraschenden EG-Beitrittsgesuch des Bundesrates, gefolgt von einem markanten Anstieg der langfristigen Zinssätze, zog sich der Aktienmarkt bis zum Spätsommer wieder auf das Niveau zu Jahresbeginn zurück», heisst es im 92er Jahresbericht der BZ Bank: «Der eigentliche Durchbruch erfolgte erst nach dem Nein des Souveräns zum Europäischen Wirtschaftsraum. Das Zinsniveau sank dramatisch, und der breite Aktienmarkt gewann 17 Prozent übers Jahr.» Schiltknechts Ruf als Prognostiker war damit noch einmal gerettet.

Im Vorfeld der emotionsgeladenen EWR-Abstimmung hatte sich Schiltknecht als vehementer Befürworter eines schweizerischen Alleingangs hervorgetan. Dass er dabei zusehends ins politische Kielwasser von Christoph Blocher geriet, schien den Sozialdemokraten nicht sonderlich zu kümmern. So schockierte Schiltknecht die schweizerische Öffentlichkeit etwa mit der wenig verheissungsvollen Prognose, im Falle einer politischen Öffnung gegenüber Europa sei hierzulande mit einem sofortigen Anstieg des Zinsniveaus um mindestens 1,5 Prozent zu rechnen. «Die höheren Zinssätze würden auf die Wirtschaft durchschlagen und zu einem viel ausgeprägteren Anpassungsschock führen, als dies bei der Erdölkrise der Fall war oder bei einer sehr viel restriktiveren Geldpolitik.»[81] Infolge des bei einer Annäherung an die EU unvermeidlichen Zinsanstiegs, prophezeite Schiltknecht, wäre mit einem markanten Rückgang der schweizerischen Durchschnittslöhne sowie zwei- bis dreimal höheren Arbeitslosenzahlen zu rechnen. Hinzu käme ein Wertverlust bei inländischen Immobilien von bis zu einem Drittel.

So deutlich Schiltknechts Voten auch ausfielen, ging daraus nicht immer klar hervor, ob der skizzierte «worst case» bereits nach Unterzeichnung des EWR-Vertrags oder aber erst bei einem Vollbeitritt zur Europäischen Union zu gewärtigen sei. Angesichts der beängstigenden Szenarien, wie sie Professor Schiltknecht bei jeder Gelegenheit entwarf, fühlten sich Beobachter der Politszene an Blochers holzschnittartige Argumentationsweise erinnert. Gegen die Unterstellung, er unterstütze durch seine pointierten Aussagen letztlich den Populisten Blocher in seinem Anti-Europa-Reflex oder stehe gar im Sold der Zürcher SVP, wehrte sich Schiltknecht unter Berufung auf seine geistige Unabhängigkeit: «Die BZ Trust managt die PharmaVision, deshalb wird ständig behauptet, ich sei von Herrn Blocher abhängig. Das ist Unsinn. Ich habe mehrmals in meiner Karriere bewiesen, dass ich zu meiner Meinung stehe und auch die Konsequenzen trage.»[82]

Wiewohl anzunehmen ist, dass auch Ebner der Blocherschen Zukunftsvision einer helvetischen Finanz- und Selbstverwaltungsinsel im Herzen Europas einiges abzugewinnen vermochte, hielt er sich im EWR-Abstimmungskampf vornehm zurück. Statt dessen konzentrierte sich der BZ-Chef auf die Nutzung konkreter Gewinnpotentiale, die sich in Anbetracht der europäischen Deregulierungswelle auf dem hiesigen Aktienmarkt ergaben. Vor allem bezüglich der kartellisierten Versicherungsbranche war längst absehbar geworden, dass es auch in der Schweiz – EWR-Beitritt hin oder her – zu einer Marktöffnung kommen musste. In diesem Prozess wollte Ebner nicht abseits stehen, wobei es ihm natürlich nicht um günstigere Versicherungsprämien für die Verbraucher ging, sondern um sogenannte Kontrollprämien, die sich während einer solchen Restrukturierungsphase mit dem Blockhandel von Versicherungsaktien erzielen liessen.

Weil der BZ-Chef bezüglich künftiger Marktentwicklungen ein ausserordentlich feines Sensorium besass, hatte er bereits kurz nach dem Börsencrash des Jahres 1987 damit begonnen, grössere Aktienpakete der Zwillingsgesellschaften Helvetia Unfall und Helvetia Feuer zu schnüren. Gemessen an ihrer Börsenkapitalisierung verfügten diese beiden Firmen schätzungsweise über einen doppelt so hohen Substanzwert, was die «Schweizerische Handelszeitung» im Januar 1988 zu der spitzen Bemerkung veranlasste, die Helvetia Unfall sei «für einen Apfel und ein Ei» zu haben.[83] Ähnliches liess sich damals für die Helvetia Feuer behaupten.

Seine Beteiligung an der Helvetia Feuer (heutiger Name: Helvetia) veräusserte Ebner Anfang 1991 an die «Winterthur»-Versicherungen. Das Helvetia-Management beharrte jedoch auf seiner Selbständigkeit und schöpfte alle Rechtsmittel aus, um eine Eintragung von mehr als drei Prozent der Namentitel ins Aktienregister zu verhindern. Im Dezember 1993 brach die «Winterthur» den aussichtslosen Belagerungszustand ab und reichte ihr Helvetia-Aktienpaket an die Patria-Versicherung weiter.

Im Falle der Helvetia Unfall, die seit 1988 unter dem Namen Elvia auftritt, wählte deren Unternehmensspitze einen anderen Weg, um sich aus der lästigen Umklammerung zu befreien. Durch kontinuierliche Zukäufe hatte das Engagement der BZ Bank Anfang 1991 eine Dimension erlangt, die der Elvia-Verwaltungsrat nicht mehr länger ignorieren konnte. Um zu verhindern, dass die Firma eines Tages vollständig von Martin Ebner kontrolliert würde, gingen die Verantwortlichen bei der Schweizerischen Rückversicherungsgesellschaft in Deckung. Zu diesem Zweck wurden 80 000 neue Elvia-Aktien emittiert und zu einem Preis von 3300 Franken pro Titel direkt bei der Rück plaziert – unter Ausschluss der übrigen Elvia-Aktionäre. Aufgrund dieser umstrittenen Abwehrmassnahme wurde die Schweizer Rück von einem Tag auf den anderen zum bestimmenden Elvia-Aktionär. Handkehrum waren Ebners Pläne, seine Elvia-Aktien dereinst en bloc mit einer entsprechenden Kontrollprämie zu versilbern, hinfällig geworden. Durch geschicktes Taktieren schaffte er es immerhin, sein eigenes Aktienpaket kurze Zeit später zu dem Preis, der bei der Direktplazierung zur Anwendung gekommen war, an die Schweizer Rück loszuschlagen. Verschiedene mit der BZ Bank assoziierte Pensionskassen hätten Ebner bei seinen Verhandlungen Flankenschutz gewährt, indem sie ihrerseits «Druckpakete» geschnürt und diese der BZ Bank treuhänderisch zur Verfügung gestellt hätten, erinnert sich ein inzwischen ausgemusterter Elvia-Manager. Im Oktober 1991 erwarb die Rückversicherungsgesellschaft von der BZ Bank einen Block von 60 000 Elvia-Namenaktien, was 24 Prozent des stimmberechtigten Kapitals entsprach. Bei einem Stückpreis von 3300 Franken je Aktie flossen der BZ Bank (beziehungsweise ihren Mandanten) bei dieser Transaktion 198 Millionen Franken zu. Weitere 10 000 Elvia-Aktien übernahm die Schweizer Rück zu gleichen Bedingungen von einem Grosskunden der BZ Bank.

Die Odyssee der Elvia-Titel, welche Ebner zielstrebig aufgekauft und sodann zu einem gewichtigen Aktienpaket gebündelt hatte, war mit dem erwähnten Blockverkauf an die Schweizer Rück noch nicht zu Ende. Im Herbst 1994 liquidierte die Schweizer Rück überraschend ihre gesamte Erstversicherungssparte – ein strategischer Schnitt, bei dem die Elvia mehrheitlich in den Besitz der deutschen Allianz-Versicherung überging. Kurz vor diesem aufsehenerregenden Handwechsel war es der mächtigen Allianz bereits gelungen, einen ersten Brückenkopf in der Schweiz zu errichten, indem sie der BZ Bank im Juni 1994 ein Minderheitspaket von 30 Prozent an der Berner-Versicherung abgekauft hatte. In beiden Fällen bildeten Ebners spekulative Blockhandelsgeschäfte die Voraussetzung dafür, dass der Münchner Allianz-Konzern seine Stellung auf dem heimischen Versicherungsmarkt massiv ausbauen konnte.

Seit Müller-Möhls überraschender Inthronisierung als Geschäftsführer der BZ Bank waren nur wenige Monate vergangen, als Ebner beschloss, das Heft wieder selbst in die Hand zu nehmen. Einmal an die Schaltthebel der Macht gelangt, liess sich der ehemalige Zögling allerdings nicht widerstandslos ins zweite Glied zurückversetzen. Also verfiel Ebner auf die Idee, den ambitionierten Mitarbeiter an vorderster Front zu belassen, indem er ihm ein eigenes Verkaufsteam unterstellte. Anstelle einer vierköpfigen Sales-Mannschaft sollten sich von nun an zwei parallel geschaltete Dreiergruppen um die Akquisition der Kundenaufträge kümmern. Während das eine Team von Ebner geleitet würde, sollte das zweite auf Müller-Möhls Kommando hören. Ein gesunder interner Wettbewerb, dachte sich Ebner, könne dem Gesamterfolg der Bank nur förderlich sein.

Eine Weile schien das Experiment ganz gut zu funktionieren, wiewohl es Müller-Möhl nicht immer leicht fiel, Ebners Überlegenheit zu akzeptieren, die einerseits darauf beruhte, dass er um einiges älter war und deshalb naturgemäss auf ein tragfähiges, über die Jahre hinweg gewachsenes Kundennetz zurückgreifen konnte. Andererseits wusste Müller-Möhl nur zu gut, dass sein Alter ego, an dem er sich zu messen hatte, ein absoluter Topverkäufer war. «Ebner ist eine Kommissionsmaschine», sagt der ehemalige OZ-Chef Balz Merkli, «mit einem einzigen Telefonat konnte er innerhalb einer Viertelstunde unter Umständen mehr Kommissionsaufträge an Land ziehen als sechs OZ-Mitarbeiter im Verlauf eines ganzen Arbeitstages.» Nicht selten verbrachte Ebner zwei Drittel seiner Präsenzzeit am Telefon, um den Kontakt mit seinen wichtigsten Kunden zu pflegen. Um der Bank zugewandte Fondsmanager und Pensionskassenverwalter von einer Investitionsidee zu überzeugen, bot das vertrauliche Zwiegespräch einen geradezu idealen Rahmen. Die Persönlichkeit seines Gegenübers beurteilte er dabei vor allem nach ihrem Nutzen für die Erfolgsrechnung der BZ Bank oder einer ihrer Schwestergesellschaften. «Im Grunde agiert er im Beruf wie ein Backgammon-Spieler», meint ein Kollege, der Ebner eine Zeitlang recht nahe gestanden hat, «Geschäftspartner und Mitarbeiter schiebt er nach Belieben hin und her, während seine Gegner am Spielbrett immer bedeutender werden, bis sie am Ende eben Bankgesellschaft heissen.»

Wer sich beim Spiel nicht an Ebners Regeln hält, fällt diesem alsbald zur Last. Dies galt insbesondere für die hoffnungsvollen Nachwuchskräfte, die Ebner eingestellt hatte. Sobald einer dieser Newcomer allzu viel Eigeninitiative zeigte, indem er es beispielsweise wagte, ein Risiko anders einzustufen als der Chef, wurde er von diesem sofort zurückgebunden. Auf die Dauer erwies sich ein Teil von Ebners sogenannten Partnern allerdings als entschieden zu selbstbewusst, um sich regelmässig auf besserwisserische Art zurechtweisen zu lassen. Vor allem Müller-Möhl schien nach Ebners Rückkehr an die «Geschäftsfront» nicht mehr richtig glücklich zu werden. Angeheizt durch das ständige Konkurrenzverhältnis zwischen den beiden Verkaufsteams, kamen sich der Chef und sein Stellvertreter immer öfter ins Gehege. Im Verlauf des Jahres 1992 hatten die Spannungen ein Ausmass erreicht, das eine weitere produktive Zusammenarbeit ernsthaft in Frage stellte.

Eine BZ-Mitarbeiterin erinnert sich in diesem Zusammenhang an eine Szene, die für Ebners Umgang mit potentiellen Nebenbuhlern symptomatisch war. Im lichtdurchfluteten Grossraumbüro, welches die BZ Bank in der obersten Etage des Warenhauses Robert Ober bezogen hatte, herrschte ein offenes Raumkonzept, so dass Auseinandersetzungen den Augen der übrigen Mitarbeiter nicht verborgen bleiben konnten. Wichtige Einzelgespräche pflegte Ebner in einem Sitzungsraum vorzunehmen, der aufgrund seiner gläsernen Wände vom Personal auch das «Aquarium» genannt wurde. Dorthin zogen sich Ebner und Müller-Möhl zurück, um ihre Divergenzen zu bereinigen. Anstatt zu der erhofften Abkühlung kam es im «Aquarium» indes zu einem hitzigen Wortgefecht. Mit «hochroten Köpfen» seien die beiden aus dem Sitzungszimmer gekommen, erinnert sich die BZ-Mitarbeiterin, worauf allen klar gewesen sei, dass Müller-Möhl die Bank verlassen würde.

Der Abgang von Ebners Stellvertreter löste im Kader der BZ-Gruppe einen regelrechten «brain drain» aus. Die jungen Akademiker Bisang, Merkli, Schmid und Wick, die Ebner drei Jahre zuvor sozusagen im Multipack engagiert hatte, räumten allesamt ihre Arbeitsplätze. «Wie die Tiere haben wir uns phasenweise ins Zeug gelegt und konnten bei der BZ trotzdem nie wirklich mitbestimmen», begründet einer von ihnen diesen Schritt. Ebners Idee, die Führungsverantwortung innerhalb der BZ-Gruppe auf eine grössere Zahl von Köpfen zu verteilen, war damit definitiv gescheitert. Von nun an sollte für sämtliche BZ-Mitarbeiter wieder gelten, was eine Tätigkeit in Ebners Umfeld schon immer charakterisiert hatte – hundertprozentige Loyalität und weitestgehende Unterordnung.

Was sich Ebner eingehandelt hatte, indem er Müller-Möhl einen weiteren Aufstieg erst verheissen, dann aber doch wieder verbaut hatte, wurde Mitte 1993 klar. Der fähige Optionenspezialist reagierte wie einst sein Lehrmeister nach der Auseinandersetzung mit Hans Vontobel und eröffnete beim Zürcher Bellevue-Platz ein Konkurrenzunternehmen, das sich auf den ersten Blick wie eine zweite BZ ausnahm. Für eine exklusive institutionelle Kundschaft sollte die Bank am Bellevue (BB) – so nannte Müller-Möhl sein eigenes Unternehmen – in den Bereichen Research und Brokerage von Schweizer Aktien aktiv werden. Im übrigen dauerte es auch nicht lange, bis mit der BB Industrie und der BB Biotech zwei Beteiligungsgesellschaften gegründet wurden, die – wiewohl etwas stärker diversifiziert – von ihrer Konstruktion her frappant an Ebners «Visionen» gemahnten.

Im Gegensatz zu seinem Lehrmeister benötigte Müller-Möhl keine finanzielle Starthilfe, um seine eigene Bank auf die Beine zu stellen. Da er aus einer wohlhabenden Unternehmerfamilie stammt, die im Kanton Thurgau ihr Geld mit der Produktion von Süssmost und anderen alkoholfreien Getränken gemacht hat, nutzte er bei der BZ Bank von Anfang an die Möglichkeit, mit hohen persönlichen «Spieleinsätzen» in den aufstrebenden Optionenhandel einzusteigen. Dank des grossen Vertrauens, das Ebner anfänglich in ihn setzte und bedingt durch den Umstand, dass sich Müller-Möhl seinen Arbeitseinsatz während Jahren in Form von Optionsscheinen abgelten liess, war der dynamische Kadermann innert kurzer Zeit zu einem persönlichen Vermögen in dreistelliger Millionenhöhe gekommen.

Zur Finanzierung seiner Neugründung brauchte er denn auch nur einen Teil seiner BZGH-Aktien an Ebner zu verkaufen. Er sei diesbezüglich «völlig frei» gewesen, betont Müller-Möhl, der dem Vernehmen nach bis auf den heutigen Tagen einer der gewichtigsten Einzelaktionäre der BZ Gruppe Holding geblieben ist. Seine Beteiligung, die vor dem Austritt auf fünf Prozent des Aktienkapitals geschätzt wurde, bezeichnet Müller-Möhl als «passives Investment». An den regelmässig stattfindenden Partner-Meetings nimmt er jedenfalls nicht mehr teil. Wieviele Prozent am Ebner-Unternehmen ihm geblieben sind, lässt sich kaum eruieren. Soviel verrät der Jungunternehmer immerhin: «Das meiste Geld steckt heute in meiner eigenen Bank.»

Dass sich zwischen ihm und Ebner ein Graben aufgetan habe, stellt Müller-Möhl in Abrede: «Wir haben zu lange zusammengearbeitet, als dass unsere Trennung das Ende einer Freundschaft besiegeln würde», erklärte er in einem Interview mit dem Westschweizer Nachrichtenmagazin «L'Hebdo»: «Mein Abschied stellt eine natürliche Entwicklung dar. Wenn ein Sohn erwachsen wird, emanzipiert er sich von seinem Vater. Martin Ebner war noch zu jung, um sich zurückzuziehen, und ich wollte meine Freiheit erlangen.»[84]

Um sich geschäftsstrategisch von seinem Lehrmeister abzunabeln, beschloss der abgesprungene BZ-Vize, sein Augenmerk bei der Titelauswahl vorab auf den Schweizer Maschinenbau und die amerikanische Biotech-Branche zu lenken. Neben dem Institutionellenspezialisten Martin Bisang, der zusammen mit Müller-Möhl aus der BZ-Crew ausschied, liess sich mit Hans Jörg Graf ein weiterer «Ebner-Schüler» als verantwortlicher Vermögensverwalter gewinnen.

Auch bezüglich des Arbeitsklimas scheint Müller-Möhl bestrebt, neue Akzente zu setzen. Betonte Partnerschaft an Stelle von autoritärem Gehabe, so jedenfalls lautet sein Wahlspruch für die Zusammenarbeit im BB-Team. «Bei der Bank am Bellevue ist die Kommunikation um einiges offener. Die Atmosphäre hier sagt mir viel besser zu», bezeugt ein Anlageberater, der beide – Ebner und Müller-Möhl – als Arbeitgeber erlebt hat. Im Gegensatz zur BZ-Gruppe, wo bis heute der omnipräsente Chef das Sagen hat, sollen laut Müller-Möhl «mehr als zwei Drittel der Bellevue-Mitarbeiter den Status eines Partners» besitzen. Von der «Corporate Identity», die Ebner seiner Bank aufgedrückt hat, scheint der Abspenstige gleichwohl das eine oder andere Element in den neuen Stall hinübergerettet zu haben. Auf die bewährte Institution einer Frühstücksbar müssen die Bellevue-Angestellten genauso wenig verzichten, wie auf eine amerikanisch geprägte «Health-Club-Athmosphäre»: Im Grossraumbüro am Zürcher Bellevue steht eine monumentale Personenwaage, versehen mit einer Liste, auf der sämtliche Bellevue-Angestellten mit ihrem aktuellen Lebendgewicht aufgeführt sind. Je grösser die Abweichung vom Idealgewicht, desto weiter unten auf der Tabelle findet sich der Name des jeweiligen Mitarbeiters – wenn das kein geeigneter Leistungsanreiz für das allmittägliche Jogging am Seeufer ist!

XIV
Visionen en gros

*Wie Ebner die Masse der Kleinanleger für seine Zwecke mobilisiert
und mit der Vermarktung visionärer Investmentfonds
das Ansehen eines Magiers erlangt*

«Nichts auf dieser Welt ist so mächtig, wie eine Idee, deren Zeit gekommen ist», zitiert der BZ-Chef gerne den französischen Romancier Victor Hugo. Die Idee, dass den institutionellen Anlegern die Zukunft gehört, ist zweifellos mächtig – um einen kreativen Einfall von Martin Ebner handelt es sich dabei trotz allem nicht. Die tiefgreifenden Veränderungen zu erkennen, welche mit dem Phänomen des kollektiven Sparens auf die internationalen Finanzmärkte zukamen, war kein besonderes Verdienst. Dazu brauchte man nur über den Atlantik zu blicken. Ebners Leistung bestand in der zielstrebigen Umsetzung dieses Trends.

Dank der einzigartigen Sogwirkung, die sein Name auf die Vorsorgemilliarden ausübt, ist es ihm innerhalb weniger Jahre gelungen, die Vormachtstellung der Grossbanken im Aktienhandel zu brechen. Zu behaupten, die BZ Bank habe mit der expliziten Ausrichtung ihrer Dienstleistungen auf institutionelle Kunden wie Pensionskassen, Anlagefonds und Versicherungen eine lukrative «Marktnische» entdeckt, ist krass untertrieben. Angesichts der gigantischen Summen, die sich Jahr für Jahr bei den Institutionellen auftürmen, dürfte es sich in Zukunft wohl eher so verhalten, dass gegenüber deren wuchernden Milliardenvermögen vergleichsweise alles andere zu einem Nischengeschäft zu degenerieren droht.

Allein das Vermögen der 13 500 Pensionskassen, bei denen das Vorsorgekapital der inländischen Arbeitnehmerinnen und Arbeitnehmer zusammenläuft, summiert sich gegenwärtig auf über 300 Milliarden Franken – was in etwa dem Wert sämtlicher Waren und Dienstleistungen entspricht, die in der Schweiz im Verlaufe eines

Jahres produziert werden. In einer ähnlichen Dimension bewegen sich die finanziellen Rücklagen der Versicherungskonzerne. Zusammen kontrollieren diese beiden grössten Anlegergruppen Vermögenswerte in Höhe von gegen 700 Milliarden Franken. Obwohl der Anteil der kollektiven Vorsorgegelder am gesamten Sparvolumen in der Schweiz bereits heute ausserordentlich hoch liegt, ist davon auszugehen, dass er in den kommenden Jahren kontinuierlich weiterwachsen wird. Bis zur Jahrtausendwende, schätzen die Experten, werden sich die Kapitalanlagen der Institutionellen auf zwei Billionen (2000 Milliarden) Franken verdoppelt haben.

Ebner ist es gelungen, seine BZ-Gruppe in diesem Billionengeschäft derart zu positionieren, dass ihr die Funktion einer zentralen Drehscheibe zufällt. Anfang 1995 betrug die Kapitalisierung sämtlicher börsenkotierter Schweizer Aktien rund 400 Milliarden Franken. Einen gehörigen Teil davon – man spricht von Aktiendepots in Höhe von über 30 Milliarden Franken – verwahrt die BZ Bank treuhänderisch im Auftrag sogenannter «Custodians». Weitere 12 Milliarden Franken in Form von Aktien und Optionen befinden sich unter Obhut der BZ Trust. Daneben gibt es Dutzende von grossen Anlagefonds, Pensionskassen und Privatmillionären, die ihre Investitionsstrategie beinahe nahtlos an Ebners Vorgaben gekoppelt haben. Unter der Annahme, dass solche zugewandten Orte nochmals rund 40 Milliarden Franken in Schweizer Dividendenpapiere investiert haben, dürfte die BZ-Gruppe jederzeit in der Lage sein, schätzungsweise ein Fünftel des Schweizer Aktienmarktes zu mobilisieren.[85] Ebners stupende Fähigkeit, solche Riesenbeträge einzusammeln, um sie im Kapitalverwertungsprozess multiplikativ zum Einsatz zu bringen, hat ihm in der angelsächsischen Fachpresse den Spitznamen «George Soros des Schweizer Aktienmarktes» eingetragen.[86]

Auf dem heimischen Börsenplatz, der von ausländischen Finanzexperten oft als «undurchsichtig» oder zumindest «wenig transparent» kritisiert wird, hat das Auftauchen der BZ Bank mit Sicherheit zu einer gewissen Entprovinzialisierung beigetragen. Gleichzeitig war es aber just dieser vielgeschmähte, typisch helvetische Graubereich, in welchem Ebners einträgliche Blockhandelsaktivitäten überhaupt gedeihen konnten.

Ebners Marktdominanz, die bei einzelnen Blue-chips fast schon monopolistische Züge trägt, verleiht ihm an der Börse einen beispiellosen Einfluss – inklusive der damit verbundenen Manipulationsmöglichkeiten. Zu einer Gefahr wird eine derartige Machtfülle immer dann, wenn sich Eigen- und Kundeninteressen vermischen. In engen, relativ unübersichtlichen Märkten, zu denen der Handel mit Schweizer Aktien zu zählen ist, gilt es diesen Einwand besonders ernst zu nehmen. Gemeint ist Ebners eminentes Geschick, gewaltige Anlagesummen derart auf ein paar wenige Titel einwirken zu lassen, dass sich der geballte Mitteleinsatz zwangsläufig auf die Preisbildung auswirkt. Kommt eine Beeinflussung der Unternehmenspolitik als deklarierte Zielsetzung hinzu – wie das bei den langfristigen Beteiligungen der BZ-Gruppe der Fall ist –, dann erscheint die Hebelwirkung anonymer Anlagemilliarden umso problematischer.

Wenn Ebner von überdimensionierten Verwaltungsräten spricht und damit indirekt die historisch gewachsenen Interessenverflechtungen anprangert, von denen die Führungsgremien der Schweizer Grossbanken durchsetzt seien, so muss er sich selbst den Vorwurf gefallen lassen, dass er sich in einer Art spontan organisiertem «Gegenfilz» bewegt. Ohne die treue Gefolgschaft eines umfangreichen Netzwerks von Vermögensverwaltern, die ihre Anlageentscheidungen nach Ebners Empfehlungen treffen, wäre sein Einfluss bescheiden geblieben.

So überrascht es keineswegs, dass Ebners Verkaufsstrategie darauf abzielt, die Verwalter der institutionellen Vermögen möglichst eng an sich zu binden. Nur in Ausnahmefällen sind es direkte persönliche Kontakte zur obersten Hierarchiestufe, die Ebner den Zugriff auf die kollektiven Vorsorgegelder ermöglichen. Meist wählt er den Weg über Funktionsträger aus dem zweiten Glied wie die Pensionskassenverwalter selbst, stellvertretende Finanzchefs oder Prokuristen. Wie kein zweiter breitet Ebner vor den besagten Herren den roten Teppich aus. Indem er es aufs Trefflichste versteht, ihnen ein Gefühl für die eigene Wichtigkeit zu vermitteln, macht er aus anonymen, kleinen Beamten, die von schmucklosen Büros aus die ihnen anvertrauten Kapitalbestände verwalten, selbstbewusste Finanzstrategen mit einem Faible für derivative Instrumente. «Besonders bei Pensionskassenverwaltern über fünfzig kommt Ebner mit dieser Strategie gut an», verrät ein BZ-Mitarbeiter, «weil diese in ihm eine Art Jungbrunnen sehen.» Von einem smarten, ausserordentlich erfolgreichen Aktienprofi hofiert, wurden sich Ebners Kunden zusehends ihrer persönlichen Macht bewusst, die offensichtlich darin besteht, zu entscheiden, wen sie ans kollektiv gesammelte Geld lassen wollen und wen nicht.

Zur psychologischen Faszination, welche ein solches Rollenverständnis auf Mandatsträger der zweiten Hierarchiestufe fraglos ausübt, kamen handfeste Vorteile. Von ihrer Beziehung zu Ebner profitierten diese auch privat. Wann immer es darum ging, sich für einen Grossauftrag erkenntlich zu zeigen, war der BZ-Chef alles andere als knauserig. Mit der Vergabe risikofreier Gewinnlose – zum Beispiel durch gezielte Zuteilung von Stillhalter-Optionen zu Vorzugsbedingungen – hatte er ein Instrument zur Hand, um die einmal gewonnenen Finanzverwalter bei der Stange zu halten. Je enger das Vertrauensverhältnis wurde, auf welches sich jene mit Ebner einliessen, desto vielfältiger gestalteten sich ihre Chancen, gleichzeitig auch ihre Privatvermögen zu vermehren. Das Fachwort dafür lautet «Frontrunning» und beschreibt einen Tatbestand, der sich frei mit «persönlicher Bereicherung» übersetzen lässt, und die unter Wertschriftenhändlern verbreitete meint, gute Kunden rechtzeitig mit wichtigen Informationen zu versorgen, damit sie aussichtsreiche Aktien oder Optionen zu günstigen Konditionen verkaufen können. «Dank direkten Info-Zugangs konnten manche Pensionskassenverwalter in guten Aktienjahren ein bis zwei Millionen zusätzlich verdienen», schätzt ein ehemaliges Kadermitglied der BZ Bank.

Mit dem Einstieg ins Vermögensverwaltungsgeschäft, der 1990 durch die Gründung der BZ Trust AG erfolgt war, hatte Ebner offiziell begonnen, seine Dienstleistungen auf die vermögende Privatkundschaft auszudehnen. Den Superreichen, die risikofreudig genug waren, mindestens 100 Millionen Franken in Schweizer Dividendenwerte zu stecken, empfahl man natürlich genau die gleichen Titel wie den institutionellen Kunden. Abgesehen vom geringeren Verwaltungsaufwand hatte diese Konzentrationsphilosophie für Ebner den Vorteil einer grösseren Hebelwirkung an der Börse.

Als nahezu genialer Marketingschachzug erwies sich schliesslich die Lancierung der «Visionen», mit deren Hilfe Ebner sein Rekrutierungspotential bis hinunter ins Segment der Kleinsparer erweiterte. Zur finanziellen Potenz von Ebners sorgsam ausgewählten Grosskunden kam nunmehr auch noch der Herdentrieb der breiten Masse. «Zeigt nicht auch Ihre Erfahrung, dass echte Vermögensbildung nur mit Gelassenheit und langfristiger Optik möglich ist?» lautet die rhetorische Frage, mit welcher die BZ Trust seither in halbseitigen Zeitungsinseraten die Idee des «Aktiensparens» propagiert. Anstatt ihre Sparbatzen direkt in Roche oder SBG-Titel zu investieren, wird den Kleinanlegern darin ans Herz gelegt, den Umweg über die Ebnerschen Beteiligungsgesellschaften zu wählen, indem sie sich vorzugsweise für die Inhaberaktien der Pharma- beziehungsweise der BK Vision entscheiden sollen.

Im August 1993 überraschte Ebner mit der Ankündigung, sein Imperium um einen dritten nach demselben Muster konzipierten Investmentfonds zu erweitern. Seine Visions-Gesellschaften waren zu jenem Zeitpunkt bereits dermassen populär, dass ein entsprechendes Gerücht im Markt genügte, um bei der BZ-Gruppe die Telefone heisslaufen zu lassen. Bevor überhaupt konkrete Angaben über das geplante Produkt oder dessen Ausgabepreis an die Öffentlichkeit drangen, trafen in Zürich und Wilen bereits jede Menge Zeichnungsaufträge ein. In Marktkreisen spekulierte man offensichtlich auf die Lancierung einer Industrie Vision mit Beteiligungen an Firmen wie BBC, Sulzer oder Schindler. Solange das neue Gefäss mit dem Qualitätssiegel «Ebner» ausgezeichnet war, schienen sich die Investoren beinahe blindlings für jeden beliebigen Inhalt begeistern zu können.

So spielte es letztlich auch keine Rolle, dass sich die neue Fondsgesellschaft anstatt auf ausgewählte Schweizer Industrietitel auf die Beteiligung an einer schwedischen Firma namens AGA konzentrieren sollte, die in der Herstellung und Vermarktung industrieller Gase tätig ist. In Analogie zu ihren beiden Vorläufern bestand auch im Fall der neuen Gas Vision der Unternehmenszweck darin – wie sich Ebner auszudrücken pflegt, – «nachhaltigen Mehrwert für ihre Aktionäre zu schaffen». Als Hauptaktionäre traten die BZ Gruppe Holding und die Berner Carba-Holding in Erscheinung, die sich zu gleichen Teilen in das gesamte Namenkapital (55,6 Prozent der Stimmen) teilten und zudem durch einen Aktionärsbindungsvertrag miteinander verknüpft waren. Der überwiegende Teil der Inhaberaktien (Stimmgewicht: 44,4 Prozent) wurde anfänglich ebenfalls von der BZGH, der Carba-Holding und ein paar weiteren Institutionellen aus Ebners Umfeld übernommen. Für das Publikum, welches Ebner nach Auftauchen der ersten Gerüchte schier die Türe eingerannt hatte, blieben dagegen nur etwa 10 Prozent der handelbaren Titel reserviert.

Bei der Carba-Holding handelt es sich um ein privat beherrschtes Industriekonglomerat, das seit 1985 zu den Stammkunden der BZ Bank zählt. Die ultra-verschwiegene Unternehmensgruppe, welche keinerlei Zahlen über ihren Geschäftsverlauf veröffentlicht, verfügt über Tochtergesellschaften in den Bereichen Gas (Carbagas, Technogas), Medizinal- und Labortechnik (Carbamed-Rüegge) sowie Beteiligungen (Carbatlanta) und bezeichnet sich selbst leicht verniedlichend als «mittelständische Unternehmensgruppe».

Den Verwaltungsrat der mit einem Startkapital von 500 Millionen Franken ausgerüsteten Gas Vision bestellten Martin Ebner (Vorsitzender), Carba-Konzernleitungspräsident Jacques Imler sowie Johan Björkman. Vor dem Hintergrund von Björkmans hervorragenden Kontakten kamen die drei überein, die verfügbaren Mittel grösstenteils in die schwedische Industriegasgesellschaft AGA zu investieren. Präsidiert wurde der AGA-Konzern von Sven Agrup, einem langjährigen Freund des BZ-Geburtshelfers Erik Penser.

Acht Monate nach seinem unvermuteten Einstieg ins Gasgeschäft brachte Ebner im April 1994 mit der Stillhalter Vision einen weiteren Investmentfonds auf den Markt. Im Unterschied zu den drei bisherigen «Visionen» stand diesmal allerdings nicht eine langfristig orientierte «aktive Beteiligungsnahme an einigen wenigen, gut geführten Unternehmen» im Vordergrund. Statt dessen sollte die Stillhalter Vision ihr Hauptaugenmerk darauf richten, ihre kurz- bis mittelfristig gehaltenen Titelbestände durch eine möglichst umfassende Verschreibung von Call-Optionen zu bewirtschaften und damit regelmässig Einnahmen zu produzieren. Das Gewinnpotential würde aufgrund dieser Strategie zwar etwas gemindert, gab Ebner der interessierten Anlegerschaft zu bedenken. Umgekehrt liessen sich dadurch aber auch die gefürchteten zyklischen Ausschläge nach unten besser abfedern. Die erwartete Performance dürfte daher irgendwo zwischen einem reinen Aktienengagement und einer festverzinslichen Obligation zu liegen kommen. Mit anderen Worten sollte es sich bei der Stillhalter Vision um eine ideale Mischkonstruktion für den gleichermassen renditebewussten wie konservativ veranlagten Investor handeln.

Statt einer massgeschreinerten «Schatzkiste» für die Kleinanleger sahen manche Kritiker im vierten und vorläufig letzten Kind von Ebners Visions-Familie indessen eher eine Art «Schuttabladeplatz».[87]

Bei genauerer Betrachtung machte es tatsächlich den Anschein, als diene die Stillhalter Vision vor allem als geeignetes Zwischenlager für Aktienpakete, für welche Ebner im Moment keine bessere Verwendung fand. So tauchten im Stillhalter-Portefeuille etwa jene 24 000 Inhaberaktien der Ems-Chemie wieder auf, die Ende 1993 zur Vermeidung von Interessenkonflikten aus der von Christoph Blocher angeführten Pharma Vision herausgelöst worden waren. Neben grösseren Positionen von Roche-Genussscheinen und SBG-Inhaberaktien waren von der BZ Bank und ihren Kunden unter anderem auch eine stattliche Zahl an Titeln der beiden Aktiengesellschaften Pharma Vision und BK Vision eingebracht worden. Ebners vierte Vision entpuppte sich mithin als ein doppelt verschachteltes Börseninstrument, welches Aktienblöcke von anderen Beteiligungsgesellschaften der BZ-Gruppe enthielt, die ihrerseits wiederum an den seit ehedem favorisierten Unternehmen beteiligt waren. Als Quintessenz von Ebners Konzentrationsphilosophie lagerten in der Stillhalter Vision auch eine Menge Optionsscheine, auf die zwecks Ertragsoptimierung erneut Call-Optionen geschrieben werden sollten. Das Recycling war somit nahezu perfekt.

Trotzdem wurden Ebner auch die Aktien der Stillhalter Vision förmlich aus den Händen gerissen. Innerhalb von knapp zwei Wochen hatten sich derart viele Interessenten gemeldet, dass das ursprüngliche Startkapital von einer Milliarde Franken locker auf drei Milliarden Franken erhöht werden konnte. Diesmal versäumte es Ebner nicht, selbst den Herdentrieb der Kleinanleger in klingende Münze umzusetzen. Erstmals emittierte er sogenannte Zuteilungsoptionen zu 15 Franken das Stück, die innerhalb eines Monats nach Gründung der Stillhalter Vision zum Bezug einer entsprechenden Inhaberaktie zum Ausgabekurs berechtigen sollten.

In Kontrast zur minimalen Informationspolitik, mit der es Ebner bis dahin verstanden hatte, sein Imperium vor neugierigen Blicken abzuschirmen, scheute er hinsichtlich der börsengängigen Visionen keinerlei Kommunikationsaufwand. Um die Visions-Idee ins breite Publikum zu tragen, startete er eine permanente Medienkampagne. Als Ergänzung zu den regelmässig plazierten Zeitungsannoncen, die den Kursverlauf der Visions-Inhaberaktien aufzeigten, liess er deren «inneren Wert» täglich über Telekurs und Reuters verbreiten. Dieser innere Wert reflektierte gewissermassen den bereinigten Substanzwert der gehaltenen Beteiligungen – nach Abzug von Schulden, geschätztem Steueraufwand, Verwaltungs- und Finanzierungskosten. Im Falle der Pharma Vision lag der innere Wert anfänglich über dem Börsenkurs, was für derartige Beteiligungsgesellschaften an und für sich nichts Aussergewöhnliches ist. Allein aus den latenten Liquidationskosten, mit denen Fondsgesellschaften im allgemeinen zu rechnen haben, leitet sich ein gewisser Kursabschlag ab.

Nachdem Professor Schiltknecht im Sommer 1991 das Management der Pharma Vision übernommen hatte, begann sich das Bild zu wandeln. Stimuliert durch die gezielte Öffentlichkeitsarbeit, wurde der Abschlag an der Börse allmählich kleiner, um sich nach anderthalb Jahren in ein Aufgeld zu verwandeln. In der allgemeinen Aktienhausse des Jahres 1993 erreichten die Inhaberaktien der Pharma Vision ein Kursniveau, welches ihren effektiven Beteiligungswert um 10,9 Prozent übertraf. Das gleiche geschah mit den Inhaberaktien der BK Vision, die Ende 1993 mit einem Aufgeld von 11,4 Prozent gehandelt wurden. «Diese Prämie widerspiegelt die hohen Erwartungen der Aktionäre in bezug auf die künftige Kursentwicklung. Sie ist aber auch Ausdruck der Beliebtheit der BK Visions-Aktie bei den Investoren», begründete Ebner den Aufschwung, den der Bankenfonds genommen hatte.[88] Mit einer Versechsfachung des Handelsvolumens auf 1,9 Milliarden Franken stiessen die Inhaberaktien der BK Vision 1993 unter die meistgehandelten Titel der Zürcher Börse vor. Im gleichen Jahr wurden zudem Call-Optionen auf BK Visions-Aktien im Betrag von 750 Millionen Franken umgesetzt.

Ein erheblicher Teil dieser Nachfrage ging auf das Konto der mit Ebner assoziierten Pensionskassen, wie etwa der Beamtenpensionskasse des Kantons Zürich – mit einem Vermögen von über 10 Milliarden Franken eine der grössten in der Schweiz. Ins dicke Tuch gingen auch die Kommissionsaufträge seitens der beiden Angestellten-Pensionskassen von Hoffmann-La Roche, in deren Vermögensbilanzen Ende 1993 nur schon die Wertschriftenanlagen mit über zwei Milliarden Franken zu Buche schlugen. Zum Kundenkreis der BZ-Gruppe zählten ausserdem die Pensionskassen von Siemens-Albis, Coop Schweiz, Ciba, Rieter, Zellweger, Landis & Gyr sowie die Vorsorgekasse des Basler Staatspersonals – um nur eine kleine Auswahl zu nennen. In der Schweiz gab es während des 93er Börsenbooms kaum einen aufgeschlossenen Kassenwart, der nicht wenigstens einen Teil seiner Mittel in die haussierenden Visions-Aktien investiert hätte.

Nach den einheimischen Institutionellen, die von Beginn weg an den Erfolg der Visionen geglaubt hatten, interessierten sich während der Hausse auch immer mehr ausländische Investoren für ein indirektes Aktienengagement via BZ. Indem sie den Umweg über die Visions-Aktien einschlugen, konnten auch Nichtschweizer von einer überproportionalen Performance vinkulierter Stimmrechtsaktien profitieren – ohne sich freilich ins Aktionärsregister der betreffenden Gesellschaften eintragen zu lassen. Vor allem unter deutschen Multimillionären erfreute sich nachbarschaftliche Gewinnbeteiligung grosser Beliebtheit. Die Ursache mag darin zu suchen sein, dass Ebner inzwischen dazu übergegangen war, auch in ausländischen Publikationen, wie etwa der «Welt am Sonntag», gezielt für seine Visionen zu werben.

An überzeugenden Charts mangelte es ihm hierfür nicht, zumal die Kurse der Visions-Aktien mit geradezu atemberaubender Geschwindigkeit in die Höhe schnellten und ihren Börsenwert im Verlauf des Jahres 1993 nahezu verdoppelten. Die Kurse der gehaltenen Pharma- beziehungsweise Finanzaktien bewegten sich im gleichen Zeitraum zwar ebenfalls steil nach oben – im Performancevergleich mit den Visions-Aktien blieben die Basistitel hingegen zurück. Ein Direktinvestment war also weniger profitabel als der Umweg über die Ebnerschen Fondsgesellschaften.

Die überproportionale Wertsteigerung der Visionen beruhte auf einem relativ einfachen Trick. Bis Ende 1993 hatte die BZ Trust kurzfristig mehr als eine Milliarde (billiges) Fremdkapital aufgenommen und damit weitere Aktien dazugekauft. Dazu kam die kontinuierliche Ausgabe von Stillhalter-Optionen, womit sich die Rendite der Visionen ebenfalls erhöhen liess. Aufgrund dieses «Leverage»- oder Hebeleffekts war ein gewisser Performance-Vorsprung gegenüber einem direkten Aktienengagement sogar gerechtfertigt.

Selbst Investoren, denen dieser Zusammenhang bewusst war, blieb bisweilen der Mund offen stehen, wenn sie Monat für Monat mitverfolgten, wie die von Ebner kreierten Beteiligungsgefässe schneller wuchsen als ihr Inhalt. Manche Beobachter fingen sogar an, den Erfinder der Visionen dergestalt zu verklären, dass sie in ihm einen Börsenmagier mit nahezu übernatürlichen Kräften sahen. «Die Anleger glauben, Herr Ebner könne über das Wasser gehen», mokierte sich das britische Wirtschaftsmagazin «The Economist» über solcherlei Aberglaube[89], während die deutsche «Wirtschaftswoche» genüsslich festhielt: «Ebner gilt bei Schweizer Anlegern als eine Art Zauberer».[90]

Wundersam erschien nicht nur der überdurchschnittliche Wertzuwachs, den die visionären Geldsammeltöpfe unter Ebners Beschwörungsformeln verzeichnet hatten. Auch das Honorar, welches sich der Meister und seine Zauberlehrlinge für ihre schweisstreibende Arbeit auszahlen liessen, gab dem Publikum Anlass zu mancher Legendenbildung. Im Falle der Pharma Vision, deren Portfolio sich Ende 1993 zu 88 Prozent aus Roche- und zu 12 Prozent aus Ciba-Aktien zusammensetzte, belief sich der sogenannte Verwaltungsaufwand auf 389 Millionen Franken. Für die Verwaltung der BK Vision, die inzwischen zu 70 Prozent in Titel der Schweizerischen Bankgesellschaft investiert war (der Rest entfiel auf «Zürich»-Versicherung und CS-Holding), liess sich die BZ Trust weitere 251 Millionen Franken überweisen. Zusammengerechnet betrug die erfolgsabhängige «performance fee», mit der sich Schiltknecht und eine Handvoll Mitarbeiter für die gedeihliche Überwachung eines Zwei- beziehungsweise Drei-Titel-Portfolios entschädigen liessen, sagenhafte 640 Millionen Franken. Gemäss der Kommissionsstruktur, wie sie anlässlich der Trust-Gründung festgelegt worden war, hätte sich das Management sogar mit über 800 Millionen aus den Visions-Schatullen bedienen können. Diese Zahl schien dem Verwaltungsrat der BZ Trust AG – Ebner, Schiltknecht und Björkman – dann allerdings doch etwas zu hoch gegriffen, weshalb man kurz vor Weihnachten noch schnell die Notbremse zog und die Berechnungsgrundlagen für die Erfolgsbeteiligung in dem Sinne abänderte, dass der BZ Trust im vierten Quartal 1993 zwischen 150 und 200 Millionen Franken weniger zuflossen. Mit wahrer Selbstbeschränkung hatte diese Massnahme allerdings nicht das geringste zu tun. Ohne den Kunstgriff wäre nämlich die kaum zu überbietende Peinlichkeit eingetreten, dass die Pharma Vision im absoluten Spitzenjahr 1993 einen Verlust in dreistelliger Millionenhöhe hätte ausweisen müssen. Dank der eilends verfügten Abänderung der Kommissionsstruktur konnte man den Publikumsaktionären nun wenigstens mit einem kleinen Überschuss von 6,5 Millionen Franken unter die Augen treten.

Zu verhindern war dadurch allerdings nicht, dass das Erfolgsbeteiligungsmodell der BZ Trust in der Folge unter Beschuss kam. Angesichts der unverfrorenen Art und Weise, mit der Ende 1993 kurzerhand 640 Millionen Franken auf die Konten der BZ-Gruppe umgebucht worden waren, griffen konservativ veranlagte Bankiers zu Begriffen wie «schamlos» und «obszön». Der unverhältnismässige Mittelabfluss veranlasste einen Kleinaktionär der BK Vision zur geharnischten Bemerkung, die Herren Ebner und Schiltknecht hätten «eine geniale Einweg-Honorarpumpe zu ihren Gunsten entwickelt und in Betrieb genommen».[91]

Während der Löwenanteil im Safe der von Ebner kontrollierten BZ Gruppe Holding verschwand, liessen sich die Verwaltungsräte der Beteiligungsgesellschaften ihre Aufsichtspflicht mit immerhin 5 Prozent der Gesamtsumme honorieren. Im Falle der BK Vision bezog jeder der drei Verwaltungsräte 1993 einen individuellen Bonus in Höhe von über 4 Millionen Franken. Verglichen mit jährlichen Tantiemen von knapp 100 000 beziehungsweise 120 000 Franken, mit denen sich die Aufsichtsräte von Bankverein und Bankgesellschaft begnügen müssen, liessen sich solche exorbitanten Erfolgshonorare beim besten Willen nicht als «marktkonform» bezeichnen.

Kritisiert wurden im Zusammenhang mit der Honorarfrage vor allem die personellen und kapitalmässigen Verflechtungen zwischen der BK Vision, der BZ Trust und der BZ Gruppe Holding. «Die Herren Ebner und Schiltknecht, welche mit Herrn Rechtsanwalt Dr. Hafter den Verwaltungsrat der BK Vision bilden, stellen zusammen mit Herrn Björkman auch den Verwaltungsrat der BZ Gruppe Holding Aktiengesellschaft», versuchte ein Badener Rechtsanwalt Martin Ebners doppelt verwobenes Personengeflecht zu entwirren. «Die BZ Gruppe Holding Aktiengesellschaft beherrscht die BZ Trust AG, welche Geschäftsführerin der BK Vision ist. Der Verwaltungsrat der BZ Trust AG ist personell identisch mit dem Verwaltungsrat der BZ Gruppe Holding Aktiengesellschaft, wobei bei dieser Herr Ebner, bei jener Herr Björkman die Funktion des Verwaltungsratspräsidenten innehat.» Die Konklusion des Juristen: Die für die Höhe der Verwaltungsratsentschädigung massgebende Honorarvereinbarung zwischen der BK Vision und der BZ Trust trage allem Anschein nach die Merkmale eines rechtlich zweifelhaften «Insichgeschäfts».[92] Den Vorwurf einer unzulässigen Interessenvermischung wischte Ebner mit der lapidaren Antwort vom Tisch, der Vertrag sehe es halt so vor – und damit basta. Der Verdacht liess sich dadurch nicht entkräften, dass das umstrittene Erfolgsbeteiligungsmodell in seinen Grundzügen zwischen Schiltknecht (für die BZ Trust) und Ebner (für die BK Vision) ausgehandelt wurde, wobei die Interessen der übrigen Teilhaber nur ungenügend zur Berücksichtigung gekommen waren.

Solange die Performance der Visions-Aktien stimmte, schienen sich die meisten Publikumsaktionäre nicht sonderlich an ihrer Diskriminierung durch den Haupteigner zu stossen. Dies sollte sich jedoch ändern, als die Börsenhausse Anfang 1994 zu Ende ging. Aus überdurchschnittlichen Kurssteigerungen wurden plötzlich entsprechend empfindliche Kursverluste – naiv, wer geglaubt hatte, die Hebelkraft der Visionen wirke nur in einer Richtung. Die als Pharma Vision verpackten Roche-Titel sanken im Jahresverlauf um 17,6 Prozent, während das Original in Gestalt der Roche-Inhaberaktie nur gerade 2,4 Prozent einbüsste. Noch extremer fiel der Kursrückschlag bei der BK Vision aus, deren Inhaberaktien um 32,8 Prozent einbrachen, obschon auch hier die zugrundeliegenden SBG-Namenaktien vom Markt lediglich um 22,4 Prozent zurückgestuft wurden. Verglichen mit einem Direktengagement in den entsprechenden Basistiteln wiesen die unlängst noch hochgejubelten Visions-Aktien 1994 eine Minusperformance von 15 beziehungsweise 10 Prozent auf. In beiden Fällen war die Prämie gegenüber dem inneren Wert der Aktien genauso schnell wieder verschwunden, wie sie im Vorjahr aufgrund übertriebener Erwartungen aufgebaut worden war.

Nicht besser erging es denjenigen, die an den Erfolg der jüngst als «Visionen» verpackten Gasaktien und Stillhalter-Optionen geglaubt hatten. Während die Aktien der Gas Vision infolge der gedrückten Börsenstimmung nie richtig aus den Startlöchern gekommen waren und sechzehn Monate nach ihrer Ausgabe immer noch unter ihrem Nominalwert dahindümpelten, hatten die Titel der Stillhalter Vision innerhalb eines dreiviertel Jahres beinahe 10 Prozent an Wert verloren. Für die Periode zwischen dem 8. April 1994, ihrem Gründungsdatum, und dem 31. Dezember 1994 musste allein die Stillhalter Vision einen Verlust von 238,5 Millionen Franken ausweisen. Doch selbst in dieser misslichen Situation blieb Ebner optimistisch: Verglichen mit einer identischen, unverschriebenen Aktienposition sei durch die Ausgabe von Stillhalter-Optionen ein «Mehrertrag von rund 10 Prozent» erzielt worden, suchte er die Aktionäre mit beschönigenden Worten zu beruhigen. Der Ausdruck «Minderverlust» wäre in diesem Fall vermutlich zutreffender gewesen.

Für einige von Ebners Grosskunden, die vertrauensvoll grosse Beträge in Visions-Aktien investiert hatten, folgte jetzt der Katzenjammer. Mit einem Mal wurden sich gewisse Pensionskassenverwalter des erheblichen Klumpenrisikos bewusst, welches sich darin manifestierte, dass die Aktivseite ihrer Vermögensbilanz aus dominanten Blöcken von Visions-Aktien bestand. Als dann auch noch publik wurde, dass ein paar besonders eifrige Kunden wie die Pensionskassen von Landis & Gyr und Coop Schweiz mit dem Einsatz derivativer Instrumente immense Beträge verloren hatten, schien es um Ebners magischen Ruf endgültig geschehen.

«Es ist schwer vorstellbar, dass die Visionen der natürlichen Schwerkraft auf immer zu trotzen vermögen», hatte der «Economist» im April 1994 prophezeit und damit offensichtlich recht behalten. Bezüglich des Höhenflugs der BK Visions-Aktien war die Vorhersage des Magazins noch etwas konkreter ausgefallen: «Wenn sich die SBG überlegen würde, den Unterschied zwischen Inhaber- und Namenaktien aufzuheben», hiess es in dem Artikel, «bräche die hohe Prämie, über die letztere verfügen, über Nacht zusammen – genau wie Herr Ebners gottähnlicher Status».[93]

Während viele Kleinanleger bei steigenden Kursen geflissentlich übersehen hatten, dass sich Ebner vom «Jahrhundertgewinn» des Jahres 1993 ein ungebührlich grosses Stück abgeschnitten hatte, fühlten sie sich vom Aktienmagier nunmehr schnöde hintergangen. Plötzlich fiel es ihnen wie Schuppen von den Augen, dass das Korrelat von Ebners persönlicher Gewinnabschöpfung in beträchtlichen Kursverlusten bestand, die – während der Baisse – wie selbstverständlich unter den Inhaber-Aktionären «sozialisiert» wurden.

Einige BZ-Mitarbeiter wurden vom Börsenrückgang des Jahres 1994 ebenfalls auf dem falschen Bein erwischt. «Zwei Drittel des Geldes, das ich im Vorjahr mit Optionsgeschäften verdient hatte, ging 1994 wieder verloren», bekennt eine BZ-Angestellte kleinlaut. Um den Börsenfrust vergessen zu machen, verteilte Ebner als Weihnachtsgeschenk anstelle eines Bonus für einmal Reisegutscheine: Damit seiner Belegschaft der «Schnauf» nicht ausging, beurlaubte er sie zwecks Tauchferien für eine Woche ans Rote Meer.

XV
Im Sturmschritt gegen die SBG

*Wie Ebner sich zum «Robin Hood» der Aktionäre wandelt und
mit seinen Forderungen das grösste
Schweizer Geldinstitut zum Erzittern bringt*

Aus seiner Vorliebe für die Schweizerische Bankgesellschaft (SBG) gegenüber den Konkurrenzunternehmen Bankverein und Kreditanstalt hatte Martin Ebner nie einen Hehl gemacht. Seine Eigenbestände an SBG-Aktien hatten sich jedoch kaum jemals in einer Dimension bewegt, die eine aktive Mitsprache hinsichtlich der Unternehmenspolitik gerechtfertigt hätte. Dies begann sich Ende 1990 zu ändern, als die meisten Schweizer Blue-chips im Sog der Golfkrise auf historische Tiefstpreise gesunken waren. Die Chancen, zu relativ erschwinglichen Preisen in den Besitz eines umfangreichen Pakets von SBG-Stimmrechtsaktien zu kommen, standen ausserordentlich günstig. Ebner zauderte nicht lange, griff zu und beschloss, beim mächtigsten Finanzinstitut des Landes in Zukunft die Karte des strategischen Investors zu spielen.

Bei Anlegern im In- und Ausland gilt die Bankgesellschaft als Inbegriff eidgenössicher Solidität und Verlässlichkeit. Was den Schweizer Finanzplatz so attraktiv macht – stabile Währungsverhältnisse, perfekte Dienstleistungen und ein Höchstmass an Diskretion – all dies darf die SBG in hohem Mass für sich in Anspruch nehmen. Beredter Ausdruck des enormen Prestiges, welches die Grossbank auf dem internationalen Parkett geniesst, sind ihre riesigen Kapitalbestände. Kundendepots mit Gesamteinlagen in Höhe von über 400 Milliarden Franken machen die SBG zum führenden Vermögensverwalter Europas.

Wer die Kontrolle über die SBG besitzt, hat nicht nur in der Schweizer Unternehmenslandschaft ein unüberhörbares Wort mitzureden, sondern verfügt gleichzeitig über einen der weltweit bestdotierten Vermögenspools – eine Perspektive, die den BZ-

Chef verständlicherweise reizen musste. Schliesslich hatte Ebner schon in früheren Jahren hin und wieder laut davon geträumt, eines Tages die Chefetage der erfolgreichen Grossbank zu «entern», um sich dem obersten Management als neuer Mehrheitsaktionär zu präsentieren. Eine Phantasie, die durchaus ernst genommen werden konnte, da bisher alles, was Ebner sich im Beruf vorgenommen hatte, von ihm tatsächlich auch realisiert worden war.

Dass Interessenkonflikte unvermeidlich sind, wenn jemand als Broker und parallel dazu als Investor agiert, ist unter Bankfachleuten unumstritten. «Entweder man ist ein Broker, der mit Kommissionen Geld verdient, oder man ist ein langfristig orientierter Investor, der Risiken übernimmt und damit Gewinne macht», postuliert der Geschäftsführer einer Zürcher Privatbank: «Beides zu vermischen, geht zwangsläufig zu Lasten der Kundschaft.» Seit Ebner seine «Visionen» auf den Markt gebracht hat, übt er sich gleichwohl in dieser Doppelrolle – und begibt sich damit auf eine geschäftspolitisch heikle Gratwanderung. Als Market-maker kauft und verkauft er weiterhin Blöcke von SBG-Aktien, während er simultan in die Rolle des Eigentümers geschlüpft ist, um möglichst viele SBG-Titel in seiner Beteiligungsgesellschaft BK Vision anzuhäufen.

Bei seinen Aktienkäufen konzentrierte sich Ebner wie immer auf die vinkulierten Namentitel. Gemessen an ihrem Nominalwert verfügten diese über das fünffache Stimmrecht der SBG-Inhaberaktien. Die Namenaktien waren von der Grossbank 1975 eingeführt worden, weil die Märkte seinerzeit durch eine wahre Flut von «Petrodollars» überschwemmt worden waren, und man der latenten Gefahr einer unfreundlichen Übernahme vorbeugen wollte. Für Ebner erwiesen sich die stimmschweren SBG-Titel jetzt als geeignetes Mittel, um mit relativ kleinem Kapitaleinsatz ein erhebliches Machtpotential aufzubauen. Die Stimmrechtsbeschränkung auf 5 Prozent pro Aktionär, welche die SBG 1990 als zusätzliche Schutzmassnahme in ihre Statuten eingebaut hatte, liess sich dadurch allerdings nicht aus der Welt schaffen. Von aussen besehen glich die Bank einer uneinnehmbaren Festung.

Folglich musste sich Ebner etwas anderes einfallen lassen, um die SBG-Führung aus der Reserve zu locken. Das Zauberwort hiess «shareholder value» oder «Aktionärsnutzen» und stammte, wie die Mehrzahl von Ebners Innovationen, aus Übersee. In den Vereinigten Staaten waren die grossen Pensionskassen seit längerem dazu übergegangen, ihr wachsendes Aktienengagement mit konkreten Forderungen zu untermauern; zum Beispiel, indem sie das Management von Firmen, in welche sie ihre kollektiven Gelder investiert hatten, bezüglich der Höhe künftiger Dividendenausschüttungen unter Druck setzten. Demgegenüber beherrschte auf dem europäischen Kontinent noch weitgehend die «traditionelle» Aktiengesellschaft die Szene – gekennzeichnet durch eine uneingeschränkte Machtfülle der Unternehmensleitung, deren Willkür ein schwaches, fragmentiertes Aktionariat in der Regel schutzlos ausgeliefert war.

Die Situation liess sich treffend mit einem geflügelten Wort des Berliner Bankiers Carl Fürstenberg (1850-1933) beschreiben. Laut Fürstenberg sind Aktionäre «dumm und frech» – dumm, weil sie ihr Geld blindlings einem Unternehmen anvertrauen, ohne eine ausreichende Kontrolle über die Verwendung ihrer Mittel zu haben. Und frech, weil sie für diese Dummheit auch noch eine Belohnung in Form einer Dividende erwarten. Spinnt man den Gedanken Fürstenbergs weiter, so müsste der Ausbund an Frechheit vermutlich dort zu suchen sein, wo die dummdreisten Aktionäre Einfluss auf die Unternehmenspolitik nehmen und die Entscheidungen des Managements in ihrem Sinne dirigieren wollen.

In den USA, wo die Rebellion der Eigentümer gegen die Manager ausgebrochen war, hatten die militantesten unter den institutionellen Investoren beinahe schon den Status von Volkshelden erreicht, als Martin Ebner die Idee des «aktiven Aktionärs» auch in der Schweiz zu propagieren begann. Gerade in einem korporatistisch geprägten Land, in dem wirtschaftliche Macht traditionellerweise mit der Bedingung einer bestimmten Gruppenzugehörigkeit verknüpft ist, schien die Zeit für dieses basisdemokratische Ansinnen reif. Hier, an der Wiege der direkten Demokratie, wo der Filz dennoch seine schillerndsten Blüten trieb, musste ein verstärkter Investorenaktivismus zwangsläufig auf fruchtbaren Boden fallen – zumal bei all jenen, die sich vom Establishment seit jeher ausgeschlossen fühlten. «Ein kleiner Kreis von zwei- bis dreihundert Unternehmensführern schiebt sich gegenseitig die Macht zu. Die Bankherren sitzen in den Industrieverwaltungsräten, als Gegenleistung dürfen die Industriebosse in die Bankgremien einziehen. Und an der Spitze des Verwaltungsrates sitzt nur in Ausnahmefällen ein echter Eigentümer; häufig ist es der ehemalige Konzernleiter auf seinem Rückzugsgefecht in die Pensionierung», brachte die «Weltwoche» das kollektive Unbehagen auf den Punkt[94].

Solche Ohnmachtsgefühle verstand Ebner geschickt zu nutzen. Nachdem er sich in der Bevölkerung das Ansehen eines vertrauenswürdigen Geschäftsmanns verschafft hatte, übernahm er jetzt die Rolle des Winkelrieds der Aktionäre. Dass sich Ebner im Kampf gegen verkrustete Herrschaftsstrukturen an vorderster Front zu engagieren beabsichtigte, liess sich kaum mit einer ausgeprägten Sorge ums Allgemeinwohl erklären. Auch bei seinem SBG-Engagement ging es ihm vielmehr um die Optimierung des eigenen Einsatzes. Allerdings hatte er sich dafür ein gesamtwirtschaftliches Alibi zugelegt, welches sein übergeordnetes Gewinnmotiv elegant in den Hintergrund treten liess. Von den meisten Beobachtern wurde daher übersehen, dass sich der BZ-Gründer mittlerweile eine nicht minder verfilzte «pressure group» aufgebaut hatte, ohne die er die Kraftprobe mit der SBG kaum hätte wagen können.

Eine der zentralsten Figuren in Ebners «Anti-Establishment» war zweifellos SVP-Nationalrat Christoph Blocher, dem es gelang, sich als Aussenseiter dergestalt in die helvetischen Machtstrukturen zu integrieren, dass er bereits 1981 in den Verwaltungsrat der SBG delegiert worden war. An Widersprüchlichkeiten schien es in Blochers Laufbahn nicht zu fehlen. Im Kontrast zu seiner erfolgreichen Exportoffensive als Unternehmer hatte er sich als Wortführer rechtsbürgerlicher Oppositionspolitik mit Haut und Haar dem Kampf gegen eine wirtschaftliche Öffnung der Schweiz verschrieben.

Blochers vehementes Eintreten gegen eine Teilnahme des Landes am Europäischen Wirtschaftsraum (EWR) hätte die Führungscrew der Bankgesellschaft nicht sonderlich zu beunruhigen brauchen. Mit der Perspektive eines zentraleuropäischen «Finanz-Hongkongs» liess sich im Bankensektor alleweil besser leben als beispielsweise in der exportabhängigen Maschinenindustrie. Hauptsache, der Franken blieb steinhart und mithin das, was er seit dem Zweiten Weltkrieg schon immer gewesen war – eine der weltweit attraktivsten Fluchtwährungen. Was den distinguierten Herren in der SBG-Chefetage dagegen sauer aufstiess, war Blochers polemischer Argumentationsstil, der nur schlecht zu ihrem diskreten Image passen wollte. Am eigenen Leib musste dies SBG-Konzernchef Robert Studer erfahren, als er im November 1992 den Leichtsinn beging, sich bei einem Anti-EWR-Auftritt des streitbaren Nationalrats in Begleitung eines Fernsehteams unters Publikum zu mischen. Als Studer sich dann auch noch dazu hinreissen liess, dem «Volkstribun» vor versammelter Anhängerschaft Paroli zu bieten, wurde ihm von Blocher kurzerhand das Wort abgeschnitten.

Eine Woche vor dem EWR-Nein des Schweizer Stimmvolkes meldete die «SonntagsZeitung», dass Ebners Studienfreund sein prestigeträchtiges Mandat bei der SBG verlieren würde: «Der Zusammenstoss zwischen Christoph Blocher und Robert Studer wird nicht ohne Folgen bleiben – die Zeiten des Volkstribuns als Bankverwaltungsrat sind gezählt.»[95] Im Vorfeld der Abstimmung vom 6. Dezember 1992 hatte sich die Stimmung emotional derart aufgeheizt, dass die SBG-Verwaltungsräte den öffentlichen Schlagabtausch zwischen einem Mitglied ihres Gremiums und dem operativen Chef der Bank womöglich grosszügig übersehen hätten. Wenn da nicht noch ein zweiter Einwand gegen Blochers Verbleib im Aufsichtsgremium der grössten Schweizer Bank aufgetaucht wäre: die persönliche Freundschaft, welche Christoph Blocher mit dem unbequemen Grossaktionär Martin Ebner verband.

Bestätigt wurde der Rausschmiss durch ein verklausuliertes Communiqué, welches die Grossbank drei Wochen später in Umlauf brachte. Unter Nennung verschiedener, zweitrangiger Gründe wurde darin seitens der SBG offiziell mitgeteilt, der Verwaltungsrat habe einstimmig beschlossen, von einer Nominierung Blochers zur Wiederwahl anlässlich der Generalversammlung im kommenden Frühjahr abzusehen.

Was die Hintergründe der «Strafaktion» gegen Blocher anging, redete SBG-Verwaltungsratspräsident Nikolaus Senn am 29. April 1993 erstmals öffentlich Klartext. Vor den im Zürcher Hallenstadion versammelten Aktionären sprach Senn von «möglichen Interessenkonflikten», die sich daraus hätten ergeben können, dass Christoph Blocher in seiner Funktion als Verwaltungsrat des Unternehmens problemlos in den Besitz von sogenannten Insiderinformationen gelangen konnte – Geschäftsgeheimnisse notabene, die nicht für die Ohren seines Geschäftspartners und Hauptaktionärs der BK Vision, Martin Ebner, bestimmt waren. Zudem liess sich zu jener Zeit nicht einmal mit völliger Sicherheit ausschliessen, ob sich eventuell nicht sogar der SVP-Nationalrat leibhaftig als anonymer Grossaktionär hinter der BK Vision verbarg. Dass es nicht Blocher, sondern die verschwiegene Rolex-Holding war, welche zusammen mit der BZ Gruppe Holding über die Stimmenmehrheit (55,6 Prozent) an der BK Vision verfügte, wurde nämlich erst Monate später bekannt.

Neben der publizitätsheischenden Kontroverse um Blocher trat bei der Generalversammlung vom 29. April 1993 ein zweites umstrittenes Geschäft stark in den Hintergrund. Die SBG-Aktionäre stimmten mit 77 Prozent der vertretenen Aktienstimmen den Anträgen des Verwaltungsrates zu, ein «genehmigtes» Aktienkapital von 200 Millionen und ein «bedingtes» Aktienkapital von 100 Millionen Franken zu schaffen. Während die sogenannt genehmigte Kapitalerhöhung den Verwaltungsrat dazu ermächtigt, das Aktienkapital innerhalb zweier Jahre um die betreffende Summe zu erhöhen, räumt die sogenannt bedingte Kapitalerhöhung Gläubigern oder Mitarbeitern des Unternehmens das Recht zum Bezug neuer Aktien (mittels Wandel- oder Optionsrechten) ein. Martin Ebner, der sich während der ganzen Veranstaltung kein einziges Mal zu Wort gemeldet hatte, war die mit dem GV-Entscheid verbundene Ausklammerung des Bezugs- und Vorwegzeichnungsrechts der Altaktionäre ein grosser Dorn im Auge. Durch den Vorwurf der Interessenverfilzung mit seinem Studienfreund ohnehin verärgert, beschloss der VR-Präsident der BK Vision die Beschlüsse der Generalversammlung juristisch anzufechten. Nachdem das Zürcher Handelsgericht Ebners Standpunkt vollumfänglich geschützt und die beiden GV-Beschlüsse rückwirkend aufgehoben hatte, zog die Grossbank den Fall ans Bundesgericht weiter, wo das Vorgehen der SBG bei der genehmigten Kapitalerhöhung abschliessend für rechtens erklärt wurde. In bezug auf die bedingte Kapitalerhöhung folgte auch das oberste Gericht dem Antrag der BK Vision, womit die salomonische Mitte zwischen den Kontrahenten in diesem ersten Kasus gewahrt blieb.

Um seinen Einfluss als Grossaktionär zu mehren, baute Ebner seine Beteiligung zielstrebig aus. Zur Finanzierung weiterer SBG-Käufe war das Aktienkapital der BK Vision im September 1992 in einem ersten Schritt von 375 Millionen auf 500 Millionen Franken erhöht worden. Die nächste Kapitalerhöhung erfolgte im Juli 1993, worauf sich das nominelle Gesellschaftskapital auf 600 Millionen Franken belief. Inklusive des von den Aktienzeichnern einbezahlten Agios flossen der Beteiligungsgesellschaft innerhalb von zehn Monaten neue Eigenmittel im Umfang von 420 Millionen Franken zu. Ergänzend wurde 1993 auch das Fremdkapital um über 300 Millionen Franken aufgestockt.

Entsprechend wuchs der Bestand an SBG-Aktien. Ende 1993 kontrollierte die BK Vision laut eigenen Angaben bereits 3 782 500 Namenaktien der Grossbank, was 17,6 Prozent des ausstehenden Stimmrechtskapitals entsprach. Aufgrund der 5-Prozent-Klausel waren davon allerdings nur 1 112 500 Titel stimmberechtigt. Zusammen mit den 410 000 Inhaberaktien, welche sich im Portefeuille der Fondsgesellschaft befanden, verfügte die BK Vision über 9,6 Prozent sämtlicher SBG-Aktien. Der Börsenwert des Engagements belief sich am Jahresende auf rund 1,8 Milliarden Franken. Daneben figurierten in der Bilanz 336 000 Namenaktien der «Zürich»-Versicherungen mit einem Kurswert von etwas über 500 Millionen Franken.

Mit der Fokussierung auf die Titel der Bankgesellschaft schien Ebner zweifellos auf das richtige Pferd gesetzt zu haben. Im Geschäftsjahr 1993 konnte die SBG ein absolutes Traumergebnis ausweisen. Mit einem Reingewinn von 2,27 Milliarden Franken stellte das Institut nicht nur die beiden anderen Schweizer Grossbanken weit in den Schatten, sondern erwirtschaftete einen in der

Unternehmensgeschichte noch nie dagewesenen Rekordüberschuss. «Insgesamt konnte die Schweizerische Bankgesellschaft im Geschäftsjahr 1993 ihre Position als eine der stärksten Banken der Welt verbessern», frohlockte Ebner im Januar 1994[96]. Kurze Zeit später gab er einer Journalistin folgendes zu Protokoll: «Die Bankgesellschaft ist ein gutes Unternehmen mit einem ausgezeichneten Management, sonst würden wir unser Geld nicht dort investieren.»[97] Trotz solcher Lobesbezeugungen schien Ebner am Geschäftsgebaren des Erfolgsunternehmens je länger, desto öfter etwas auszusetzen zu haben.

Um der SBG-Führung seine wachsende Macht zu demonstrieren, verfiel Ebner auf den Gedanken, deren oberstes Organ nunmehr frontal anzugehen, indem er eine radikale Verkleinerung des Verwaltungsrates vorschlug.

Aus Effizienzgründen, argumentierte Ebner, sollte das Aufsichtsgremium von bisher 22 auf maximal 9 Personen reduziert werden. Via BK Vision formulierte der Grossaktionär einen entsprechenden Antrag und liess denselben für die nächste Generalversammlung vom Frühjahr 1994 traktandieren.

Diese Forderung Ebners erwies sich als ausserordentlich clever, berührte sie doch ein Reizthema, welches unter dem Stichwort «Interessenfilz» ein grosses Medienecho garantierte. Um sich gegenüber der Öffentlichkeit möglichst effektvoll in Szene zu setzen, brach Ebner jetzt auch immer häufiger mit seiner Zurückhaltung gegenüber Direktzitaten in der Presse. «Es geht uns nicht um Personen», beteuerte er in einem Interview mit dem Zürcher «Tages-Anzeiger»: «Die Grundsatzfrage lautet: Wie gross darf ein Gremium sein, damit es entscheidungsfähig ist? Die Erfahrung – das wurde auch in wissenschaftlichen Untersuchungen festgestellt – zeigt, dass Gruppen mit zweistelliger Teilnehmerzahl nicht mehr entscheidungsfähig sind.»[98] Auf die Begründung der SBG, eine in der ganzen Schweiz tätige Bank müsse schliesslich alle Regionen und sämtliche Branchen in ihrem Verwaltungsrat einbinden, entgegnete Ebner: «Es ist gefährlich, wenn Verwaltungsräte unklare Interessen vertreten und diese als ‹volkswirtschaftliche Interessen› verkaufen. Ein Verwaltungsrat ist kein schweizerisches Miniparlament.»[99]

Die Kritik am Verwaltungsratsfilz war berechtigt, wiewohl es in Ebners eigenem Imperium in dieser Hinsicht nicht viel besser bestellt war. Der feine Unterschied bestand darin, dass die personellen Webmuster der BZ-Gruppe in der Auseinandersetzung mit der Bankgesellschaft offenbar kein Thema waren. Als abschreckendes Beispiel für die unproduktiven Kreuzverflechtungen, welche das Aufsichtsgremium der SBG kennzeichnen, wurde in den Gazetten dafür umso öfter Fritz Fahrni, Konzernchef der Maschinenfabrik Sulzer, zitiert. In seiner Funktion als SBG-Verwaltungsrat gehörte es zu Fahrnis vornehmen Pflichten, unter anderen auch SBG-Generaldirektor Mathis Cabiallavetta zu kontrollieren. Dieser hatte jedoch handkehrum im Sulzer-VR Einsitz genommen, wo er wiederum Fahrni auf die Finger schauen sollte. Oder Stephan Schmidheiny – um ein zweites prominentes Beispiel zu nennen –, der im achtköpfigen VR-Ausschuss der Bankgesellschaft sass, was ihn jedoch nicht daran hinderte, den SBG-Spitzenmanager Robert Studer gleichzeitig in den Verwaltungsrat seiner Anova Holding einzuladen. Um es kurz zu machen: Im Aufsichtsorgan der «Bankgesellen» bildeten solche Interessenverflechtungen eher die Regel als die Ausnahme, weshalb sich das Institut durchaus die Frage gefallen lassen musste, wer im Endeffekt nun eigentlich wen kontrollierte.

Gemessen an den fetten Schlagzeilen, welche die Auseinandersetzung über die «richtige» Verwaltungsratsgrösse bereits im Vorfeld provoziert hatte, versprach die Generalversammlung vom 29. April 1994 einen für derlei Veranstaltungen ungewöhnlich hohen Unterhaltungswert. So fanden über 3200 SBG-Aktionäre den Weg ins Zürcher Hallenstadion, wo Martin Ebner nach neun Jahren diskreter Brokertätigkeit seinen ersten Grossauftritt als «Robin Hood» der Kleinaktionäre hatte. «Robin Hood war ein Dieb; ich hingegen respektiere das Privateigentum», versuchte sich der SBG-Kontrahent gegen den Retter der Witwen und Waisen abzugrenzen[100].

Der Schlagabtausch zwischen der SBG-Führung und ihrem gewichtigsten Grossaktionär verlief denn auch unspektakulär. Emotionslos und knapp umriss Ebner in der Zürcher Sportarena noch einmal die Motive, die ihn veranlasst hatten, für ein kleineres Führungsgremium einzutreten. Von den Verwaltungsräten der SBG erwarte er «höchste Kompetenz, Unabhängigkeit und Entscheidungsfreude», beschied Ebner den nadelgestreiften Herren in seiner neuen Funktion als «Volkskapitalist». Letztlich sei es deren oberste Pflicht, den Ertrag des eingesetzten Kapitals im Auftrag der Aktionäre zu maximieren und dieses Ziel mit der gebotenen Härte und Konsequenz zu verfolgen.

Durch solcherlei Äusserungen schien sich SBG-Präsident Nikolaus Senn nicht aus der Ruhe bringen zu lassen. In altväterlicher Manier erteilte der 68jährige Verwaltungsratsvorsitzende den Votanten vom Podium herab das Wort, rief hin und wieder einen Redner dazu auf, sich doch bitte etwas kürzer zu fassen und verhielt sich als GV-Moderator insgesamt so, wie man es von einem Wirtschaftskapitän der alten Schule erwarten durfte. Bei aller Souveränität hatte Senn allerdings stets die Gewissheit im Rücken, dass es seinem Herausforderer nie und nimmer gelingen würde, die erforderliche Zweidrittelmehrheit der vertretenen Aktienstimmen für sein Anliegen zu mobilisieren. Dafür sorgte – abgesehen von der statutarischen Stimmrechtsbeschränkung – die gewaltige Masse anonymer Depotstimmen, welche die Grossbank bei derartigen Abstimmungen jeweils im Sinne ihrer Eigeninteressen einzusetzen pflegte. «Gewohnt souverän, zuweilen etwas rüde und nicht ohne den einen oder anderen Heiterkeitserfolg führte Nikolaus Senn durch die Generalversammlung der Schweizerischen Bankgesellschaft (SBG)», berichtete am nächsten Tag die «Neue Zürcher Zeitung»[101].

Und dennoch musste die Veranstaltung dem Lokalmatador einen gehörigen Schrecken eingejagt haben. Bezüglich der heiss diskutierten Frage nach der optimalen Grösse des Verwaltungsrates hatten zwar 11,94 Millionen Stimmen mit der SBG-Spitze gestimmt und sich damit sogar für eine massvolle Erweiterung des Gremiums auf nunmehr 23 Mitglieder ausgesprochen (als Novität wurden erstmals zwei Frauen ins oberste Organ der SBG gewählt). Zugunsten von Ebners Forderung nach einem neunköpfigen «Lean»-Verwaltungsrat waren 8,24 Millionen oder knapp 41 Prozent der vertretenen Stimmen eingelegt worden. Mit diesem Resultat konnte der rebellische Grossaktionär einen Achtungserfolg verbuchen, der in dieser Höhe von den wenigsten aussenstehenden Experten – geschweige denn von der SBG-Spitze selbst – erwartet worden war.

Das Ergebnis wirkte umso erstaunlicher, als die BZ-Gruppe aufgrund der erwähnten Stimmrechtsbeschränkung lediglich 1,75 Millionen Stimmen (1,11 Millionen Namen- und 640 000 Inhaberaktien) zu ihren Gunsten sprechen lassen konnte. Die 8,24 Millionen Pro-Stimmen gingen folglich zu mehr als drei Vierteln auf den Support von verbundenen Grossaktionären zurück, die Ebners Attacke gegen die Verwaltung der Grossbank unterstützt hatten.

Dieses Abstimmungsergebnis liess Nikolaus Senn schaudern, rief es ihm doch eine Äusserung Ebners in Erinnerung, die er bis dahin wohl als leere Drohgebärde abgetan hatte. Die BK Vision und ihre Anhänger würden 1995, spätestens aber 1996 über die Stimmenmehrheit der SBG verfügen, hatte ihm der Eigentümeraktionär im persönlichen Gespräch prophezeit.

Kein Wunder wirkte Nikolaus Senn gegen Ende der vierstündigen Marathon-Debatte einigermassen kleinlaut, als er eine Bemerkung fallen liess, die im Publikum für ungläubiges Staunen sorgte: «Ich schliesse nicht aus, dass wir im Laufe der Zeit den Verwaltungsrat verkleinern»[102].

Dass die Verhandlungsbereitschaft ernst gemeint war, schien sich bereits am nächsten Tag zu bestätigen, als ein vom Saulus zum Paulus gewandelter Nikolaus Senn im Gespräch mit der «Samstagsrundschau» von Radio DRS versprach: «Auf mittlere Frist werden wir den Verwaltungsrat von 23 auf 18 bis 20 Köpfe verkleinern.» Gemessen an Ebners Idealvorstellung war dies zwar erst ein bescheidener Anfang. Wichtiger als der Gehalt von Senns Äusserung – und das wusste niemand besser als sein Gegner – war allerdings das Signal, welches sich aus den versöhnlichen Worten des Präsidenten der mächtigsten Schweizer Bank herauslesen liess. In taktischer Hinsicht hatte sich Senn mit seinem verspäteten Verhandlungsangebot allerdings verrechnet.

Mit dem Ölzweig brauchte man Ebner in diesem Stadium nicht mehr zu kommen. «Die Revolution der Eigentümer wird nicht aufhören und zu einer neuen Unternehmenskultur in der

Schweiz führen», postulierte er im Hochgefühl seines psychologischen Triumphes.[103]

Nach dieser zweiten Abstimmungsschlacht konzentrierte Ebner sein Augenmerk darauf, weitere Schwachstellen in der SBG-Konzernstruktur ausfindig zu machen. Um seine geschäftspolitischen Vorstellungen bei den SBG-Verantwortlichen einzubringen, suchte er von nun an häufiger den direkten Kontakt zur Unternehmensspitze. Dabei ging es ihm keineswegs darum, entsprechend Druck auszuüben, damit er baldmöglichst selbst in den Verwaltungsrat der Grossbank gewählt würde. Einen solchen Schritt zu tun, hiesse, sich freiwillig dem Insidervorwurf auszusetzen, was ihm als Aktienhändler die Hände eher gebunden statt seinen Einfluss vergrössert hätte.

Ganz informell sollte der Rahmen andererseits auch nicht sein, in welchem Ebner seine Forderungen stellen wollte. Obschon er sich zufälligerweise vom gleichen Friseur desselben Coiffeuresalons in der Nähe des Zürcher Paradeplatzes die Haare schneiden lässt wie Nikolaus Senn, bot dieser unverfängliche Ort nicht unbedingt das geeignete Ambiente, um mit dem SBG-Präsidenten ins Gespräch zu kommen. Von den Geschäftsräumlichkeiten der BZ Bank an der Sihlstrasse 50 ganz zu schweigen, die Anfang 1994 sinnigerweise in den Besitz der Bankgesellschaft gelangt waren. Wie sollte Ebner ausgerechnet hier, wo er sich gegenüber der SBG in Miete befand, seine Eigentümerrolle glaubhaft vertreten können?

Wo das entscheidende Meeting vom September 1994 schliesslich stattgefunden hat, bei welchem Ebner dem SBG-Präsidenten im Beisein von Nationalrat Christoph Blocher konkret eröffnet haben soll, wie er die Grossbank umzubauen gedenke, spielt letztlich keine grosse Rolle.[104] Entscheidender ist die panikartige Reaktion, die das Zusammentreffen bei Nikolaus Senn hervorrief.

Der oppositionelle Grossaktionär beabsichtige, die Schweizerische Bankgesellschaft einer einschneidenden Rosskur zu unterziehen, der Tausende von Arbeitsplätzen zum Opfer fallen würden, liess sich Senn über den Inhalt des Gedankenaustauschs vernehmen. Mit dem Ziel, die Rendite seines SBG-Investments zu erhöhen, habe Ebner unmissverständlich gefordert, die Grossbank müsse ihre Verankerung im vergleichsweise unprofitablen Massengeschäft (Retail-Banking) aufgeben, um ihre Aktivitäten statt dessen auf die lukrativere Vermögensverwaltungssparte (Investment-Banking) zu fokussieren. Den impliziten Vorwurf, Ebner wolle das Unternehmen in seine Einzelteile zerlegen und die weniger rentablen Geschäftsbereiche anschliessend mit Gewinn verkaufen, ohne sich dabei einen Deut um die volkswirtschaftliche Verantwortung der SBG zu scheren, konnte jener nicht auf sich sitzen lassen. Senns Darstellung sei grob verzerrend, um nicht zu sagen verleumderisch, beschwerte sich Ebner bei den Zeitungsleuten. Den Gegenbeweis blieb er der Öffentlichkeit indessen schuldig. Der Frage, wie der vorgeschlagene Kurswechsel nun tatsächlich auszusehen habe, wich der «Sokrates der neuen Strategien»[105] konsequent aus. Im Januar 1992, als Ebner einer Journalistin der «Schweizerischen Handelszeitung» sein erstes offizielles Interview gewährt hatte, war er in taktischer Hinsicht noch weniger vorsichtig gewesen. Auf die Frage – «Was täten Sie, wenn Sie eine Grossbank managten?» – antwortete Ebner damals wörtlich: «Als erstes müssen einschneidende Massnahmen auf der Kostenseite eingeleitet werden. Ich denke etwa an einen rigorosen Personalabbau.»[106]

Zum wachsenden Druck, mit welchem Ebner seine Restrukturierungspläne gegenüber der SBG-Spitze vertrat, kam deren uneingestandene Frustration über die erstinstanzliche Niederlage im juristischen Seilziehen hinsichtlich der Schaffung von genehmigtem und bedingtem Aktienkapital. Am 19. September 1994 hatte sich das Zürcher Handelsgericht zugunsten der BK Vision ausgesprochen, welche die entsprechenden GV-Beschlüsse vom Vorjahr angefochten hatte. Eine Kombination dieser beiden Faktoren dürfte es wohl gewesen sein, welche Nikolaus Senn zu seinem folgenschweren Gegenschlag motivierte, der in Finanzkreisen wie eine Bombe einschlug: Am Donnerstag, dem 29. September 1994, gab die Bankgesellschaft nach Börsenschluss bekannt, dass sie baldmöglichst eine sogenannte Einheitsaktie einzuführen gedenke, welche den Unterschied zwischen den bisherigen Titelkategorien aufheben würde. Statt vinkulierter Namenaktien zu nominal 20 Franken einerseits und frei übertragbarer Inhaberaktien zu nominal 100 Franken andererseits wolle die SBG in Zukunft nur noch Inhaber-Titel mit einem einheitlichen Nennwert von 10 Franken ausgeben. Der Kapitalmarktfähigkeit einer international agierenden Geschäftsbank könne die Gleichstellung von stimm- und kapitalmässigem Einfluss – im Sinne der angelsächsischen Regel «one share, one vote» – nur förderlich sein, so jedenfalls wurde der plötzliche Entscheid begründet. Tatsächlich sollte die Massnahme in erster Linie jedoch dazu dienen, ein momentan sehr viel drängenderes Problem auf elegante Art und Weise aus der Welt zu schaffen. Wie Nikolaus Senn anlässlich der eiligst einberufenen Pressekonferenz ausführte, gebe es neben Martin Ebner weitere Namenaktionäre, die «gezielt Stimmen aufkaufen, um auf die Strategie unserer Bank einen Einfluss auszuüben, der weit über ihr Kapitalengagement hinausgeht»[107]. Um diese Absicht zu unterlaufen, sollten die Namenaktien ihres fünffachen Stimmrechts beraubt und das Ebner-Lager damit in die Schranken gewiesen werden. Nur durch eine entsprechende Statutenänderung, so musste die SBG-Spitze zu jenem Zeitpunkt befürchten, liesse sich auf mittlere Frist die eigene Entmachtung noch verhindern. Also beschloss der Verwaltungsrat, auf den 22. November 1994 eine ausserordentliche Generalversammlung einzuberufen, um die Einführung der Einheitsaktie mit einer Zweidrittelmehrheit der Aktienstimmen durchzuboxen.

Dass die Angst der SBG-Verwaltung vor einem «unfriendly takeover» nicht aus der Luft gegriffen war, schien die Entwicklung der Aktienkurse zu belegen. Dadurch, dass Ebner und seine Verbündeten gezielt immer mehr Stimmrechtstitel aufgekauft hatten, wiesen die Namenaktien gegenüber den Inhaberpapieren inzwischen einen Kursvorsprung von nahezu 40 Prozent auf. Während ein Ecart in dieser Grössenordnung seitens der SBG als «abnorm» eingestuft wurde, sah Ebner darin einen wohlerworbenen Vermögensanspruch der Namenaktionäre. Unterbinden konnte allerdings selbst deren Anführer nicht, dass die unter seiner Regie aufgebaute «Kontrollprämie» mit der Ankündigung der Schaffung von Einheitsaktien augenblicklich zusammenzuschmelzen begann. Gewaltige Summen standen plötzlich auf dem Spiel. An der Börse verloren die SBG-Namenaktien derart rapide an Wert, dass der BK Vision innert weniger Tage ein Buchverlust von weit über 200 Millionen Franken entstand.

Vom Abwehrreflex der Grossbank überrumpelt, sprach Ebner von einem «Hüftschuss» des SBG-Präsidenten, während Kompagnon Schiltknecht dessen eigenmächtiges Vorgehen im besten angelsächsischen Duktus als «really shocking» bezeichnete. Beteuerungen seitens der SBG, wonach die Einführung einer Einheitsaktie seit geraumer Zeit traktandiert gewesen sei, vermochten angesichts der Auseinandersetzung mit der BK Vision ebenso wenig zu überzeugen wie die Erklärung, der Blitzentscheid sei durch die ungesunde Kursentwicklung der letzten Monate ausgelöst worden. Die Vermutung, dass es sich bei der Aktion «Einheitsaktie» um einen emotional gefärbten Rachefeldzug handelte, liess sich mit solchen Statements nicht entkräften. Vielmehr schien es, als habe Senn nach dem Motto gehandelt: «Wenn ich die Partie schon nicht mehr zu meinen Gunsten entscheiden kann, dann wechsle ich eben die Spielregeln». Eingedenk der Tatsache, dass die Namenaktien seinerzeit aus genau demselben Grund eingeführt worden waren, nämlich um die Gefahr einer unfreundlichen Übernahme zu bannen, haftete deren überstürzter Abschaffung erst recht der Ruch einer willkürlichen Vergeltungsmassnahme an.

Als Anfang Oktober 1994 publik wurde, dass es rund um den Überraschungscoup der SBG an der Börse vermutlich zu umfangreichen Insidertransaktionen gekommen war, deutete sich erstmals an, dass sich der umstrittene Blitzentscheid für die Grossbank möglicherweise als Bumerang erweisen könnte.

Noch bevor die Meldung von der geplanten Kapitalrestrukturierung an die Öffentlichkeit gelangt war, hatte der Börsenumsatz mit SBG-Namenaktien markant angezogen. Während an einem gewöhnlichen Handelstag SBG-Namen im Wert von durchschnittlich 20 Millionen Franken gehandelt wurden, lag das Volumen am 29. September 1994 mit über 140 Millionen Franken siebenmal höher. Und dies, obwohl die Kunde von der Einheitsaktie bei den Nachrichtenagenturen erst nach Börsenschluss über den Ticker gelaufen war. «SBG-Kadermitglieder haben offensichtlich ihren Wissensvorsprung widerrechtlich zu ihrem Vorteil ausgenutzt», schrieb «Cash» in seiner nächsten Ausgabe[108]. Unter Berufung auf «zuverlässige Quellen» berichtete die Wirtschaftszeitung von einer fragwürdigen Grosstransaktion, welche von den Managern des SBG-Aktienfonds «Fonsa» wenige Stunden vor der offiziellen Bekanntgabe des Plans durchgeführt worden sei. Um Buchverluste zu umgehen, so der Vorwurf, habe die Fondsleitung im grossen Stil SBG-Namenaktien verkauft und an deren Stelle Inhaberaktien übernommen. Inwiefern ein solcher Switch auch unter dem Aspekt eines neuerlichen Abstimmungskampfes gegen die Ebnersche BK Vision Sinn machen würde, blieb in dem Artikel allerdings unbeantwortet. Später wurden zudem Gerüchte laut, wonach einzelne traditionell mit der SBG verbundene Aktionärsgruppen ebenfalls vorab informiert gewesen sein sollen, weshalb auch sie ihre absturzgefährdeten Namenpakte gerade noch rechtzeitig gegen Inhaberpapiere hätten eintauschen können.

Nachdem Nikolaus Senn seinem hartnäckigsten Kritiker Martin Ebner den Fehdehandschuh zugeworfen hatte, verlagerte sich die öffentliche Auseinandersetzung mehr und mehr auf das Gebiet der psychologischen Kriegführung. Eine reichlich undurchsichtige Rolle spielte in diesem Zusammenhang der frühere Leiter einer Südschweizer SBG-Filiale, ein guter Bekannter von Martin Ebner, der unlängst von seinem Posten bei der Bankgesellschaft zurückgetreten war. Laut Aussage von Finanzplatz-Insidern soll jener verschiedentlich als Quelle publizitätswirksamer Indiskretionen in Erscheinung getreten sein, so etwa kurz vor der ordentlichen SBG-Generalversammlung im April 1994, bei der eine drastische Verkleinerung des Verwaltungsrats zur Diskussion gestanden hatte. Just ein paar Tage vor diesem Anlass hatte die «SonntagsZeitung» mit der Meldung für Aufsehen gesorgt, dass die Bankgesellschaft ihren Direktionsmitgliedern und Händlern im abgelaufenen Geschäftsjahr einen Bonus in Höhe von 800 Millionen Franken ausgeschüttet habe. «SBG-Kritiker Martin Ebner erhält ein neues Argument für den Generalversammlungs-Showdown vom Freitag», insinuierte damals die Zeitung unter dem Titel «Reichlich Konfitüre auf das Butterbrot der Bankgesellen»[109].

Abgesehen davon, dass beide Streitparteien die Medien jetzt erst recht für ihre Zwecke zu instrumentalisieren versuchten, kam es im Vorfeld der auf den 22. November 1994 angesetzten ausserordentlichen GV auch sonst zu mancherlei Merkwürdigkeiten. Der allgemeinen Hektik, die sich nach dem umstrittenen SBG-Manöver auf dem Finanzplatz ausbreitete, konnte sich selbst Martin Ebner nicht entziehen. Schnell entschlossen brachte er am 12. Oktober 1994 ausgerechnet den Zürcher SVP-Nationalrat Walter Frey als geeigneten Interessenhüter für die BK Vision in Stellung. Im Sinne einer «Sofortmassnahme», erklärte Ebner, solle Frey am 22. November als «Vertreter der Namenaktionäre» in den SBG-Verwaltungsrat gewählt werden. Die Schaffung einer Einheitsaktie setze im übrigen die Zustimmung einer gesonderten Versammlung der Namenaktionäre voraus. Frey, der bereits im Aufsichtsorgan von zwei SBG-Töchtern sass (Intrag und Cantrade), bezeugte denn auch, dass er persönlich «sicher über ein Prozent» sämtlicher Stimmrechtsaktien besitze und somit ein «substantieller Namenaktionär» der Bankgesellschaft sei. In der Öffentlichkeit provozierte diese Nomination sofort eine Menge kritischer Fragen, zumal der Automobilimporteur Walter Frey als einer von Christoph Blochers engsten Politfreunden gilt. Zudem war Blocher eben erst aus dem Verwaltungsorgan der SBG hinauskomplimentiert worden, wo er mit seinem polarisierenden Stil nicht unwesentlich zur Eskalation des Aktionärsstreits beigetragen hatte.

Während Ebner es gewohnt war, wichtige Kundenkontakte tagtäglich am Telefon zu pflegen, entwickelten die SBG-Verantwortlichen eine Art generalstabsmässige Reisediplomatie. «Unsere Leute sind mobilisiert, damit sämtliche Aktionäre im In- und Ausland, die wir zu identifizieren vermögen, über die Hintergründe informiert werden. Wir besuchen sie, und wir wollen sie überzeugen, sich an der Generalversammlung vertreten zu lassen», erläuterte Senns Stellvertreter, VR-Vize Robert Favarger, den tieferen Sinn der Stimmkollekte[110]. Während man auf diesem Wege die Vollmacht über gewichtige, externe Aktienpakete zu sichern suchte, ging die SBG-Verwaltung auch im Innern auf Stimmenfang. Traditionell erhalten die weltweit rund 28 000 SBG-Angestellten jedes Jahr eine bestimmte Anzahl Namenaktien als unversteuerbaren Lohnbestandteil zugesprochen. Da die aktive und ehemalige SBG-Belegschaft heute insgesamt über 5 Prozent sämtlicher Aktienstimmen besitzt, bildet sie neben der BK Vision die gewichtigste Aktionärsgruppe. Unmissverständlich wurde den SBG-Mitarbeitern durch VR-Präsident Nikolaus Senn und Konzernchef Robert Studer nahegelegt, sich im Hinblick auf den bevorstehenden Abstimmungskampf dem Arbeitgeber gegenüber loyal zu verhalten. «Der heute deutliche Aufpreis kann sehr rasch verschwinden, wenn einzelne dieser Namenaktionäre ihre Beteiligung veräussern», warnten die beiden in einem entsprechenden Rundschreiben. Gleichzeitig vermieden sie es jedoch, ihre Untergebenen explizit darauf hinzuweisen, dass jene im Falle der Einführung einer Einheitsaktie besagte Kurseinbusse so oder so zu gewärtigen hatten.

Je näher der 22. November rückte, desto ungewisser erschien der Abstimmungsausgang. Ob die SBG-Verwaltung eine Zweidrittelmehrheit erreichen würde, die sie sich angesichts der unscharfen Rechtslage als Hürde für die Einführung der Einheitsaktie selbst gesetzt hatte? Obwohl die Bestimmungen über das Halten eigener Titel unter dem neuen Aktienrecht liberalisiert worden waren, schien sich für die Grossbank auch hierin kein Ausweg zu eröffnen. Laut Artikel 659 des schweizerischen Obligationenrechts hatten die Stimmrechte auf eigenen Aktien zu ruhen, namentlich auch auf solchen, die durch mehrheitlich beherrschte Tochtergesellschaften gehalten wurden. Je mehr also der Eigenbestand der SBG anschwoll, desto weniger Aktien brauchte rein rechnerisch das gegnerische Lager, um das Zustandekommen des Zweidrittelquorums zu vereiteln. So paradox es auf den ersten Blick auch scheinen mag: Mit jeder SBG-Aktie, welche die Grossbank aus dem Markt nahm, sank das Total der maximal stimmberechtigten Titel, womit das relative Stimmgewicht der oppositionellen Aktionäre automatisch zunahm.

Natürlich war auch Ebner in den Wochen vor der ausserordentlichen GV nicht untätig geblieben. Im Besitz der BK Vision befanden sich Ende September 1994 offiziell 4,005 Millionen Namenaktien sowie 639 000 Inhaberaktien der Bankgesellschaft. Hinzu kamen 426 000 Inhaberaktien aus dem Portefeuille der

Stillhalter Vision. Stimmberechtigt waren allerdings nur die 1,065 Millionen Inhabertitel plus ein gutes Viertel der gehaltenen Namenaktien. Ohne den Support befreundeter Aktionärsgruppen konnte Ebner auch diesmal nur auf etwas mehr als 5 Prozent sämtlicher Aktienstimmen bauen. Dass langjährige BZ-Kunden wie die Ems-Chemie, Hoffmann-LaRoche, Rolex-Holding oder die «Zürich»-Versicherungen erneut mit Ebner stimmen würden, lag auf der Hand. Schliesslich hatte diese Kerngruppe von Grossinvestoren seit jeher auf seinen Rat gehört und sich daher ihrerseits schwergewichtig mit Namenaktien eingedeckt. Die entscheidende Frage war somit die, wieviele zusätzliche SBG-Titel Ebner in der Zwischenzeit aufgekauft und an gleichgesinnte Kreise weitergereicht hatte, auf dass diese ebenfalls gegen die Einführung einer Einheitsaktie stimmen würden.

XVI
Im Vorhof der Macht

*Wie Ebner den Verwaltungsrat der Bankgesellschaft in die Enge treibt
und in einen lähmenden Rechtsstreit verwickelt*

Die Generalversammlung der Schweizerischen Bankgesellschaft vom 22. November 1994 war eine Veranstaltung der Superlative. Angelockt durch die Schlagzeilenflut, welche die bevorstehende Abstimmungsschlacht über die Einheitsaktie ausgelöst hatte, fanden an jenem historischen Dienstagnachmittag annähernd 10 000 Personen den Weg ins Zürcher Hallenstadion. Derartige Zuschauermassen vermochten ansonsten nur die Live-Auftritte internationaler Showgrössen anzuziehen. Doch diesmal hiessen die Publikumsmagneten weder Prince noch Madonna, sondern Nikolaus Senn und Martin Ebner. Der Rockpalast hatte sich in eine Arena für die lokalen Finanzmatadore verwandelt.

Nebst Tausenden von Schaulustigen, die sich den bevorstehenden «Gladiatorenkampf um die Schweizer Schatzkammer»[111] nicht entgehen lassen wollten, befanden sich in der Menschenmenge, die sich am frühen Nachmittag vor den Eingängen des Hallenstadions staute, über 6000 SBG-Aktionäre (viele davon mit einer einzigen Aktie) sowie rund 150 Medienvertreter aus dem In- und Ausland. Zürich-Nord habe an diesem Tag die landesweit bislang «bestbesuchte GV seit dem Rütlischwur» erlebt, berichtete am nächsten Morgen das «Tagblatt» der Stadt Zürich[112].

Als sich Martin Ebner, flankiert von seinen beiden engsten Vertrauten – Kompagnon Kurt Schiltknecht und Ehefrau Rosmarie Ebner – dem Eingang des Hallenstadions zuschob, musste der scheue Grossaktionär feststellen, dass er aufgrund des Medienrummels der vergangenen Wochen definitiv zu einer Person des öffentlichen Interesses geworden war. Von dem Moment an, als Ebners aschblonder Haarschopf in der Masse auftauchte, wurde er von den Fernsehleuten nicht mehr aus den Augen gelassen. So konnten selbst diejenigen, die das Spektakel zu Hause via «TeleZüri» verfolgten, hautnah miterleben, wie Rosi Ebner im Entrée des Stadions einen faustdicken Packen Stimmrechtsausweise aus ihrem schwarzen Handtäschchen zog, zwei Drittel davon ihrem Gatten überreichte, um das restliche Drittel anschliessend von einem SBG-Wahlhelfer auf ihren eigenen Vornamen registrieren zu lassen. Ebner, der solcherlei mediale Beschattungstechnik nicht gewohnt war, machte gute Miene zum bösen Spiel, scherzte hier mit einem Journalisten, winkte dort in die Kamera und entschwand – nachdem er sich noch kurz mit Professor Schiltknecht besprochen hatte – alsbald in den Schutz der eng belegten Sitzreihen.

Pünktlich um 14 Uhr 30 wurde der «Kampf der Titanen», wie die NZZ am folgenden Tag in ihrem Lokalteil schrieb, mit einer «nahezu dramatisch inszenierten Verdunkelung» eingeleitet[113]. Zunächst dämpfte Nikolaus Senn die Erwartungen all jener, die sich auf eine emotional geführte Debatte gefreut hatten. Betont sachlich führte er während 20 Minuten noch einmal seinen Standpunkt bezüglich des ersten Traktandums aus – Schaffung von Einheitsaktien mit einem Nennwert von 10 Franken. Dem Ebner-Lager, das zuhanden der GV zwei schriftliche Auskunftsbegehren eingereicht hatte, die sich insbesondere auf die Ausübung des Depotstimmrechts durch die SBG-Verwaltung bezogen, beschied Senn: «Einige dieser Fragen werden im Rahmen eines Referates beantwortet. Im übrigen sind sie jedoch bezüglich des materiellen Inhalts von Traktandum eins und damit für die Willensbildung der Generalversammlung nicht relevant.»

Dass sein ärgster Widersacher genau diese Fragen hingegen für ausserordentlich relevant hielt, wurde deutlich, als der ersehnte Augenblick nahte und Martin Ebner im Blitzlichtgewitter der Fotografen ans Rednerpult trat: «Sehr geehrter Herr Präsident, sehr geehrte Aktionäre...» Ruhig und gefasst begann der Präsident der BK Vision seine Ausführungen. Nach einer knappen Einleitung, in der Ebner seine bisherigen Verdienste als Hüter der Aktionärsinteressen in Erinnerung rief, stellte er zunächst einmal klar, dass neuerdings nicht mehr ihm, sondern den Herren auf dem Podium die Angreiferrolle zufiel: «Heute sind Sie vom Verwaltungsrat aufgerufen, die unbequemen Namenaktionäre mundtot zu machen.» Anschliessend bedankte sich Ebner bei der Presse für den positiven Einfluss, den sie im Vorfeld der GV auf die Meinungsbildung der Aktionäre ausgeübt habe. Die ungewöhnliche Intensität der Berichterstattung, so vermutete Ebner, sei auf die Erkenntnis der Medien zurückzuführen, «dass fundamentale Werte unserer Gesellschaft auf dem Spiel stehen. Nämlich Treu und Glauben im Geschäftsverkehr oder ‹Fairness›, wie die Angelsachsen sagen.»

Nachdem Ebner seine Zuhörer mit bedeutungsschweren Worten hinreichend von seiner eigenen Unbestechlichkeit überzeugt hatte, kam die Lichtgestalt der Zürcher Finanzszene jetzt ganz direkt auf «die schwarzen Seiten der SBG» zu sprechen, wie sie sich in einer «Verrohung der Kultur» und dabei insbesondere in den Methoden der Grossbank zur Beeinflussung der Stimmabgabe geäussert hätten: «Mit grosser Sorge musste ich verfolgen, wie sich Organe der SBG zu immer kühneren Behauptungen verstiegen. Wir planten eine Umstrukturierung der Bank, die zu Massenentlassungen führen müsste. Eine solche Nötigung der Mitarbeiteraktionäre ist in der Geschichte der Schweizer Publikumsgesellschaften einmalig.»

Und als habe er damit nicht schon genügend klar zum Ausdruck gebracht, wer hier wen mit unlauteren Methoden auszutricksen versuchte, bekräftigte Ebner seinen Moralappell mit dem nochmaligen Verweis auf die eigene Opferrolle: «Sollte der Antrag der SBG-Verwaltung abgelehnt werden, würde sich die BK Vision nicht als Siegerin fühlen. Zusammen mit allen anderen Namenaktionären wäre sie dankbar, einem Anschlag entgangen zu sein.»

In dieser Rolle gefiel sich Ebner – «Robin Hood» der Kleinaktionäre, Advokat der Entrechteten und Verfolgten. Nein, ein Dieb war er nicht. Wenn, dann traf diese Bezeichnung wohl eher auf die Vertreter der Gegenpartei zu. Mit seiner knappen, aber rhetorisch höchst einprägsamen Rede hatte Ebner sein Philanthropen-Image vor bisher grösster Live-Kulisse abermals zementiert. Kurz und bündig hatte er den Magistraten auf dem Podium klar gemacht, was er von deren stimmmaximierenden Praktiken im Vorfeld des Urnengangs hielt. Er betrachte es als seine «moralische Pflicht», so

Ebner, die Grundrechte der Eigentümer notfalls auch mit rechtlichen Mitteln zu verteidigen. Bereits am Tag vor dem «Showdown» hatte deshalb sein Rechtsbeistand Konrad Fischer beim Handelsregisteramt des Kantons Zürich einen Antrag deponiert, der die Eintragung der GV-Beschlüsse mit einer vorsorglichen Sperrfrist belegen würde.

Die lupenrein weisse Weste, die Ebner bei seiner Kurzansprache demonstrativ vorgekehrt hatte, wurde nicht allseits kommentarlos hingenommen. «Ein Gesicht wie sprödes Glas, die Augen schlaflos, der böse Nischenplayer Martin Ebner», wurde sein Saubermann-Bild von der «Weltwoche» bekleckst. «Seltsam leer» seien die starken Worte «Treu und Glauben», «Verrohung der Kultur» und «Fairness» aus seinem Mund gekommen. «Enttäuschend blass wie ein Musterschüler, dessen Fleiss man am Schülertheater mit der Hauptrolle belohnte.»[114] Entsprechend artig verhielt sich das Publikum und quittierte Ebners Auftritt im Hallenstadion mit höflichem, jedoch keineswegs frenetischem Applaus.

Im Anschluss an die Replik seines Kontrahenten gab Nikolaus Senn das Mikrofon für all jene frei, welche sich die einmalige Chance nicht entgehen lassen wollten, vor einer solchen Rekordkulisse für ein paar Minuten selbst das Wort zu ergreifen. Als sich der Reigen der Festredner dann aber schier ins Unendliche hinzuziehen drohte, verlor der VR-Präsident der SBG die Geduld, nahm zu seinem vertrauten Führungsstil Zuflucht und klemmte die Diskussion kurz vor 17 Uhr ab. Die Spannung auf den Rängen steigerte sich jetzt noch einmal merklich und wurde beinahe greifbar, als es gegen 17 Uhr 30 zum grossen Finale, dem Urnengang über die SBG-Einheitsaktie kam. Obwohl Scharen gelangweilter Zuschauer die GV bereits während des dreistündigen Palavers verlassen hatten, waren zum Zeitpunkt des Stichentscheids 6713 Aktionäre mit einem Total von 31 633 301 Stimmen (84 Prozent des stimmberechtigten Aktienkapitals) im Hallenstadion anwesend. Die für die Abschaffung der Namenaktie vorgesehene Zweidrittelmehrheit betrug demzufolge etwas mehr als 21 Millionen Stimmen. Die Zahl der von der SBG als Depot- oder Organvertreterin gehaltenen Abstimmungsrechte bezifferte Senn mit 9,5 Millionen Stimmen, was nahezu einem Drittel des Gesamttotals entsprach. Nach einer qualvollen halben Stunde, während der die Stimmzettel elektronisch ausgezählt wurden, löste sich schliesslich die fiebrige Anspannung. Endlich stand das allseits mit grösster Neugier erwartete Resultat fest: Das erforderliche Quorum war um 65 449 Stimmen überboten worden, womit sich eine hauchdünne Zweidrittelmehrheit (66,8 Prozent) zugunsten der Einheitsaktie ausgesprochen hatte. Die gewöhnlich eher nüchterne NZZ berichtete am nächsten Morgen von einem «Hitchcock-Finale» in einem Kampf, wie ihn das Hallenstadion seit den grossen Boxveranstaltungen vor über zwanzig Jahren nicht mehr erlebt habe[115].

Obschon es auf den ersten Blick so aussah, als sei der SBG-Präsident mit einem blauen Auge davongekommen, konnte sich Senn über seinen «Zittersieg»[116] nicht wirklich freuen. Zu vieles deutete darauf hin, dass das gerichtliche Nachspiel, welches Ebner der Grossbank für den Fall seiner Niederlage angedroht hatte, zum eigentlichen Hauptakt würde, neben dem die Monster-GV vom 22. November 1994 nachträglich zu einem harmlosen Folklorenachmittag verblassen könnte.

«Ebners Juristen wetzen die Messer» titelte der «Tages-Anzeiger» und bot seinen Lesern damit einen Vorgeschmack auf die Fortsetzung des Machtkampfs mit rechtlichen Mitteln[117]. Bereits am Tag nach der Abstimmungsschlacht war die von der BK Vision präventiv verlangte Eintragungssperre vom Handelsregisteramt des Kantons Zürich bewilligt worden.

Neben der grundsätzlichen Frage, wie das neue Aktienrecht im konkreten Fall – bei der Abschaffung von Stimmrechtsprivilegien – zu interpretieren sei, standen für Ebner und seine Mitstreiter handfeste Interessen im Vordergrund. Was die unterlegenen Namenaktionäre so sehr in Rage brachte, war die Art und Weise, wie sie von der SBG-Verwaltung um ihren redlich erworbenen Ecart gebracht werden sollten. Während sich die Stimmrechtsaktien verglichen mit den SBG-Inhabertiteln Mitte September noch einer Prämie von knapp 40 Prozent erfreut hatten, war dieser Aufpreis bis zur ausserordentlichen GV auf 15,6 Prozent zusammengeschrumpft und verflüchtigte sich nach Bekanntwerden des Abstimmungsergebnisses noch weiter. Die riesigen damit verbundenen Buchverluste der BK Vision ärgerten Ebner umso mehr, als er der festen Überzeugung war, dass im Vorfeld der Abstimmung nicht alles mit rechten Dingen zugegangen war. Hatte er diesbezügliche Zweifel schon vor der Abstimmung anklingen lassen, so bezichtigte er die SBG-Verwaltung jetzt unverblümt des Stimmenkaufs.

Zwar liess sich Ebners hauchdünne Niederlage sehr wohl auch anderweitig begründen. «Ebner will die totale Kontrolle über die SBG», hatte die Wirtschaftszeitung «Cash» drei Wochen vor dem «Showdown» in den grössten Lettern posaunt und damit die Galionsfigur der oppositionellen SBG-Aktionäre an ihrer wohl empfindlichsten Stelle getroffen[118]. «Hätte der BZ-Bank-Chef den Verdacht glaubhaft widerlegt, dass es ihm um die Majorisierung des Aktionariats gehe, so hätte er sich höchstwahrscheinlich am Dienstag durchgesetzt. So aber haben ihm etliche frühere Sympathisanten ihre Stimme verweigert», befand die «Basler Zeitung» in einer Nachlese zur Monster-GV[119]. Andere Kommentatoren wiesen darauf hin, dass der vermeintlich hauchdünne Abstimmungserfolg der SBG gar nicht so dünn ausgefallen war, wenn man die Tatsache berücksichtigte, dass 58 Prozent der Namenaktionäre den Antrag des SBG-Verwaltungsrates gutgeheissen und sich an der Urne – trotz drohender Kursverluste – für die Einheitsaktie ausgesprochen hatten.

Doch ein Zurück gab es für Ebner zu diesem Zeitpunkt nicht mehr. Wohlweislich waren von Rechtsanwalt Konrad Fischer zuhanden der Generalversammlung 21 kritische Fragen formuliert worden, die sich auf die vermutete Beeinflussung des Abstimmungsresultats mittels gezielter Aktientransaktionen durch die SBG bezogen. Erwartungsgemäss hatten die entsprechenden Antworten, welche der SBG-Präsident im Anschluss an den Stichentscheid über die Einheitsaktie heruntergelesen hatte, Ebners Hausjuristen nicht zu befriedigen vermocht. Noch während der GV hatte Fischer deshalb die Durchführung einer Sonderprüfung beantragt. Obwohl dieser Vorstoss von den SBG-Aktionären mit dreiviertel der gültigen Aktiennennwerte abgeschmettert wurde, waren somit alle notwendigen Voraussetzungen erfüllt, damit die BK Vision – abgesehen von der offiziellen Anfechtungsklage –

noch auf einer zweiten Ebene den Rechtsweg beschreiten konnte. Laut revidiertem Aktienrecht von 1992 steht das Instrument der Sonderprüfung solchen Aktionären offen, die über mehr als 10 Prozent des nominalen Gesellschaftskapitals oder mindestens 2 Millionen Franken Nennwert verfügen. Im konkreten Fall müsste die BK Vision beim Richter hierzu glaubhaft darlegen können, dass die Organe der SBG das Gesetz oder die Statuten verletzt hätten und dadurch die Gesellschaft oder ihre Aktionäre geschädigt worden seien. Je nachdem, wie eine solche Sonderprüfung ausfiele, hätte die BK Vision zu guter Letzt auch noch die Möglichkeit, die Führungscrew der SBG mit einer persönlichen Verantwortlichkeitsklage vor den Kadi zu zerren.

Um den Streitfall vollends zu komplizieren, hatte der Prominentenanwalt Peter Hafter, Verwaltungsratsmitglied der BK Vision und Besitzer von etwas mehr als 1000 SBG-Namenaktien, parallel zur Anfechtungsklage der Beteiligungsgesellschaft ein persönliches Rechtsbegehren in die Wege geleitet – und erstinstanzlich in vollem Umfang recht bekommen. Auch Hafters Einzelklage lief auf den Vorwurf hinaus, die Bank habe sich mit dem Einsatz ihrer Depotstimmen nicht an die eigenen Statuten gehalten. Ferner seien an der GV die Stimmrechte von zwei SBG-Anlagefonds (UBS Intrag Services und Intrag) ausgeübt worden, die laut Gesetz eigentlich hätten ruhen müssen. In beiden Punkten folgte das Zürcher Bezirksgericht Rechtsanwalt Hafters Argumentation. Nicht nur die BK Vision, sondern auch der SBG-Verwaltungsrat hätte lediglich mit 5 Prozent (statt effektiv knapp 20 Prozent) der Aktienstimmen an die Urne gehen dürfen, lautete der erstinstanzliche Entscheid zugunsten der Ebner-Fraktion. Dass die SBG über den Aktienbesitz von mehrheitlich kontrollierten Tochtergesellschaften indirekt Einfluss auf die Generalversammlung genommen habe, sei vom Prinzip her ebenso wenig zu tolerieren wie der Einsatz eigener Aktien.

Ein Sicherstellungsbegehren der SBG in der Höhe von knapp 150 Millionen Franken wurde vom Bezirksgericht abgewiesen. Diese Summe hatte die Grossbank von der BK Vision verlangt, um sich präventiv gegen den Schaden abzusichern, der ihr möglicherweise aus der Eintragungssperre der GV-Beschlüsse in den kommenden Jahren entstünde. Natürlich gaben sich die «Bankgesellen» mit dieser Auskunft nicht zufrieden und rekurrierten umgehend beim Obergericht des Kantons Zürich gegen den Entscheid.

Ebner hingegen nutzte seinen Erfolg in der ersten Gerichtsetappe, um die SBG weiter unter Druck zu setzen. Obwohl die beabsichtigte Einführung einer Einheitsaktie von der SBG mit dem hohen Aufpreis der Stimmrechtsaktien begründet worden sei, habe die Grossbank mit Blick auf die Generalversammlung munter eigene Namenaktien aufgekauft, diktierte er den Presseleuten in die Feder. Damit habe das Management einen dreistelligen Millionenbetrag verschleudert und seine Aktionäre grobfahrlässig geschädigt. In einem Interview mit Radio DRS forderte Ebner seine Widersacher ultimativ dazu auf, dem Vorwurf der ungetreuen Geschäftsführung aktiv nachzugehen, die Transaktionen im Vorfeld der GV endlich untersuchen zu lassen und daraus sobald als möglich die erforderlichen personellen Konsequenzen zu ziehen.

Die Unterstellung, wonach die Abstimmung seitens der SBG manipuliert worden sei, wies Nikolaus Senn zwar weiterhin hartnäckig von sich, liess gleichzeitig aber durchblicken, dass er je länger desto mehr an einer gütlichen Einigung interessiert war. In einem Gespräch mit dem «Tages-Anzeiger» bot er seinem Herausforderer zu wiederholten Malen an, anlässlich der nächsten ordentlichen GV vom April 1995 eigene Vertreter für den SBG-Verwaltungsrat vorzuschlagen: «Wir sind absolut gesprächsbereit und würden sogar unsererseits den Aktionären Ebners Kandidaten zur Wahl vorschlagen.»[120]

Neben den strittigen, aktienrechtlichen Fragen sorgte ein einzelnes grosses Termingeschäft für erheblichen Wirbel. Bereits Ende Oktober 1994 waren an der Limmat Gerüchte aufgetaucht, wonach mit Blick auf die kommende GV ausserbörslich substantielle Pakete von SBG-Namenaktien den Besitzer gewechselt hätten. Die Umsatzstatistiken des Effektenbörsenvereins Zürich (EBV) schienen diese Gerüchte nachträglich zu bestätigen. Aufgrund umfangreicher Nachmeldungen, die in der Zwischenzeit beim EBV eingetroffen waren, wurde Wochen später klar, dass am

28. Oktober zusätzlich zu den im Kursblatt veröffentlichten Volumina 1,45 Millionen SBG-Namenaktien «over the counter» verschoben worden waren. Vor allem seitens der BK Vision bestand natürlich ein enormes Interesse an dieser Grosstransaktion, weshalb Rechtsanwalt Fischer bereits in seinem Auskunftsbegehren zuhanden der GV eine entsprechende Erklärung gefordert hatte. Unter Hinweis auf das Bankgeheimnis waren die Antworten von Nikolaus Senn damals noch ziemlich vage ausgefallen.

Dies sollte sich ändern, als kurz vor Weihnachten plötzlich der Name des deutschen Milliardärs Karl-Heinz Kipp in den Medien auftauchte. Der in Arosa ansässige frühere Warenhausbesitzer, hiess es in entsprechenden Berichten, habe zum fraglichen Zeitpunkt ein Paket von 1,45 Millionen SBG-Namenaktien per Termin Ende Juni 1995 an die von der SBG kontrollierte Cantrade-Privatbank abgestossen. Bei einem mutmasslichen Verkaufspreis von 450 Millionen Franken sei das Geschäft nicht zu dem am Transaktionstag gültigen Terminkurs von 270 Franken pro Namenaktie abgewickelt worden. Statt dessen sei Kipp von der SBG-Tochter ein deutlich höherer Preis von mindestens 310 Franken pro Aktie bezahlt worden.

Um den nun erst recht wuchernden Mutmassungen Einhalt zu gebieten, entschloss sich die SBG am 30. Dezember 1994, die Transaktion in Absprache mit Kipp offenzulegen. Wie die Grossbank in einer entsprechenden Pressemitteilung ausführte, hatte die Bank Cantrade von Kipp offenbar nur einen Teil der Namenaktien auf Termin erworben, während die restlichen Titel «comptant», das heisst zum Tageskurs übernommen worden waren.

Drei Tage später versicherte Karl-Heinz Kipp gegenüber der «Financial Times», dass er die Stimmrechte der auf Termin an die Bank Cantrade abgetretenen 1 000 000 SBG-Namenaktien am 22. November 1994 selbst ausgeübt habe[121]. Ob er sich seinerzeit für oder gegen die Einführung einer Einheitsaktie ausgesprochen habe, wollte der deutsche Milliardär dem Londoner Finanzblatt verständlicherweise nicht verraten. Frustriert über die Tatsache, dass sein Name mit einem Mal in aller Munde war, teilte der steinreiche Privatier der Zürcher «Finanz und Wirtschaft» mit, was er persönlich von der ganzen Angelegenheit hielt: «Ihr Schweizer habt das Bankgeheimnis nicht im Griff.»[122] Diesen Vorwurf konnte die Zürcher Bezirksanwaltschaft nicht tatenlos im Raum stehen lassen. Anfang Januar 1995 eröffnete die Abteilung für Wirtschaftsdelikte eine Untersuchung gegen Unbekannt wegen möglicher Verletzung des Bankgeheimnisses. Bei der Bankgesellschaft hatte man es offen gestanden als «Sauerei»[123] empfunden, dass der Name eines Grosskunden vom Kaliber eines Karl-Heinz Kipp an die Medien durchgesickert war. Doch wo war das Leck zu suchen, nachdem die Indiskretion bereits begangen und nicht mehr rückgängig zu machen war? Der Kreis der Leute, die innerhalb der SBG-Gruppe von besagter Transaktion gewusst haben, sei «sehr eng» gewesen, liess der Konzern verlauten[124]. Eine Aussage, die der Zürcher Bezirksanwaltschaft ihre Nachforschungen nur bedingt zu erleichtern vermochte. Weil Konrad Fischer bereits im November 1994 von der SBG-Spitze eine Erklärung für die Grosstransaktion verlangt hatte, schien nämlich auf der Hand zu liegen, dass neben der SBG offensichtlich noch eine zweite Bank über den Pakethandel von Anfang an im Bilde gewesen sein musste. Tatsächlich war ein Teil der von Karl-Heinz Kipp verkauften SBG-Namenaktien zum Zeitpunkt der Transaktion in Stillhaltervereinbarungen eingebunden, wobei die entsprechenden Optionsscheine ausgerechnet von der OZ Zürich Optionen und Futures AG emittiert worden waren. Kurz: Der deutsche Grossaktionär, der die Abstimmung über die Einheitsaktie zum Kippen gebracht hatte, geschäftete nicht nur mit der SBG, sondern gehörte gleichzeitig zum erlesenen Kreis von Ebners betuchter Privatkundschaft. In der Vermögensklasse, welcher der «reichste Pensionär mit Schweizer Wohnsitz»[125] zuzuordnen ist, sind solche Doppelbeziehungen keine Seltenheit. «Es war kein Treuebruch», erklärte Kipp später gegenüber «Cash». «Ich habe Ebner das Paket ebenfalls angeboten. Er hätte nur einen kleinen Teil kaufen müssen, um die Abstimmung zu gewinnen.»[126] Warum Ebner bei diesem Angebot nicht zulangen mochte, blieb sein persönliches Geheimnis. Genauso wie auch die Quelle der Indiskretion nie ermittelt werden konnte. Nach einem Vierteljahr stellte die Zürcher Bezirksanwaltschaft ihre Strafuntersuchung mit der Begründung ein, dass die Namensnennung von Herrn Kipp «eindeutig nicht aufgrund einer Bankgeheimnisverletzung» erfolgt sei. Vielmehr seien «journalistisches Geschick gepaart mit kriminalistischem Spürsinn» am Werk gewesen[127].

Je länger der Konflikt schwelte, desto weniger zimperlich wurden die Konfliktparteien bei der Wahl ihrer Methoden. Statt dass man sich zu einer gütlichen Einigung durchgerungen hätte, verlegten sich beide Seiten auf die publizistische Kriegsführung und bewarfen sich in der Öffentlichkeit gegenseitig mit allerhand Schmutz. Kein Wunder beherrschte das Thema «Ebner versus SBG» noch Monate nach der Abstimmungsschlacht vom 22. November 1994 die Wirtschaftsspalten.

Als das Handelsgericht des Kantons Zürich am 6. Februar 1995 entschied, die superprovisorische Eintragungssperre gegen die GV-Beschlüsse im Handelsregister in eine provisorische Anordnung umzuwandeln, erlangte die Auseinandersetzung eine neue Dimension. Von nun an war klar, dass die Einführung der Einheitsaktie solange blockiert und die SBG in ihrer Manövrierfähigkeit eingeschränkt bleiben würde, bis der Hauptprozess in voraussichtlich zwei bis drei Jahren vor den Lausanner Bundesrichtern zum Abschluss käme. Ebners Rechtsoffensive hatte ihre Wirkung nicht verfehlt – die grösste Schweizer Bank sass in der Klemme.

Angesichts dieser misslichen Lage gab ein zerknirschter Nikolaus Senn in einem Radiointerview zu bedenken: «Wir haben keine Tricks und keine Kniffs angewendet, sondern wir haben genau das gleiche gemacht, was der Herr Ebner schon seit Jahr und Tag gemacht hat. Wir sind nämlich zu unseren grösseren und bekannteren Aktionären gegangen und haben versucht, sie von unserem Standpunkt zu überzeugen.»[128]

Zwar hatte das Handelsgericht die Position der Bankgesellschaft in wesentlichen Punkten gestützt und von der BK Vision insbesondere die Hinterlegung von 10 Millionen Franken als Sicherheit für den aus der Eintragungssperre allenfalls entstehenden Schaden verlangt. In der Urteilsbegründung hiess es, die BK Vision habe «nicht glaubhaft» machen können, dass die SBG mit der Einführung der Einheitsaktie gegen das Prinzip der Gleichbehandlung der Aktionäre verstossen habe. Aus juristischem Blickwinkel sei weder eine Sonderversammlung der Namenaktionäre notwendig gewesen, noch habe die SBG ihr Depotstimmrecht rechtswidrig eingesetzt.

Was hingegen den Einsatz von über 155 000 Aktien durch die beiden Anlagefonds der SBG betraf, schloss sich das Handelsgericht der Argumentation des Bezirksrichters an, wonach es sich dabei um «eigene», nicht stimmberechtigte Aktien gehandelt haben soll. Im übrigen hätten auch die Stimmrechte der von der Grossbank noch kurz vor der Generalversammlung auf Termin erworbenen Kipp-Aktien ruhen müssen. Unter diesen Umständen wäre der Antrag der SBG-Verwaltung auf Einführung einer Einheitsaktie an der Zweidrittelhürde gescheitert. Mit dieser Stellungnahme schlug sich das Handelsgericht klar auf die Seite der BK Vision, was Ebner nunmehr definitiv in den Stand versetzte, die strittigen GV-Beschlüsse mittels einer ordentlichen Anfechtungsklage zu bekämpfen. Eine entsprechende 90 Seiten starke Klageschrift hatte die BK Vision vorsorglich bereits im Januar beim kantonalen Handelsgericht eingereicht.

Obschon die SBG-Spitze die verfügte Sicherstellungspflicht in Höhe von 10 Millionen Franken «mit Befriedigung zur Kenntnis nahm», konnte sie ihre Enttäuschung über den Fortgang des Rechtsstreits nicht verhehlen. In einem Pressecommuniqué, datiert vom 8. Februar 1995, startete die Grossbank – nachdem sie den Ruch der Abstimmungsfälschung nicht mehr los zu werden glaubte – eine Gegenoffensive, um den Gegner in aller Öffentlichkeit nunmehr ebenfalls der Stimm-Manipulation zu bezichtigen. Man habe «klare Hinweise» darauf, wurde im letzten Abschnitt des Communiqués eine medienwirksame Tretmine plaziert, dass seitens der BK Vision «mindestens eine Million Stimmen ausgeübt wurden», die eigentlich unter die statutarische Stimmrechtsbeschränkung von 5 Prozent gefallen wären. Auf die Nachfrage der Journalisten, was mit dieser Anspielung konkret gemeint sei, erteilte die SBG-Pressestelle freimütig folgende Auskunft: Bei den fraglichen Aktien handle es sich um 1,112 Millionen Namenaktien aus dem Besitz der Rolex-Holding, die bekanntlich 10 Prozent des Kapitals und 27,8 Prozent der Stimmen an der BK Vision kontrolliere. Damit sei die Genfer Uhrenfirma klar zum Ebner-Lager zu zählen, weshalb sie weitere 1,161 Millionen SBG-Namensaktien aus ihrem eigenen Beteiligungsportefeuille an der GV nicht hätte separat einsetzen dürfen. Insgesamt habe die Rolex-Holding am 22. November 1994 jedoch rund 10 Prozent der Aktienstimmen in die Waagschale geworfen und damit offensichtlich gegen die statuarische 5-Prozent-Klausel verstossen.

Von den Anschuldigungen der Grossbank pikiert, sah sich die verschwiegene Rolex zum erstenmal in ihrer fünfundsiebzigjährigen Firmengeschichte zu einer öffentlichen Gegendarstellung gezwungen: Im Vorfeld der Abstimmung sei der Konzernleitungsvorsitzende Robert Studer dreimal eigens nach Genf gereist, um im persönlichen Gespräch für den Einsatz der fraglichen Aktienstimmen im Sinne der SBG zu werben, konterte das Kronjuwel der schweizerischen Uhrenindustrie die überraschenden Vorwürfe. Derlei Verhalten sei wohl Beweis genug, dass die vollumfängliche Ausübung der Stimmrechte seitens der SBG-Führung im Gegensatz zu ihrer jetzigen Behauptungen ursprünglich anerkannt worden sei. Diese Auffassung habe VR-Präsident Nikolaus Senn der Rolex-Holding vierzehn Tage nach der Abstimmung sogar noch einmal schriftlich bestätigt.

Die SBG beharrte jedoch auf ihrem Standpunkt und begründete die abrupte Meinungsänderung mit dem Auftauchen neuer Indizien, wonach Rolex aktiv an der Vorbereitung der Anfechtungsklage durch die BK Vision mitgearbeitet habe. Folglich bilde die Genfer Nobelfirma zusammen mit Ebner (sowie Rechtsanwalt Peter Hafter) einen strategischen «Verbund», dem die ungeteilte Stimmkraft ex post abzusprechen sei. Hinter dem Vorwurf der unzulässigen Gruppenbildung verbarg sich die praktische Überlegung der SBG-Spitze, dass die Grossbank das erforderliche Zweidrittelquorum eben doch erreicht hätte, wenn ausser den umstrittenen Fonds- und Kipp-Stimmen letztendlich auch die Eigenstimmen der Rolex-Holding aus dem Abstimmungsregister gestrichen würden.

«Der Rolex heute, ein Vierteljahr nach dem denkwürdigen Kräftemessen, dieses Recht rückwirkend absprechen zu wollen mit der Begründung, sie habe sich statutenwidrig verhalten, indem sie gleich wie Ebner votierte, nämlich ablehnend, mutet schlicht grotesk an», kommentierte «Bilanz»[129] und verlieh damit der weitverbreiteten Skepsis gegenüber dem sprunghaften Taktieren der SBG Ausdruck.

Die Kehrtwende der Grossbank verblüffte umso mehr, als man sich an der Bahnhofstrasse 45 ansonsten hartnäckig hinter der branchenüblichen Schweigepflicht zu verschanzen pflegt. Bei der publizitätsscheuen Rolex-Holding, die es sich zum Geschäftsprinzip gemacht hat, alles zu unterlassen, was ihr aristokratisches Markenimage auch nur im geringsten ankratzen könnte, lösten die Äusserungen der Grossbank eine tiefe Vertrauenskrise aus. Wie, so fragte man sich in Genf mit grösster Bestürzung, war es nur möglich, dass das Bankgeheimnis seitens einer vermeintlich grundsoliden Finanzinstitution wie der SBG plötzlich für zweitrangig erklärt wurde?

War es dieses Phänomen, welches Ebner anlässlich seiner Ansprache im Hallenstadion mit «Verrohung der Kultur» gemeint hatte? «Der Finanz- und Rechtsplatz Schweiz droht, zu einer namenlosen Grenzstadt im Wilden Westen zu verkommen», warnte die «Neue Zürcher Zeitung», und befand, die Kontroverse zwischen SBG und BK Vision werde «langsam peinlich»[130].

Peinlich war auch ein Eingeständnis, das die Schweizerische Bankgesellschaft anlässlich ihrer Bilanzpressekonferenz vom Februar 1995 machen musste. Im Geschäftsabschluss für das abgelaufene Jahr hatten die Stützungskäufe, welche die SBG-Führung im Abwehrkampf gegen die BK Vision getätigt hatte, «eine unübersehbare Blutspur»[131] hinterlassen. So hatte man beispielsweise der Pensionskasse der Stadt Zürich im vergangenen November rasch noch 220 000 eigene Namenaktien abgekauft, kurz bevor deren Aufpreis infolge des GV-Entscheids zugunsten einer Einheitsaktie vollends in sich zusammengesackt war. Die SBG habe ihm damals den mit Abstand besten Preis verrechnet, plauderte der Kassenwart der Stadt Zürich, Armin Braun, in der TV-Nachrichtensendung «10 vor 10» aus der Schule: «Am Markt hätte ich eine rechte Einbusse hinnehmen müssen.» Aufgrund der negativen Kursentwicklung, welche die SBG-Valoren im vierten Quartal 1994 genommen hatten, sah sich die Bank gezwungen, am Jahresende auf ihren eigenen Aktien eine Wertberichtigung in Höhe von 236 Millionen Franken vorzunehmen. Mit diesem selbstverschuldeten Riesenabschreiber spielte die SBG-Leitung ihrem aufsässigen Kritiker ein weiteres Argument in die Hände, welches die der Grossbank vorgeworfene Verschleuderung von Aktionärsgeldern zweifelsfrei zu belegen schien.

Im März 1995 zeichnete sich plötzlich doch noch ein möglicher Ausweg aus der verfahrenen Situation ab. In Zeitungsberichten hiess es, die Kontrahenten seien damit beschäftigt, einen für beide Seiten gangbaren Weg aus dem juristischen Gestrüpp freizulegen. Dem Vernehmen nach schien die SBG sogar bereit, den oppositionellen Namenaktionären um Martin Ebner den Verlust ihrer Stimmrechtsprivilegien finanziell teilweise abzugelten. Hinter den «Geheimverhandlungen» stand offenbar ein Kompromissvorschlag, den die Zürcher Anwaltskanzlei Homburger ausgearbeitet hatte. Gestützt auf deren Vorarbeiten, sollten sich die gegnerischen Lager unter der Aufsicht von Rechtsanwalt Peter Nobel auf einen entsprechenden Vergleich einigen. Doch die Bemühungen blieben erfolglos. Statt der erhofften Annäherung ergingen sich die nadelgestreiften Herren anlässlich des Meetings in wüsten, gegenseitigen Beschimpfungen. Das Schlichtungsangebot sei von Ebner zurückgewiesen worden, «weil es keine Bestrafung des SBG-Kaders beinhaltete», begründete die «Financial Times» den fruchtlosen Ausgang der Gespräche[132].

Nachdem das Experiment gescheitert war, gruben sich beide Parteien umso tiefer in ihre einmal bezogenen Stellungen ein – ohne Rücksicht auf den unübersehbaren Imageschaden, den der anhaltende Machtkampf dem gesamten Finanzplatz zufügte. Um die Führungsmannschaft der SBG für ihr aktionärsfeindliches Treiben büssen zu lassen, reichte die BK Vision nun eine Strafanzeige gegen «verantwortliche Organe der SBG und deren Konzerngesellschaften» ein. Die Anzeige zielte auf den Tatbestand der ungetreuen Geschäftsführung, der in Artikel 159 des schweizerischen Strafgesetzbuches wie folgt umschrieben wird: «Wer jemanden am Vermögen schädigt, für das er infolge einer gesetzlichen oder einer vertraglich übernommenen Pflicht sorgen soll, wird mit Gefängnis bestraft.» Nachdem die Zürcher Bezirksanwaltschaft bis anhin keine Veranlassung gesehen hatte, von sich aus eine Untersuchung wegen angeblich ungetreuer Geschäftsführung zu eröffnen, sah sie sich nunmehr gezwungen, ein ordentliches Strafverfahren einzuleiten, in dessen Gefolge verschiedene nicht näher personifizierte «Exponenten der SBG» dem Bezirksrichter Rede und Antwort stehen mussten.

Dieser «Gang nach Canossa» brachte wiederum Nikolaus Senn derart in Rage, dass er damit begann, Ebner in aller Öffentlichkeit als «Raider» und «Greenmailer» zu titulieren, das heisst, als einen skrupellosen Firmenjäger, dem jedes Druckmittel recht sei, um die grösste Schweizer Bank eines Tages vollständig zu übernehmen, mit dem einzigen Ziel vor Augen, das Übernahmeopfer zu gegebenem Zeitpunkt gewinnbringend auszuschlachten.

Was immer man von Ebners Motiven halten mag – eines müssen ihm selbst seine erbittertsten Kritiker lassen. Wem sonst, wenn nicht dem gewichtigsten SBG-Aktionär, gebührt das Verdienst, die überfällige Grundsatzdiskussion zum Verhältnis zwischen Aktionär und Management in der Schweiz nachhaltig aufs Tapet gebracht zu haben? Selbst dem vom Zaun gebrochenen Rechtsstreit lässt sich ein positiver Nebenaspekt abgewinnen, wird er doch die Gerichte dazu zwingen, das lückenhafte Aktienrecht in einem exemplarischen Fall mit konkreten Inhalten zu füllen. Dass es in dieser Hinsicht zwischen Genf und St. Margarethen noch jede Menge zu tun gibt, hat Ebner messerscharf erkannt und seine Geschäftsstrategie daher von Anfang an konsequent an diesen Systemmängeln ausgerichtet. In mancherlei Hinsicht gleicht der Schweizer Finanzplatz einem undurchdringlichen Dschungel. Und der BZ-Gründer war 1985 aufgebrochen, um in diesem regellosen Dickicht fette Beute zu machen.

«Ebner jongliert zwar jeweils überzeugend mit Marktargumenten, nützt aber in seinem konsequent gewinnorientierten Handeln gleichzeitig sehr geschickt die zum Teil durch die Gesetze geschaffenen Ineffizienzen des Marktes aus», durchleuchtete ihn die «Neue Zürcher Zeitung» im Herbst 1994. «Auch Transparenz in eigenen Belangen ist nur bedingt Ebners Sache. Zwar kennt der an Ebners ‹Visionen› beteiligte Publikumsaktionär den inneren Wert seiner Anlagen sehr genau, wer aber die Hauptinvestoren und treibenden Kräfte hinter der Ebner-Gruppe sind, darüber kann man lediglich Vermutungen anstellen. Insofern gibt der innovative und auch wertvolle Impulse vermittelnde Finanzspezialist trotz dem liberalen Anstrich kein überzeugendes Aushängeschild der Marktwirtschaft ab.»[133]

Existierte in der Schweiz, um ein zentrales Beispiel zu nennen, eine griffige Insider-Regelung, wie sie etwa für die amerikanische Börse gilt und dort von einer schlagkräftigen Behörde auch relativ nachhaltig durchgesetzt wird, dann hätte Ebner einen Grossteil seiner undurchsichtigen Blockhandelsgeschäfte vermutlich gar nie durchführen können. Vor diesem Hintergrund ist auch sein erbitterter Widerstand gegen die Einführung eines elektronischen Börsenhandels zu sehen. Aus ähnlich eigennützigen Gründen stemmt sich Ebner gegen die Abschaffung vinkulierter Stimmrechtsaktien und – zusammen mit Freund Blocher – gegen einen Beitritt der Schweiz zur Europäischen Staatengemeinschaft. Wo immer einem lukrativen Sonderfall die Einebnung droht, stellt sich Ebner vehement dagegen.

Was Ebners Beweggründe im Streit mit der Bankgesellschaft betrifft, lohnt es sich, in den Annalen ein paar Jahre zurückzublättern. «Der Kampf um die SBG war sein dritter Anlauf, um eine renommierte Bank unter Kontrolle zu bringen», resümierte die «Financial Times» und erinnerte ihre Leser an Ebners «Putschversuch» 1984 in der Geschäftsleitung der Bank Vontobel sowie an das 1988 fehlgeschlagene «Going Private» im Falle Leu.[134]

Dass dieser Vergleich nicht aus der Luft gegriffen war, belegt ein flammendes Referat, welches Professor Kurt Schiltknecht am 24. Februar 1995 vor den Aktionären der BK Vision hielt: «Für viele scheint es fast ein Naturgesetz zu sein, dass grosse Unternehmungen kleinere und mittlere Gesellschaften übernehmen. Deshalb werden solche Transaktionen auch nur selten hinterfragt. Im umgekehrten Fall wird man dies in den seltensten Fällen als Naturgesetz akzeptieren.» In der Folge stimmte Schiltknecht eine eigentliche Lobeshymne auf die Finanzjongleure und Raider der achtziger Jahre an. In den USA hätten zwischen 1976 und 1990 Firmenübernahmen im Gesamtwert von 1,2 Billionen US-Dollar stattgefunden. Für die Aktionäre der übernommenen Gesellschaften sei dabei ein Gewinn von mehr als 400 Milliarden US-Dollar herausgesprungen. Dieser Betrag, schwärmte Martin Ebners Kompagnon, entspreche der Prämie, die für die Kontrolle der besagten Unternehmen bezahlt worden sei. Solch offenherzige Ausführungen provozierten «Finanz und Wirtschaft» tags darauf zur Repetition der noch immer im Raum stehenden Frage: «Ging es etwa doch um eine Übernahme der SBG?»[135]

Im Anschluss an den professoralen Exkurs in Sachen «Kontrollprämien» hatte die Generalversammlung über eine weitere Kapitalerhöhung zu befinden, die der Beteiligungsgesellschaft Neugeld in Höhe von 150 Millionen Franken zufliessen lassen sollte. Aufgrund der eindeutigen Kontrollverhältnisse, wie sie bei der BK Vision herrschen, konnte Martin Ebner den verdutzten Inhaberaktionären allsogleich mitteilen, dass besagte 150 Millionen Franken – losgelöst vom konkreten Abstimmungsergebnis – auf Wunsch der bestimmenden Namenaktionäre bereits in weitere SBG-Titel investiert worden waren.

Bis im Herbst 1995 hatte die BK Vision ihre Beteiligung an der Grossbank auf 4,42 Millionen Namenaktien beziehungsweise 20 Prozent des dividendenberechtigten Stimmrechtskapitals aufgestockt. Zusammen mit 600 000 Inhaberaktien kontrollierte der Aktienfonds nunmehr knapp sechs Prozent des SBG-Kapitals. Ebners unentwegte Kaufbereitschaft entbehrte nicht einer gewissen Paradoxie: Je gewichtiger sein Engagement wurde, desto weniger schien er damit zufrieden zu sein. Die SBG-Aktien seien im Grunde genommen immer weniger wert, verkündete Ebner, und auch sonst liess er an der Gesellschaft kaum mehr einen guten Faden. «Unsere Erfahrungen mit der SBG waren weiter enttäuschend», hiess es im Zwischenbericht der Beteiligungsgesellschaft vom 31. August 1995. «Die BK Vision muss zur Kenntnis nehmen, dass sich nicht nur die Ertragskraft, sondern auch die Qualität ihrer Beteiligung verschlechtert hat. Der Verwaltungsrat der BK Vision wird sich mit allen ihm zur Verfügung stehenden Mitteln dafür einsetzen, dass die Erwartungen der Aktionäre erfüllt werden. Noch nie klafften die Ergebnisse der SBG und diejenigen gut geführter ausländischer Banken so weit auseinander wie heute.»

Um die Erwartungen der Aktionäre – deren grösster wie erwähnt Ebner selbst ist – zu erfüllen, beschritt dieser zusammen mit seinen Anwälten Konrad Fischer und Peter Hafter unverdrossen den Rechtsweg. Bezüglich der umstrittenen Transaktionen, welche die Grossbank in den Wochen vor der Einheitsaktien-Abstimmung getätigt hatte, erwog die BK Vision jetzt sogar strafrechtliche Schritte gegen den gesamten SBG-Verwaltungsrat beziehungsweise dessen achtköpfigen Ausschuss. In einem Hintergrundsgespräch mit der NZZ bezeichnete Ebner die Ausarbeitung einer entsprechenden Verantwortlichkeitsklage als «wichtigsten Entscheid der vergangenen zehn Jahre»[136].

Ohne dass die Hauptverantwortlichen, angeführt vom Konzernleitungsvorsitzenden Robert Studer, ihren Hut nähmen, sehe die BK Vision keinerlei Veranlassung, sich in den hängigen Gerichtsverfahren kompromissbereit zu zeigen, liess Ebner durchblicken. Im Herbst 1995 verlieh er seiner unverhohlenen Rücktrittsforderung dadurch Nachdruck, dass er jedem einzelnen Verwaltungsratsmitglied der SBG ein Schreiben ins Haus flattern liess, worin er die einundzwanzig Herren und zwei Damen ultimativ dazu aufforderte, sich bis zu einem bestimmten Stichdatum mit ihm, dem allmächtigen BZ-Chef, in Verbindung zu setzen.

«Ebners Traum war schon immer, Präsident der Bankgesellschaft zu werden», sagt ein Mitglied des obersten SBG-Gremiums. Im Grunde beneide der Aktienhändler sogar die Generaldirektoren der Bankgesellschaft um ihren Job. Insbesondere sehne er sich nach mehr internationalem Einfluss, welcher sich für die SBG-Kaderleute etwa darin äussert, dass ihnen von hohen Regierungsbeamten und Firmenrepräsentanten in aller Welt regelmässig der rote Teppich ausgelegt wird. Demgegenüber, sagen intime Ebner-Kenner, beschränken sich dessen Geschäftskontakte bis auf den heutigen Tag vornehmlich auf subalterne Stelleninhaber, und dies vor allem in der Schweiz. «Während die wirklich wichtigen Leute lieber unter sich bleiben, sitzt Ebner mit den Prokuristen an einem Tisch», mokiert sich der Generaldirektor einer Zürcher Grossbank.

Wie nicht anders zu erwarten war, beschloss der Verwaltungsrat der SBG, sich Ebners Versuch, das Gremium mittels Einzelgesprächen auseinanderzudividieren, «in aller Form» zu widersetzen. Man betrachte die Androhung von persönlichen Verantwortlichkeitsklagen als Nötigung in juristischem Sinn, kam die Replik aus der Konzernzentrale. Das Aufsichtsorgan der SBG vertrete unverändert die Meinung, dass «die von der BK Vision vorgebrachten Vorwürfe jeder Grundlage entbehren»[137]. Das Zürcher Börsenkommissariat, das die Aktientransaktionen im Vorfeld der ausserordentlichen GV inzwischen unter die Lupe genommen hatte, schien den «Bankgesellen» in ihrer Abwehrhaltung recht zu geben. Wie die Volkswirtschaftsdirektion des Kantons Zürich der SBG-Führung im September 1995 schriftlich mitteilte, seien bisher keine Verfehlungen festgestellt worden. Nach dem Stand der Abklärungen hätten die fraglichen Transaktionen durchaus den Börsenusanzen entsprochen. Ein triftiger Grund, aufsichtsrechtlich einzuschreiten, bestehe vorläufig nicht.

Ebner liess sich durch diesen Bescheid nicht beirren, beschuldigte die SBG weiterhin der grobfahrlässigen Verschleuderung von Aktionärsgeldern und konfrontierte deren achtköpfigen VR-Ausschuss im Oktober 1995 mit einer entsprechenden Schadenersatzklage in Höhe von 250 Millionen Franken. Das Sonderprüfungsbegehren der BK Vision bezüglich der fraglichen Transaktionen bei der Einheitsaktien-Abstimmung, welches vom Zürcher Bezirksrichter mittlerweile abgewiesen worden war, zog Ebner konsequent ans kantonale Obergericht weiter.

Alles deutete darauf hin, dass der «SBG-Schreck» nichts unversucht lassen würde, um die für die Generalversammlung vom April 1996 geplante, altersbedingte Ablösung von VR-Präsident Nikolaus Senn durch den bisherigen Konzernchef Robert Studer zu vereiteln. Zu diesem Zweck – so jedenfalls wurde im Vorfeld des neuerlichen Schlagabtauschs vermutet – würde Ebner noch einmal sämtliche ihm zur Verfügung stehenden Kräfte mobilisieren. Die mächtige «Winterthur»-Versicherung, die der BZ-Gruppe schon früher nahe gestanden hatte, könnte sich nach dem Ausscheiden von «Winterthur»-Chef Peter Spälti aus dem Verwaltungsrat der Grossbank erneut ins gegnerische Lager schlagen, wurde spekuliert. Die Frage schien somit offener den je: Ob dem Schwyzer der «Hosenlupf» diesmal gelänge?

Epilog:
Der Club

Wie es Ebner in Rekordtempo zum Frankenmilliardär bringt und seine Kunden und Mitarbeiter an dieser Spitzenleistung teilhaben lässt

Von der Limmat-Metropole geht die Fahrt auf der Autobahn zügig in Richtung Südosten. Nach einer knappen halben Stunde kommt linker Hand die Hurdener Halbinsel in Sicht – Ausfahrt Pfäffikon – wir befinden uns im Kanton Schwyz. Ungefähr auf halbem Weg zwischen Martin Ebners Geburtshaus und seinem Domizil in Wilen erhebt sich am Zürichseeufer der mittelalterliche Schlossturm von Pfäffikon. Das massive Bauwerk gehört zu den Besitztümern des Klosters Einsiedeln und wurde kürzlich unter der Ägide von Toni Ebner einer umfassenden Renovation unterzogen. Wie sein berühmter Bruder hat auch Toni Ebner, der heute in Pfäffikon eine gutgehende Arztpraxis führt, seine familiären Wurzeln nie verleugnet. Als angehender Allgemeinpraktiker war Toni Ebner der katholisch-missionsärztlichen Gesellschaft beigetreten und hatte sich nach Abschluss seines Studiums für zwei Jahre an ein Spital in die südafrikanische Enklave Lesotho versetzen lassen. Zurück in der Innerschweiz schickte er seine beiden Söhne zu den Patres nach Einsiedeln in die Schule.

Im warmen Abendlicht gibt der quadratische Turmbau eine besonders malerische Kulisse ab. Ein solches Ambiente weiss Martin Ebner zu schätzen, weshalb er die religiöse Trutzburg gerne für Privatanlässe, Kundenempfänge oder ordentliche Generalversammlungen nutzt. Zwischen Wassergraben und Hauptportal begrüsst er am 24. März 1995 per Handschlag die rund zwei Dutzend angereisten Aktionäre der Beteiligungsgesellschaft Gas Vision, die sich hier kurz vor 16 Uhr eingefunden haben – ein geschäftlich motiviertes Familientreffen sozusagen.

Im Innern erinnert der Schlossturm mit seiner streng funktionalen Einrichtung an eine romanische Kapelle. Andächtig lauscht die Aktionärsgemeinde den Begrüssungsworten ihres Präsidenten, der an der Stelle, wo in Gotteshäusern gewöhnlich der Altar steht, hinter einem schlichten Holztisch Platz genommen hat. Links und rechts von Martin Ebner sitzen die beiden Verwaltungsräte Johan Björkman sowie Jacques Imler von der Berner Carba-Holding. Bevor Ebner die finanziellen Eckdaten verliest und dabei eingestehen muss, dass die GasVision das Geschäftsjahr 1994 mit einem Verlust von 58 Millionen Franken abgeschlossen hat, referiert Imler über die hervorragenden Zukunftsperspektiven, welche sich im industriellen Gasgeschäft bieten. Anschliessend haben während fünf Minuten die wenigen Publikumsaktionäre das Wort, wobei einzig das Votum eines älteren Kleinanlegers aus dem harmonischen Rahmen fällt. Bitter beklagt sich jener über die hohen Kursverluste, welche die Besitzer von Inhaberaktien der GasVision 1994 haben hinnehmen müssen. Doch der Vorsitzende kennt sich mit solchen Querulanten aus und wischt den störenden Einwurf routiniert vom Tisch. Als Aktiensparer, gibt Ebner dem aufgebrachten Pensionär in barschem Tonfall zu bedenken, müsse man sich auch eine vorübergehende Tieferbewertung seines Investments leisten können. Ansonsten habe man sich wohl in der Wahl des Anlagemediums vergriffen.

Drei Kilometer Luftlinie vom Pfäffikoner Schlossturm entfernt, liegt oben auf der Abbruchkante zum Zürichsee Ebners legendenumwobenes Privatrefugium. Um genau zu sein, handelt es sich um einen Komplex von drei Gebäuden, die am Ende von zwei entgegengesetzten Sackgassen liegen und über eine gemeinsame Tiefgarage miteinander verbunden sind. Einen Parkplatz sucht man im näheren Umkreis von Ebners Kommandozentrale vergeblich, und bereits auf der Zufahrt beschleicht einen das unangenehme Gefühl, vom kalten Auge einer versteckten Überwachungskamera fokussiert zu werden.

Neben dem heckenbewehrten «Clubhaus» nordischen Stils, welches Rosmarie und Martin Ebner bewohnen, hat die BZ Trust AG ihr aussichtsreiches Refugium gefunden: Von hier aus überwacht Kurt Schiltknecht, zusammen mit einer Handvoll Mitarbeiter, die Anlagepolitik der Visionen. Das dritte Gebäude gehört offiziell der BZ Gruppe Holding AG (BZGH) und stellt – wiewohl leer stehend – das organisatorische Zentrum des gesamten BZ-Imperiums dar. Mitarbeiter sucht man hier vergebens, weshalb der Holdingsitz im Grunde genommen als Briefkastenadresse bezeichnet werden kann. Frequentiert wird die dreistöckige Immobilie, die über eine moderne Küche und einen geräumigen Speisesaal verfügt, vorwiegend für repräsentative Zwecke: Kundenempfänge, Geschäftsessen und dergleichen.

Die konsolidierten Eigenmittel der BZGH bezifferte Ebner im Juli 1995 auf drei Milliarden Franken. Dieser Wert erscheint umso bemerkenswerter, als das Holdingkapital von ursprünglich 320 Millionen Franken inzwischen zu 90 Prozent zurückbezahlt wurde und dadurch auf bescheidene 32 Millionen Franken geschrumpft ist. In derselben Weise, wie es Ebner seinem Studienfreund Christoph Blocher im Falle der Ems-Chemie empfahl, hat er in den letzten Jahren auch in seiner eigenen Unternehmensgruppe mehrfach zum Mittel der Nennwertreduktion gegriffen. Die Aktionäre der BZGH, liess Ebner unlängst durchblicken, hätten ihr gesamtes, ursprüngliches Investment in der Höhe von 500 Millionen Franken bis auf den letzten Franken zurückerstattet bekommen. Trotz der vollumfänglichen Barrückzahlung übertreffen die Eigenmittel der BZ-Gruppe diejenigen der Bank-Bär-Gruppe derzeit nach eigenen Angaben um das Dreifache und den kapitalmässigen Wert der Vontobel-Gruppe gar um das Siebenfache.

Ähnlich wie die Dachgesellschaft leidet offenbar auch die Zürcher BZ Bank an einer chronischen Überkapitalisierung, weshalb im ersten Halbjahr 1995 eine Sonderdividende von über 200 Millionen Franken nach Wilen überwiesen wurde. Unter Einbezug stiller Reserven verfügt das operationelle Herz der BZ-Gruppe heute über Eigenmittel von nahezu einer halben Milliarde Franken.

«Wir haben eine Grösse erreicht, bei der wir nicht wissen, wo es hingehen soll. Wir spüren, dass es ein Politikum wird», räumte Martin Ebner im Juli 1995 in einem Gespräch mit der «Basler Zeitung» ein.[138] Nach Ebners persönlicher Einschätzung spielt es keine grosse Rolle, ob sich die Eigenmittel der BZ-Gruppe in Zukunft auf 6 Milliarden verdoppeln oder um die Hälfte auf

1,5 Milliarden Franken reduzieren werden. «Wichtig ist uns allein die Rendite des Kapitals»[139], deklariert der bestimmende Aktionär und verweist dabei stolz auf eine jährliche Eigenkapitalrendite von traumhaften 38,6 Prozent[140], die er mit seinen Finanzmanövern seit 1985 durchschnittlich erwirtschaftet haben will.

Bankiers der alten Schule staunen nicht schlecht, wenn sie sich vor Augen halten, dass Ebner mit seinem kleinen Team von derzeit rund 40 Mitarbeitern Gewinne von mehreren hundert Millionen Franken verbuchen kann und damit in guten Aktienjahren annähernd soviel Überschuss erwirtschaftet wie jede einzelne der Schweizer Grossbanken mit ihren jeweils Zehntausenden von Mitarbeitern.

Innerhalb eines Jahrzehnts hat Martin Ebner seine finanziellen Bubenträume restlos realisiert. Begonnen hat er 1985 bei Null. Zehn Jahre später gebietet er über ein Vermögen, vergleichbar den über Generationen geäufneten Rücklagen des Zementindustriellen Thomas Schmidheiny, des Genfer Bankiers Edmond de Rothschild oder der traditionell sehr wohlhabenden Familie Bodmer aus Zürich.

In Rekordzeit hat Ebner den Olymp der Frankenmilliardäre erklommen. Gemeinsam mit seiner Frau Rosmarie und seinen engsten Mitarbeitern kontrolliert er heute nach eigenen Angaben 75 Prozent des Holdingkapitals[141], was einer Summe von rund 2,5 Milliarden Franken entspricht. In monetären Massen gerechnet darf die Laufbahn von Martin Ebner als die steilste Karriere bezeichnet werden, die ein Unternehmer hierzulande jemals vorgelegt hat.

Umso verblüffender ist die Tatsache, dass es Martin Ebner fertigbringt, bei seiner Wohnsitzgemeinde Freienbach mit vergleichsweise bescheidenen 46 Millionen Franken (1993/94) nur einen Bruchteil seines Milliarden-Etats als privates Reinvermögen zu deklarieren – eine fiskalische Meisterleistung, die selbst ausgebufften Steuerexperten ungläubiges Staunen entlockt. Nach Auskunft der Schwyzer Steuerbehörden sollen sich die Ersparnisse von Martin und Rosmarie Ebner seit 1988/89 sogar um 15 Millionen Franken verringert haben. Damals hatte das Paar offiziell noch 61 Millionen Franken vorzuweisen.

Die Frage, was Ebner mit seinen Dutzenden, Hunderten, ja Tausend Millionen anfängt, ist schnell beantwortet. Als eher asketischer Typ, dem Luxus wenig bedeutet und der neben seiner Arbeit keine nennenswerten Hobbys pflegt, hat er sein immenses Vermögen grösstenteils in die Aktien multinationaler Konzerne investiert. Was aber, wenn es Ebner eines schönen Tages einfallen sollte, seine florierende Finanzgruppe in Bargeld zu verwandeln, um sich als schwer reicher Pensionär aus dem Broker-Business zurückzuziehen? Dem omnipräsenten BZ-Chef, der sämtliche Fäden bis dato selbst in der Hand hält, sei es gar nicht möglich, sein Lebenswerk ohne massiven Wertverlust zu liquidieren, lautet die weitverbreitete Einschätzung. «Ohne Ebner ist die BZ-Gruppe ein totes Asset», erklärt überspitzt ein Zürcher Vermögensverwalter.

Ist dieser Prototyp des modernen Erfolgsmenschen letztlich gar ein Gefangener seines selbst verschuldeten Reichtums? Hat er sich mit seinen renditegetriebenen Phantasien, denen es allem Anschein nach an einem gangbaren Ausstiegsszenario gebricht, womöglich in eine Sackgasse manövriert? Wo bleiben – von Macht und Mammon abgesehen – Ebners persönliche Visionen?

Weil Martin Ebner keine Nachkommen hat, ist an eine familiäre Nachfolgeregelung nicht zu denken. Vor diesem Hintergrund könnte man sich zur spekulativen Annahme verleiten lassen, die Lösung von Ebners Wohlstandsproblemen fände sich eventuell im Errichten einer karitativen Stiftung. Diesbezüglich wird in Zürcher Finanzkreisen die Fama herumgeboten, Ebner werde sich dereinst selbst ein Denkmal setzen – etwa in Form einer Ebner-Stiftung gegen den grassierenden Drogenmissbrauch oder eines international tätigen Aids-Funds. Natürlich wird das gutbetuchte Ehepaar immer mal wieder von sozialen und kulturellen Organisationen um einen finanziellen Zuschuss angegangen. Mit mässigem Erfolg, wie man vernimmt. Bei der Prüfung solcher Anträge sei Martin Ebner «sehr streng», sagt sein Religionslehrer Ambros Eichenberger. «Auch in diesen Fragen setzt er eben die gleich hohen Massstäbe wie an sich selbst.»

Dass überdurchschnittlicher Wohlstand auch seine hässlichen Seiten hat, mussten Martin und Rosmarie Ebner verschiedentlich erfahren. Im August 1993 verschaffte sich ein ungebetener Gast Zutritt zum Ebnerschen Privatdomizil, lauerte der ahnungslosen Hausherrin auf, schlug sie brutal zusammen und fesselte sie an ein Abflussrohr. Erst als am Tatort unvermutet eine Hausangestellte auftauchte, ergriff der Peiniger die Flucht. «Ich war schwer verletzt», bestätigt Rosmarie Ebner den tragischen Vorfall, bei dem es laut einem Bericht des «Tages-Anzeigers» möglicherweise sogar um eine beabsichtigte Entführung des BZ-Chefs gegangen sein soll.[142]

Im Vorfeld von Christoph Blochers Anti-EU-Kundgebung vom 23. September 1995, bei der es in der Zürcher Innenstadt zu schweren Strassenschlachten kam, wurde auf das Hauptquartier in Wilen ein weiterer Anschlag verübt. Auf dem Dach des Bürogebäudes, in welchem die BZ Trust AG untergebracht ist, stellte die Schwyzer Kantonspolizei mehrere Benzinkanister mit einem Brandgemisch sicher, welches offenbar in das Lüftungssystem gegossen und mit einem Zeitzünder zur Explosion hätte gebracht werden sollen.

In einem Bekennerbrief, der Stunden später bei verschiedenen Medien einging, bekannte sich eine unbekannte Täterschaft zu dem versuchten Brandanschlag, wobei allerdings unklar blieb, ob die Täter bei ihrem Unterfangen gestört worden waren oder damit lediglich eine Warnung an die Adresse von Martin Ebner aussprechen wollten. Das anonyme Schreiben führte als Begründung an, dass die BZ Trust AG die Geschäfte der Pharma Vision leite, bei der wiederum Nationalrat und Ems-Besitzer Christoph Blocher zusammen mit Bankier Martin Ebner und der Rolex-Holding Hauptaktionär sei. Die Pharma Vision handle mit Aktien im Wert von drei Milliarden Franken, was ihr in den letzten Jahren Hunderte von Millionen Franken Gewinn gebracht habe. Christoph Blocher sei unter anderem auf diesem Weg zu seinem Vermögen von 700 Millionen Franken gekommen, aus dem er seine Kampagnen finanziere. Man wolle «Blocher und Konsorten nun da treffen, wo es empfindlich weh tut – an den Geldquellen», hiess es in dem Drohbrief.

Wie Ebner haben es auch die meisten seiner Weggenossen zu augenfälligem Wohlstand gebracht. «Alle, die von Anfang an dabei waren, sind explosionsartig reich geworden», bestätigt ein ehemaliger Kadermann. Mit Sicherheit trifft diese Aussage auf Alfred Hostettler und Philipp E. Achermann zu, zwei Kadermitarbeiter der ersten Stunde. Insbesondere der frühere Yamaha-Importeur Alfred Hostettler, der bei seinem Übertritt zur BZ Bank bereits über reichlich «Spielgeld» verfügte, dürfte es in den letzten zehn Jahren zu überdurchschnittlichem Reichtum gebracht haben. BZ-Kenner vermuten, dass Hostettler heute einen Kapitalanteil von gegen fünf Prozent an der Holding hält und damit neben Ebner zu einem der gewichtigsten Miteigentümer aufgestiegen ist.

Seit Jahren versteuert der Börsenchef der BZ Bank ein konstantes Einkommen von Null Franken, während er 1994 beim Fiskus ein Reinvermögen von 6,9 Millionen Franken deklarierte. Mehr als sechsmal soviel, nämlich 45,6 Millionen Franken (1995 provisorisch), macht Philipp E. Achermann als persönliches Reinvermögen geltend. Wie Hostettler entrichtet auch der diplomierte Bücherexperte und heutige BZ-Gruppen-Controller keinerlei Einkommenssteuern.

20,4 Millionen Franken Vermögen versteuert Rechtsanwalt Konrad Fischer. Bereits 1986 wurde Fischers persönlicher Sparbatzen von den Steuerbehörden der Stadt Zürich auf 20,9 Millionen Franken taxiert. In der Zwischenzeit konnte sich Fischer eines jährlichen Reineinkommens in Höhe von 600 000 bis 700 000 Franken erfreuen.

Die «graue Eminenz» im Ebner-Imperium, Johan Björkman, besteht darauf, dass er bei der BZ-Gruppe persönlich nicht die geringste Kapitalbeteiligung eingegangen sei. Seine Beteuerung mutet umso erstaunlicher an, als Ebner kürzlich einem Journalisten in einem Anflug von Offenherzigkeit verriet, dass derzeit noch knapp fünf Prozent des Holdingkapitals von ausländischen Investoren gehalten werden.[143] Von einem schwedischen Magazin wurde Björkmans Privatvermögen 1994 auf umgerechnet etwas mehr als 40 Millionen Schweizerfranken veranschlagt. «Vermutlich greift diese Schätzung zu tief», äussert der Chefredaktor von «Veckans Affärer», Bengt Ericson, seine Zweifel an der Zahl.

Peter F. Baumberger, langjähriger Delegierter der Carba-Holding, der mit Ebner schon vor 1985 in regem Kontakt gestanden hat, kann seinerseits nicht eben als bedürftig bezeichnet werden – zumal auch seine Frau Mary Alice Baumberger, eine Erbin der Campbell-Suppen-Dynastie, alles andere als aus ärmlichen Verhältnissen stammt. Wie beim Gemeindesteueramt von Küsnacht in Erfahrung zu bringen ist, brachte es Peter Baumberger 1994 auf ein Reineinkommen von über einer Million, während sein Reinvermögen auf etwas über 43 Millionen Franken veranschlagt wurde.

Der 54jährige Ökonomieprofessor Kurt Schiltknecht stiess zwar erst im Herbst 1990 zur BZ-Familie, worauf sein Reineinkommen innerhalb von zwölf Monaten von 800 000 Franken (1990) auf respektable 3,38 Millionen Franken (1991) emporschnellte. Von den Steuerbehörden seiner Wohnsitzgemeinde wird Schiltknechts finanzielle Potenz für das Jahr 1994 provisorisch mit 1,88 Millionen (Reineinkommen) beziehungsweise 10,7 Millionen (Reinvermögen) angegeben.

Rechtsanwalt Peter Hafter, der seit Ende 1992 im Verwaltungsrat der BK Vision sitzt, bringt es auf ein Jahressalär von immerhin 1,05 Millionen und ein Reinvermögen von 8,7 Millionen Franken (1994 provisorisch). Ein anderer Wirtschaftsanwalt, der zu Ebners Entourage zählt, ist für seine steuerminimierende Ader bekannt. Während Jahren brachte es Professor Peter Nobel fertig, offiziell kein Vermögen zu besitzen, obwohl er gleichzeitig siebenstellige Honorareinkünfte zu verbuchen hatte. In seiner letzten Steuererklärung kommt der fleissige Aktienrechtler den Zürcher Steuervögten insofern entgegen, als dass er bei einem Reineinkommen von 1,32 Millionen Franken auch ein bescheidenes Reinvermögen von 1,17 Millionen Franken aufscheinen lässt.

Ausser seinem Wohndomizil am Fusse des Zürichbergs besitzt Peter Nobel in Laax im Kanton Graubünden eine hübsche Zweitresidenz. Zu den illustren Gästen, die das Ehepaar Nobel hier zuweilen empfängt, soll auch der Finanzchef von Hoffmann-La Roche, Henri B. Meier, gehören. Bereits als Jusstudent besass Nobel einen untrüglichen Instinkt für nützliche Beziehungen, weshalb er sich mit Vorliebe in den Familienkreisen vermögender Kommilitonen bewegte. Mit seinem «diffus halblinken Habitus», schrieb «Bilanz» in einem Report über die 68er-Bewegung an der Hochschule St. Gallen, sei er damals «als pikanter Bürgerschreck beim Lachs herumgereicht worden».[144] «Ich mache am liebsten dort mit, wo ich unter Freunden bin», sagt der Freund und Seelenverwandte von Kurt Schiltknecht, «denn ich möchte auch ab und zu meinen Spass haben.»[145]

Neben den Nobels und den Meiers scheint es die Sonnenterrasse am Vorderrhein auch dem Basler Kunstmäzen Paul Sacher angetan zu haben. Seine Ferien verbringt der milliardenschwere Grossaktionär von Hoffmann-La Roche in Flims, wo er in einem Apartmenthaus der «Park Hotels» eine luxuriöse Unterkunft besitzt. Zwei Etagen über Paul Sacher residiert ein weiterer hierzulande wenig bekannter Milliardär: Maurice Greenberg, Chairman und grösster Einzelaktionär von American International General (AIG), einer der weltweit bedeutendsten Versicherungsgruppen. Überhaupt scheint sich Flims in den letzten Jahren zu einem beliebten Treffpunkt der Reichen und Superreichen entwickelt zu haben. Kein Wunder, dass sich mittlerweile auch BZ-Mitarbeiter Walter Strub, einer der treuesten Ebner-Anhänger, in besagtem Kurort ein Weekendhaus zugelegt hat. Obwohl offensichtlich auch Strub dem Fiskus keinerlei Einkommenssteuern bezahlen muss, ziert seinen Steuerausweis ein stattliches Reinvermögen in Höhe von 38,2 Millionen Franken (1995 provisorisch). Wenige Kilometer von Flims entfernt, liegt im übrigen Schloss Rhäzüns, das zum weitläufigen Immobilienbesitz der Ems-Gruppe gehört. Auch dieses repräsentative Bauwerk, in welchem Christoph Blocher ausländische Geschäftspartner einzuquartieren pflegt, eignet sich hervorragend für ungestörte Business-Treffen.

Informelle Kontakte sind in der Branche schliesslich das mit Abstand wirkungsvollste Schmiermittel, weshalb Ebner seine Kunden mit Vorliebe im privaten Rahmen empfängt. So erinnert sich etwa der 1991 vom Staatsdienst suspendierte ehemalige Finanzverwalter der Stadt Zürich, Peter Lehner, zusammen mit dem BZ-Chef hin und wieder auf den oberhalb von Wilen gelegenen Hausberg namens Etzel gestiegen zu sein oder auf dem Zürichsee manchmal auch eine Ruderpartie unternommen zu haben. In aller Ruhe liessen sich bei solcher Gelegenheit geplante Stillhalter-Emissionen, Blockhandelsgeschäfte und dergleichen mehr besprechen.

Zusammen mit Robert Straub, dem bisherigen Finanzverwalter des Kantons Zürich, gehört Lehner zu denjenigen, die sich in der Schweiz als erste an den Generalversammlungen grosser Publikumsgesellschaften exponierten, um gegen Anträge zu opponieren, die gegen die von ihnen ins Auge gefassten Renditeziele, das heisst die materiellen Interessen der Aktionäre und Pensionskassenmitglieder verstiessen. Allein schon aufgrund dieser «Eisbrecher-Funktion» sassen diese beiden BZ-Kunden mit Ebner gewissermassen im selben Boot, wobei sich letzterer mit schnellen Optionsgeschäften und cleveren Anlagetips ihrer Loyalität zu versichern wusste.

Ähnlich wie Lehner, der im Frühjahr 1991 «in gegenseitigem Einverständnis» mit dem Zürcher Stadtrat von seinem verantwortungsvollen Posten zurücktreten musste, hat 1995 auch Robert Straub seinen Beamtenjob vorzeitig quittiert, um als freier Unternehmer in das lukrative Business der Finanz- und Vermögensberatung einzusteigen. Gemessen an den finanziellen Rücklagen, die sich Straub im Staatsdienst erworben hat, hätte es der 55jährige eigentlich nicht mehr nötig, weiterhin gegen Entgelt zu arbeiten. In den letzten paar Jahren ist sein persönlicher Notgroschen auf das hübsche Sümmchen von 6,6 Millionen Franken (Steuererklärung 1994) angewachsen.

Ähnliche Rücklagen hatte im vergangenen Jahr Ex-Börsenkommissär Franz Hunter vorzuweisen. Hunter, dessen langjährige Verdienste von Martin Ebner mit einem VR-Mandat bei der OZ Zürich Optionen und Futures AG belohnt wurden, wo er von 1988 bis 1992 Einsitz nahm, dürfte in dieser verantwortungsvollen Position einiges über den Einsatz derivativer Finanzinstrumente dazugelernt haben. Gemäss Hunters letztem Steuerausweis belaufen sich seine finanziellen Disponibilitäten auf netto 6,5 Millionen Franken.

Exakt wird sich natürlich nie eruieren lassen, wie dominant Ebners Einfluss auf die Vermögensbildung seiner Verwaltungsräte, Geschäftsfreunde und Mitarbeiter effektiv gewesen ist. Soviel scheint immerhin festzustehen, dass sich ein kontinuierlicher

Kontakt in die BZ-Zentrale für viele seiner Anhänger im Rückblick auch persönlich ausbezahlt hat. Alle, die über einen direkten Informationsdraht zu Martin Ebner verfügten und diesen Vorteil einigermassen geschickt nutzten, stehen heute als Multimillionäre da. Dies gilt selbstredend auch für den populären Ems-Besitzer, der von Beginn weg einer von Ebners wichtigsten Kunden war. Hätte Christoph Blocher in den letzten zehn Jahren auf die finanztaktischen Ratschläge seines Bankier-Freundes verzichten müssen, so wäre sein derzeitiges Privatvermögen in Höhe von 742 Millionen Franken wohl um einiges bescheidener ausgefallen.

«Wenige Leute verdienen immer mehr. Das ist die Wohlstandsformel der Schweiz», resümierte unlängst das «Zweite Deutsche Fernsehen» in einem Filmbeitrag über die soziale Entwicklung im reichsten Land Europas. Gemäss offiziellen Erhebungen der eidgenössischen Steuerverwaltung verfügen 1,9 Prozent der Schweizer Privathaushalte über finanzielle Rücklagen von über 1 Million Franken. Wenn sich 42 Prozent des versteuerten Gesamtvermögens auf diese wenigen «Millionärshaushalte» konzentrieren, während sich am anderen Ende der Wohlstandsskala 60 Prozent aller Schweizer in ein zehnmal kleineres Kuchenstückchen teilen müssen, ist es legitim, nach den Ursachen der fortschreitenden Vermögenskonzentration zu forschen.

Wie kein zweiter scheint Martin Ebner die Fähigkeit zu besitzen, riesige Summen anzuziehen, um sie mit schlafwandlerischer Sicherheit dorthin zu plazieren, wo sie den höchsten Profit abwerfen. Die simplen Orientierungsmarken in diesem Milliarden-«Backgammon», welches der BZ-Stratege meisterlich beherrscht, heissen Investitionsertrag, Eigenkapitalrendite, Produktivität und Dividende.

Dass Ebner mit seinem unerbittlichen Profitdenken und einem ausgeprägten Hang zur «schlanken» Produktion keine Arbeitsplätze zu schaffen vermag, hat er in den letzten zehn Jahren eindrücklich unter Beweis gestellt – obwohl er natürlich argumentieren wird, nur mit einem permanenten Effizienzsteigerungsdruck liessen sich à la longue positive Beschäftigungseffekte erzielen. Kurzfristig stellt sich allerdings die Frage, ob zwischen Ebners phantastischen Börsengewinnen und den 300 000 Stellen, die in den letzten fünf Jahren in der Schweiz abgebaut wurden, ein Zusammenhang besteht? Eine Vermutung, die durch eine börsentechnische Erfahrungsregel gestützt wird, welche besagt, dass erhebliche Kurssteigerungen oftmals gerade dort zu verbuchen sind, wo Unternehmen bereit sind, ihre Belegschaftszahlen radikal zu kappen.

Wie Ebner gehört auch Blocher zu jener selbstzufriedenen Fraktion im Lande, die am liebsten ohne staatliche Eingriffe und internationale Abmachungen zurechtkommt. «Die Linken wollen dem arbeitenden Volk immer mehr und mehr Geld aus der Tasche ziehen und fordern mehr Steuern, höhere Lohnprozentabgaben, höhere Gebühren», heisst es auf einem Wahlplakat der Schweizerischen Volkspartei (SVP) unter dem Motto «Mehr SVP. Mehr Arbeitsplätze».

«Dies hat verheerende Auswirkungen auf unser Land. Die Teuerung steigt. Die Geldentwertung nimmt zu, die Kaufkraft des Frankens schwindet, die Investitionen sinken. Die Arbeitsplätze nehmen ab, die Arbeitslosigkeit steigt, und unsere Sozialversicherungen werden ausgehöhlt. Das will die SVP stoppen.» Mit demselben missionarischen Sendungsbewusstsein, mit dem sich Martin Ebner für die Aktionärsrechte stark macht, verficht der Politiker Blocher – «Ich kämpfe für das, was richtig ist!»[146] – die Vision einer introvertierten, helvetischen Wohlstandsinsel, die sich ohne behördliches Verteilungskorrektiv und abgeschottet von den Entwicklungen in «Resteuropa» ins kommende Jahrtausend hinüberretten will; in Gestalt eines riesigen, deregulierten Treuhandbüros sozusagen.

Dass ausgerechnet der führende SVP-Politiker für die Zukunftsperspektive einer alpinen «Offshore» – Finanzdrehscheibe in die Bresche springt, entbehrt, historisch gesehen, nicht der Ironie. Bis in die späten 70er Jahre war die SVP die Partei der kleinen Selbständigen, der Bauern und Gewerbetreibenden – und sie ist es an ihrer Basis bis heute geblieben. Vor Grosskapitalisten wie dem Gespann Ebner/Blocher hatte Parteigründer Rudolf Minger 1918 in Bern eindringlich gewarnt: «Niemals soll und darf unser Bestreben dahin gehen, mühelos grosse Gewinne zu erzielen; denn das wäre eine Gefahr für unseren Stand und für das ganze

Schweizervolk.» Ins gleiche Horn wie der Isolationist Christoph Blocher stösst Ebner-Intimus Kurt Schiltknecht, der keine Gelegenheit versäumt, um darauf hinzuweisen, dass die Europäische Union (EU) nicht auf Wettbewerb setze, sondern den Kontinent vom hohen Nordkap bis hinunter nach Gibraltar zu harmonisieren und zu reglementieren trachte. Wo aber vereinheitlicht wird, da entfallen schattige Marktnischen, da wird unter Umständen auch der Graubereich beschnitten, in welchem nicht zuletzt die hochprofitablen Blockhandelsgeschäfte einer BZ Bank gedeihen. «Die EG marschiert in die falsche Richtung», warnte Schiltknecht die Stimmbürgerinnen und Stimmbürger schon Monate vor der schicksalsträchtigen EWR-Abstimmung vom 6. Dezember 1992.[148] «Zunehmender Staatsaktivismus, hohe Steuerbelastungen und protektionistische Tendenzen und damit ein insgesamt niedrigeres Wirtschaftswachstum in Europa werden das Ergebnis dieser Entwicklung sein.» Um es noch etwas populärer auszudrücken, brachte der Volkswirt seine Abwehrhaltung kürzlich auf die Formel: «Ich verstehe die Sehnsucht gewisser Schweizer nicht, in diesen Verein einzutreten.»[149]

Die Vorstellung, dass es vornehmlich die wirtschaftlich Schwachen oder sozial Benachteiligten seien, die aus dem Umverteilungsprozess als Gewinner hervorgehen, entspringe dem Wunschdenken und den rhetorischen Äusserungen der Politiker, argumentiert Schiltknecht. Eine eingehende Prüfung der Verteilungswirkungen würde in überraschend vielen Fällen das pure Gegenteil beweisen. «Problemlos lassen sich staatliche Massnahmen aufzählen, bei denen vornehmlich die Oberschicht profitiert», weiss der Ökonomieprofessor.[150] Wo jedoch die öffentliche Hand als gesellschaftliches Korrektiv versagt, wittern Spekulanten und Grossfinanciers Morgenluft: Der Sozialismus ist tot. Es lebe die private Umverteilung!

Nachwort des Autors

Um die Informationen für dieses Buch zusammenzutragen, habe ich mit mehr als 120 Personen Gespräche geführt. Eine Person allerdings hat sich trotz mehrmaligen Bemühungen standhaft geweigert, sich meinen Fragen zu stellen: Martin Ebner. Unter vier Augen getroffen haben wir uns nur ein einziges Mal – auf dem Parkplatz hinter dem Schlossturm von Pfäffikon. Dort setzte der Aktienhändler dem Schreibenden in einem rund zwanzigminütigen Austausch noch einmal klipp und klar auseinander, was er von einem Recherchierjournalismus hält, der die von ihm, dem «Meister der informellen Kommunikation»[151], in Form wohlkalkulierter Presseverlautbarungen gezogenen Sicherheitslinien überschreitet. Natürlich gebe es Situationen, in denen auch er – Martin Ebner – zu einer öffentlichen Person werde. Doch hätten solche Situationen mehr mit seiner Bürgerpflicht als mit seiner Tätigkeit als Broker zu tun: «Wenn ich zum Beispiel einen Automobilisten beobachte, der hier auf dem Parkfeld seinen vollen Aschenbecher auskippt, dann gehe ich hin und stelle ihn zur Rede», spezifizierte er bildhaft seinen Beitrag für das Gemeinwohl. Sprach's und empfahl sich zu seinen Mitstreitern ins benachbarte Restaurant.

Quellennachweis

[1] Odilo Ringholz: Wallfahrtsgeschichte unserer lieben Frau von Einsiedeln, Freiburg i. Br. 1896
[2] Interview mit Christoph Blocher im Tages-Anzeiger vom 25. 6. 1983
[3] Christoph Schilling: Blocher – Aufstieg und Mission eines Schweizer Politikers und Unternehmers, Limmat Verlag 1994/S. 71
[4] Konrad Fischer: Über den Geltungsbereich der Pressefreiheit, Schulthess Polygraphischer Verlag 1973/S. 48f.
[5] Kleine Geschichte des Bankhauses J. Vontobel & Co., Zürich, verfasst aus Anlass des 50jährigen Geschäftsjubiläums 1974.
[6] In Anlehnung an die Hauptfigur Sherman McCoy aus Tom Wolfe's Roman «Fegefeuer der Eitelkeiten»
[7] Financial Times vom 28. September 1984
[8] Veckans Affärer vom 9. März 1985
[9] Financial Times vom 30. August 1991
[10] Dagens Industri vom 31. Januar 1995
[11] Bilanz 5/1995
[12] Schreiben vom 14. Mai 1985 an das Handelsregisteramt des Kantons Zürich
[13] Schreiben vom 29. Mai 1985 an das Handelsregisteramt des Kantons Zürich
[14] Bilanz 11/1987
[15] Tages-Anzeiger vom 7. Januar 1987
[16] Financial Times vom 13. Dezember 1985
[17] Neue Zürcher Zeitung (NZZ) vom 11. August 1987
[18] Tages-Anzeiger vom 26. Januar 1988
[19] Bilanz 11/1987
[20] Institutional Investor 9/1988
[21] Weltwoche vom 6. Dezember 1984
[22] Werner Schick in einem Interview mit den «Luzerner Neuesten Nachrichten» vom 26. März 1988
[23] Bilanz 8/1987
[24] NZZ vom 6. Mai 1988
[25] NZZ vom 25. August 1988
[26] NZZ vom 24. August 1988
[27] Bilanz 7/1988
[28] Tages-Anzeiger vom 28. Oktober 1988
[29] Wall Street Journal vom 28. Oktober 1988
[30] Financial Times vom 12. April 1990
[31] Business Week vom 14. März 1994
[32] Weltwoche vom 19. April 1990
[33] Blick vom 14. September 1995
[34] Facts 17/1995
[35] NZZ vom 4. August 1990
[36] Tages-Anzeiger vom 21. März 1994
[37] NZZ vom 5. November 1988
[38] Bilanz 3/1991
[39] Cash vom 7. Dezember 1990
[40] ebenda
[41] Der Spiegel 49/1990
[42] Tages-Anzeiger vom 19. März 1988

[43] Cash vom 9. März 1990
[44] Tages-Anzeiger vom 18. April 1990
[45] Finanz und Wirtschaft (FuW) vom 1. Juli 1989
[46] NZZ vom 3. Juni 1989
[47] Tages-Anzeiger vom 13. Juli 1989
[48] Cash vom 20. Oktober 1989
[49] Basler Zeitung (BaZ) vom 4. August 1990
[50] Cash 43/1994
[51] Das Magazin 17/1994
[52] Euromoney 8/1988
[53] Financial Times vom 29. September 1987
[54] NZZ vom 23. September 1987
[55] FuW vom 13. Januar 1988
[56] BaZ vom 13. Februar 1991
[57] NZZ vom 17. November 1988
[58] ebenda
[59] FuW vom 13. Juli 1991
[60] ebenda
[61] Bilanz 4/1994
[62] Bilanz 1/93
[63] Originalzitat von Christoph Blocher anlässlich einer Veranstaltung der Pilgermission St. Chrischona vom 22. März 1995
[64] Weltwoche vom 1. Oktober 1987
[65] ebenda
[66] FuW vom 1. Oktober 1986
[67] Tages-Anzeiger vom 30. September 1986
[68] FuW vom 10. Oktober 1987
[69] NZZ vom 10. Oktober 1987
[70] NZZ vom 6. Oktober 1987
[71] FuW vom 10. Oktober 1987
[72] FuW vom 16. Oktober 1991
[73] NZZ vom 10. Februar 1990
[74] Tages-Anzeiger vom 25. Juni 1991
[75] ebenda
[76] NZZ vom 15. Juli 1994
[77] Tages-Anzeiger vom 15. Juli 1994
[78] Cash vom 14. April 1995
[79] Bilanz 3/91
[80] Facts 48/1995
[81] BaZ vom 29. Juni 1992
[82] Cash vom 27. November 1992
[83] Schweizerische Handelszeitung (SHZ) vom 21. Januar 1988
[84] L'Hebdo vom 27. Mai 1993
[85] Business Week vom 14. März 1994
[86] Euromoney vom Juli 1994
[87] ebenda
[88] Jahresbericht 1993 der BK Vision AG
[89] The Economist vom 30. April 1994
[90] Wirtschaftswoche vom 22. Juli 1994
[91] Votum eines Kleinaktionärs an der ordentlichen Generalversammlung der BK Vision vom 24. Februar 1995
[92] FuW vom 1. April 1995
[93] The Economist vom 30. April 1994
[94] Weltwoche vom 24. November 1994
[95] SonntagsZeitung vom 29. November 1992
[96] Jahresbericht 1993 der BK Vision

[97] Tages-Anzeiger vom 21. März 1994
[98] ebenda
[99] ebenda
[100] Euromoney 7/1994
[101] NZZ vom 30. April 1994
[102] SonntagsZeitung vom 1. Mai 1994
[103] SonntagsZeitung vom 1. Mai 1994
[104] Facts 14/1995
[105] Das Magazin 17/1994
[106] SHZ vom 23. Januar 1992
[107] NZZ vom 8. Oktober 1994
[108] Cash vom 7. Oktober 1994
[109] SonntagsZeitung vom 24. April 1994
[110] Weltwoche vom 10. November 1994
[111] Moneta vom 8. Dezember 1994
[112] Tagblatt der Stadt Zürich vom 23. November 1994
[113] NZZ vom 23. November 1994
[114] Weltwoche vom 24. November 1994
[115] NZZ vom 23. November 1994
[116] FuW vom 23. November 1994
[117] Tages-Anzeiger vom 24. November 1994
[118] Cash vom 28. Oktober 1994
[119] BaZ vom 26. November 1994
[120] Tages-Anzeiger vom 4. Februar 1995
[121] Financial Times vom 2. Januar 1995
[122] FuW vom 31. Dezember 1994
[123] BaZ vom 6. Januar 1995
[124] ebenda
[125] Bilanz 8/91
[126] Cash 10/1995
[127] Tages-Anzeiger vom 11. April 1995
[128] Radio DRS/«Samstagsrundschau» vom 11. Februar 1995
[129] Bilanz 3/95
[130] NZZ vom 11. Februar 1995
[131] Weltwoche vom 2. März 1995
[132] Financial Times vom 7. April 1995
[133] NZZ vom 29. April 1995
[134] Financial Times vom 22. Mai 1995
[135] FuW vom 25. Februar 1995
[136] NZZ vom 16. September 1995
[137] FuW vom 30. September 1995
[138] BaZ vom 12. Juli 1995
[139] Cash 28/1995
[140] FuW vom 18. Oktober 1995
[141] BaZ vom 12. Juli 1995
[142] Tages-Anzeiger vom 24. August 1994
[143] BaZ vom 12. Juli 1995
[144] Bilanz 12/1993
[145] Bilanz 7/1991
[146] Fernsehen DRS/«Arena» vom 12. Mai 1995
[147] Tages-Anzeiger vom 17. November 1994
[148] FuW vom 1. Juli 1992
[149] Fernsehen DRS/«Arena» vom 12. Mai 1995
[150] FuW vom 11. Februar 1995
[151] FuW vom 18. Oktober 1995

Bildnachweis

Marcel Zürcher, Luzern (1)
«Zoom», Filmdokumentation, Foto Felici, Roma (7)
Pressens-Bild, Klas Andersson, Stockholm, Schutzumschlag
Dagens Industri, Stockholm (9)
Daniel Boschung, Zürich (10, 17)
Rudolf Kubli, Wolfhausen (11)
Sinus, Aarau (12)
Frederic Meyer, Zürich (13)
Markus Senn, Bern (14)
Fotoagentur Ex-press, Zürich (15/16, 24)
Bildarchiv Bilanz/Keystone, Zürich (18/19)
Iren Monti, Zürich (20)
Keystone Press, Zürich (21, 31, 33)
Rolf Edelmann (22)
Beatrice Künzi (23)
Karl Heinz Hug, Oberbalm (25, 26)
Guy Bernhardt, Hinwil (28)
Eric Bachmann, Kaiserstuhl (29, 30, 32)
Schutzumschlag: Doris Fanconi, Zürich
Graphiken: Susanne Blum, Zürich

Zehn Jahre BZ Bank Zürich AG (1985–1994)

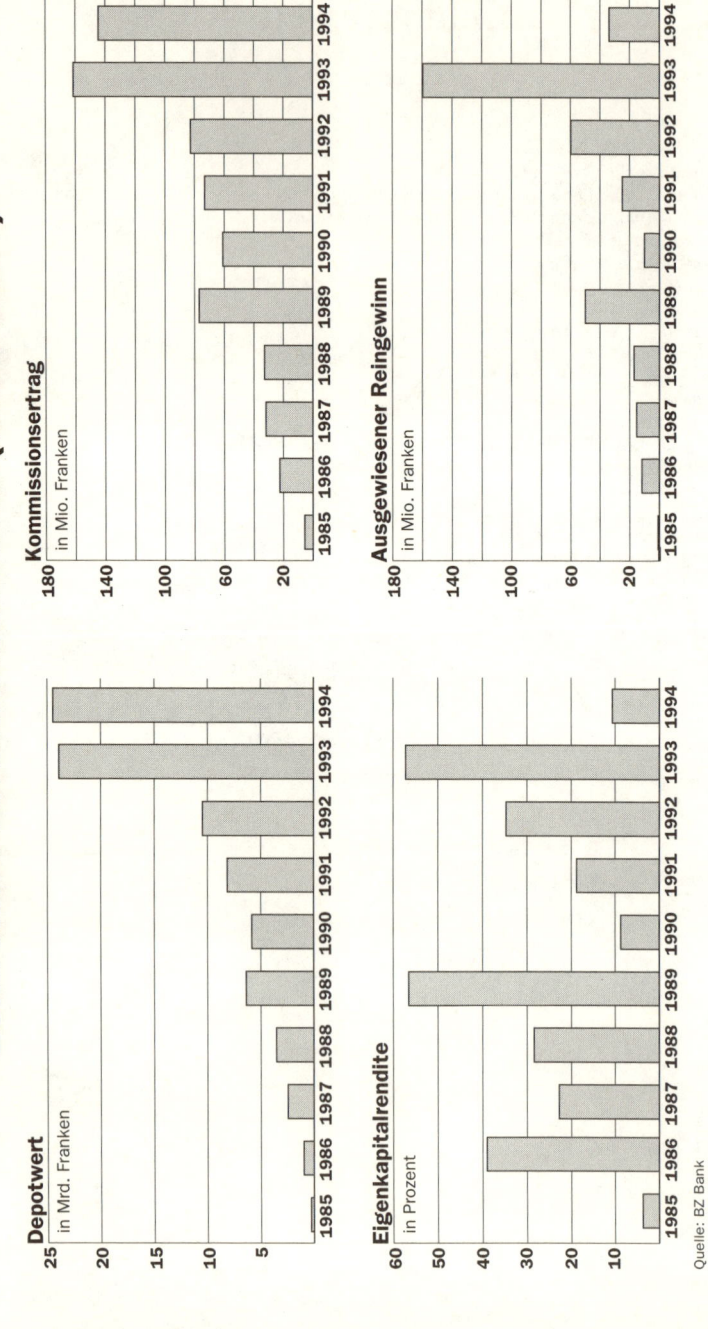

Depotwert
in Mrd. Franken

Kommissionsertrag
in Mio. Franken

Eigenkapitalrendite
in Prozent

Ausgewiesener Reingewinn
in Mio. Franken

Quelle: BZ Bank

Das Ebner-Imperium

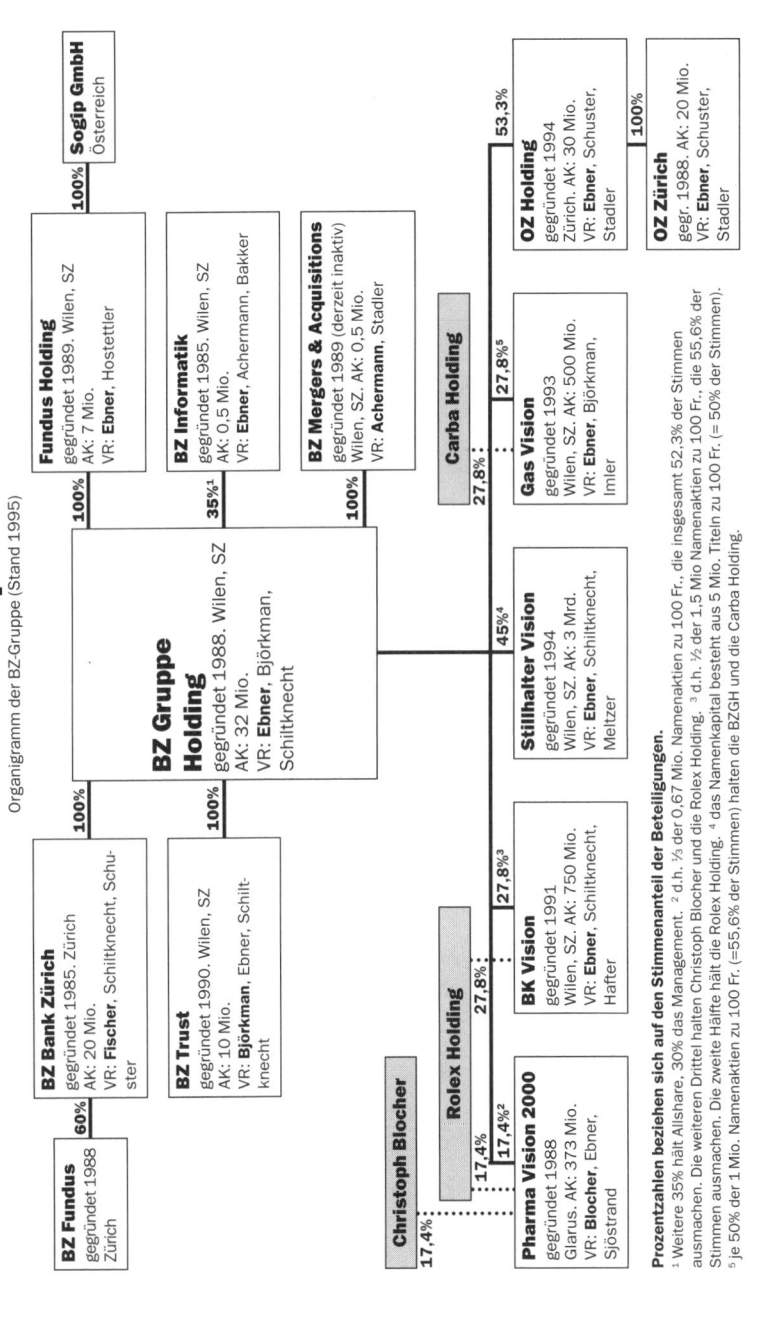

Organigramm der BZ-Gruppe (Stand 1995)

```
                                                                        ┌─ 100% ─ Sogip GmbH
                                                                        │         Österreich
                                          ┌─ 100% ─ Fundus Holding ─────┤
                                          │        gegründet 1989. Wilen, SZ
                                          │        AK: 7 Mio.
                                          │        VR: Ebner, Hostettler
                                          │
                                          ├─ 35%¹ ─ BZ Informatik
                                          │        gegründet 1985. Wilen, SZ
                                          │        AK: 0,5 Mio.
                                          │        VR: Ebner, Achermann, Bakker
          ┌─ 60% ─ BZ Bank Zürich         │
          │       gegründet 1985. Zürich  ├─ 100% ─ BZ Mergers & Acquisitions
          │       AK: 20 Mio.             │        gegründet 1989 (derzeit inaktiv)
          │       VR: Fischer,            │        Wilen, SZ. AK: 0,5 Mio.
          │       Schiltknecht, Schuster  │        VR: Achermann, Stadler
          │                               │
BZ Fundus ┤               BZ Gruppe       │
gegründet │               Holding         │
1988      │               gegründet 1988. │                    Carba Holding
Zürich    │               Wilen, SZ       │                   ╱       ╲
          │               AK: 32 Mio.     │            27,8%:╱         ╲27,8%⁵
          │               VR: Ebner,      │                 ╱           ╲
          │               Björkman,       │              Gas Vision    OZ Holding
          │               Schiltknecht    │              gegründet     gegründet 1994
          │                               │              1993          Zürich. AK: 30 Mio.
          ├─ 100% ─ BZ Trust              │              Wilen, SZ.    VR: Ebner, Schuster,
          │       gegründet 1990.         │              AK: 500 Mio.  Stadler
          │       Wilen, SZ               │              VR: Ebner,              │
          │       AK: 10 Mio.             │              Björkman,               │ 100%
          │       VR: Björkman, Ebner,    │              Imler                   │
          │       Schiltknecht            │                                  OZ Zürich
                                          │        45%⁴                      gegr. 1988. AK: 20 Mio.
                       27,8%³ ── BK Vision├─── Stillhalter Vision             VR: Ebner, Schuster,
                              gegründet 1991    gegründet 1994                Stadler
                              Wilen, SZ. AK:    Wilen, SZ. AK: 3 Mrd.
              Rolex Holding   750 Mio.          VR: Ebner, Schiltknecht,
              ╱      ╲        VR: Ebner,        Meltzer
        27,8%╱        ╲17,4%² Schiltknecht,
            ╱          ╲      Hafter
Pharma Vision 2000
gegründet 1988
Glarus. AK: 373 Mio.
VR: Blocher, Ebner,
Sjöstrand
              17,4%
  Christoph Blocher ─── 17,4%
```

Prozentzahlen beziehen sich auf den Stimmenanteil der Beteiligungen.

[1] Weitere 35% hält Allshare, 30% das Management. [2] d.h. ⅓ der 0,67 Mio. Namenaktien zu 100 Fr., die insgesamt 52,3% der Stimmen ausmachen. Die weiteren Drittel halten Christoph Blocher und die Rolex Holding. [3] d.h. ½ der 1,5 Mio Namenaktien zu 100 Fr., die 55,6% der Stimmen ausmachen. Die zweite Hälfte hält die Rolex Holding. [4] das Namenkapital besteht aus 5 Mio. Titeln zu 100 Fr. (= 50% der Stimmen). [5] je 50% der 1 Mio. Namenaktien zu 100 Fr. (=55,6% der Stimmen) halten die BZGH und die Carba Holding.

Steilste Karriere der Schweiz: Martin Ebner, Gründer der BZ Bank. (1)

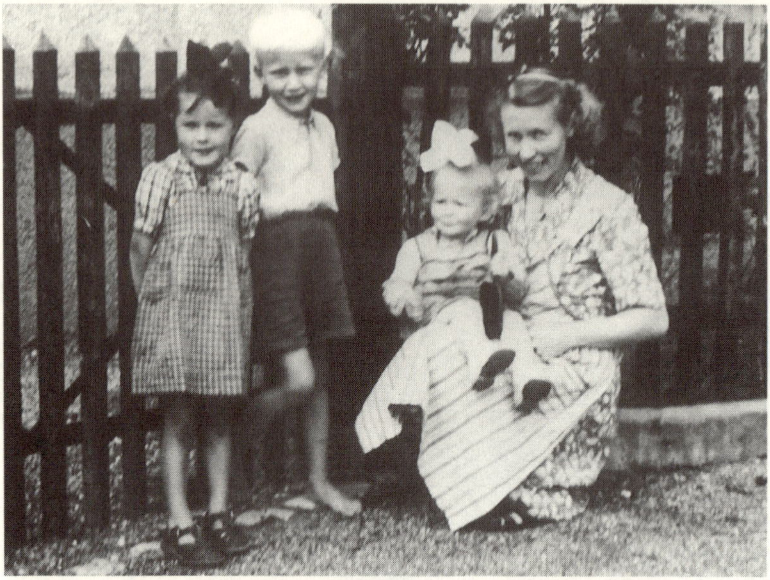

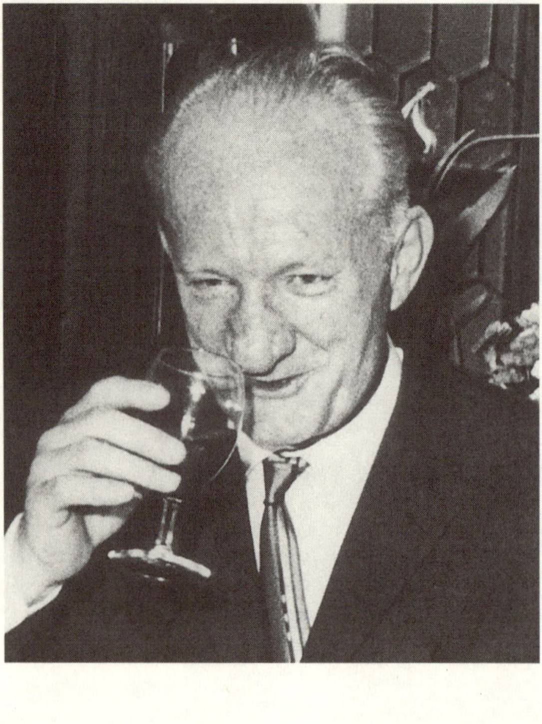

Frühe Zuneigung: Martin Ebner und seine spätere Ehefrau, Rosmarie Ulmann, besuchen die gleiche Klasse an der Primarschule von Rapperswil, 1953. (4)

Bilder linke Seite:
Moritz Ebner, Lithograph (1909–1988) (2)
Anna Ebner (geboren 1908) mit Tochter Annemarie (1949) und Sohn Martin (1945), v.r.n.l. (3)

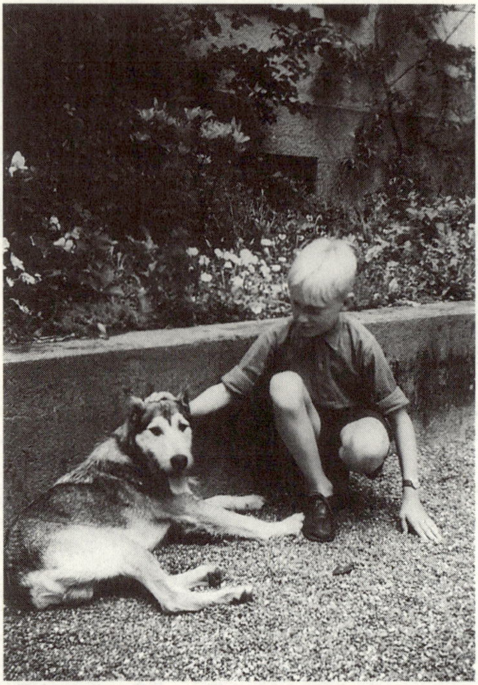

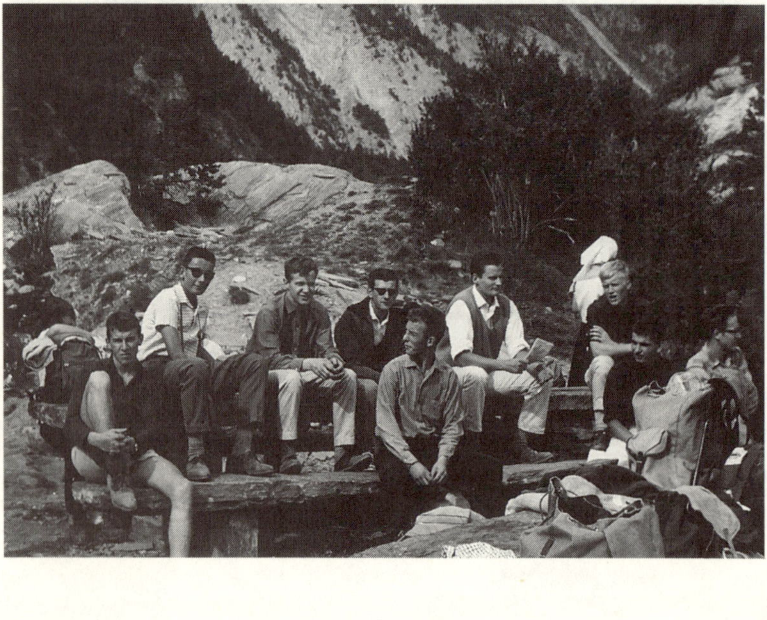

Väterlicher Freund: Als Vertreter der katholischen Filmkommission wird Martins einstiger Religionslehrer, Pater Ambros Eichenberger, von Papst Johannes Paul II empfangen, Rom 1990. (7)

Bilder linke Seite:
Tierlieb und ehrgeizig: Unbeschwerte Jugend im schwyzerischen Hurden. (5)
«Auftreten eines Klassen-Bosses»: Der siebzehnjährige Martin (hinten, ganz rechts) im Kreis seiner Klassenkameraden von der Kantonsschule Wetzikon, 1962. (6)

Financier im Hintergrund: Wie in der Schweiz Werner K. Rey hatte sich das schwedische «Börsengenie» Erik Penser ein weitverzweigtes Firmenimperium zusammengebastelt, das in der Zinshausse von 1991 wie ein Kartenhaus in sich zusammenfiel. (8)

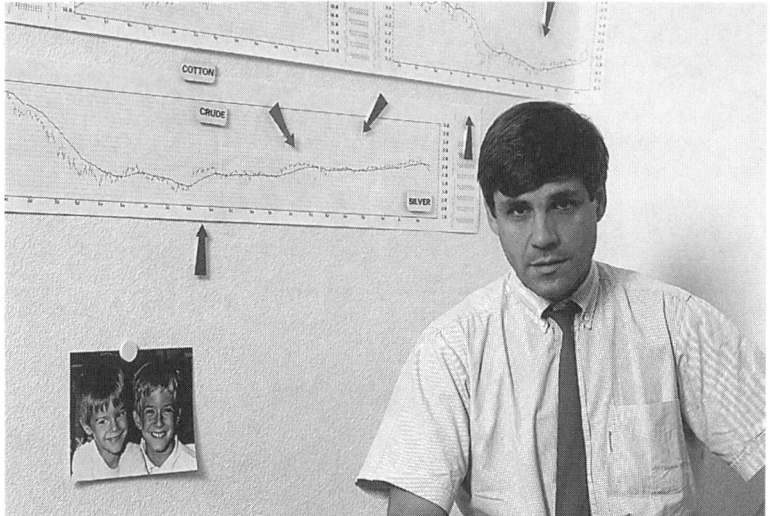

Kontaktmann in Schweden: Johan Björkman, dessen beruflicher Aufstieg von einem ständigen Hin und Her zwischen Journalismus und Börsengeschäft geprägt war. (9)
Geburtshelfer mit Beziehungen: Der Winterthurer Rohstoffhändler Andreas Reinhart. Mitbegründer der BZ Bank. (10)

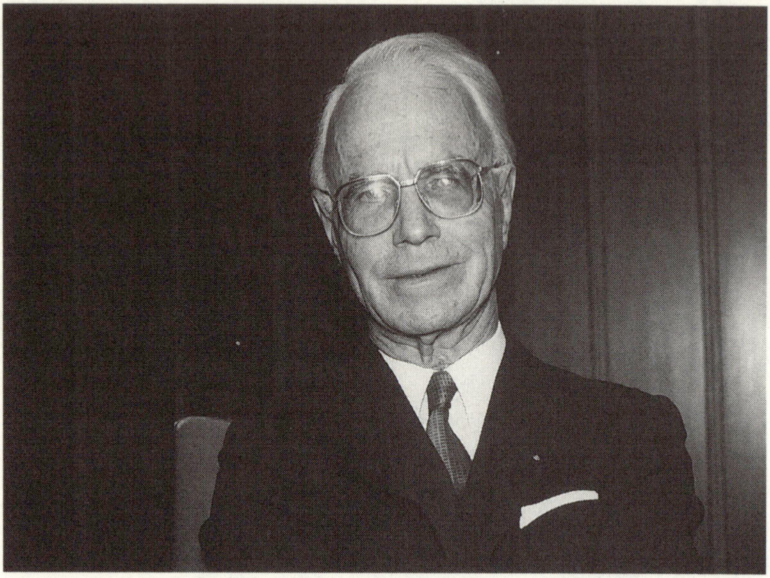

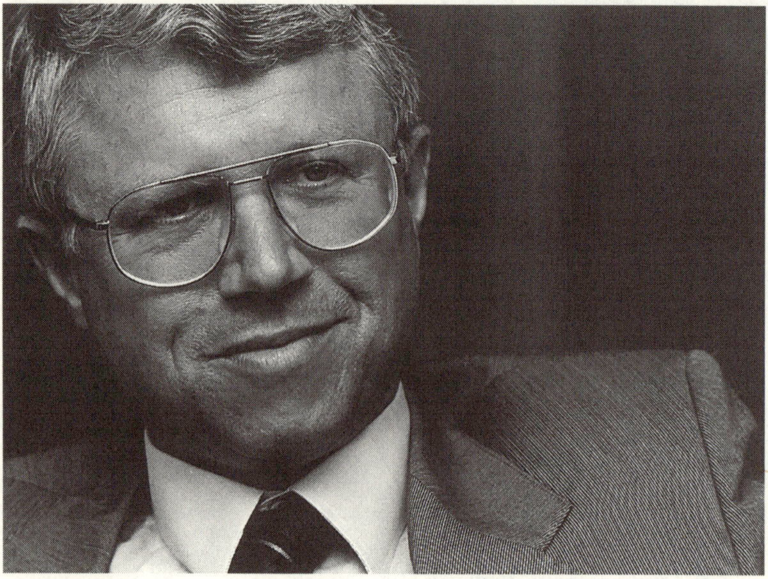

In Börsennähe: Das Domizil der BZ Bank an der Storchengasse 7, direkt hinter dem Zürcher Paradeplatz. (13)

Bilder linke Seite:
Spezielle Mischung aus distinguierter Noblesse und vermeintlich jahrhundertealter Banktradition: Hans Vontobel. (11)
Atypisches «Alpha-Tier»: Hans-Dieter Vontobel, Geschäftsleitungsvorsitzender der Zürcher Privatbank Vontobel. (12)

Mann der ersten Stunde: «Rohstoff-Tycoon» Marc Rich, den es brennend interessierte, dass an der Zürcher Börse einer aufgetaucht war, der das Grossbanken-Kartell auf Trab bringen wollte. (14)

Bilder rechte Seite:
«Mach dich doch selbständig! Bei mir ist es ja auch gut gegangen.» Christoph Blocher, Mehrheitsaktionär der Ems-Chemie. (15/16)

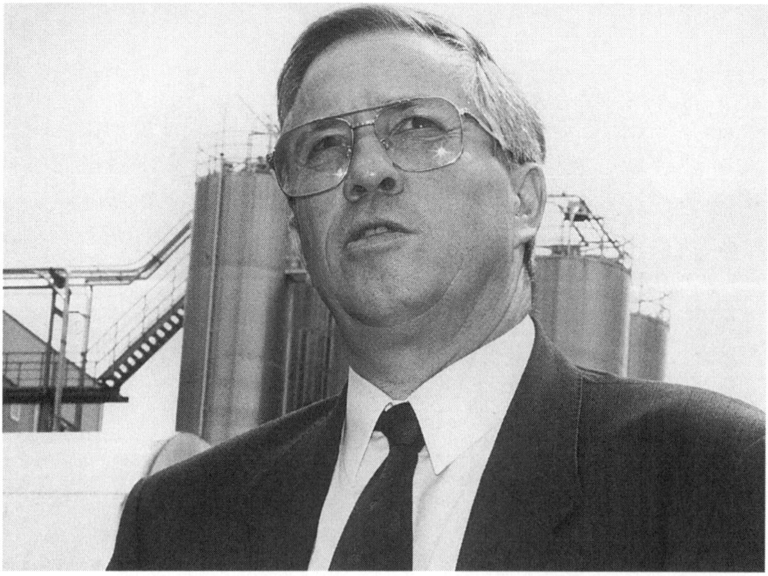

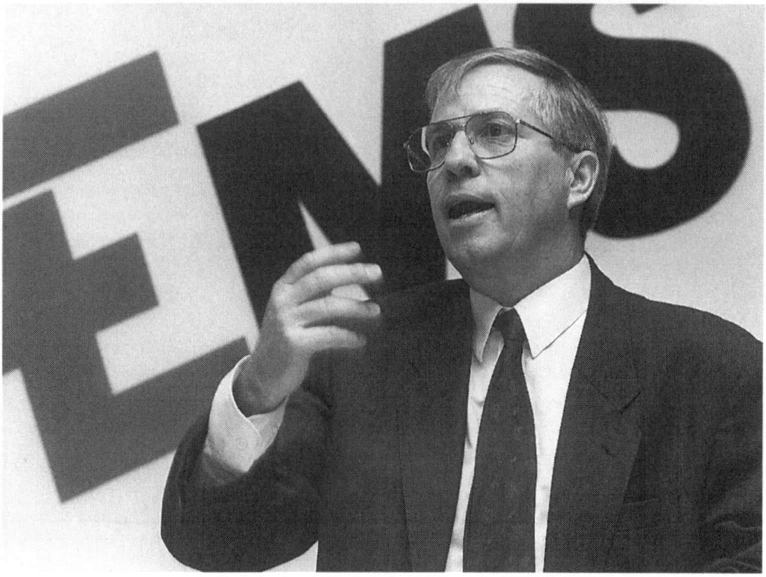
EMS

«Aufrichtiger Anhänger der freien Marktwirtschaft, der im Vergleich zu den Bürgerlichen höchstens dadurch auffällt, dass er konsequenter ist als jene»: Ökonomieprofessor Kurt Schiltknecht auf der Chefetage der Bank Nordfinanz, 1985. (17)

Bilder rechte Seite:
Lukrative Aktiengeschäfte: Fritz Gerber, VR-Präsident des Basler Pharmakonzerns Hoffmann – La Roche. (18)
Offiziersschul-Bekanntschaft: Rolf Hänggi, Finanzchef der milliardenschweren «Zürich»-Versicherung. (19)

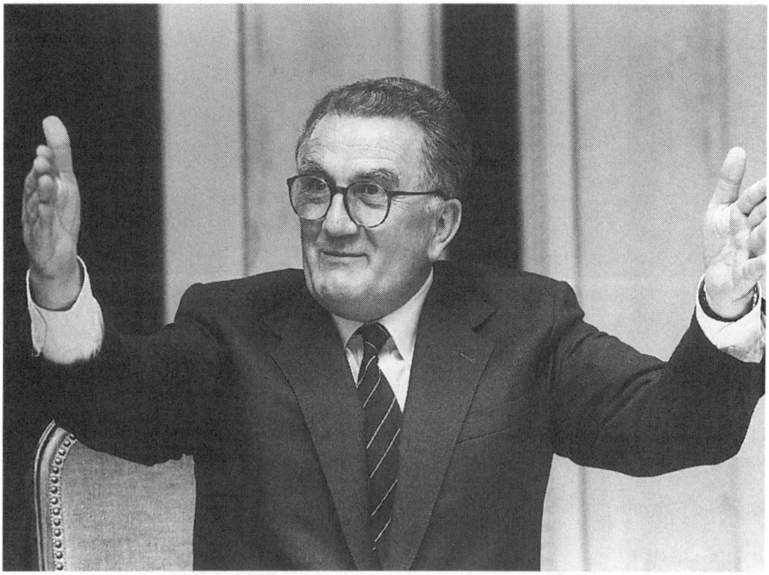

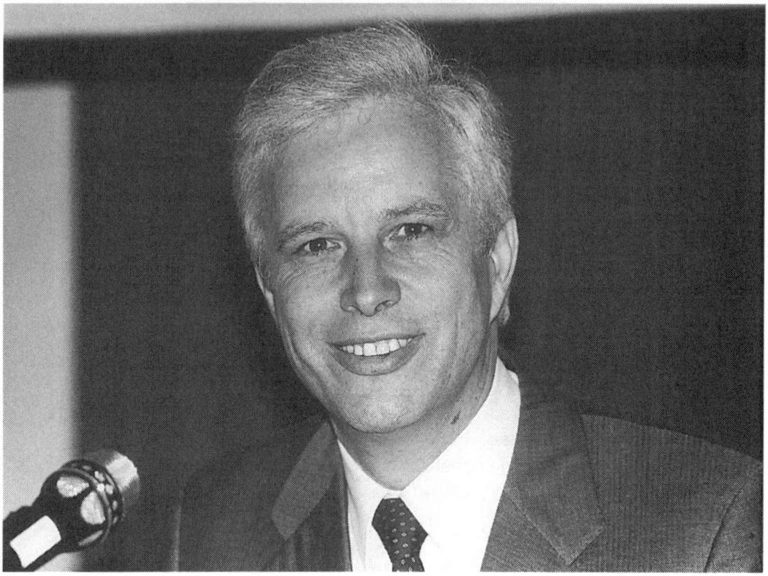

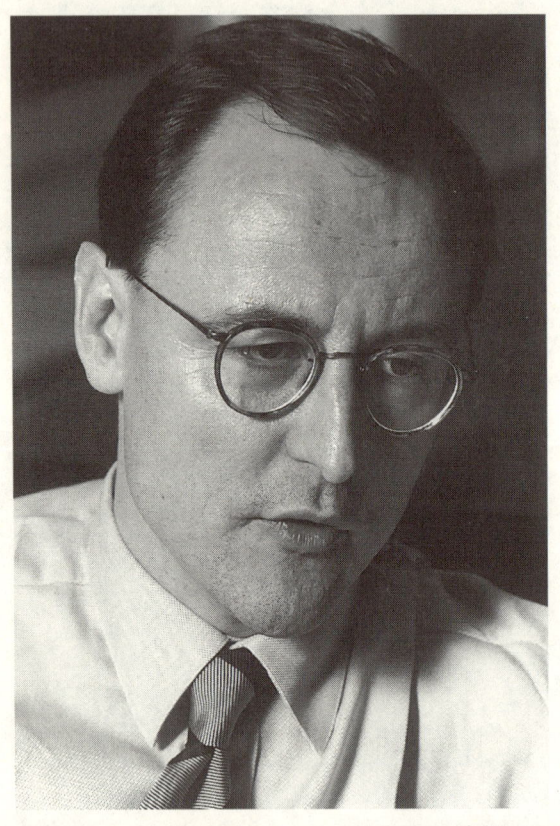

«Wenn ein Sohn erwachsen wird, emanzipiert er sich von seinem Vater»: Der Optionenspezialist Ernst Müller-Möhl stiess 1986 zur BZ Bank und entwickelte sich rasch zu Ebners wichtigstem Mitarbeiter. 1993 trat Müller-Möhl aus dem Schatten des Lehrmeisters und eröffnete in Zürich seine eigene Finanzboutique. [20]

Neuer Mietvertrag: In den obersten zwei Etagen des Warenhauses Robert Ober an der Zürcher Sihlporte bezog die BZ Bank 1989 ihre neuen Grossraumbüros. Als die Immobilie später in Besitz der Schweizerischen Bankgesellschaft (SBG) überging, wurde Ebner unversehens zum Mieter der von ihm befehdeten Grossbank. (21)

Der Verwaltungsrat der 1991 gegründeten BK Vision: Rechtsanwalt Peter Hafter, Martin Ebner (Präsident) und Kurt Schiltknecht, v.l.n.r. (22)

Bilder rechte Seite:
Kampf für eine unabhängige und neutrale Schweiz: Europa-Gegner SVP-Nationalrat, Christoph Blocher. (23)
Kurt Schiltknecht, Geschäftsführer, und Christoph Blocher, Präsident der Pharma Vision 2000. (24)

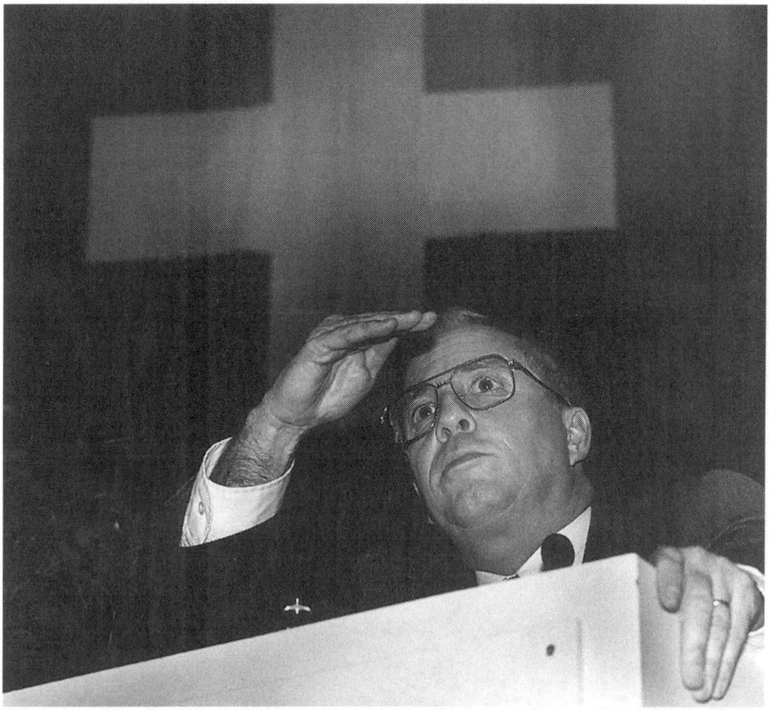

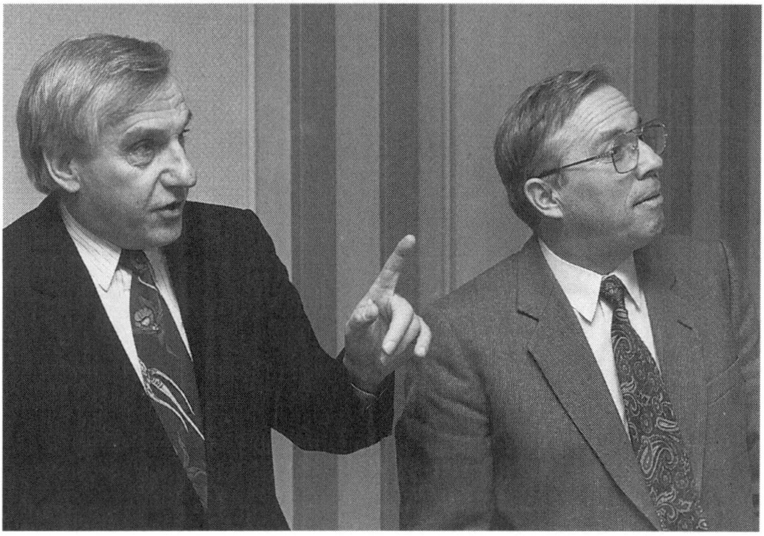

Der Pfarrerssohn, Jurist, Politiker, Unternehmer und Financier Christoph Blocher. (25)

Walter Frey: SVP-Nationalrat, Autohändler und Jagdliebhaber. (26)
Territorialer Seitensprung: Auf deutschem Boden erwarben Martin
Ebner und Christoph Blocher 1989 ein Hofgut inklusive Jagdrecht
und dazugehörigem Pferdegestüt. (27)

Steuergünstige Adresse: Direkt neben Ebners Privatrefugium in Wilen, Kanton Schwyz, befinden sich die Verwaltungsgebäude von BZ Gruppe Holding und BZ Trust. (28)

Bild rechte Seite:
Treue Partnerin: Martin und Rosmarie Ebner bei der gemeinsamen Stimmabgabe anlässlich der ausserordentlichen Generalversammlung der Schweizerischen Bankgesellschaft (SBG) vom 22. November 1994 im Zürcher Hallenstadion. (29)

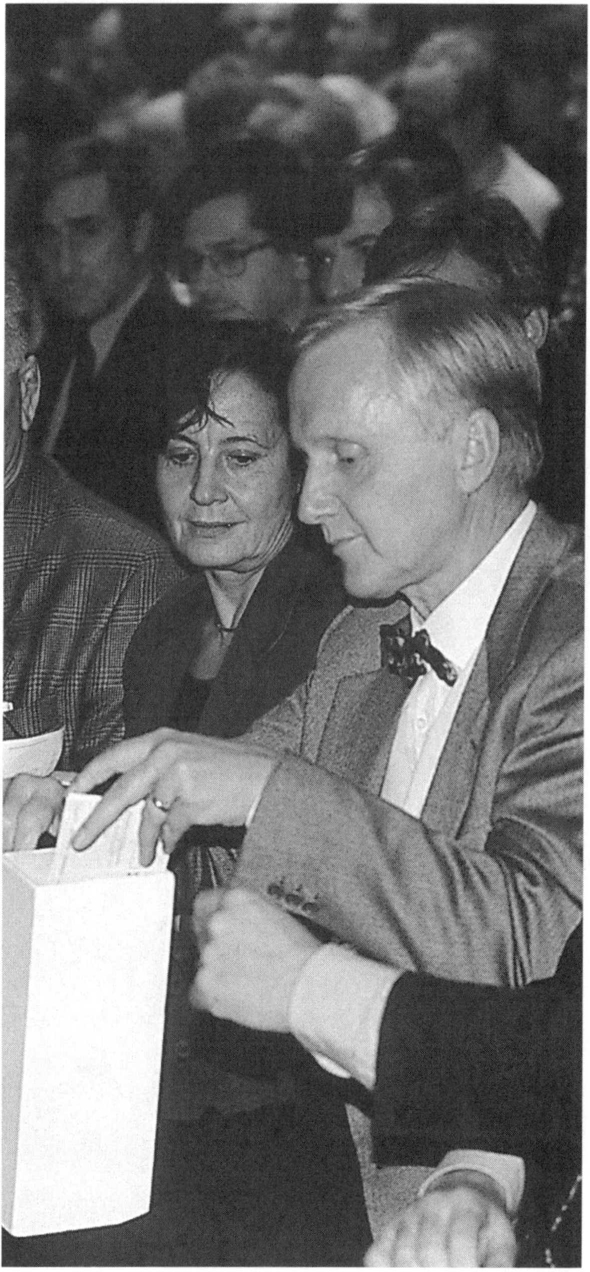

Der Widersacher: Nikolaus Senn, VR-Präsident der Schweizerischen Bankgesellschaft. (30)

Der Angreifer: Martin Ebner spricht vor den Aktionären der SBG über die «Verrohung der Kultur». (31)

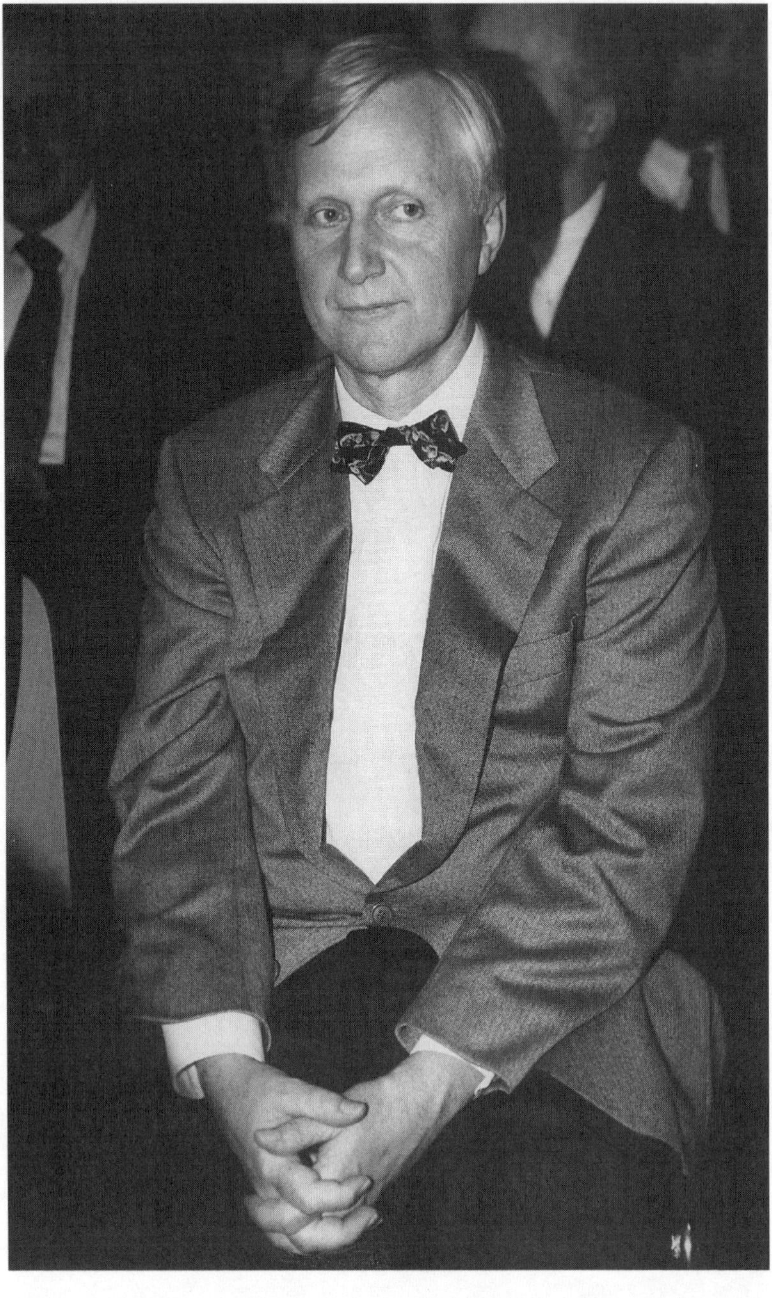

Jugendfreunde: Rechtsanwalt Konrad Fischer, Präsident BZ Bank; Martin Ebner, Präsident BZ Gruppe Holding; Kurt Schiltknecht, Geschäftsführer BZ Trust (v.l.n.r.) im April 1995. (33)

Bild linke Seite:
Eigentümerrolle ernst genommen: Martin Ebner, gewichtigster Aktionär der grössten Schweizer Bank. (32)